Grundlagen der Schulpädagogik

Band 66

Ungehorsam im Schuldienst

Der praktische Weg zu einer Schule für alle

2. korrigierte und erweiterte Auflage

Von

Reinhard Stähling / Barbara Wenders

mit Fotos von Donata Wenc

für
Neville Alexander, Jean Collicott, Ada Fuest, Gertraud Greiling, Walter Hövel, Astrid Kaiser, Heinz Kreiselmeyer, Raimund Patt, Manfred Pollert, Gordon Porter, Irmtraud Schnell, Brigitte Schumann und Gerhard Sennlaub.

Sie waren und sind ungehorsam im Dienste der Kinder.

Schneider Verlag Hohengehren GmbH

Grundlagen der Schulpädagogik

Herausgegeben von:
Band 1 bis 22: Ernst Meyer und Rainer Winkel
Band 22 bis 53: Jürgen Bennack, Astrid Kaiser, Rainer Winkel
Ab Band 54: Astrid Kaiser und Rainer Winkel

Umschlag: Friedel Callies, Münster

Titelfoto: Donata Wenders, Berlin

Gedruckt auf umweltfreundlichem Papier (chlor- und säurefrei hergestellt).

Bibliografische Information der Deutschen Nationalbibliothek

Die Deutsche Nationalbibliothek verzeichnet diese Publikation in der Deutschen Nationalbibliografie; detaillierte bibliografische Daten sind im Internet über ›http://dnb.d-nb.de‹ abrufbar.

ISBN: 978-3-8340-0834-3

Schneider Verlag Hohengehren, Wilhelmstr. 13, D-73666 Baltmannsweiler

Homepage: www.paedagogik.de

Inhaltsverzeichnis

Dank

Wir legen das Ergebnis einer Erkundungsreise vor. Alle unsere Gesprächspartner haben uns bereitwillig ihre persönlichen Erlebnisse aus dem Schuldienst dargestellt, im Vertrauen darauf, dass wir damit „etwas anfangen". Einige zögerten während der Tonaufnahme, ob sie uns heikle Dinge erzählen dürften, wenn sie veröffentlich werden. Bei der Transkription haben wir auf Wunsch „Ross und Reiter" teilweise namentlich unkenntlich gemacht. Juristischer Rat war nötig.

Wir danken allen Interviewpartnern für ihr Vertrauen, das sie uns geschenkt haben.

Das Buch ist parteiisch, es mischt sich ein und zeigt Wege auf, sich gegen die Verhältnisse zu stemmen, die es so schwierig machen, in unseren Schulen jeden Menschen dazu gehören zu lassen. Die darin enthaltene Kritik an unserem Schulwesen trifft nicht diejenigen, die sich innerhalb des vorgegebenen Rahmens mit aller Kraft für Schüler einsetzen. Wir fanden etliche weitere Gesprächspartner aller Schulformen, die uns Atemberaubendes aus ihrer Schulpraxis erzählten, aber aus Platzgründen in diesem Buch nicht berücksichtigt werden können. Das Thema berührt viele Lehrerinnen und Lehrer, aber auch Eltern und Schülerinnen und Schüler. Frauen und Männer sind in diesem Buch natürlich gleichzeitig angesprochen.

Prof. Dr. Astrid Kaiser, Prof. Dr. Rainer Winkel und der Schneider Verlag haben uns ermutigt, das Interviewprojekt anzugehen, uns angespornt, den „Ungehorsam" von Schulreformern aufzuspüren. Für die vielfältigen Hilfen danken wir herzlich.

Unterstützt wurden wir beim Aufbau des Kontaktes nach Kanada durch Prof. Dr. Andreas Hinz aus Halle und nach Südafrika durch Prof. Dr. Jörg Ramseger aus Berlin und Wolfgang Stenzel vom Hanse-Wissenschaftskolleg in Delmenhorst. Ohne sie fehlten uns heute einige wichtige Aspekte des Themas „Ungehorsam". Neville Alexander wurde von uns, Gertraud Greiling von Matthias Ahlke fotografiert. Die Fotos der anderen Interviewpartner stammen von ihnen selbst. Wir danken herzlich.

Dass wir Donata Wenders (www.donatawenders.com) gewinnen konnten, Menschen und Impressionen aus der Grundschule Berg Fidel (www.ggs-bergfidel.de), in der wir arbeiten, zu fotografieren, freut uns sehr. Die vielen engagierten Kollegen vor Ort im sozialen Brennpunkt und die Kinder erfahren so eine Anerkennung. Für die Fotos und das Titelbild von Donata Wenders danken wir herzlich.

Die Rechte aller Fotos dieses Buches liegen bei den Fotografen.

Viele haben zu diesem Buch beigetragen, uns freudig unterstützt und gerne Hindernisse aus dem Weg geräumt. Die Geduld von Monika Kristowiak bei tagelangen Schreibarbeiten war Gold wert. Einen großen Dank an alle Unterstützer!

Barbara Wenders & Reinhard Stähling im Herbst 2009

Vorwort des Herausgabeteams

Ungehorsam im Schuldienst – Vision oder Notlösung?

Jahrhunderte lang war Gehorsam ein wichtiges Erziehungsziel. Ungehorsam von Pädagoginnen und Pädagogen klingt in diesem Zusammenhang wie ein Paradoxon.

Reinhard Stähling und Barbara Wenders, die beiden Herausgebenden des Buches: „Ungehorsam im Schuldienst – Der praktische Weg zu einer Schule für alle" haben diese Zusammenschau des scheinbar Unmöglichen geschafft: Sie haben gezeigt, dass gute Pädagogik geradezu Ungehorsam normal macht. Dies geschieht durch eine Kette von Einzelbildern, die von verschiedenen pädagogischen Persönlichkeiten im Interview aus der eigenen Biografie mit beeindruckenden Konflikterfahrungen in der Schule mit Bürokraten, unbeweglichen Kollegen oder starren Vorgesetzten geschildert werden. Die authentische Sprache und lebendige Darstellung der Pädagogen machen es leicht, eine breite Vielfalt an kreativen Auflösungen von starren Vorschriften zu lesen. Es ist unglaublich, was diesen Pädagoginnen und Pädagogen alles zum Wohle der Kinder eingefallen ist. Dies gilt weltweit, wie die Beispiele aus Südafrika und Kanada zeigen.

Nur einige kleine Beispiele sollen belegen, wie vielgestaltig Ungehorsam zum Wohle der Kinder aussehen kann:

- Zeugnisse wurden auf der Rückseite der Formulare mit Briefen an die Kinder erweitert. Als diese „Schändung amtlicher Rückseiten" verboten wurde, schweißten die Lehrer ihre Zeugnisse in Folien und schrieben ihre Briefe mit Permanentstift hinten drauf.
- Lehrer sind bereit, Unterrichts- und Schulversuche (z. B. Altersmischung) ohne eigene Vorerfahrungen zu wagen.
- Lehrer weigern sich, bürokratisch vorgesehene Aussonderungen von Kindern mitzutragen.

Gerade die alltäglichen Details von Zivilcourage gegen bürokratische unpädagogische Richtlinien zeigen, wie vielfältig auch in einer von Standardisierung geprägten Bildungslandschaft immer noch die pädagogischen Handlungsspielräume sind, wenn sie nur ergriffen werden. Den Mut, dies zu tun, geben die 13 interviewten Pädagoginnen und Pädagogen. Die beiden Herausgebenden des Buches zeigen in ihren Kommentaren den pädagogischen Wert dieser pädagogischen „Ungehörigkeiten" auf. So wird das Buch zu einem Wechselspiel von Theorie und Praxis, das die Position stärkt: Die menschliche pädagogische Haltung gegenüber den Lernenden ist der Weg und nicht bürokratische Engstirnigkeit und rigide Unterordnung unter starre Vorgaben. Barbara Wenders und Reinhard

Stähling zeigen deutlich, dass Schulentwicklung nur durch individuelle Flexibilität und Mut zur Veränderung möglich ist.

Dieses Buch lässt sich wunderbar lesen, denn die Interviews zielen auf erlebte Geschichten der verschiedenen in diesem Buch vorgestellten quer denkenden Pädagogen. Die sehr plastische Alltagssprache der Interviewten verleiht allem Authentizität. Viele dieser Aussagen sind nirgendwo sonst gedruckt zu finden, manche wären auch riskant für die Beteiligten – selbst wenn die Kommentare im Buch wiederum zeigen, dass sie für die Schulpraxis sehr wertvoll sein können.

Die in den Kommentaren von Reinhard Stähling und Barbara Wenders aufgezeigten Wege zeigen, dass sich in diesen Handlungen nicht nur individuelle Verhaltensweisen, sondern generelle pädagogische Haltungen finden lassen, die den längst fälligen Umbau des Schulsystems voran bringen können.

Von daher ist diesem Buch zu wünschen, dass es viel Verbreitung – nicht nur heimlich hinter vorgehaltener Hand – sondern auch offiziell in den Schulbibliotheken und Konferenzen findet.

Denn der vorgestellte Ungehorsam ist nicht eine Notlösung, sondern eine notwendige Lösung.

Im Namen von Rainer Winkel
Herbst 2009

Astrid Kaiser

Einleitung

„Dies ist kein Bericht
über den Ungehorsam
von Lehrerinnen und Lehrern.
Es ist ein Bericht über den Respekt
für die Interessen und Bedürfnisse der Kinder.
Von der Achtung ihrer Rechte.
Vom Gehorsam gegen die eigenen Ideale.
Und vom Mut."
(Gerhard Sennlaub 2007)

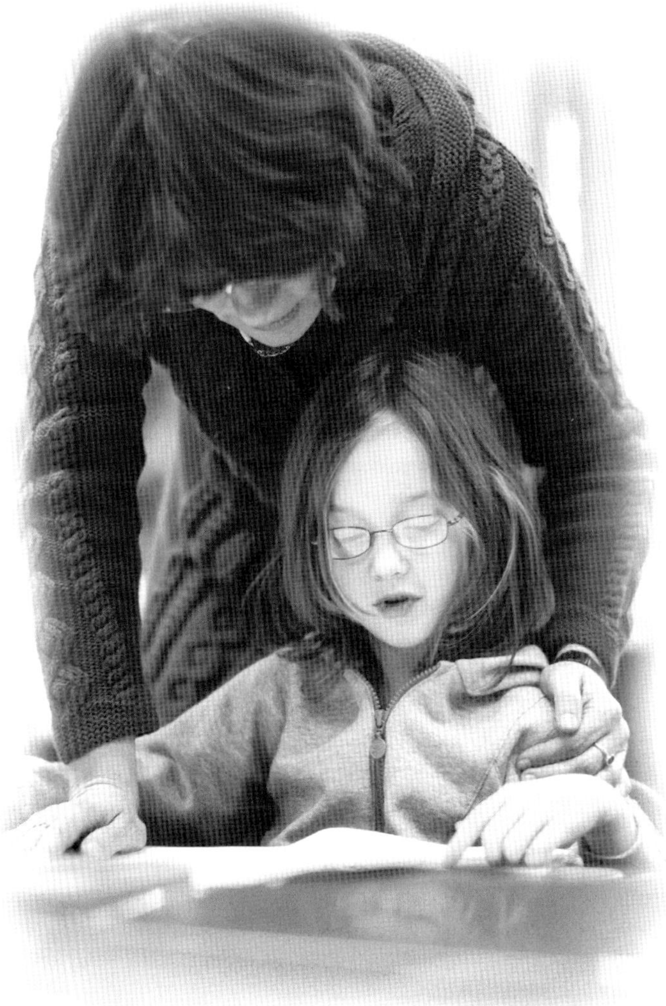

Was Lehrer wagten, bevor Reformen gelangen, wurde bisher wenig beschrieben. Leider fehlen ausführliche Studien dazu (vgl. Winkel 2008–2010). Wie wurde taktiert, was durfte man nicht sagen, welche Widerstände mussten überwunden werden, welche List war angezeigt? Eine Ausnahme bildet der „Umsturzversuch“, den Konrad Wünsche unternahm und in seinem Bestseller „Die Wirklichkeit des Hauptschülers“ (1972/1979) schilderte. Er war 1954–1975 als Hauptschullehrer in Fitzdorf tätig.

Es gibt viele Untersuchungen zur Schulreform, aber nur wenige erforschen die gegenüber den Vorschriften ungehorsamen Aktivitäten der Reformer. Wir machen mit dem vorliegenden Buch einen Versuch, den Teil der alltäglichen Schulreform zu beleuchten, der „hintenherum“ geschieht oder der von Ämtern stillschweigend geduldet bzw. ohne Wissen der Schulbehörden stattfindet. Dazu haben wir bekannte heutige Schulreformer interviewt. Es scheint, dass Schulleute täglich irgendwo Widerstand praktizieren, im Stillen, unauffällig und dass sie gedeckt werden von Vorgesetzten. Viele umgehen offenbar Dienstvorschriften (z. B. zu den Zeugnissen) und verweigern so den Gehorsam, und zwar im Dienste der Bildung ihrer Schüler. Wenige opponieren öffentlich und auffällig, wie z. B. Heinz Kreiselmeyer als Schulamtsleiter in Bayern, Brigitte Schumann in politischen Aktionen oder Neville Alexander, der in der Befreiungsbewegung mitwirkte. Sie alle versuchen auf verschiedene Weise, für die Bildung zu kämpfen.

Gerhard Sennlaub, ehemaliger Schulrat in NRW, beschreibt den Umbau der Schule so:

„Viele Kolleginnen und Kollegen haben ihre Reform mit Nervenverschleiß und Tränen, einige sogar mit dienstrechtlichen Verfahren bezahlt. Aber auf Dauer war der Staat gegen sie machtlos und konnte sich den Argumenten der Reformer nicht verschließen: Er erlaubte das bisher Verbotene, gebot es sogar und wurde in vielen Ländern ein eifriger Förderer besonders von Freiarbeit und Wochenplanunterricht“ (Sennlaub 2007).

Beispiele aus der Geschichte der Grundschule zeigen, wie Schule reformiert wurde (vgl. Sennlaub 2007):

- Schulglocken wurden abgestellt und der 45-Minuten-Takt beendet.
- Unterrichtsthemen wurden nach den Gegebenheiten der Lerngruppe und nicht nach dem Lehrplan ausgewählt.
- Zeitvorgaben für einzelne Fächer wurden verändert.
- Klassenaufsätze wurden nicht mehr nach Vorschrift als „diskursiver“, „informativer“ oder „appellativer“ Text verlangt, sondern frei nach Lustprinzip geschrieben (vgl. Sennlaub 1980).
- Zeugnisse wurden auf der Rückseite der Formulare mit Briefen an die Kinder erweitert. Als diese „Schändung amtlicher Rückseiten“ verboten wurde, schweißten einige Lehrer ihre Zeugnisse in Folien und schrieben ihre Briefe mit Permanentstift hinten drauf.

Wer gegenüber pädagogischem Unsinn oder Unrecht auf solche oder ähnliche Art versteckt oder offen, geplant oder spontan genau das *nicht* machte, was er *vermeintlich* sollte, den bezeichnen wir in diesem Buch als „ungehorsam". Reinhard Kahl berichtet im Nachtrag zu Enja Riegels Buch zum Umbau der Helene-Lange-Schule Wiesbaden, wie die Schulleiterin an den Behörden vorbei „heimliche Versuche" unternommen hat, fächerübergreifende Jahresarbeitspläne an einer Gesamtschule einzuführen. Die psychische Last der Verantwortlichen muss groß gewesen sein. Dazu finden wir allerdings kein Wort. Reinhard Kahl sagt nur: „Und hätten die Lehrer gewusst, dass einiges von dem, was sie ausprobierten, von den Behörden nicht abgesegnet worden ist, hätten sie es vielleicht nicht angefangen. (...) Wer, wenn nicht die Schulleitung, hätte diesen Teufelskreis durchbrechen können?" (Riegel 2004, 250f.)

Anscheinend ist Bildung in Deutschland eine Geheimsache. Die „Drahtzieher" verraten nur hinter vorgehaltener Hand, wie es genau funktioniert.

Wie konnte die Berliner Fläming-Grundschule es wagen, „einfach" Kinder mit so genannten geistigen Behinderungen aufzunehmen, wo doch in Deutschland erst wenige Jahre zuvor, diesen Kindern – wenn überhaupt – eine Schulbildung in Sonderschulen zugestanden wurde? Irmtraud Schnell beschreibt in ihrer grundlegenden Studie zur „Geschichte schulischer Integration" (2003), wie der „gemeinsame Unterricht" als unbequeme Neuerung blockiert wurde. Hier stoßen wir auch auf erste Hinweise zum „Ungehorsam" der Integrationsbefürworter (vgl. Schnell, S. 159ff.):

- Lehrer handeln aus eigener Initiative ohne Wissen der Schulbehörde.
- Das Handeln wird von der Behörde teilweise stillschweigend geduldet.
- Sie praktizieren halboffizielle Schulversuche.
- Lehrer sind bereit, Unterrichts- und Schulversuche ohne eigene Vorerfahrungen zu wagen.
- Lehrer lassen sich und ihre Arbeit z. B. in Integrationsklassen filmisch dokumentieren.
- Sie öffnen ihren Unterricht für Hospitanten und machen sich so angreifbar.
- Sie berichten öffentlich über ihre Erfahrungen in Modellversuchen und ermutigen andere, ihnen zu folgen.

Uns interessiert, was hinter den Kulissen der Schulen passierte, wo „ungehorsame" Lehrerinnen und Lehrer bei der Veränderung erfolgreich waren. Wir lassen unsere persönlichen Erkenntnisse und Erfahrungen aus jahrelanger Arbeit in verschiedenen Schulformen einfließen.

Barbara Wenders ist Grund- und Hauptschullehrerin und Lehrerin für Sonderpädagogik und arbeitet nun an der *Grundschule Berg Fidel in Münster (www.ggs-bergfidel.de).* An dieser Brennpunktschule ist Reinhard Stähling Schulleiter. Er hat den langen Weg zu einer inklusiven Schule für *alle* Kinder des näheren Umfeldes ausführlich beschrieben (vgl. Stähling 2006). Englische Forschungsarbeiten zeigen, dass gute inklusive Schulen häufig eine Antwort auf die Herausforderung durch schwierige Schüler darstellen (vgl. Dyson 2010). Wir wollen in diesem Buch nur *Pädagogen mit sehr langer Berufserfahrung* das Wort geben, die sich zudem als Schulreformer gegen Hindernisse durchsetzen konnten. Ihr „Ungehorsam" ist unser Thema. Wir haben mit Reformern aus Deutschland, Südafrika und Kanada gesprochen und deren Worte mit Hilfe eines Diktiergerätes aufgezeichnet. Ihre Erfahrungen zu erzählen und mit uns gemeinsam im Gespräch zu erforschen, welchen Wert ihre Haltung für die Bildung hat, war allen Interviewten willkommen. Welche Krisen bewältigen sie im Schuldienst? Woher nahmen sie ihre Kraft dabei?

Unsere Interviewpartner sind im Alter zwischen 56 und 76 Jahren. Viele von ihnen genießen inzwischen ihren Ruhestand und haben wegen ihrer hier veröffentlichten kritischen Äußerungen gegen Missstände im Schulwesen keine Sanktionen zu erwarten. Aber wahrscheinlich hätten sie „im Dienst" nicht anders gesprochen. Die Interviews fanden in den Jahren 2007–2009 statt. Wir dokumentieren 30 Jahre Ungehorsam, Zivilcourage und Kampf für ein humanes Schulwesen jenseits des Dienstweges.

Über viele unveröffentlichte, sehr deutliche Worte unserer Interviewpartner haben wir gestaunt. Zuweilen war sogar juristischer Rat erforderlich, ob sie überhaupt veröffentlicht werden dürften. Wir können nicht alles dokumentieren, was wir gehört und gesehen haben. In den dargestellten Fällen sind wir aber zuversichtlich, dass der Leser auf der Basis eigener Erfahrungen die teils nur angedeuteten Schulrealitäten zu Ende denken kann. Unsere Gesprächspartner zeichnen – völlig unabhängig voneinander – ein lebendiges Bild von ungehorsamer Haltung im Dienste der Bildung. Hier und da mussten wir lachen. Des öfteren blieben uns – angesichts so vieler uns berichteter Nöte – die Lacher im Halse stecken.

Zuerst verstanden wir nicht, dass mehrere Interviewpartner uns mitteilten, dass sie eigentlich selten ungehorsam gewesen seien. Dies erstaunte uns, weil die hier befragten Reformpädagogen durch ihr „ungehöriges" Tun viel bewegt haben und – wie sich in Gesprächen zeigte – teilweise viele Gegner hatten. War das Thema Ungehorsam nicht gut geeignet für ein Interview? Allmählich wurde uns klar, dass diese mutigen Menschen erfolgreich auf etwas beharrt hatten. Sie hatten viele ihrer vorherigen Kontrahenten überzeugt bzw. zu Mitstreitern gemacht. Dies erschien einigen in der Rückschau weniger als Ungehorsam, sondern als ein Weg, sich für ihre Schüler und deren Bildung einzusetzen. Sie sprachen bescheiden von kleinen Schritten, von Geduld und von Rückschlägen.

Solche Erfahrungen decken sich mit denen, die Kurt Singer (2003a) bei seinen Interviews mit zivilcouragierten Menschen machte: „Ich genierte mich oft, wenn ich nach den Motiven des Ungehorsams fragte und die Befragten so bescheiden antworteten: 'Ich wollte einfach das tun, was mir als richtig erschien, ich konnte doch nicht wegschauen.' Solche Bescheidenheit erlebte ich bei vielen mit zivilem Mut" (Singer 2003b).

Die meisten der Interviews dauerten mehrere Stunden. Die Niederschriften wurden im Einvernehmen mit den Interviewten gekürzt. Wir befragten die Gesprächspartner in der Regel entlang ihres langen beruflichen Lebenslaufs. Besonders die erlebten Geschichten, die den Reformern in Erinnerung sind, wollten wir festhalten. Wir fanden, was wir vermutet hatten: Erlebnisse, die eine ungehorsame, eine mutige und sich wehrende Haltung zeigten. Alle traten für die Menschen ein, für die sie sich verantwortlich fühlten. Einiges sagten unsere Interviewpartner im Dienst nicht laut, sondern nur hinter vorgehaltener Hand. Sie versteckten nicht selten ihre großen Enttäuschungen, ihre Aufschreie gegen eine Schule, die den Kindern nicht gerecht wurde. Worte, die so nicht veröffentlicht worden wären. Sie zeigen ein Bild von Schulentwicklung oder Schulreform, das anders ist als Feiertagsdidaktiker glauben machen. Viele dieser Reformer zählen zu den Großen ihrer Zeit.

Im ersten und größten Teil des Buches lernen wir in Gesprächen Schulreformer kennen, die den langen steinigen Weg der Veränderung von unten in teilweise unauffälliger Weise praktizierten, wie z.B. Gertraud Greiling, die ehemalige Leiterin der Schule, die den Deutschen Schulpreis 2008 erhielt. Der zweite Teil stellt eine Persönlichkeit vor, die durch ihren Ungehorsam im Schuldienst Skandale in der Öffentlichkeit ausgelöst hat: Schulamtsleiter Kreiselmeyer. Im dritten Teil erweitern wir den Blickwinkel in andere Länder und sprechen mit Pädagogen aus Kanada und Südafrika.

Die Leser sind eingeladen kreuz und quer – je nach Interesse – zu blättern. Auch die von uns verfassten Texte zwischen den Gesprächen sind, in beliebiger Reihenfolge gelesen, verständlich. Querverweise dort erleichtern die Suche nach bestimmten Themenfeldern, die in den Interviews beantwortet werden. Wir beleuchten in diesen Texten den Ungehorsam im Dienst an konkreten Praxisfällen aus *pädagogischer, juristischer, psychologischer, historischer und auch persönlicher* Perspektive. In den Kapiteln 5 bis 8 finden engagierte Lehrerinnen und Lehrer, die in ihrer Schule wirklich jede Schülerin und jeden Schüler zum Erfolg führen wollen, *praxiserprobte Ungehörigkeiten.* Sie sind unterteilt in die Arbeitsfelder *Unterricht (Kapitel 5), Teamarbeit (Kapitel 6), sonderpädagogische Förderung (Kapitel 7) und Sozialarbeit (Kapitel 8).* In diesen vier Kapiteln werden Schritte zur Verwirklichung von konkreten pädagogischen Teilzielen sowie mögliche Widerstände in übersichtlichen Tabellen dargestellt. Arbeitskreise aus Eltern, Schulmitarbeitern, Schulentwicklern und Schulforschern können sowohl die Texte als auch die Interviews als Gesprächsgrundlagen nutzen. Wenn Wissenschaftler die Interviews näher untersuchen, vergleichen und analysieren, erweitern sie die Sicht auf schulische Reformprozesse.

Die Fotografin Donata Wenders ergänzt die Texte durch ihren Blick auf Kinder, Pädagogen und Schule. Ihre Fotos zeugen von der Achtung gegenüber den Menschen, die in der Schule leben, lernen und arbeiten. Wir möchten mit diesem Buch allen heutigen Schulreformern eine Stimme geben, die in ihren teilweise geheimen Kämpfen im Schulalltag manchmal „Kopf und Kragen" riskieren. Dies tun sie für die Zukunft aller Kinder. Ihre inneren Kämpfe, ihre Verwerfungen, Zweifel und Zerrissenheit lohnen, ernst genommen zu werden. Mit diesen Menschen zusammen können wir den Weg zum längst überfälligen Umbau unseres Schulwesens finden.

I.
„Der lange steinige Weg“

Ungehorsam im Dienste der Bildung

Gerhard Sennlaub

1933	geboren
1951	Fabrikarbeiter, Erzieher im Lehrlingsheim
1957	Lehrer auf dem zweiten Bildungsweg
1957	Vorsitzender des Studentenverbandes pädagogischer Hochschulen
1958	Lehrer an Wuppertaler Volksschulen
1965	Erster Lehrer einer zweiklassigen Schule im Lipperland
1965, 1966	Veröffentlichung von Kinderbüchern
1969	nach Schulauflösung Lehrer einer 9. Hauptschulklasse
1970	Schulleiter einer Grundschule in Wuppertal
1975	Mitglied im Vorstand des Arbeitskreises Grundschule
1979	Schulrat im Ennepe-Ruhr-Kreis
1980	Veröffentlichung: Spaß beim Schreiben oder Aufsatzerziehung; viele Beiträge in Fachzeitschriften
seit 1982	Veröffentlichungen von Lesebüchern, Sprachbüchern, Rechtschreiblehrgängen und Wörterbüchern für den Unterricht
1982–1984	Mitglied der Richtlinien-Kommission Grundschule beim Kultusministerium von NRW
1983–1992	Herausgeber: Lesebuch für Grundschullehrer (12 Bände)
1984	Schulamtsdirektor
1989–91	Kolumnist der Deutschen Lehrerzeitung
1991	beurlaubt; freie Autoren- und Referententätigkeit
seit 1995	im Ruhestand
seit 2002	Bücher über das Bauerndorf Axstedt

www.gerhardsennlaub.de

GERHARD SENNLAUB

Gegen amtlich angeordnete Kinderschädigung

– Ein Schulrat erzählt

Herr Sennlaub, was hat Sie damals bewogen, Lehrer zu werden?

Ich war viel in der christlichen Jugendarbeit, hatte eine eigene Jungschar, schon mit 16; vermutlich geht mein Berufswunsch darauf zurück.

Gab es diesen widerborstigen Sennlaub damals auch schon?

Da ich der erste von fünfen bin und außerdem einige Anlagen mitgekriegt habe, die bei anderen Leuten als nicht leicht zu verwalten gelten, nehme ich mal an, das ist auch Teil meines Wesens. Kriegserlebnisse, radikal-protestantische Schwarz-Weiß-Einteilungen kommen wohl hinzu. Jedenfalls, mich unterordnen, Mund halten, Kröten schlucken, das sind Übungen, die fallen mir schwer. Außer, wenn ich weiß, dass hinten was rauskommt. Dann ja, aber nur dann. Und das habe ich erst lernen müssen.

Aber widerborstig bin ich erst nach meiner „pädagogischen Bekehrung" geworden, nach dem Wechsel als „Erster Lehrer" in die zweiklassige Schule zu Tintrup im Lippischen. Seither wehre ich mich gegen Unvernünftiges und gegen Unanständiges im Umgang mit Kindern. Und das ist bei uns in reichem Maße der Fall. Mit solchen Äußerungen macht man sich ja Feinde, und mit 75 sollte man sich keine neuen Feinde mehr schaffen. Aber die Selbstachtung gebietet, die alten zu behalten.

Wie waren Sie anfangs als Lehrer?

Der wichtigste Punkt war, ich hab die Kinder und jungen Leute alle gern gehabt, und ich glaube, das haben sie gespürt. Ich bin eigentlich eine Frohnatur, schlechte Laune, also da muss schon wirklich was Schlimmes gewesen sein. Da ich gerne in die Schule ging, hat sich meine fröhliche Stimmung auf die Klasse übertragen. Ich habe versucht, gerecht zu sein, und ich war jedes Jahr bis zu zweimal mit der ganzen Klasse wochenlang unterwegs. Aber ein guter Lehrer war ich nicht. Im Sinne heutiger Prüfungsnormen bin ich auch nie einer geworden.

In meiner zweiten Schule hat sich eines Tages ein Junge aus meiner fünften Klasse erhängt. Ein Kripobeamter kam zu mir, ich sollte mir keine Vorwürfe machen, da hätte die Schule nichts mit zu tun. Wenn einem so was widerfährt, hört man Begründungen, die einen selbst sanieren, immer gern. Ich erinnere mich an die Beerdigung, da war ich mit der ganzen Klasse. So ein kleiner weißer Sarg, unerträglich! Und dann habe ich das verdrängt. Später wurde mir klar, wenn ich Schule so gemacht hätte, dass Heinz-Jürgen morgens gerne zur Schule gegangen wäre, hätte der keinen Grund gehabt, sich aufzuhängen. Aber das kleine rote Sparkassenbüchlein wies aus: 5, 6, 5, 5! Das waren seine Noten. Insofern kann ich nicht sagen, ich sei an seinem Tode schuld, aber ich habe mindestens erheblich daran mitgewirkt, dass er keine Chance sah. Wer morgens singend in die Schule geht, der bringt sich nicht nachmittags um. Das gibt's nicht. Es gibt nichts Wichtigeres in der Schule als die menschlichen Beziehungen. Vergesst alles, was ihr an Kunstfertigkeiten gelernt habt und sorgt dafür, dass ihr emotionale Beziehungen zu den Kindern in eurer Klasse kriegt und die zu euch, dann wird sich fast alles von selbst ergeben.

Was hat Sie in der Junglehrerzeit dazu gebracht, Ihren Weg zu finden?

Ich habe keinen fertigen Weg gesehen. Nein, ich würde sagen, es sind zwei Dinge. Das erste – und das ist immer das Stärkste – ist der Wunsch, sich selbst zu verwirklichen. Ich will das tun, was mir Spaß macht, was mich befriedigt. Diese Kinderverwaltung, das ist etwas so Primitives, etwas so Widernatürliches, damit will ich nichts zu tun haben. Letztlich habe ich wenig nur deshalb gemacht, weil ich es für richtig hielt. Mindestens zu einem erheblichen Teil spielte der Gedanke mit: Das tue ich auch für mich. *Ich* muss Freude und Befriedigung erleben in meinem Beruf, *ich* muss einsehen, dass das richtig ist, was ich tue. Natürlich gehört zur Befriedigung, dass das den Kindern was bringt. Aber nicht, dass ich da irgendwelche Vorschriften erfülle. Ich habe es später als Schulrat den Lehrerinnen und Lehrern immer wieder gesagt: Ihr müsst euch in eurem Beruf wohlfühlen. Nur wenn ihr es schafft, Schule so zu machen, dass ihr euch daran freut, seid ihr in der Lage, dass die Kinder sich daran freuen.

Und das zweite: Ich hab als Dorfschullehrer gelernt, vom Kind aus zu denken. Je älter ich wurde, desto mehr habe ich bedacht: Was braucht der Hans Jürgen, was ist denn jetzt besser für die Renate? Da muss ich mal sagen, wir denken ja, nicht nur als Lehrer, bei alltäglichen Entscheidungen gelegentlich: Wie würde ein bestimmter uns bekannter Mensch in dieser Situation handeln? Manchmal, wenn ich eine Entscheidung zu treffen hatte, die das Kindeswohl betraf, tat ich unwillkürlich das Gegenteil dessen, was bestimmte Lehrer meiner Gymnasialzeit wohl getan hätten. Der Pädagoge ist Fachmann für Kinder. Deren Fach war ihr Fach. Vieles, was wir mit unseren Töchtern erlebt haben, hat mich in diesem Urteil bestärkt. Ich kenne Ausnahmen. Aber insgesamt gehören die Kollegen zu Pferde eigentlich einer anderen Berufsgruppe an als ich.

Also pädagogisch anständig und vernünftig zu handeln, das ist der zweite Punkt. Mit bloßer Vorschriftenerfüllung ist das nur selten zu haben. Zuckmayers Schuster Voigt: „Erst der Mensch, und dann die Menschenordnung!" Gilt sogar für Wanzen.

Und doch sind viele so verhaftet in dem, was sie meinen vorgeschrieben zu bekommen ...

Wir Lehrer sind Angsthasen, oft Feiglinge. So schnell wagen wir nicht, Bestehendes zu verändern. Wer's dennoch versucht, hat's schwer. So, wie unsere Bundesländer Schule veranstalten, halte ich sie für nicht reformierbar. Die sind ja nicht bösen Willens. Sie können's nur nicht. Was sollen wir tun? Außer Privatschule fällt mir nichts ein. Aber unsere Vorgänger haben doch nicht für die staatliche Schulaufsicht gekämpft, damit wir unsere Schule jetzt wieder den Privaten anvertrauen. Es ist ein Dilemma, aus dem ich nur eine ganz bescheidene Lösung sehe: einzelne Kolleginnen und Kollegen unterstützen. An das allgemeine kindgerechte System glaube ich nicht. Selbst die berühmten Schulreformer der zwanziger Jahre waren eine Minderheit. Als wir in den siebziger Jahren Schule verändert haben – und das kam von unten, nicht von oben! Von oben, das war bloß die Antwort – waren wir eine Minderheit. Wir hatten Regionen, da hatten wir die Mehrheit, ja. Gerade in Nordrhein-Westfalen.

Hatten Sie eine Lobby?

Ich hatte keine Lobby, aber ich wusste immer, ich habe Bundesgenossen, die denken genauso. Wir haben alle die Gemeinschaft der Gesinnungsfreunde, die Lehrerinnen und Lehrer geworden sind, weil sie sich Befriedigung von diesem Beruf versprachen. Daran zu denken, hat tatsächlich so etwas wie Lobbywirkung. Aber wir sind eine Minderheit. Je älter ich wurde, desto mehr habe ich eingesehen, wir bleiben auch eine Minderheit im Amt. Als ich zum ersten Mal Rektor wurde, da habe ich weitergemacht, was ich von meiner zweiklassigen Dorfschule her konnte: Ich tu nur das, was ich für pädagogisch anständig und vernünftig halte. Meine Schulrätin war Frau Berndt, meine ehemalige Schulleiterin, die ließ mir sofort freie Hand, nach ihr kam ein Schulrat, der ließ uns ebenfalls freie Hand. Danach kam ein Verwaltungsbeamter, und an dem hat sich mein ganzer Widerstand entzündet. Der wäre, wie ich meine, nach wie vor auch jetzt, da ich aus der Entfernung sprechen kann, besser nie Lehrer geworden. Auf Schulleiterkonferenzen wurden nur Vorschriften durchgekaut, als wenn wir nicht selber des Lesens kundig wären. Ich habe immer möglichst unauffällig Hefte korrigiert währenddessen. Der Mann hat uns klar gemacht, Stoffverteilungspläne müssen vorschriftsmäßig erstellt werden. Ich habe nie einen gehabt. Ich habe meine Klassenbücher manchmal monatelang nachgetragen. Ich wusste oft gar nicht, was ich da hätte schreiben sollen. Er verlangte: Stoffverteilungspläne müssen so gemacht werden, dass sie wirklich eingehalten werden, und wenn da steht, im Frühjahr soll gelernt werden das Lied „Singt ein Vogel im Märzenwald", dann will ich wissen, in welcher Woche das gelernt werden soll, und wenn ich im Herbst komme, will ich im Klassenbuch sehen, dass das in dieser Woche auch wirklich stattgefunden hat. Also das war ein solches Kontrastprogramm zu allem, was ich für vernünftig hielt. Ich widersetzte mich, und da versuchte er dann natürlich mir zu zeigen, wo der Hammer hängt. Zum Beispiel zog er mir eines Tages eine Lehrerin ab. Ich war empört. Er kam auch nicht selbst. Ich bin als Schulrat meist zu den Versetzungskandidaten hingegangen, sowohl zur Schule als auch zur Lehrerin. Bei dem ging alles übers Telefon, aber er hat nicht mal selbst telefoniert, er *ließ* telefonieren. So hat er die Lehrerin abgezogen. Ich kannte meine Vorschriften ja auch, ich wusste, die steht meiner Schule eigentlich zu. Wenn er meint, es gibt irgendwo anders noch größeren Bedarf, dann soll er mir das sagen. Da bin ich zu einem Vater gegangen, der Rechtsanwalt war; und der war im Verwaltungsrecht firm und sagte, bringen Sie mir alle relevanten Vorschriften. Er hat an die Schulabteilung des RP geschrieben und freundlich, aber entschieden die Rücknahme der Verfügung des Schulamtes verlangt. In Düsseldorf war Leiter der Schulabteilung ein bekannt harter Mann. Aber ich habe ihn später als fair und gerecht kennen gelernt. Der antwortete ausweichend, wie das Verwaltung so tut. Da hat ihm der Vater 'ne Frist gesetzt. Ein paar Wochen später hatten wir die Lehrerin wieder. Da habe ich den schlimmsten Fehler gemacht. Ich hatte jeden Monat eine Schulzeitung und habe stolz in einem Artikel erzählt, die Lehrerin wäre uns weggezogen worden – „unrechtmäßig, wie wir heute wissen" – aber nun wieder da. Das stellt mir ein arges Zeugnis aus, aber vielleicht können andere daraus lernen, wenn ich das hier preisgebe.

Mein Schulrat kriegte immer die neueste Zeitung, der hat sich nie dazu geäußert. Eines Tages begegnete ich ihm in der Stadt, da guckte er mich schon so verkniffen an, aber sagte nichts. Plötzlich kam ein Brief aus Düsseldorf: Aufforderung zu einem dienstlichen Gespräch. Vorgesetzte, die Untergebene weich kochen wollen, sagen nicht, worum es geht und setzen einen Termin möglichst spät, damit der Betroffene auch wirklich weich gekocht wird. Und dann heißt der letzte Satz: „Dienstreise wird angeordnet." Weich gekocht kam ich zum Abbürsten.

Später bin ich noch mal zum Abbürsten beordert worden. Wenn ich mit Kollegen darüber rede, was Lehrers Angst in der Schule ist, kann ich nur sagen, Leute, die habe ich erlebt, ich weiß, wie das ist. Aber in dem Fall hatte ich Glück, denn der Abteilungsdirektor hatte meine Personalakte, und da standen wohl gute Dinge drin. Mir ging das Herz bis hier. Der Schulrat saß daneben, der traute sich nicht, die Beine übereinander zu schlagen, ein Urbild des Untertanen. Als ich merkte, der Direktor war ganz sachlich, sagte, so sei das nicht, dass ich einen Rechtsanspruch für meine Schule hätte auf bestimmte Lehrerstellen, die man so oder so errechne, sondern da sei sehr wohl auch ein Ermessen des Schulrats drin, da habe ich den Schulrat gefragt: „Warum haben Sie mir das nicht selbst gesagt? Warum haben Sie mich hier sofort angezeigt?" Sagte der: „Ich hatte den Eindruck, dass das bei Ihnen sowieso keinen Zweck hat." Und da hatte er verloren. Der Dezernent sagte mir zum Abschluss: „Ich weiß Leistung zu schätzen, auf Wiedersehen." Ich ging, der Schulrat musste dableiben und wird wohl abgebürstet worden sein. Aber das Wesentliche ist, es hätte ganz anders ausgehen können, denn ich war im Unrecht, in der Sache und in der Form. Bei den meisten Vorgesetzten wäre es anders ausgegangen. Ich weiß also, wie das ist, wenn man Angst hat, und wie erbärmlich das ist, bei nachgeordneten Leuten Angst zu erzeugen. Mein Fehler war meine große Schnauze. Ich hatte doch gewonnen, warum musste ich diesen Triumph noch vor den Eltern in der Schulzeitung ausbreiten? Es war taktisch dumm. Und ich habe dafür bezahlt.

Aber es könnte andere dazu ermutigen, genau so zu handeln ...

Ja, aber: Seid klug! Es kommt immer darauf an, was hinten herauskommt (Helmut Kohl!). Und wenn ihr zwischendurch Schiete fressen müsst: Wenn ihr am Schluss das kriegt, was ihr für pädagogisch anständig und vernünftig haltet, in Gottes

Namen, fresst! Wenn ich weiß, ich will eine Lehrerin haben, die an die Schule genau passt, da bin ich bereit, fast alles dafür zu tun. Hauptsache, sie kommt. Aber so zu reden, dafür musste ich 75 werden. Mit 40 habe ich das nicht gedacht, mit 50 auch nicht, aber heute meine ich, der Zweck heiligt zwar nicht die Mittel, aber entscheidend ist, was hinten rauskommt. Das gilt am meisten beim Wohl der Kinder.

Als Sie Rektor waren, wurden Fünfen verteilt?

Höchst selten. Im Aufsatzunterricht haben die Kinder über die Noten befunden, und zu der Zeit traute sich auch der Schulrat nicht mehr an mich heran, weil ich zu viel veröffentlicht hatte. Da hat er mich in Ruhe gelassen, hat so getan, als wüsste er es nicht. Und es lief wirklich auf drei Noten heraus. Da an mangelhaft oder ungenügend zu denken, das gab es für die Kinder einfach nicht. Und im zweiten Kernbereich des Deutschen, im Rechtschreiben, da gab es auch keine Fünfen und Sechsen. Wenn mal etwas war, habe ich drunter geschrieben, das glaube ich nicht, dass Du das geschrieben hast, dazu schreib ich diesmal nix! Oder irgend so eine Formulierung.

Wenn es denn jemanden gegeben hätte, der das verlangt hätte, z.B. beim Schulwechsel?

Das hätte ich nicht getan. Die Eltern haben natürlich gewusst, was ich trieb, aber sie wussten, die Kinder gehen gerne in die Schule und lernen was. Die hatten keine Veranlassung, mich in die Pfanne zu hauen. Es steht nirgends geschrieben, dass der Lehrer Fünfen und Sechsen geben muss. Wirklich nicht. Wäre ich angegriffen worden, hätte ich argumentiert, das entspricht meiner verantwortlich erstellten Normalverteilung, so verläuft meine Kurve nun mal.

Im vierten Schuljahr, dem Jahr vor dem Schulwechsel, habe ich mich geweigert, die Zügel anzuziehen in Erwartung kommenden Ungemachs und habe das den Eltern erklärt. Kein Gärtner wird einen Baum pflanzen und beizeiten ihn einem Sturm aussetzen mit der Begründung, du musst lernen, was Stürme sind, auch wenn du möglicherweise entwurzelt wirst. Sondern jeder vernünftige Gärtner schlägt einen stützenden Stamm daneben. Nichts anderes tue ich. Einmal gab es eine Rebellion bei einer Elterngruppe, die mehr Härte wollte. Da habe ich in der Klassenkonferenz erklärt, warum ich das nicht könne, aber angeboten, jeden Antrag auf Besuch einer nicht zuständigen Schule zu unterstützen. Ein Kind wurde daraufhin abgemeldet.

Haben Sie denn Widerstand im eigenen Hause erlebt?

Nein, nicht ein einziges Mal. Im Anfang Reserviertheit. Was macht denn der da? – Ich habe auch nie versucht, anderen meinen Stil aufzudrücken. Das geht gar nicht. Eine alterfahrene Kollegin sagte: „Herr Sennlaub, machen Sie uns nicht unsere Schule kaputt." Ich kriegte Angst: „Ja wieso?" – „Ja, die Kinder müssen sich auf dem Hof nicht mehr in Zweierreihen aufstellen. Sie sind manchmal so albern mit den Kindern, und nachher haben Sie alle Hände voll damit zu tun, sie wieder ruhig zu kriegen.“ Das hatte sie ganz richtig gesehen. Es muss sich ja jeder so verbrauchen, wie er ist. Eines schickt sich nicht für alle. Gewisse Verhaltensweisen und Grundeinstellungen, die man in jahrzehntelanger Berufspraxis gewonnen hat, die schmeißt man nicht über Bord, weil ein neuer Schulleiter kommt. Aber die Gesamtsichtweise, dass die menschlichen Beziehungen wichtiger sind als alle Vorschriften, die setzt sich ganz schnell im Kollegium durch. Denn eigentlich ist das ja unser aller Grundüberzeugung: Erst kommt das Kind!

Und wenn dann der Schulrat kommt ... ?

Den ersten habe ich mit Bangen, die andern drei mit Freuden begrüßt, weil ich in ihnen „Brüder in Pestalozzi“ sah. Frau Berndt war eine „Schwester“. Der letzte hätte sich nicht getraut, weil er genau wusste, ich hätte ihm Ärger gemacht. Kein Schulrat fährt gern in eine Schule mit sperrigem Schulleiter, in der es bloß Nervenaufreibendes zu erleben gibt. Ich kannte auch so einen. Die bräsige Arroganz des Schulleiters hinter seiner Zigarre, dieses Mir-kann-keiner! auf pädagogisch niedrigem Niveau, das war mir regelrecht zuwider. Die, die Flagge zeigen, die haben Vorteil, auch wenn's die Piratenflagge ist.

Und die auch eigenmächtig Entscheidungen treffen, ohne gefragt zu haben ...

Aber ja. Es ist doch nicht Lehrers Aufgabe, um Erlaubnis einzukommen, sondern pädagogisch verantwortlich zu handeln. Ehe ich mich beurlauben ließ, hatte ich im letzten Augenblick noch eine Jenaplanschule initiiert, und die war schon geboren, aber noch nicht abgenabelt. Nach meiner Beurlaubung habe ich noch die Stadt Herdecke eine Zeitlang beraten. Bei einem gravierenden Problem rief ich in meiner Not den zuständigen Ministerialrat an. Dem habe ich das Problem geschildert. Da sagte der, Herr Sennlaub, das wissen Sie doch, erst wird gestaltet, und dann wird das mitgeteilt! Als guter Pädagoge wusste er das. Und wir machen es unseren Oberen ja auch leicht, wenn wir pädagogisch vernünftige Tatsachen schaffen. Wenn wir erst um Erlaubnis fragen, dann schaffen wir denen Probleme, vor allen Dingen uns, denn wenn sie erstmal haben ablehnen müssen, dann haben wir richtig ein Problem! – Wenn wir aber etwas schon gemacht haben, dann müssten die Vorgesetzten das ja wieder zurückschrauben. Das ist anstrengend! – Vor allen Dingen, dann können wir unsere Bundesgenossen, derer wir uns klugerweise vorher versichert haben, aufmarschieren lassen, und das können die sich denken, dass sie dann eine ganze Phalanx gegen sich haben. Also sind gute Vorgesetzte eigentlich froh, wenn Schulen von sich aus pädagogisch vernünftig tätig werden. Reinhard Meis, damals Leitender Ministerialrat in NRW, mit dem ich heute befreundet bin, hat mir mal gesagt: „Wenn du wüsstest, wie oft wir im Ministerium sagten, warum fragen die denn immer, dürfen wir das? Können die nicht mal aus eigener Initiative was tun?“ Gleich bei seinem Dienstantritt im KM habe ihm der Leiter der Schulabteilung gesagt, er habe so zu entscheiden, wie es nach seiner Überzeugung für Schüler richtig sei. Alle Vorschriften seien nur für den Konfliktfall nötig. Der Mann war ein Gymnasialer! Und später habe der Jurist des Ministeriums in einem solchen

Konfliktfall mit einem Lehrer die pädagogische Lösung unterstützt: Oberste Dienstpflicht des Lehrers sei, zum Wohle von Kindern zu arbeiten. – Hat der Lehrer das in diesem Falle getan? Wenn ja, dann hat er Recht. Das hat der Jurist des Ministeriums gesagt. Da müssen wir Pädagogen uns schämen.

Entwickeln sich die Lehrer?

O ja! Gebt ihnen den Freiraum, den Idealismus und pädagogische Vernunft brauchen, und ihr werdet merken, wie viele gute es gibt. Die sind doch nicht LehrerInnen geworden, weil ihnen Besseres nicht einfiel, weil sie viele Ferien haben wollten, sondern weil sie sich Befriedigung vom Umgang mit Kindern versprachen. Die sind die große, große Mehrheit. Jedenfalls in Grund-, Haupt- und Sonderschule, nur die kenne ich. Natürlich gibt's andere. Natürlich gibt es welche, die in den Beruf rutschten, weil an den Scharnierstellen keiner den Mut hatte zu sagen: Lass es! Aber die meisten breiten sich sofort aus, wenn sie Freiheit spüren. „Die Kräfte des Lehrers wachsen nur in der Freiheit!" Heinrich Scharrelmann, 1920 oder so, wegen Widerborstigkeit aus dem Dienst geschmissen. Als Schulräte in Schwelm haben wir offene Unterrichtsformen, das Freie Arbeiten und Arbeiten nach Wochenplan einfach populär gemacht, ohne jemals irgendeine Anordnung loszulassen. Nur weil ich einige Leute ermuntert hatte, bei denen ich das gesehen hatte! Das sprach sich herum. Andere haben es auch versucht. Es ist also noch nicht mal andeutungsweise irgendein Druck von mir gekommen. Es war wirklich nur Verlockung, so zu arbeiten. Es war die eigene Befriedigung beim Anblick selbst tätiger Kinder und die Begeisterung über die Resultate. Eine reformerische Welle der Selbsttätigkeit ging durch den Bezirk. Da hat manche Kollegin Hunderte von Marken in selbst gebastelte Arbeitsmittel gesteckt, obwohl der eigene Verband, der Arbeitskreis Grundschule, über „entartete Warenlager" höhnte.

Konnten Sie in Ihrer Funktion strukturelle Änderungen bewirken?

Natürlich. Aber immer mit Bundesgenossen und nie mit Ausposaunen. In einer Stadt habe ich die Sonderschule für Lernbehinderte aufgelöst, weil die Stadtverwaltung mitgespielt hat. Kinder mit besonderem Förderbedarf haben wir auf einige Grundschulen verteilt. Die habe ich besser besetzt mit Lehrerstellen, und die Sonderschullehrer wurden an den Grundschulen eingesetzt. Ich habe gar nicht gefragt, ob das rechtens war. Welche Schulen eingerichtet werden, entscheidet ja der Schulträger, und der hat Interesse, Kosten zu sparen.

Ein anderes Mal war die Kreisverwaltung Bundesgenosse. Der RP bedrängte uns, wir bräuchten eine Sonderschule für Erziehungshilfe. Da haben wir Schulräte gesagt, das ist die schandbarste aller Sonderschulen, die wollen wir auf gar keinen Fall haben. – Ja, aber alle anderen Schulträger haben eine. Wir wurden richtig genötigt. Aber da waren wir Schulräte uns einig: Dat mokt wie nich. Jetzt wurde Druck ausgeübt auf den möglichen Schulträger, den Kreis, die Kreisverwaltung. Wir hatten zum Kreisdirektor ein kritisches Vertrauensverhältnis, wir duzten uns. (Auch hier gilt wieder: Die menschlichen Beziehungen entscheiden!) Der kam zu uns und sagte: „Ich weiß nicht, wie ich mich dagegen wehren soll; der RP verlangt es von uns."

Zu der Zeit hatten wir einen wunderbaren Sonderschullehrer für Lernbehinderte. Der hatte einige Jahre zuvor die Idee gehabt, eine schulische Integrationshilfe zu installieren. Das hatte unser Kollege Elze mit ihm gemeinsam eingeleitet. Wenn in einer Grundschule irgendein Lehrer irgendwelche Probleme mit irgendeinem Kind hatte, dann konnte der Hilfe anfordern. Wir haben freiwillige Grundschullehrer mit einem Teil ihrer Wochenstunden von ihrer Unterrichts-Verpflichtung freigestellt. Eben: gestaltet und erst mal keinem was gesagt. Das waren bis zu 12 Leute, lauter prächtige Typen, manche hatten 6, 7, 8 Stunden wöchentlich „Integration", die konnten angefordert werden. Die Liste lag in allen Schulen, und dann fuhren die dahin. Mit dem Personalrat hatten wir vereinbart, wir erfahren nicht, wer wo Hilfe leistet. Es handelte sich ja oft um das, was wir früher Disziplinprobleme nannten und was heute verschämt Unterrichtsstörungen heißt, nach wie vor aber rufschädigend ist. Nach unserem Eindruck ein fantastisch erfolgreiches Modell.

Nun wollte also der RP eine Sonderschule für Erziehungshilfe. Einer von uns, ich glaube, es war Hartmut Kienel, hatte die Idee: Wir brauchen doch gar keine! Unsere SIH sorgt dafür, dass es höchstens vereinzelt Sonderschüler E gibt. Das war für den Kreisdirektor wie eine Befreiung. Nun kam der Abteilungsdirektor des RP höchstpersönlich mit den Dezernenten zur Kreisverwaltung. Als der Kreisdirektor an die Millionenkosten dachte und hart blieb, hatte der RP trotz seines großen Orchesters verloren.

Zwischendurch wurde mir zugetragen, ein Sonderschulprofessor habe sich abfällig über unsere Integrationshilfe geäußert, weil die Lehrerinnen und Lehrer doch ohne Qualifikation seien. Ich habe mich mit ihm getroffen, und da hat er mir gesagt, wie wir für eine Zusatzausbildung sorgen könnten. Das kostete aber Geld. Obwohl der Schulträger keine Lehrerbildung betreiben darf, hat der Kreisdirektor gesagt: Wir machen das. Das bisschen Lehrerfortbildung kostete ja nur einen Bruchteil der Kosten für Bau und Unterhaltung einer Sonderschule. Ich fragte ihn, was machst du denn, wenn das Rechnungsprüfungsamt dich erwischt? Dann kam ein goldener Satz, den habe ich in vielen Veranstaltungen vor Hunderten von Lehren gesagt: Dann schreibe ich darunter: w.k.b., wird künftig beachtet. Diesen Mut finden Sie bei uns Lehrern selten, aber in der Verwaltung gibt es das. So hatten wir sozusagen eine Truppe Grundschullehrer mit sonderpädagogischem Impetus.

Da gibt es noch ein noch schöneres Beispiel. Auch diesmal war die Kreisverwaltung unser Bundesgenosse. Wir wollten eine Sonderschule für Sprachbehinderte und haben diese Sonderschule von vornherein ohne Gebäude gegründet und die Sonderschullehrer auf fünf Grundschulen im Kreisgebiet verteilt. Wenn ein Kind so sprachbehindert war, dass es dieser besonderen Förderung bedurfte, kam es an eine dieser fünf Schulen, so lange, bis seine Probleme behoben waren. Der Sonderschullehrer hat es nach Bedarf aus dem Unterricht geholt, manchmal zu sehr unpassenden Zeiten, aber das wurde alles hingenommen, weil am Ende was dabei raus kam. Diese Sonderschule für Sprachbehinderte ohne standesgemäßes Ambiente hat die Dezernentin beim RP auf eine peinliche Weise zu verhindern versucht. Ohne Erfolg! Denn inzwischen hatten wir einen anderen Bundesgenossen: Reinhard Meis, Leitender Ministerialrat im KM.

Sie haben gesagt: „Ich bin nie auf Konfrontation gegangen ...“

Doch, manchmal doch, aber dann war es meistens falsch. Bei Auseinandersetzungen muss unser Motto sein: Kein Verlierer! Ich will es sowieso nicht sein. Aber auch meinen Gegner muss ich davor bewahren. Denn wenn er verliert, will er irgendwann Revanche, und dann bin ich doch wieder der Leidtragende mit meinen schönen pädagogischen Ideen. Ich erinnere mich nur an ein einziges Mal, dass ich es darauf ankommen ließ, und da *musste* einer verlieren. Da fühlte ich mich stark. Viertes Schuljahr, Übergangsverfahren. Drei Jungen, deren Eltern ihre Söhne zur neu einzurichtenden Gesamtschule schicken wollten. Aber die Stadt hatte zahlenmäßig Grenzen gesetzt. Dem Elternwunsch stimmte ich aus voller Überzeugung zu und empfahl die Gesamtschule. Rief ein Sachbearbeiter des Schulverwaltungsamtes an, das dürfe ich nicht schreiben, ich müsste Hauptschule, Realschule oder Gymnasium schreiben. Ich lehnte ab. Als nächstes kriegte ich einen Brief vom Leiter des Schulverwaltungsamts, ich möchte meine Empfehlung abändern. Meine Antwort habe ich kürzlich erst geschreddert: „Sie können von mir nicht verlangen, dass ich meine Dienstpflichten verletze. Ich habe die Aufgabe, zu beurteilen, was nach meiner Meinung die beste Schulform ist. Und Sie bieten die Gesamtschule an.“ – „Ja, aber wir haben nur begrenzte Kapazität.“ Ich blieb hart, denn ich war wirklich überzeugt, dass die Gesamtschule für die drei das Beste war. Darauf hat sich der Schulträger beim RP über mich beschwert. Die Dezernentin fühlte sich nicht sicher, hat im Ministerium gefragt, darauf hat der Kultusminister die Stadt abblitzen lassen. Die drei Jungen sind auf die Gesamtschule gekommen. – Wenn's gar nicht anders geht, muss man den Kontrahenten auch mal verlieren lassen, aber nur dann. Es hat mich richtig Nerven gekostet.

Grundsätzlich aber kommt man in Filzpantoffeln immer weiter als mit Nagelstiefeln. Einer Schule, da war ich schon Schulrat, wurden von der Amtsärztin die damals neu aufkommenden sogenannten Kuschelecken verboten. Was die Medici sich manchmal so rausnehmen. Ich musste die Amtsärztin überreden, mit mir zusammen da hinzufahren. Sie zitierte allerlei Vorschriften und erklärte, es wäre schon gesundheitsgefährdend, da überhaupt nur reinzugehen in die Ecken, die würden ja überhaupt nicht gereinigt. Da sind wir hingefahren, sie hat sich aufgeregt, und der Schulleiter wurde immer kleiner, und ich dachte immer, um Gottes Willen, halt den Mund! Er sagte nichts. – Ich rief den Professor Daschner an, der war damals der deutsche Hygienepapst an der Uni Freiburg. Der hat geschrieen, als ich ihm das erzählte. Dann hat er die von unserer Amtsärztin genannten Vorschriften überprüft, und keine einzige von denen war gültig. Dem Schulleiter habe ich gesagt, sagen Sie gar nichts, so und so ist die Lage, machen Sie einfach weiter, Sie können gar nicht verlieren. Aber Sie bereiten uns allen große Schmerzen, wenn Sie jetzt sagen, ätschebätsche; denn dann sucht die Ärztin einen Dreh, Ihnen trotzdem einen Strick zu drehen. Wir haben gar nichts gesagt, und die Sache ist im Sande verlaufen.

Ich habe gerade noch ein Beispiel, dass man Konfrontation vermeiden sollte. Als ich Schulrat war, rief mich ein Kollege aus meinem ehemaligen Dienstort an. Damals verlangte die Stundentafel, dass in der Regel der Klassenlehrer ein Drittel der Stunden haben sollte. Das sogenannte gemäßigte Klassenlehrersystem. Ein Drittel Klassenlehrerzeit auch im ersten Schuljahr! Eine Schande vor Gott und Pestalozzi. Der Kollege hatte, wie er das für vernünftig hielt, unser schönes Klassenlehrersystem behalten und die bunten Klötzchen für sein erstes Schuljahr ganz ehrlich gesteckt. Da kam sein Schulrat, mein alter Freund, sah die bunten Klötzchen und verlangte Änderung. Mein Kollege sagte, das kann ich nicht tun, ich schädige meine Kinder damit. Er wurde dienstlich angewiesen. Tat's immer noch nicht. Daraufhin meldete sich der Düsseldorfer Dezernent an. Ich habe meinem Kollegen gesagt: „Du hättest gar nicht erst auf Konfrontation gehen dürfen! Aber du kannst immer noch zurück. Sag ihm, ja, Herr Schulrat, ich sehe es ein, steckst die Klötzchen, wie er es will und arbeitest weiter, wie Du es willst. Was Du hinter Deiner Klassentür treibst, *kann* er doch gar nicht wissen!“ Jeder darf sich nur soviel Konfrontation zumuten, wie seine Leidensfähigkeit es zulässt.

Spontan fallen mir ein paar wunderbare Kolleginnen ein. Als noch alle Kinder in Zensurenschubladen gepfercht werden mussten, schon nach einem halben Jahr Schulzeit, drehten diese Lehrerinnen die Formulare einfach um und schrieben Ermutigung und Ansporn auf die Rückseite. So kann man sogar eine Rechtsverordnung beachten und dennoch deren die Kinder schädigende Wirkung aushebeln.

Eine gute List?

Das habe ich unter anderem von einem Ministerialbeamten gelernt. Der hat mir gesagt, man muss Vorschriften lesen, richtig lesen, auch die thematisch angrenzenden, und seit der Zeit sage ich, wer die Vorschriften kennt, dem kann eigentlich nichts passieren. Denn Bürokraten versuchen alle möglichen Löcher zuzustopfen, aber je enger die Maschen sind, desto mehr werden es ja. Die sind unsere Schlupflöcher, eins am andern.

Zum Beispiel hieß es in vielen Vorschriften: „soll in der Regel". Also beides, das bindende „soll" und das abschwächende „in der Regel". Regeln haben Ausnahmen, und auf die kann ich mich berufen. Selbstverständlich erst, falls ich erwischt worden bin.

Oder, was ich nie gewusst hatte: Wenn etwas „grundsätzlich" sein soll, heißt das „dem Grundsatz nach, aber nicht immer, es gibt Ausnahmen". Das hatte ich immer anders herum verstanden. Später wusste ich, wenn ich den Terminus „grundsätzlich" las, dass ich eine nicht öffentlich gemachte Gestaltung begründen konnte, sollte sie publik werden.

Oft ist List gar nicht nötig. Es genügt genaues Lesen. Unter unseren Vorgesetzten gibt es ja viele Bundesgenossen. Die haben manchmal wirklich ein hartes Brot. Wenn Sie im Kultusministerium die Abteilung Grund-, Haupt-, Sonderschule sehen, wie die sich mit den Gymnasialen arrangieren müssen! Es gibt praktisch keinen Erlass, den nicht alle gegengezeichnet haben.

Nehmen Sie die Stundentafel, die ja ein Ausfluss des pädagogischen Teufels ist. Unsere Leute in den Ministerien würden die mit Unterstützung der Gesinnungsgenossen im Schulausschuss des Landtags ganz anders machen, hätten sie allein zu befinden. Da war mal die neue Stundentafel herausgekommen und „unser" Ministerialrat hatte es geschafft, eine kleine Fußnote da reinzuschmuggeln, wörtlich: „Die Möglichkeiten fächerübergreifender Unterrichtsgestaltung sind zu nutzen." Ich hab's oft zitiert, darum kenne ich es heute noch auswendig. Ich ahne, mit wie viel List, Tücke und Hartleibigkeit und mit wessen Hilfe Reinhold Christiani, damals Grundschulreferent im KM, diese 9-Punkt-Fußnote da reingebracht hat. Dann gibt es also dieses Türchen, das in Wahrheit ein Scheunentor ist. Aber die Masse unserer Angsthasen exekutieren diese Stundentafel, statt zu sagen, wenn ich die Klassentür zumache, bin ich alleine zuständig. Sollte mir jemand, was höchst unwahrscheinlich ist, Fehlverhalten vorwerfen, antworte ich, ich habe weisungsgemäß eine Möglichkeit fächerübergreifender Unterrichtsgestaltung genutzt.

In meinen letzten Jahren in der Grundschule habe ich mich morgens mit meinen Kindern an den Tageslichtprojektor gesetzt, und wir haben gemeinsam das Tagesprogramm festgelegt und fortan konnte jedes Kind in der Klasse das Gefühl haben, was heute passiert, das will auch ich, das haben wir gemeinsam beschlossen. Dass ich mein Lehrer-Interesse da unterjubelte, ist klar. Ich versteh nicht, wie erwachsene Menschen sich dem Diktat dieser ausgefeilschten törichten Tabelle unterwerfen können, wenn sie's nicht müssen. Macht doch die Tür zu, es sieht doch keiner, ob ihr die Minuten zählt! Messt euch daran, was eure Kinder gelernt haben, nicht daran, wie gut ihr diese Tabelle an ihnen vollstreckt habt!

Ich erinnere mich lebhaft, wie ganze Regionen in NRW ohne Lärm den Gehorsam verweigert haben. Die haben's einfach nicht gemacht. Als ich junger Lehrer war, standen 7 Stunden Deutsch gegen 3 Stunden Religion. Die Relation war schon – mit Verlaub – dummes Zeug. Dann kam die Schulreform der siebziger Jahre, da wurden diese 7 Stunden Deutsch auf 4 reduziert auf einen Schlag! Dem Religionsunterricht wurde auch ein Stündchen weggenommen. Und damit auch kein Lehrer der Kleinen auf dumme Gedanken kam, stand unten drunter als Fußnote Nummer 1: Diese Zahl gilt auch für den gesamten Lese- und Schreibunterricht in den Klassen 1 und 2.

Das müssen Sie sich mal vorstellen: Vier mal 45 Minuten für das Lesen- und Schreibenlernen samt allen anderen Aufgaben im Sprachunterricht des ersten Schuljahres! Ein Programm amtlich angeordneter Kinderschädigung. Ausgeheckt hatte das eine Phalanx von Wissenschaftlern im Verein mit ein paar willfährigen Praktikern. Also wer dem gehorcht hat, der hat Kinder massiv und wissentlich geschädigt, der war nicht besser als einer, der auf Befehl an einer Exekution teilnimmt. Der war sogar schlimmer, denn er hätte ohne jede Mühe das tun können, was Kindern nützt: Tür zu und dem eigenen Sachverstand samt Gewissen gehorcht! Damals fielen in ganzen Regionen von NRW die pädagogisch tonangebenden Schulen ab, zogen immer mehr auf ihre Seite und leiteten eine Schulreform von unten ein. Es gab in der Grundschule eine regelrechte Aufbruchstimmung. Es gab praktisch keinen offenen Widerstand der Freundinnen und Freunde. Es gab nur die pädagogische Tür-zu-Vernunft. Darauf reagierte das Ministerium. Damals gab es bei den Regierungspräsidenten den Glücksfall einiger Pädagogen als Grundschuldezernenten: Hendricks in Arnsberg, Kröner in Münster und Mayer in Köln. Mit deren Hilfe, und gedeckt vom Minister Girgensohn, entledigte sich das Ministerium des „grünen Wunders“. Auch das weiß ich, denn ich war Mitglied der ersten NRW-Grundschulkommission.

Natürlich braucht man oft List. Man kann das ja nicht immer so deutlich sagen: Wenn in einer Klasse 29 Kinder sind und ab 30 darf geteilt werden, habe ich mal geschrieben, dann wird sich doch noch ein dreißigstes finden lassen! Also, den Rest muss sich dann jeder selber ausdenken! – Diese Statistiken sind ja auf einen Stichtag ausgerichtet. Und Schülerzahlen haben das nun mal so an sich, dass sie von einem Tag auf den anderen sich ändern, das eine Kind tritt auf meine Veranlassung zurück, das andere weise ich probeweise einer anderen Klasse zu, wieder ein anderes ist weggezogen und ist noch nicht förmlich abgemeldet.

Ich war nicht mutiger als andere, ich war nur weniger feige. Und immer, wenn ich was Zweifelhaftes oder Verbotenes tat, habe ich mir überlegt, was sage ich, wenn ich erwischt werde? Das ist ganz wichtig, den Rückweg muss man sich vorher gepflastert haben. Aber dass da jemand tatsächlich sehenden Auges 29 Kinder in eine Klasse packt, weil er erst ab 30 teilen darf und er kein dreißigstes findet, das kann ich überhaupt nicht verstehen. Wenn er Pech hat, wird am Tag nach dem Stichtag das 31. angemeldet, und dann jammert er über die Rahmenbedingungen.

Aber für alle List sind Grenzen gesetzt. Ich kann den Lehrplan eines Faches von vorn bis hinten meinen Gegebenheiten – sagen wir: anpassen. Gut. Ich kann auch bei 29 Kindern das dreißigste finden, um die Klasse teilen zu dürfen. Auch gut. Bei 27 Kindern werde ich aber nicht drei finden. Ich kann auch nach Klasse 4 die groteske Kinderschädigung des verfrühten Übergangs nicht verhindern. Manches ist innerhalb der Grenzen reformierbar: Wenn Einzelne und kleine Gruppen das wollen. Aber die *Mehrheit* der Kolleginnen und Kollegen werden wir für Reformen unter der Decke nicht kriegen. Aber Sie können es, ich kann es, jede kann es in ihrem Biotop und jeder in seinen Grenzen. Natürlich wäre unser Schulwesen ohne diese Biotope schrecklich arm. Aber die Schullandschaft ist voller solcher Biotope. Die Kolleginnen und Kollegen handeln nach dem Motto: Tue Gutes und quatsch nicht! Von jedem Biotop profitieren im Laufe der Jahre mehrere hundert Kinder! Ich finde das höchst beachtlich.

Das ist doch wichtig, so etwas zu verbreiten.

Ja, das verbreite ich auch, das habe ich auch mehrmals geschrieben. Ich hab' mal mit Walter Kempowski darüber korrespondiert. Der hat ja auch als Lehrer gemacht, was er für vernünftig und verantwortbar hielt, der hat sich überhaupt nicht darum gekümmert, was von ihm verlangt wurde. Der hat öffentlich gesagt: „Ich, Aufsatz korrigieren? Bin ich denn des Teufels? Male ich denn in einem fremden Gemälde herum?"

Ich habe beim Umzug einen Ordner mit alten Unterlagen, ein Zeugnisheft gefunden. Udo war mein Schüler Ende der fünfziger Jahre, der hatte in diesem Zeugnis fünf Fünfen und eine Sechs und ist damit nach Klasse 7 versetzt worden. Dass ich das Zeugnis immer noch habe, zeigt, ich wollte das Beweismittel aus der Welt schaffen. Unter „Bemerkungen" habe ich ein gewaltiges Gewitter über ihn und seine Eltern niedergehen lassen, eine letzte Frist vor der Hinrichtung, wenn das bis Pfingsten nicht grundlegend anders ist, wird er zurückgesetzt, aber das Zeugnisheft ist der Reihe nach voll, bis zum Schluss, bis zum 8. Schuljahr, im nächsten Zeugnis hatte er nur noch eine Fünf, es hat also gewirkt. Wenn ich den jetzt vorschriftsmäßig hingerichtet hätte, der wäre kaputt gegangen.

Über 45 Minuten brauchen wir nicht zu reden. Wer in Portionen von 45 Minuten arbeitet ohne Rücksicht auf die, die da lernen müssen, der ist ein Narr. Außer den armen Menschen, die mit ihrem Fach die Zeit portionieren müssen. Aber selbst die haben's selbst in der Hand. Anfang der achtziger Jahre hat „meine" Wittener Hauptschule Bommerfeld mit dem Kollegen Hake per Konferenzbeschluss das strenge Fachlehrersystem gelockert, und alle Kolleginnen und Kollegen haben soviel wie möglich fachfremd unterrichtet, damit sie täglich länger mit ihren Klassen zusammen waren. Fachfremd! An diesem Terminus kann man die ganze Schande unserer Lehrerausbildung festmachen. Der Umgang mit den jungen Menschen richtet sich nach Fächern, nicht nach Menschen. Niemand kommt auf die Idee, von „kinderfremdem" Unterricht zu reden. Die tägliche Arbeit war den Bommerfeldern einfach zu schwierig geworden. Warum? Es waren wieder mal die menschlichen Beziehungen. Wer mittwochs in der dritten Stunde Wirtschaftslehre in Klasse 7 hat und dann wieder freitags in der sechsten, kann die menschlichen Beziehungen zu seinen Schülern vergessen. Der kämpft in dieser Klasse ums Überleben. Also: Es braucht nicht immer List. Oft genügt schon vernünftiges Selbstbewusstsein á la Bommerfeld.

Oder nehmen Sie die Unterrichtsplanung nach einer der vielen Didaktiken. Zu meiner Zeit hatte niemand eine Chance, sein Examen zu bestehen, der nicht auf dem Altar der Trinität Heimann-Otto-Schulz zu opfern verstand. Die Berliner Didaktik mit dem Lehrer als dem großen Zampano des Bildungsprozesses, gekennzeichnet durch die Stichworte der Detailplanung: *Lehr*ziele, *Lehr*erfolg, *Lehr*voraussetzungen, *Lehr*methoden, *Lehr*mittel. Heimann-Otto-Schulz, hoch gebildet, hoch anständig, viele einzelne Maßnahmen und ihre Begründungen überzeugend und sympathisch. Eine wunderbare Kathedrale der Theorie – und eine unbewohnbare Hütte der Praxis. Also als Ganzes unbrauchbar. – Ich kann mich erinnern, als ich ins Schulamt kam, war es noch üblich, dass die Lehrer zu Beginn ihrer umfänglichen Präparation aufschrieben, nach welchem Modell sie ihre Veranstaltung ausrichten wollten, meist eben nach Heimann/Otto/Schulz. Ich hatte so etwas selber nie gemacht, nicht mal andeutungsweise. Wenn, hatte ich einen Zettel, ein paar Notizen drauf, aber umfängliche Vorbereitungen habe ich nie gehabt. Noch nicht mal in der so genannten Junglehrerzeit. Da hatte ich drei ausgearbeitete Lektionen, erfunden von vorne bis hinten, das hat mir Kempowski noch mal bestätigt, der hat das genau so gemacht, und oben auf die Mappe hatte ich eine römische Vier geschrieben, als wäre das die vierte. Im Übrigen verweigere ich zur Qualität meiner eigenen Unterrichtsplanungen die Aussage.

Wie schätzen Sie die Veränderbarkeit unseres Schulwesens ein?

Die Obrigkeit will keine Reformen, die sie nicht selbst angestoßen hat. Das war so und wird so bleiben. Ich rede also von den Veränderungen, die Kolleginnen und Kollegen innerhalb des Systems betreiben können. In den fünfziger und sechziger Jahren war die von mir erlebte Volksschule ein autoritärer und höriger Block. Aber es gab erstaunliche reformerische Reste. Es erfüllt mich noch heute mit Stolz, denselben Beruf gehabt zu haben wie Karl Odenbach und Rudolf Karnick und Walter Jeziorsky. In den Landschulen waren wir Dorfschullehrer kleine Könige und betrieben Selbstverwirklichung nach unseren Idealen. Aber darüber hinaus das Schulwesen insgesamt zu verändern, kam niemandem von uns in den Sinn.

In den siebzigern – ich kann's nur von NRW sagen – kam die „Wissenschaftsorientierung", kamen St. Heimannottoschulz und allerlei anderes Lehren nach Modell, kamen Mengenlehre und „Legasthenie", kamen der restringierte und elaborierte Code und der Traum von der kompensatorischen Erziehung, die „kommunikative Wende" im Aufsatzunterricht, das behördliche Verlangen nach perfekter Individualisierung und die Beltz-Tests. Da wurde Lernbedarf als „Defizit" betrachtet, das zu „therapieren" sei. So steht das wirklich im „grünen Wunder". Edles mischte sich mit Banalem, Modischem und Unsinnigem. Dies alles, die Stundentafel und andere kleinliche Regulierung im Gefolge, die Reduzierung von Kindern auf ihre Schülerrolle und die geschwätzige Fülle im „grünen Wunder" bewirkten als Gegenbewegung eine Reform in wohl Tausenden von Klassenzimmern. Jedenfalls in NRW. Innerhalb der unverändert Kinder und/oder Lehrer schädigenden Grenzen gab es eine Reform. Eine große sogar – in der Grundschule. Wo sonst? In meiner auch.

Ich verschlang in dieser Zeit die Schulreformer der zwanziger Jahre, Jensen, Lamszus, Scharrelmann, Gansberg, Gaudig ... – Mir ging das Herz auf, erst recht, als Frederic Vester erschien. Sein „Denken, Lernen, Vergessen" war für mich ein einziger Appell zum Handeln. Und dann schälten sich bei der Arbeit als Herausgeber der Dieckschen Reihe die gedanklichen Fasern meiner Widerborstigkeit gegen alles Unvernünftige und Unanständige in unserer Schule heraus: Es ist unvernünftig, Lernen nur durch Lehren bewirken zu wollen, unsere Predigtpädagogik mit fein gefransten Modellen zu veredeln; unvernünftig, Belehrungseinheiten jeder Art für Kinder jeden Alters in 45-Minuten-Blöcke zu zwängen. Unvernünftig, Kinder nach dem Zufall ihres Geburtsdatums in Haufen zusammenzupacken. Unvernünftig ist auch, in den Hochschulen auf eine *Aus*bildung der Lehrer für den Berufsalltag zu verzichten. In unserer Schule trifft beides oft zusammen: Es ist unvernünftig *und* unanständig, Benachteiligte aller Art in spezielle Schulen auszusondern, Lernen durch Druck und mit Angst erzeugen zu wollen, mit Hilfe nachgemachter Gauß-Kurven schwache Leistungen kunstvoll zu erzeugen, nach dreieinhalb Jahren Kinder für „weiterführende Schulen" zu sortieren, Versagen in wenigen Bereichen mit einem Jahr Wiederholung zu bestrafen. Niederträchtig gar ist es, bewusst ideologiebestimmte Vorstellungen gegen Argumente abzuschotten und sie unter Berufung auf „Kindeswohl" umzusetzen.

Und heute?

Ich stehe außerhalb. Wir Lehrer klagen ja gern und viel. Vielleicht ist nicht alles so schlimm, wie es mir zu sein scheint. Ich sehe aber nicht, dass sich am *System* etwas geändert hätte. Im Gegenteil: Mir scheint, es werde mit Druck auf Kinder und Lehrer versucht, bessere Ergebnisse für internationale Erhebungen zu erreichen. Veränderbar? Natürlich. Aber nicht die ganze Schullandschaft. Sondern in lauter Biotopen idealistischer Lehrerinnen und Lehrer. Und das sind viele. Die Biotopzahl zu vergrößern und der Steppe wegzunehmen, gelegentlich sogar zu größeren Biotopen zusammenzuschließen – das ist es!

Fazit: Ich bin ein optimistischer Realist, habe immer Gesinnungsgenossen gesucht und mich Bundesgenossen zugehörig gefühlt, die sich am Polarstern zu orientieren versuchten. Aber dass wir je auf ihm landen könnten, ist nun mal nicht.

REINHARD STÄHLING

1. Wegschauen oder eingreifen? Im Gewissenskonflikt – Ein pädagogischer Exkurs

Niemals tut man so vollständig und so gut das Böse, als wenn man es mit gutem Gewissen tut.

Blaise Pascal (1623–1662)

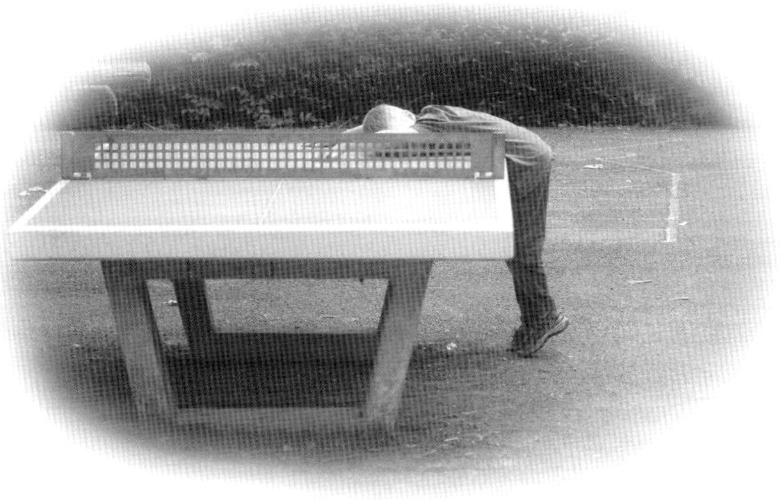

Im Schulalltag gibt es einige Beispiele für pädagogische „Zivilcourage“:

Der 7-jährige Boban kommt seit Wochen nur selten zur Schule. Seine Mutter stammt aus dem Bürgerkriegsgebiet im Kosovo. Die Familie ist vor mehr als 10 Jahren geflohen. Boban und seine kleinen Geschwister sind in Deutschland geboren. Der Vater hat seine Frau mehrfach krankenhausreif geschlagen und sitzt zur Zeit in der Justizvollzugsanstalt. In der Schule lernt Boban sehr schleppend, ist unkonzentriert und kaum zugänglich. Es fällt ihm schwer zu lesen, und im Rechnen braucht er viel Unterstützung. Die Pädagogen kommen zu der Einsicht, dass der „sonderpädagogische Förderbedarf“ überprüft werden muss. Ein IQ-Test ergibt einen sehr niedrigen Wert. Zur medizinischen Abklärung bekommt die Familie mit dem Kind eine Einladung zum Gesundheitsamt. Trotz mehrfacher Aufforderung kommt das Kind nicht zur ärztlichen Untersuchung. Auch früher kam Boban nur selten zum Kindergarten. Die Mutter sagte, er habe Angst oder sei krank. In der Familie lebt noch ein großer Bruder, der die Bürgerkriegszeit noch im Kosovo erlebt hat. Er ist behindert und braucht Pflege, die ihm vor allem seine jüngere Schwester zukommen lässt, die wiederum seit dem Wechsel zur weiterführenden Schule und nach einigen ausländerfeindlichen Angriffen kaum noch zur Schule geht. Der Kommunale Soziale Dienst hat eine „familienunterstützende" Maßnahme eingeleitet: Jede Woche kommt für 6 Stunden eine Helferin. Die Familie hat in Deutschland den Status der „Duldung", der Aufenthalt ist also seit Jahren immer nur für 3 Monate genehmigt und wird in jedem Jahr viermal erneut beantragt.

Ist Boban wirklich schulisch zu retten? Können wir ihn fördern, oder entzieht er sich so, dass nichts mehr zu machen ist? Der Schularzt stellt den Sinn einer sonderpädagogischen Förderung in der Schule in Frage, weil er ohnehin nicht regelmäßig zur Schule komme und somit ein nachhaltiger Fortschritt im Lernen bei einem so schwachen Kind nicht zu erwarten sei. Zur ärztlichen Untersuchung sei die Familie nicht verpflichtet. Wenn sie das Angebot nicht annehme, könne nur die Jugendhilfe versuchen, Beratung anzubieten. Da es sich außerdem um eine Schulpflichtverletzung handle, seien „Ordnungsmaßnahmen" erforderlich, die allerdings „bei solchen Leuten" meist auch nichts bewirkten. Sie könnten ja gar nicht die angedrohte Geldbuße zahlen ... Da sei kaum etwas zu retten ... In dieser Familie sehe auch die Jugendhilfe wenig Erfolgsaussichten.

Muss eine verantwortungsbewusste Schule diese Logik teilen? Oder hat sie vor Ort eine eigene Haltung zu verfolgen? Sollte das Kind nicht umgehend, eventuell auch *jenseits dieses „Dienstweges"*, zum schulischen Erfolg geführt werden? Erlaubt das Gesetz den Eltern zu entscheiden, ob überhaupt und wie ihre Kinder lernen? Hat die Liberalisierung der Gesellschaft dazu geführt, dass Schule immer weniger staatliche Pflichtanstalt wird? Sind Lehrer befreit von der Verantwortung gegenüber Kindern, deren Eltern „nun mal bildungsfern" sind und „weniger Wert" auf einen „vernünftigen" Schulabschluss legen?

Fühlt sich eine Lehrerin aufgerufen, das Kind und die Familie zu unterstützen? Wird dies möglicherweise nicht gern gesehen? Gilt dies bei „Sozialen Diensten" als Einmischung in das Revier, aus dem sich Schule heraushalten sollte? Wer hat in diesem Fall die „Federführung"?, heißt es im Amtsdeutsch. Sollte hier die Schule Flagge zeigen, die (amtlichen) Versäumnisse anprangern und eigenmächtig handeln? Hier kann ein Lehrer in Gewissensnot geraten. Wer aber hindert Lehrerinnen und Lehrer daran, ihrem Gewissen zu folgen und das Folgende zu tun, was eigentlich doch selbstverständlich ist?

1. Besuch bei der Mutter zu Hause.
2. Deutlich machen, was die Schule erwartet und was drohen könnte, wenn die Schulpflicht verletzt wird: Die Kinder könnten aus der Familie genommen werden, die Familie könnte abgeschoben werden.
3. Termin vereinbaren mit dem Gesundheitsamt, um das Kind selbst dorthin zur Untersuchung zu bringen.

4. Einen Praktikanten morgens nach Hause schicken, um es abzuholen, wenn das Kind mal wieder fehlt oder zu spät aufsteht.
5. Erfolge aufbauen, an denen sich das Kind freuen kann: Aufgaben bewältigen, Spiele, Freundschaften knüpfen.
6. Solange „am Ball bleiben", bis das Kind selbstständig gerne zur Schule kommt und allmählich spürt, dass es sich lohnt, sich anzustrengen; denn Erfolge machen Spaß.
7. Die Grundschulzeit dieses Kindes auf 6 Jahre verlängern, damit es Zeit hat, sich in einer stabilen Lernumgebung seiner Klasse zu entwickeln. Dazu – weil pädagogisch sinnvoll – teilweise keine Zensuren geben.
8. Diese ganz einfachen „ungebührlichen" Lehrerverhaltensweisen weiter erzählen an jeden, der glaubt, dass bei einigen Kindern „Hopfen und Malz verloren" wären.

Das wäre eigentlich professionelles und verantwortliches Handeln im Dienste der Bildung und wird weithin als „grenzüberschreitend", ja sogar „unerlaubt" angegriffen. Zuständig sei eigentlich doch die Jugendhilfe, heißt es; diese sähe aber kaum eine Chance. Lehrer, die solche Tröstungen nicht akzeptieren wollen, weigern sich, auf dem „Verschiebebahnhof" der Zuständigkeiten mitzumachen, wo niemand dafür verantwortlich sein kann, dass einem solchen Kind geholfen wird. Die Erfahrungen zeigen: Es ist leider nicht so, dass je mehr die Akten wachsen, umso mehr das Kind gedeiht. Dieses geschieht *nur in menschlicher Beziehung* zwischen Lehrerin und Kind oder in der Klassengemeinschaft, wo das Kind täglich viele Stunden verbringt. *Die Entwicklung eines Kindes ist niemals ein Verwaltungsakt.*

Ein weiteres Beispiel mag dies verdeutlichen: Marco (10 Jahre) wurde seit seiner Geburt von seinen drogenabhängigen Eltern vernachlässigt, schließlich als Kleinkind zu Verwandten gegeben, die ihn nun erziehen. Bedingt durch einen Umzug ist er der „Neue" in seiner Grundschulklasse und macht ständig auf sich aufmerksam, indem er irgendetwas zerstört oder in unbeobachteten Momenten andere Kinder „brutal und eiskalt" verletzt. Nachträglich erklärt er (äußerlich gelassen) sein Tun mit dem Verhalten eines anderen, der ihn gereizt hätte. In der Psychotherapie kommt er nur sehr langsam an seine Gefühle heran. Der Therapeut hält den Jungen für so sehr hilfsbedürftig, dass er nur mit Langzeittherapie veränderbar sei. Selbst in einer integrativen Schule sei der Junge nicht erfolgreich zu fördern. Er müsse zu einer „Schule für Erziehungshilfe".

Wegen mehrfacher „Fremdgefährdung" anderer Kinder, die teilweise ärztlich behandelt werden müssen, ordnet die Schulleitung einen mehrtägigen Ausschluss vom Unterricht an. Um die Gefahr einer Verletzung anderer auszuschließen, beschließt das Pädagogenteam, die Unterrichtszeit für Marco auf täglich zwei Stunden zu reduzieren; in dieser Zeit soll er möglichst nur Erfolge erleben können und nicht in Konflikte geraten. Dazu braucht er eine Person für sich alleine, die ihn begeleitet. Dies finanziert kurzfristig der Förderverein aus Spendengeldern. Das Problem ist so lange auf diese Weise zu regeln, bis das Sozialamt einen „Integrationshelfer" bewilligt, der in der Lage ist, das Verhalten des Jungen durch ständige Begleitung auch an längeren Schultagen zu stabilisieren. Bis zur Genehmigung eines Integrationshelfers und des notwendigen, sehr teuren Platzes in einem heilpädagogischen Hort vergeht Zeit. Papierkrieg, Zuständigkeitsgerangel und viele Gespräche halten auf. Der Kampf um einen sofortigen Hortplatz und um den Integrationshelfer, der schnellstens nötig ist, würde nur wertvolle Kräfte der Schule verschlingen, die jetzt für die Stabilisierung des Jungen gebraucht werden, so dass darauf *angesichts langer Amtswege resigniert bis zornig verzichtet* wird. Das vorhandene Geld für diese „verlorenen Kellerkinder" kommt nicht immer dort an, wo es gebraucht wird. Die Mühlen der Bürokratie laufen langsam (vgl. Interview und Fall Kreiselmeyer).

Die Schule steht alleine mit dem Kind und kann nun beschließen, aus eigenen Kräften diese Arbeit zu leisten. Ist das dumm oder ungehorsam? Die Erfahrung zeigt leider zu oft, dass zuständige Ämter erst ein „Kind in den Brunnen fallen" lassen, bevor sie dann ihre teuren Maßnahmen ergreifen. In den Augen der Jugendhilfe, die auch in der Verantwortung steht, ist es ein Fehler der Schule, das Kind nicht sofort auf die Sonderschule zu überweisen. Sie sehen, dass in der Klasse weitere 5 Kinder mit sonderpädagogischem Förderbedarf sind. Die Pädagogen fühlen sich sehr belastet, weil die notwendige Routine der Tagesabläufe durch Marcos auffälliges Verhalten, aber auch durch andere therapiebedürftige Kinder oft unterbrochen wird. Die Struktur des Tages wird erst nach mehreren Wochen im Schuljahr stabil. Und dann geschieht das, was erfahrene Lehrerinnen schon vorausgesagt hatten: Die Regelverstöße von Marco lassen nach. Er beginnt allmählich, in der Klasse zu arbeiten. Aber am wichtigsten ist es, dass er eigentlich niemanden mehr gefährdet. Er wird ausgeglichener im Kontakt mit der ständigen Bezugsperson, die – dank der Spenden des Fördervereins – immer noch für ihn zu sprechen ist. Die Arbeitsfähigkeit der Klasse ist hergestellt, auch wenn das „Integrationskind" noch so schwierig ist.

Fremde Besucher können nicht einmal erahnen, wie ratlos die Pädagogen zunächst waren, als Marco in die Klasse kam. Nachdem die äußeren Rahmenbedingungen stabil geworden sind, verstärken sich die positiven Kräfte: Ein geregelter Tagesablauf in der Schule sorgt für Klarheit, eine erste positive Kontaktaufnahme zu Marco gelingt, auch einzelne Kinder wollen mit ihm spielen. Marco hat Erfolge und sieht auch beim Lernen seine Fortschritte. Nicht zuletzt sinkt die Beanspruchung der Pädagogen, und die Freude an der gelungenen Veränderung überwiegt.

Um Marco zu helfen, seinen Weg fortzusetzen, überlegt nun das Pädagogenteam, *gegen die Vorschriften* zu verstoßen. Ziel ist, den Jungen zu stabilisieren und seine neue, hart erarbeitete Haltung nicht durch den nun eigentlich anstehenden Schulwechsel zur „weiterführenden Schule" wieder ins Wanken zu bringen. Das Team legt den Erziehungsberechtigten nahe, eine Klassenwiederholung zu beantragen. Indem Marco ein Jahr länger als verwaltungsmäßig vorgesehen an der Schule bleibt, hat er die Chance, eine optimistische Arbeitshaltung zu erwerben. Er lernt, dass er für den inzwischen begehrten Erfolg etwas tun kann. Damit Marco durch die Klassenwiederholung nicht seinen festen sozialen Bezugsrahmen verliert, muss er in der altersgemischten Klasse verbleiben und braucht nicht den Klassenlehrer wechseln.

Bisher stand die Veränderung seines Sozialverhaltens im Vordergrund aller pädagogischen Mühen. Im „Wiederholungsjahr" wird er lernen können, dass Anstrengung sich lohnt. Solange er dazu in den ersten Grundschuljahren keine Möglichkeit hatte, ist jede Zensierung in den Lernbereichen kontraindiziert. Ihm in Mathe eine 3 zu geben, weil er trotz Abwesenheit in vielen Unterrichtsstunden einige Grundlagen nebenbei aufschnappen konnte, wäre ein falsches Signal. Er würde daraus ableiten, dass es auch ohne Mühe und Engagement möglich sei, eine zufriedenstellende Rückmeldung zu bekommen. Ein weiteres Jahr in der Grundschule gibt ihm die Chance, sich nun den Anforderungen zu stellen, denen er bislang in keiner Weise gewachsen sein konnte. Mit der Notengebung kann erst verantwortlich begonnen werden, wenn Marco zuvor im Schonraum ohne Noten sich auf die Gemeinschaft eingelassen hat. Auch in diesem Fall wäre von den Vorschriften her eine Aussetzung der Zensierung nicht erlaubt. Folglich macht ein Schulleiter dieses einzig pädagogisch zu Verantwortende einfach, ohne die Schulaufsicht zu fragen; denn die würde es verbieten müssen, auch wenn sie dieses Vorgehen nachvollziehen könnte (vgl. Interview Sennlaub, Pollert, Hövel). Manche Schulaufsichtsbeamten suchen in den Vorschriften *Schlupflöcher* und haben ein „breites Kreuz", um so etwas als Ausnahme zu genehmigen: dienstlich tolerierter Ungehorsam im Dienste der Bildung. Natürlich sollten die Erziehungsberechtigten mitspielen, damit sich niemand beschweren kann und auf seinen Noten besteht. Wenn dies der Fall wäre, dann gäbe das Team milde Noten, würde sie aber in Gesprächen kommentieren und konkrete Lernanreize für Marco setzen.

All das ist konsequent. Nur ihrem Gewissen gegenüber sind diese Pädagogen verantwortlich. Leider finden wir in wenigen Schulen diese Professionalität, mit der solch eine Herausforderung wie der Umgang mit Marco gemeistert wird. Üblicherweise fehlen die Unterstützungssysteme. Schuleigene Sozialarbeiter wären wünschenswert (vgl. auch Kapitel 8). Wenn sie nicht da sind, übernimmt deren Aufgabe die Lehrerin. Leider rangeln nicht selten Schulleiter, Klassenlehrer oder Sonderpädagogen um die Frage, ob man ein Kind wie Marco „einfach abschießt" (aus dem Slang einiger Pädagogen), mit der Begründung, dass die Jugendhilfe außerschulische Hilfen nicht anbiete. Aus Furcht, das schwierige Kind könne ein weiteres Mal folgenschwere Regelverstöße begehen und dabei andere gefährden, deuten sie trotz kleiner Erfolge die zermürbende Situation so um, dass sie hoffnungslos erscheint. Nach einer solchen Rationalisierung präsentiert sich das Aussondern in eine andere Einrichtung, fern von der Gemeinschaft in der Nachbarschaft, als wohlbegründeter „Förderortwechsel", und letzte Rettung.

Aber können wir wirklich jeden Schüler in einer Regelschule „retten"? Kann humane Schule überhaupt abseits des Dienstweges und des gewöhnlichen Verfahrensablaufes verwirklicht werden?

Die nächste Geschichte erzählt von einem begabten Mädchen aus Kamerun, das im Alter von 12 Jahren mit ihrer alleinerziehenden Mutter nach Deutschland kam. Diese Jugendliche fasste ihre Erfahrungen einige Jahre später so zusammen: „In Deutschland gibt es überhaupt keine Schulen, sondern nur Abteilungen. Die Schulen sind Sortieranstalten". Wie kam sie zu diesem Eindruck? Auf Veranlassung der Schulbehörden war sie als Schülerin mit sehr guten Zeugnissen aus ihrem Heimatland zunächst in Deutschland nicht auf ein Gymnasium, sondern auf eine Hauptschule gekommen, wo die Lehrer herausfinden sollten, welche Schulform für sie geeignet sei. Wegen ihrer überragenden Leistungen sollte sie nach kurzer Zeit auf ein Gymnasium wechseln. Gewissensfrage: Kann man so mit Einwanderern umgehen? Könnte das Gymnasium nicht von Anfang an die passende Schule für das Mädchen aus Kamerun gewesen sein? Ohne sich gegen die zusätzliche Belastung dieser Maßnahmen zu wehren, erfüllten Hauptschullehrer hier den Auftrag, das Gymnasium von ihrer Intergrationsaufgabe zu entlasten. Stillschweigend, ohne Widerstand und zum Schaden der Schülerin, der ein Schulwechsel zugemutet wird. Nähme das Gymnasium gleich Immigranten auf und würde sie bei der Einreise willkommen heißen, dann gelänge ohne Zeitverlust eine kontinuierliche Förderung. Im Gymnasium bekam das Mädchen zwar „Förderunterricht" im Fach Deutsch, aber Lehrer berichteten, dass sie das „Angebot nicht annahm". Die Schule beließ es dabei. Nach dem Motto „Wer nicht will, hat schon". Wir ignorieren nicht, dass es auch engagierte Lehrerinnen und Lehrer unter den „Kollegen zu Pferde" (vgl. Interview Sennlaub) gibt, die sich um jeden ihrer Schüler und Schülerinnen kümmern. Allerdings lassen sich häufig „gymnasiale Selbstverständlichkeiten" und blinde Flecken finden; einige werden im Kapitel 3 und in Interviews mit Brigitte Schumann, Gertraud Greiling, und Manfred Pollert dargestellt. Ein Gemeinwesen sollte den Umgang mit verunsicherten Schulanfängern anders gestalten können. Da das Mädchen schließlich unregelmäßig erschien und wegen Schwierigkeiten mit Lehrern in Konflikte geriet, verließ sie dieses Gymnasium. Eine typisch deutsche Art, an Vielfalt zu scheitern. Ein empörender Start im fremden Land! Um den Horizont zu erweitern, lohnt daher ein Blick in andere Länder (vgl. Kapitel 11, Interviews mit Porter, Collicott, Alexander und Kaiser). Im ersten Jahr in Deutschland besuchte das Mädchen aus Kamerun bereits drei Schulen und sehnte sich zurück in ihre Heimatschule. Dort hatte sie Schule als verlässlichen Ort erlebt. Die Menschen in der Schule sorgten dafür, dass Kinder zu Erfolgen geführt wurden, berichtete sie. In unserem Schulwesen ist an allen Ecken ein kritisches Umdenken erforderlich und die Weigerung, alles wie selbstverständlich weiter mitzumachen (vgl. Interviews Sennlaub, Patt, Schumann, Kreiselmeyer).

Nicht selten wird so rüde auch mit behinderten Kindern beim Übergang vom Kindergarten zur Schule umgegangen. Eva-Maria Thoms berichtet darüber, was sie bei der Schulberatung im Kindergarten mit ihrer Tochter erlebte: „Die Frage nach möglichen integrativen Schulen führt zu einem rapiden Stimmungswechsel. Mit einem mitleidigen Zug um den Mund schaut die Beraterin mir ins Gesicht: ‘Haben Sie sich eigentlich schon einmal gefragt, ob Sie akzeptiert haben, dass Ihr Kind behindert ist?’ – Informationsgespräch in der Förderschule. Auch hier wird die Stimmung frostig, sobald nach Möglichkeiten der Integration gefragt wird. ‘Sie wollen doch auch, dass Ihr Kind etwas lernt, oder?’, wird die Fragestellerin abgekanzelt.“ (Thoms 2009).

Gegen diese weit verbreiteten inakzeptablen Umgangsformen und Verunsicherungen müssen die Betroffenen geschützt werden. Was passiert, wenn die Schule das Kind einfach aufnimmt? Die Macht der Schulleiter erlaubt dies in der Regel (vgl. juristischen Exkurs). Da die Mühlen der Bürokratie langsam malen, würde erst anschließend zu klären sein, woher das Personal käme. Dies ist für viele Schulämter ein unerhörter Vorschlag. In Schulen haben sich Lehrer daran gewöhnt, immer gehorsam das mitzumachen, was sich seit Jahren in den Ämtern „bewährt“ hat.

Ungehorsam ist *im Kleinen zu erlernen.* Dazu eine weitere Geschichte: In einer Grundschulklasse des 3. Jahrgangs schreiben die Kinder begeistert freie Texte. Unter Anleitung einer erfahrenen Fachlehrerin besprechen die Schüler in kleinen Gruppen in so genannten „Schreibkonferenzen" ihre Texte und regen sich gegenseitig zu stilistischen und inhaltlichen Verbesserungen an. Einige Texte sollen in der Schülerzeitung veröffentlicht werden. Die Fachlehrerin benotet nach einer Arbeitsphase die Textproduktionen mit Zensuren in der Spanne zwischen 1 und 3, da jedes Kind große Fortschritte macht und begeistert am Text arbeitet. Als dies die Klassenlehrerin erfährt, schreitet sie ein: „Diese Arbeit mit den Zensuren hättest du dir nicht machen brauchen. Eine Klassenarbeit muss eine Woche vorher angekündigt werden. Dass steht im Schulgesetz. Frag mal den Schulleiter! Außerdem kannst du diese freien Texte so nicht benoten. Da müssen auch Vieren, und auch mal eine Fünf gegeben werden. Ich schreibe in der nächsten Woche einen angekündigten Aufsatz, den ich dann bewerte." Die Fachlehrerin ist eingeschüchtert und gekränkt. Niedergedrückt sitzt sie am Nachmittag zu Hause und kann nicht begreifen, wie die Klassenlehrerin Vorschriften anführen kann und kontraproduktiv interpretiert, wo doch längst in der Fachdidaktik alle Argumente für ihr Vorgehen sprechen. Am nächsten Tag überwindet sie ihre Enttäuschung und widerspricht der Klassenlehrerin. Sie besteht „ungehörig" auf ihrer benoteten Arbeit. Sie überwindet ihre Ängste vor Autoritäten und fragt den Schulleiter, ob solch ein Unterricht und die daraus erwachsene Notengebung irgendwie verboten werden könnten. Nachdem sie selbst die Schulgesetze und Lehrpläne daraufhin geprüft hat, ist sie sich ganz sicher, dass sie dem Auftrag der individuellen Förderung der Schüler besser gerecht wird, wenn sie weiterhin Textproduktion ohne das traditionelle „Aufsätzeschreiben" praktiziert. Der Kollegin und dem Schulleiter kopiert sie einen Artikel, der sie fachdidaktisch stützt. Das Verhältnis der beiden Lehrerinnen ist zwar zunächst getrübt, aber nach einiger Zeit kann darüber gesprochen werden. Sie einigen sich auf ein einheitliches Vorgehen.

Diese Fachlehrerin ist standhaft geblieben. „Klein anfangen!", heißt das Motto. Die Lehrerin hat sich nicht angepasst und korrumpieren lassen. Sie hat ihre pädagogischen Überzeugungen nicht verraten, sondern sich zum Wohle der Kinder eingemischt. Zu Weihnachten schenkt sie ihrer Kollegin Sennlaubs Buch „Spaß am Schreiben", das vor 30 Jahren geschrieben wurde.

Das nächste Beispiel: Peter wird an einer integrativen Grundschule angemeldet. Die Eltern geben zu verstehen, dass sie Angst um ihren Jungen haben, weil sie befürchten, dass er sich nicht an Regeln halten werde. Er sei im Kindergarten vielfach so sehr aufgefallen, dass man ihn dort auf die Schule für Erziehungshilfe überweisen wolle. Eltern und schließlich auch Großeltern flehen die Grundschule an, ihn dennoch zu nehmen. Dies steht außer Frage, denn diese Schule nimmt jedes Kind, das im Wohnumfeld zu Hause ist (vgl zum Thema „Inklusion“: Stähling 2006/2009/2010a; Schnell 2010b).

In der Schule entwickelt sich Peter sehr mühsam, akzeptiert kaum Grenzen und lernt langsam, Schritt für Schritt, sich auf die Regeln der Gemeinschaft einzulassen. Nach zwei Jahren ist sein Verhalten zwar noch nicht stabilisiert, aber doch so, dass er sich wesentlich seltener egozentrisch und unsozial verhält. Die Pädagogen haben Erfolg und sind stolz auf diese Entwicklung. Für die Mutter ist allerdings dieser Fortschritt so zu verstehen, dass der Junge „wieder normal“ sei. Er brauche keine verlängerte Schuleingangsphase, keine weitere Unterstützung. Sie fragt: „Was sollen denn die Nachbarn denken!?“ und wirft der Schule auf einmal vor, dass sie solchen Kindern länger als nötig die Schulzeit verlängere, um Sonderpädagogenstellen zu halten. Trotz engmaschiger 1:1-Betreuung, die Peter von Beginn an brauchte und auch bekam, konnte die Mutter nicht erkennen, was für ihren Sohn getan wurde und welches die Faktoren waren, die für das Gelingen verantwortlich sind. Sie hatte integrative Beschulung gewollt, freilich dies als Beweis verstanden, wenn er schon nicht „auf die Sonderschule“ müsse, dann sei es ja „sowieso nicht so schlimm“. Realistisch ist jedoch, dass Peter auf einer traditionellen Regelschule und auch auf vielen Sonderschulen nicht klar gekommen wäre. Der Erfolg kehrte als Bumerang zurück. Die Eltern behaupteten nachträglich, dass „alles nicht so schwerwiegend war“.

„Wer ist schon so dumm und hängt sich einen solchen Fall freiwillig an den Hals?“, hört man in Lehrerzimmern. „Das Kind braucht einen Schonraum“, heißt es in ausführlichen Gutachten, und der richtige „Förderort“ sei die Sonderschule, die fernab von seinem Wohnviertel liegt. Man könnte vermuten, dass alleine die Tatsache, dass es überhaupt eine Sonderschule für Peter gibt, die Aussonderung befördert. In Deutschland fehlt eine Unterstützungskultur für die Kollegen, die vor Ort in der wohnortnahen Schule die Last zu tragen haben. Um die Regelschulen zu entlasten, biedert sich manch ein Lehrer doch lieber „vorauseilend gehorsam“ dem Sonderschulwesen an. Wegen hoher Beanspruchungen im Lehrerberuf (vgl. Stähling 1998) ist davon auszugehen, dass besonders Lehrer in Schulen mit vielen verhaltsauffälligen und lernschwachen Schülern zu dem Schluss kommen, dass die Sonderschule für Kinder wie Peter der „geeignetere Förderort“ ist.

Wie schützen wir Peter davor, dass die Lehrer ihn dann doch wieder fallen lassen, um den Eltern zu beweisen, dass er gescheitert ist? – Peter hat ein Recht auf

Bildung. Sich der Mittel der Bürokratie zu bedienen und Eltern per Aktenlage zu demonstrieren, dass ihr Kind ohne spezielle Förderung versagen würde, hieße, das Kind aufzugeben. Manche Lehrkräfte würden so reagieren. Es ist in der Mehrzahl der „Fälle“ üblich. Gegen solche Tendenzen kann jeder Lehrer lernen, sich mutig mit einer pädagogischen Ethik zu wehren. Ungehorsam sein heißt hier, nicht einfach das Übliche zu machen, sondern die Würde des Kindes zu achten und auf das eigene Gewissen zu hören. Nicht den Vorschriften, sondern seinem Gewissen zu „ge-horchen“ erfordert einen wichtigen Lernprozess für Lehrerinnen und Lehrer. Horst-Eberhard Richter spricht von der „Chance des Gewissens“ (1986).

Pädagogen, die sich mit Hilfe von Sonderschuleinweisungen entlasten, müssten Gewissensnöte haben. Viele berichten davon, aber es fehlt ihnen die Kraft, sich gegen die Aussonderung von schwachen Schülern zu wehren. Sie wissen aus Erfahrung, was in vielen Studien belegt wurde (vgl. Brigitte Schumann 2007; Schnell/Sander/Federolf 2009): Kinder schämen sich mit zunehmendem Alter dafür, dass sie in einer Sonderschule lernen, und hören von ihren Nachbarn, dass sie in der Schule versagt haben. Sie nehmen Ungleichheit zu ihren Lasten wahr. *Dies erschüttert ihr Selbstwertgefühl, obgleich sie sich in der Sonderschule wohlfühlen.* Sie übernehmen die Fremdtypisierung als „Behinderte“ und sind in der Gefahr, die Scham durch aggressive Reaktionen abzuwehren. Sie fühlen sich ausgegrenzt und scheuen die Begegnung zu Schülern anderer Schulen (z. B. bei Klassenfahrten). In der Regel verschweigen bzw. verleugnen sie aus Angst, als Minderwertige entlarvt und bloßgestellt zu werden, dass sie die „Förderschule“ besuchen und nennen meist nur den Stadtteil, in den sie morgens zur Schule fahren. Die häufig aus Armutsgebieten stammenden Sonderschüler, die sich ihres niedrigen Bildungsstatus wegen schämen, reproduzieren symbolisch auf diese Weise selbst, dass sie gesellschaftlich von vornherein den anderen unterlegen sind und dass es ungleiche Startchancen gibt. Schumann (2007) beschreibt dies als gesellschaftliche Machtausübung, die institutionell inszeniert und legitimiert wird. Dazu tragen leider gerade die sonderpädagogischen Gutachten und Verfahren zur Aussonderung bei. Auch Eltern empfinden Scham über den Sonderschulbesuch ihrer Kinder und haben Angst vor Stigmatisierung.

Kinder mit Migrationshintergund sind davon besonders betroffen. Dies bewirkt bei Migrantenjungen, dass ihre Männlichkeitsvorstellungen untergraben werden. Lehrer sehen dies und schwanken angesichts ihrer Erfahrungen. Die immer noch gängige pädagogische und bildungspolitische Annahme, im „Schonraum" der „aufnehmenden" Sonderschule gelinge es besonders gut, Schulversagern ein neues Selbstvertrauen, Leistungsmotivation und ein positives Selbstkonzept zu geben, ist durch vielfältige Erfahrung längst widerlegt. Aber auch Integration als rein schulorganisatorische Maßnahme führt noch nicht selbstverständlich zu besserer pädagogischer Qualität. Sie muss vielmehr verbunden sein mit „Achtung, Verlässlichkeit, Zugehörigkeit und Begleitung" (vgl. Stähling 2006), kurz mit einer humanen „Pädagogik der Vielfalt" (Preuss-Lausitz 1993; Prengel 1993) und der Anerkennung von Gleichheit und Differenz (vgl. Hinz 2002). So hat es Sinn, jedes Kind in einer „Schule fur alle" aufzunehmen. Eine solche Veränderung anzustreben, *ohne* die Unterrichtsqualität zu verbessern, wäre allerdings übertrieben idealistisch und verantwortungslos. Aber dennoch müssen wir erste kleine Schritte und Erfahrungen machen, um Schule effektiv verändern zu können. Um die eigene *Selbstachtung als Lehrer* nicht zu beschädigen und sich nicht von sich selbst zu entfremden, ist es sinnvoll, sich nicht mehr an die scheinbar selbstverständlichen Regelmechanismen der Vergangenheit anzupassen, sondern statt dessen auf die Stimme des Gewissens zu hören.

Der Philosoph Peter Sloterdijk (2009, S. 98ff.) stellt die These auf, dass Menschen *wesensmäßig* auf verschiedene Weise als behindert angesehen werden können. Sie ständen daher unter „Vertikalspannung" und hätten „Grund und Anlass, ihr Dasein als Anreiz zu korrigierenden Exerzitien" (S 99) zu begreifen. Sloterdijk begreift den Menschen als Wesen, das *durch Übung* über sich selbst hinausgeht. Gemeinsames Lernen wird – so können wir folgern – immer dann erfolgreich sein, wenn jedes Kind den „Anreiz zu korrigierenden Exerzitien" in der Schule spürt und Unzulänglichkeiten durch Übungen – vorwiegend mit anderen zusammen – kompensierend bewältigt.

Zum Schluss wird von dem Rückgrat zu reden sein, das Lehrerinnen und Lehrer brauchen, wenn sie sich gegen den Geist der Aussonderung stemmen. Sie haben es nicht selten auch mit einer Schulaufsicht zu tun, der sie Paroli bieten müssen. Manch eine integrative Schule arbeitet so erfolgreich, dass es Kindern mit so genannter „Intelligenzschwäche" in der Atmosphäre offenen Unterrichts gelingt, am Ende ihrer Grundschulzeit „auf Probe" auf eine Regelschule zu wechseln. Diese Schüler sind so stabilisiert, dass sie das Etikett „lernbehindert" nicht mehr tragen und auch keine Sonderschule besuchen. Wie stehen manche Schulaufsichtsbeamten zu solchem Schulerfolg?

Aufgrund des noch immer verbreiteten medizinischen, defekt orientierten Vorverständnisses von Behinderung, nach welchem Intelligenz biologisch vorgeprägt erscheint, ist der Fördererfolg eines Kindes für manche Schulaufsichtsbeamten, Schulgesundheitsdienste oder Verwaltungsangestellte keineswegs ein Grund, die Qualität der pädagogischen Arbeit zu loben. Vielmehr beobachten sie skeptisch, ob denn die dort gemeldeten erfolgreich geförderten „Behinderten" auch wirklich in starkem Maße „lernbehindert im Sinne des Erlasses" gewesen sind. Es gibt Beamte der Schulaufsicht, die bezweifeln, ob die Gutachten stimmen. Müssten nicht, denken sie, besser „Fremdgutachter" zur Kontrolle ausgesandt werden? Besteht hier der Verdacht einer Fälschung der Statistik, um Personal zu rekrutieren? Ist das subversive Mogelei? Warum sollte es eine Schule überhaupt wollen, dass unbequeme Schüler zu ihr kommen? Wenn doch die Möglichkeit ständig angeboten wird, auf die Sonderschule zu überweisen, warum überfordert sich diese Schule?

Die Erfahrung vieler Schulreformer zeigt: Veränderung kann viele Widersacher haben. Sie kommen sogar in Gestalt des Erfolgs daher: Wenn die „Therapie" erfolgreich ist, beweist dies, dass die „Krankheit" auch zuvor nicht gar so drastisch gewesen sein kann.

Und sogar manche gewerkschaftlichen Forderungen können pädagogische Strukturveränderungen behindern, wenn der Leitspruch bemüht wird: „Wir können so ein Kind nur fördern, wenn wir auch das Personal dazu bekommen. Erhalten wir nicht den Stundenzuschlag, dann nehmen wir so ein Kind erst gar nicht." Wer Schüler ohne Stundenzuschlag aufnimmt, die vermeintlich nur mit zusätzlichen Sonderschullehrern zu beschulen sind, steht möglicherweise im Verdacht, die „Preise kaputt" zu machen. Dies könnte den Eindruck erwecken, als sei eine Schule ohne Unterstützung in der Lage, die Lasten „schwieriger" Kinder zu tragen. Der vorauseilende Gehorsam mancher Schulleiter oder Schulaufsichtsbeamten besteht dann konsequenterweise darin, „erst gar nicht damit anzufangen, wenn die Bedingungen nicht stimmen". Der Satz „die Bedingungen sind eben nicht so", kann so gegen Veränderungen missbraucht werden. Er untermauert dann ein Aussonderungssystem, das so normal geworden ist, dass sich der durchschnittlich „gehorsame" Pädagoge gar nicht mehr vorstellen kann, dass *alle* Kinder ein Recht auf Besuch der Regelschule haben könnten. Sie gestalten einen Unterricht, der sich nicht auf diese „Schwierigen" einstellt. Man muss schon „trotzig" sein und pädagogisch „um die Ecke denken" können, um zu erkennen, dass dies gegen die Menschenwürde der Schüler verstößt (vgl. Kapitel 2 und Interview Schumann).

Pädagogische Hinweise für den Alltag im inklusiven Unterricht findet man bei Stähling (2006) und Schöler (2009). Anregungen aus Kanada, England und den USA können helfen (vgl. Porter 1991; Villa u. Thousand 2000; Hinz 2007).

Dr. Irmtraud Schnell

1947	geboren in Stuttgart
1969–75	Lehrerin an einer Realschule in Baden-Württemberg und an verschiedenen Grundschulen in Wuppertal
1975–83	Lehrerin an der Schule für Erziehungshilfe Wuppertal, Studium der Sonderpädagogik in Köln und später Heidelberg
1983–94	Lehrerin an verschiedenen Sonderschulen und Integrationslehrerin
1995–2000	wiss. Mitarbeiterin bei Prof. Dr. Sander, Universität des Saarlandes
2002	Promotion an der PH Heidelberg
2000–2005	Lehrbeauftragte der Integrations- und Sonderpädagogik in Saarbrücken, Gießen, Leipzig und Integrationslehrerin
2003	Veröffentlichung zur Geschichte schulischer Integration
seit 2005	Vertretungsprofessorin für Sonderpädagogik bzw. Studienrätin im Hochschuldienst an der Goethe-Universität Frankfurt

IRMTRAUD SCHNELL

Aus der Liebe zu Kindern eine Kraft machen

– Eine Sonderpädagogin und Integrationsforscherin erzählt

Frau Schnell, Sie haben früh an einer Grundschule im sozialen Brennpunkt gearbeitet?

Das war ein sozialer Brennpunkt, wie man ihn sich heute nicht mehr vorstellen kann. Wir sind viele Geschwister gewesen zu Haus, ich bin bescheiden aufgewachsen, aber dass ein Kind in Deutschland kein eigenes Bett hat, war mir unvorstellbar, und dass die Kinder sich nicht waschen konnten und dass sie sagten, meine Mama kann uns nur noch einmal am Tag was zu essen machen, wenn sie kein Frühstück dabei hatten in der Schule. Der Schulleiter begrüßte mich: „Jetzt sind sie an der Schule, wo niemand hin möchte." Das war 1970. Ich habe den Kontrast erlebt, die Partys im Kreise der „leitenden Angestellten", wo die Buffets aufs Haar den Journalen glichen. Und auf der anderen Seite die Kinder, die nichts zu essen hatten. Das hat mich immer mehr über unsere Gesellschaft nachdenken lassen. Die sinnlosen Sorgen, die dort diskutiert wurden, wie legen wir unser Geld am besten an, in Drucken oder Perserteppichen. Und ich hab' auf den Partys auf die Dauer meinen Schnabel nicht halten können und wurde die linke Intellektuelle. Man spielte mir das Lied von Reinhard May vor, das es damals gab: „Annabell, Du bist so herrlich intellektuell, Du bist so wunderbar negativ und so erfrischend destruktiv ..."

Ich hatte die Sorge um diese Kinder. 46 Kinder hatte mein erstes Schuljahr dort, und die mussten ja was lernen. Ein Junge wiederholte zum zweiten Mal, hatte einen IQ von 128 und hat nichts gelernt. Hat einfach nichts dazugelernt. Dann habe ich erfahren, dass er immer mitbekam, wenn sein Vater nach Hause kam und die Schwester missbrauchte. Das kann man doch nicht einfach geschehen lassen, sagte ich. Dann wurde mir entgegnet: „Ja warten Sie erstmal, bis sie mehr Erfahrung haben, bis Sie älter sind, dann sind Sie auch ruhiger". Ich habe versucht, mit den Gemeindepfarren im Umfeld etwas aufzubauen. Die Kollegen waren alle so fatalistisch. Sie wollten sich ihre heile Welt nicht stören lassen. Und es gab Kollegen, die hatten schon abgeschaltet, die nahmen die Probleme gar nicht mehr wahr. Mit einer Gemeindepfarrerin fanden wir dann auch jemanden, der den Jungen schulisch unterstützt hat. Später kam er wohl trotzdem zur Sonderschule.

Das Thema „Dazugehören" ist ein ganz tief verwurzeltes. Als Kind musste ich mich aus gesundheitlichen Gründen mehrmals für längere Zeit fern von meiner Familie aufhalten. Dieses Herausgerissensein, keinen festen Platz zu haben, was das heißt, kann ich Kindern nachfühlen. Es soll nicht sein, dass Kinder sich fragen müssen: „Wo gehöre ich eigentlich hin?" Ich glaube, das ist eine Feder, die mir von ganz unten Kraft gibt. Wenigstens anderen Kindern soll das nicht passieren. Als Kind weiß man das alles nicht, da geschieht das einfach. Irgendwann muss man sich entscheiden, will ich darunter leiden oder will ich daraus eine Kraft machen. Und ich habe mich für letzteres entschieden.

Aber für mich war klarer: so was verändern kann nicht einer allein an solch einer Schule. Und dann bin ich zum Schulrat gegangen und habe gesagt: „Jetzt probiere ich noch eine Schule aus, und wenn die nichts ist, dann werde ich Zahnpastaverkäuferin beim Kaufhof." Das muss ihm irgendwie eingeleuchtet haben, jedenfalls hat er mich versetzt.

Wie haben Sie die Kollegen wahrgenommen?

Was mich in den Fortbildungen schon immer gewundert hatte, war diese Ängstlichkeit von Lehrern, diese Subalternität. „Darf man das? Wo steht dazu was?" Und nicht: „Ich weiß vieles über Kinder und ihre Entwicklung und handle danach." In der anderen Schule habe ich viel gelernt. Diese Grundschule lag in einem Gebiet aufstrebenden Bürgertums. Da kamen Eltern wirklich im ersten Schuljahr und fragten, ob ihr Kind das Abitur machen könne. Ich hatte in der Klasse einen Oberstudienrat und einen Studiendirektor als Eltern, und die dachten allen Ernstes, sie könnten mir sagen, wie ich den Unterricht machen solle. Wir haben eben gesagt, das soziale Lernen, das Auskommen der Kinder miteinander und dass *alle* Kinder weiter kommen, das gilt für uns. Also haben wir uns gewehrt gegen diese Ansprüche und versucht, für Kinder eine gute Schule zu machen.

Dann hatte ich einen schwierigen Schüler in der Klasse. Also, Partnerarbeit, Gruppenarbeit, innere Differenzierung, Rhythmisierung der einzelnen Unterrichtsstunden, das habe ich ja alles gemacht, aber er hat einfach immer den Unterricht gestört. Ich habe ein Lehrertraining gemacht beim schulpsychologischen Dienst, weil ich damit umgehen können wollte, und Schulpsychologen kamen in meine Klasse. Schließlich habe ich eine sonderpädagogische Überprüfung beantragt. Es hat mich und auch die anderen Kinder beschämt, als er dann weg war. Eigentlich mochten ihn alle, es war aber so schwierig mit ihm; er konnte eine ganze Stunde boykottieren und auch die Gruppenarbeit aufmischen. Ich wollte lernen, mit solchen Kindern umzugehen, und dann an die Grundschule zurück und habe Sonderpädagogik studiert. Danach kam ich aber erst mal an eine Schule für Erziehungshilfe.

Mussten Sie für die Integration kämpfen?

Später kam ich an eine andere Sonderschule. Integration wurde schulgesetzlich geregelt, ich hielt Integration für den richtigen Weg, Eltern wollten es auch, aber der Schulleiter versuchte abzuwehren. Er sagte den Eltern, wir hätten keine Stunden zur Verfügung, um schwierige Kinder in allgemeinen Schulen zu unterstützen. Das war allerdings gelogen; es waren nämlich Stunden im Plan gesteckt, die nicht stattfanden. *Die Sonderschule war ein Schonraum für die Lehrkräfte.* In einer Konferenz habe ich gesagt, ich hätte nicht den Eindruck, dass wir mit unseren Stunden so sorgfältig umgingen, dass wir behaupten könnten, wir könnten keine Stunden für Integration frei geben. Ab da war ich enfant terrible. Aus meiner Klasse gingen auch wirklich Kinder in die Regelschule, und einen Jungen mit verschiedenen Behinderungen habe ich darin unterstützt, zur Realschule (mit Internat) zu gehen. Hinter meinem Rücken haben die Kollegen ihm das madig zu machen versucht, er solle doch dableiben und den Hauptschulabschluss machen und dann zur Realschule gehen. Unglaublich, dass Sonderpädagogen Bildungschancen verhindern wollen! Die Kinder haben es mir dann berichtet. Mit seiner Mutter und ihm bin ich dann zu der betreffenden Schule gefahren, damit er sich das anschauen kann. Das habe ich einfach gemacht, weil es richtig war. Wenn ich gefragt hätte, hätte ich es nicht genehmigt gekriegt. Mit dem jetzt jungen Mann habe ich heute noch Kontakt.

Hätte denn der Schulleiter etwas dagegen unternommen, wenn er das gewusst hätte?

Nein, dazu war er zu feige. Zwei andere Kinder aus meiner Klasse gingen in die Regelschule, das eine in eine Gesamtschule, wo sie dann den mittleren Bildungsabschluss gemacht hat und prima zurechtkam, ein praktisch gehörloses Mädchen, das Tanzstunde gemacht hat mit ihren Klassenkameraden. Das andere ging auf eine Realschule und war binnen sechs Wochen ein anderes Mädchen. Und als ich das gesehen habe, wie plötzlich Kommunikation eine Bedeutung bekommen hat für sie, ich habe wohl in der Sonderschule mit den Kindern Theater gespielt, und da war sie immer ganz vorne weg, aber nun fing sie an zu telefonieren. Bei der Einschulung war sie als lernbehindert eingestuft worden, und nur weil die Eltern das nicht hinnahmen, kam sie auf unsere (zielgleiche) Sonderschule und machte dann in der Realschule die mittlere Reife. Wenn man das einmal erlebt hat, dann kann man als Sonderpädagoge nicht mehr sagen, Integration geht nicht, soll nicht sein.

Aber, da gibt es viele Geschichten. In meiner ersten Zeugniskonferenz an der Schule wollte ein Kollege, der ein erstes Schuljahr hatte, einem Kind im ersten Halbjahreszeugnis den Vermerk „Versetzung gefährdet" ins Zeugnis schreiben. Da habe ich gesagt, das würde ich nicht verstehen: „Das Kind kommt voller Freude in die Schule, will lernen, will etwas Ordentliches leisten und kriegt dann gesagt: unfähig." Man müsse sich vor den Eltern schützen, war seine Antwort. „Nein, die Verantwortung müssen wir tragen", sagte ich. Er hatte Angst, dass die Eltern nachher sagen: „Es stand ja gar nicht im Zeugnis!" Dann hätte er das Kind womöglich versetzen müssen. Solch ein Denken!

Es gibt ja auch Lehrer, die sagen: Dann passe ich mich eben hier an ...

Ich kann ja nicht meine pädagogischen Grundsätze über den Haufen werfen, nur weil da ein verwahrlostes Kollegium sitzt! Da war ja pädagogisch gar kein Anspruch. Das ist im ersten Studium, Grund- und Hauptschule, grundgelegt worden. Also es ist meine Verpflichtung, einen anständigen Unterricht zu machen, *ich werde dafür bezahlt, dass ich Kindern was ermögliche, nicht, dass ich was verhindere.*

Es wurde mir aber gesagt: „Wenn Sie das Konzept der Schule nicht teilen, dann sind Sie fehl am Platz." Als ich nach zwei Wochen Krankenstand wiederkam, war beschlossen, dass ich die Klasse im nächsten Schuljahr nicht mehr führe und dass ich stattdessen mit voller Stelle in Allgemeinschulen unterrichten werde.

Ich hätte es gern halbe-halbe gemacht, weil ich an der Klasse hing. Wir hatten so eine richtige Lernatmosphäre, ein gutes soziales Klima aufgebaut. Also war ich mit ganzer Stelle außerhalb tätig. Eine Köfferchenlehrerin war ich, meist für einige

Stunden in einer Regelschulklasse, aber später waren es auch manchmal mehrere Kinder mit Förderbedarf in einer Klasse, für die ich zuständig war und mehr Stunden mit den Klassenlehrern zusammenarbeiten konnte. Es gab damals einen Sonderschullehrer – unter den Sonderschullehrern gibt es Gruppen mit speziellem Berufsstolz –, der sollte in einer Gesamtschulklasse sich auch für ein lernbehindertes Kind interessieren. Da sagte er, das wäre „Perlen vor die Säue geworfen". Oh je, das ist ja kaum zu glauben, wenn man das so erzählt!

Die Schikanen mehrten sich. Ich bin zur GEW gegangen und habe gefragt, was ich dagegen unternehmen könne. Ich sei bereit, Schwierigkeiten auf mich zu nehmen, aber ich sei nicht gewillt, mich fachlich unqualifiziert und menschlich unanständig behandeln zu lassen. Ich habe einen Brief an den Minister geschrieben. Damit war ich dann als Nestbeschmutzerin abgestempelt und kriegte an der Schule nie mehr ein Bein auf die Erde. Das hat mich aber nicht mehr gekümmert, ich war sowieso beschäftigt mit Integration. Die war in den Konferenzen der Sonderschule ohnehin niemals ein Thema, das war wie totgeschwiegen, obwohl dann etliche Kollegen schon in Regelschulen arbeiteten, mit ein paar Stunden jeweils – bis auf drei allerdings eigentlich gegen ihren Willen. Ja, das ist wie ein Krimi für mich immer noch, wenn ich das erzähle.

Ende der 80er Jahre fing schon meine Arbeit in der GEW an. Da drehte sich alles um Integration. Die nächste Ministerin wollte das Rad zurückdrehen. Um der Zeugniswahrheit willen sollten die Kinder, die integriert waren, ein Zeugnis der Sonderschule kriegen, mit dem Sonderschulkopf und mit den Fächern der Sonderschule. Und da haben wir von der GEW einen Aufstand gemacht. Ich bin mit Eltern zum Rechtsanwalt gegangen. Leider hat so eine dusselige Kollegin, um dem Kind etwas Gutes zu tun, das betreffende Zeugnis so verharmlost, dass es kein Gegenstand vor Gericht mehr war, anstatt sie das so gelassen hätte, damit wir eine Rechtssprechung erreicht hätten.

Mein Engagement wurde aber auch außerhalb meiner (Sonder-)Schule keineswegs nur geschätzt; die Lobby für die Sonderschulen, auch im Ministerium, war und ist stark. Da wird man schnell zur indoktrinierenden Fanatikerin gestempelt und in der Folge abgestraft – das ist einfacher, als sich damit auseinander zu setzen, welche Konsequenzen die Subsidiarität der Sonderpädagogik eigentlich nach sich ziehen müsste, und sich mit den an Sonderschulen vorhandenen Problemen, den Wünschen von Eltern nach einer möglichst wenig einschränkenden Umgebung für ihre behinderten Kinder und mit dem Recht auf Bildung für alle, auch für die aus benachteiligenden Verhältnissen, zu befassen.

Frau Schnell, woher nehmen Sie die Kraft, sich gegen Unrecht zu stemmen?

Wenn Missstände da sind, muss man versuchen, sie zu beseitigen, oder? Das hat wohl mit meiner Biografie zu tun und mit geistigen Haltungen, die ich mitbekommen habe. Der Pfarrer, der mich konfirmiert hat – das war die Zeit des Vietnamkriegs – war ein ganz unabhängiger geistiger Mensch. Er hat demonstriert gegen den Vietnamkrieg und hat die Konfirmanden, die Jungen aufgefordert, den Wehrdienst zu verweigern. Das war Anfang der 60er Jahre schon nicht selbstverständlich. Er hat gepredigt über das Wort von Luther, „domini sumus", das heißt ja „Wir sind die Herren und wir sind des Herrn." Und weil wir „des Herrn" seien, seien wir die Herren. Er hat oft über die Freiheit geredet, die „Freiheit eines Christenmenschen". Was ich im Gedächtnis behielt: „Wenn jemand in Not ist und mag es ein Tierlein sein, dann geht dazu und helft." Und er hat das selbst auch getan. Ich habe da viel mitbekommen, zu sagen, was richtig ist, und dabei geschützt zu sein.

Als Kind war ich, in der Großstadt aufgewachsen, immer im Allgäu auf dem Bauernhof meiner Patentante. Onkel Kaspar, ihren Mann, habe ich mal sagen hören, „Marie, wie schreibt man noch mal das A?" Das war natürlich schon etwas ungewöhnlich für mich, dass ein ausgewachsener Mann das A nicht zu schreiben weiß. Aber ich habe ihn sehr geliebt, da wurde mir klar, das ist alles relativ. Dort ging man gut um mit Kindern, das war die Hauptsache. Ich habe mal beim Traktor einen Reifen mit Kalk ganz weiß angemalt, und Onkel Kaspar, weil der Traktor ganz neu war, war entsetzt und hat mir ins Gewissen geredet. Tante Marie sagte nach zwei Stunden: „Es sind halt Kinder".

Bei uns zu Hause in der großen Familie war Gerechtigkeit das zentrale Thema. Ja, woher kommt die Kraft? Dieses Gerechtigkeitsthema, das ist ja eine unheimliche Kraft. Na ja, mein Vater war da impulsiver, der hätte vielleicht auch mal zwei Kleider auf einmal gekauft, wenn er seine Töchter darin hübsch gefunden hätte, aber meine Mutter hat das immer multipliziert mal sechs, und dann musste es eben auch hinkommen.

Zu mir hat man schon mit zwölf Jahren gesagt, „Du wirst mal eine gute Mutter". Es war für mich selbstverständlich, Kinder zu haben, und ich habe leider keine bekommen. – Es waren einige Prozesse nötig, so wurde meine Ausrichtung: Wenn ich meine Liebe zu Kindern nicht eigenen Kindern geben kann, dann bin ich jetzt für andere da und mit aller Konsequenz. Und das ist eine ganz rationale Basis meines Engagements.

Wie setzen Sie Ihre Ziele jetzt an der Hochschule mit Ihren Studenten um?

Die Studenten erfahren vom ersten Tag an von mir über die Anforderungen an eine berufliche Haltung, die Kindern in ihren verschiedenen Lebensumständen gerecht zu werden versucht. Es ist gerade ein Thema in unserem Institut und war bei der letzten Integrationsforschertagung auch Thema: Wir versuchen, Lehrer für eine inkludierende Schule auszubilden. Wie kommen sie nachher mit den Widerständen der separierenden Logik im System zurecht? Können sie ihre gewonnenen Einsichten und Kompetenzen über das Referendariat hinweg retten? Und danach im Berufseinstieg? Meine Empfehlung ist: sie müssen sich zusammen tun. Den Berufseinstieg mit Widerständen überlebt man nicht alleine. Und wir müssten, im Grunde genommen, die Diskussion immer schon jetzt spielen. Das Problem ist dann, dass sich nicht alle ihre Vorbehalte so zu artikulieren trauen. Ich vertrete die Orientierung an den Menschenrechten ja ziemlich energisch. Also ich glaube: Das Wichtigste ist, dass die Studierenden einen kritischen Blick darauf bekommen, was in der Gesellschaft ist und was in der Schule. Und sie sollen ein Bewusstsein dafür bekommen, dass die Schule nicht das Abbild sein darf.

REINHARD STÄHLING

2. Illegale Schüler oder illegale Schulverhältnisse?
– Ein juristischer Exkurs

Recht, von dem man keinen Gebrauch macht, stirbt ab;
Freiheit, von der man keinen Gebrauch macht, welkt dahin.
Widerstand muss darin bestehen, von seiner Freiheit Gebrauch zu machen.
Einmischung ist die einzige Möglichkeit, realistisch zu sein.

Heinrich Böll (1917–1985)

Magdalena besucht die zehnte Klasse einer Gesamtschule. Im Sommer 2009 sollen sie und ihre Mutter nach Bolivien abgeschoben werden. Ob die Schülerin unter diesen Umständen den Schulabschluss schafft, ist fraglich. Vor elf Jahren kam sie mit ihrer Mutter nach Deutschland. Seitdem lebten sie ohne rechtmäßigen Aufenthaltsstatus als „Statuslose" in Hamburg. Der illegale Status der Familie ist aufgedeckt worden, weil Schulen durch das Aufenthaltsgesetz des Bundes verpflichtet sind, die Ausländerbehörde zu unterrichten, wenn sie Kenntnis haben vom Aufenthalt eines „statuslosen" Ausländers. Zudem bietet das Schülerzentralregister in Hamburg seit 2006 die Möglichkeit, durch einen festgeschriebenen Datenabgleich illegal lebende Ausländer zu identifizieren (vgl. Ludwig 2009).

„Ungehorsame" Schulleiter nehmen dennoch *aus Gewissensgründen* „illegalisierte Schüler" auf, ohne die Ausländerbehörde davon zu unterrichten. Sie geraten dadurch in Konflikt mit ihren Dienstpflichten. Nach den völkerrechtlichen Vorgaben der Europäischen Menschenrechtskonvention von 1950 ist es verboten, Schüler auf Grund nationaler Herkunft „oder eines sonstigen Status" zu diskriminieren (EMRK Art.14). Dieser rechtliche Schutz bezieht sich auch auf Kinder *ohne Aufenthaltsstatus*. Folglich können oben erwähnte Schulleiter ihre Pflichten, die aus dem Aufenthaltsrecht erwachsen, als unrechtmäßig und sittenwidrig ansehen und für sich ein Widerstandsrecht beanspruchen, soweit legale Rechtswege in diesen Fällen ausgeschlossen sind. Dieser Verstoß gegen Gesetze und Pflichten wird demnach in der Regel *vorsätzlich und wohlbedacht* vollzogen und beruht auf einer Gewissensentscheidung. Im Sinne eines *Zivilen Ungehorsams* nehmen solche Schulleiter dabei bewusst in Kauf, dafür bestraft zu werden (zum juristischen Sachverhalt vgl. Krause 2009).

Die juristische Dimension liegt hier auf beiden Seiten: Hier werden im Sinne der Menschenwürde und des Rechtes auf Bildung

1. die Folgen des Aufenthaltsgesetzes als unrechtmäßig und sittenwidrig angesehen und
2. daraus folgend nach Ausschöpfung aller legalen Mittel bewusst eine „verhältnisgerechte Rechtsverletzung" (Krause 2009) eingegangen.

Mit der Aufnahme „illegalisierter Schüler" bewirken diese Schulleiter zunächst eine Entlastung im Einzelfall, aber nicht schon die Abschaffung des Gesetzes. Die Aktionen des Zivilen Ungehorsams versuchen jedoch auch, auf Gesetzgeber Einfluss zu gewinnen, die Probleme dieser Schüler politisch zu lösen. Eine Einzelfall-Hilfe mit öffentlichem Aufsehen schließt allerdings die Gefahr ein, dass die weitere Beschulung eines einzelnen Kindes durch Abschiebung beendet wird. Daher werden solche Aktionen im Schuldienst wohl eher verdeckt und geheim durchgeführt, um betroffene Familien nicht zu gefährden. Eine Diskussion über die Pflicht zum Ungehorsam, wenn Unrecht herrscht, könnte sich anschließen. Der von der katholischen Kirche mit Berufsverbot bestrafte Theologe Eugen Drewermann stellt die Pflicht zum Gehorsam gegenüber „unmenschlichen Gesetzen" (z. B. Ausländergesetze mit Abschiebepraxis) aus christlichem Verständnis heraus grundsätzlich in Frage: „Doch gerade so bleibt verbindlich und vorbildlich die Haltung Jesu an dieser Stelle, der lieber das heiligste Gesetz in Israel brach als das Herz eines Menschen" (2009, S. 323).

Um die politische Bedeutung solchen Ungehorsams zu ermessen, werden in diesem Kapitel einige weitere Fakten der vom deutschen Schulsystem benachteiligten Kinder exemplarisch zusammengetragen. An ihnen kann deutlich werden, dass teilweise nicht einmal die Rechtsgrundlagen für das Handeln von Schulen unstrittig sind. Die *Bildungsrechte* z. B. von Kindern der Migranten oder von behinderten Schülern sind nach Einschätzung vieler Experten unrechtmäßig eingeschränkt. Von den Lehrern als Staatsdienern wird verlangt, in diesem System mit „widergöttlichen Gesetzen“ (vgl. Drewermann 2009, S. 323) ihren Dienst zu tun und dies mit zu tragen (zu den Fakten siehe Neumann 2007 und Rieger 2007):

- Schätzungen zufolge leben außer den ca. 18000 gemeldeten Asylsuchenden und ca. 60 000 Kindern und Jugendlichen mit Duldungsstatus etwa *10000–100000 Kinder und Jugendliche ohne Papiere illegal* in Deutschland. Sie haben daher – entgegen der Kinderrechtskonvention der UN von 1992 – keinen Zugang zu Gesundheitsversorgung, Erziehung und Bildung. Dennoch werden einige „Illegale“ trotz Androhung von Sanktionen von Schulleitern in Schulen aufgenommen (vgl. Koch/Stark 2007, S. 258).

- In den Bundesländern Hessen, Baden-Württemberg und Saarland sind Flüchtlingskinder im Duldungsstatus noch nicht in die Schulpflicht einbezogen. Der Staat muss diese Kinder nicht unterrichten und nicht mit Lehrmitteln ausstatten. Die Bleiberechtsvereinbarung der Innenminister verlangt jedoch, damit der Zustand der Kettenduldung aufgehoben werden kann, dass Kinder zur Schule gehen. Jugendliche, die in ihrem Heimatland die Schule wenig oder nicht besucht haben, werden in Deutschland häufig nicht mehr beschult (vgl. Rieger 2007, S. 249). Das bundesweite Asylverfahrensgesetz (§ 12 AsylVfG) behandelt 16-jährige Flüchtlingskinder wie Erwachsene. Altersangaben werden teilweise trotz Vorlage amtlicher Dokumente vom Bundesamt für Migration und Flüchtlinge zu hoch angesetzt. Auf diese Weise wird 14- bis 18-Jährigen der Zugang zu kinder- und jugendgerechter Unterbringung, Erziehung und Bildung versagt. Einige Schulen entscheiden dennoch im Widerspruch zu geltenden Vorschriften, Schüler im Duldungsstatus und Kinder von Asylbewerbern wie alle anderen grundsätzlich als schulpflichtig zu behandeln. Die Eltern werden über die Bildungsmöglichkeiten informiert. Kommt ein Kind nicht zur Schule, suchen Mitarbeiter einiger Schulen die Familie auf, klären die Problemlage und unterstützen bei der Vermittlung von Rechtsberatung.

- Flüchtlingsjugendliche im Duldungsstatus dürfen keine Arbeit aufnehmen, nicht einmal ein Praktikum oder eine schulische oder betriebliche Ausbildung machen. Erst unter bestimmten Bedingungen und nach einer Wartezeit von einem Jahr ist ihnen gestattet, einer entgeltlichen Beschäftigung nachzugehen. Die Chancen von Jugendlichen mit Aufenthaltsstatus auf einen Ausbildungsplatz sind nur halb so groß wie bei Jugendlichen ohne Migrationshintergrund (vgl. Neumann 2007, S. 240; Rieger 2007). Einige Einrichtungen entscheiden dennoch, die Jugendlichen so früh wie möglich – z. B. als Praktikanten – über Fördervereine zu beschäftigen und ihnen am Ende entsprechende Bescheinigungen auszustellen, mit denen sie bessere Chancen auf dem Arbeitsmarkt haben.

- In Deutschland gibt es kein Recht auf Förderung der Herkunftssprache. Die Angebote des „Muttersprachlichen Ergänzungsunterrichts“ (3–5 Unterrichtsstunden, meist am Nachmittag oder Wochenende) erreichen weniger als 20 % der Kinder. Ganz abgeschafft wurde der Unterricht in Hessen und Bayern, reduziert in Niedersachsen. Auch wird Unterricht in den Sprachen von Flüchtlingsfamilien, z. B. Farsi, Romanes und Kurdisch, nur vereinzelt angeboten. Da Flüchtlingskinder nur zu einem geringen Teil als „asylberechtigt“ anerkannt und zugleich in ihrer Herkunftssprache nicht alphabetisiert werden, ist zu fragen, ob ihr Menschenrecht auf Bildung grundsätzlich gewährleistet ist (vgl. Neumann 2007, S. 242f.). Schulen können jedoch entscheiden, entsprechende muttersprachliche Mitarbeiter als Lehrassistenten an Schulen anzustellen und am Unterricht mitwirken zu lassen.

Aus menschenrechtlichen Gründen fordert besonders die Nichtbeschulung „illegalisierter“ Menschen zu Protest auf. Wenn Schulleiter die genannten Kinder in ihre Schule aufnehmen, ist dies ein Akt des zivilen Ungehorsams. Als Landesbeamter verstößt hier ein Schulleiter gegen Bundesgesetze und kann sich dabei auf die Europäische Menschenrechtskonvention Art. 14 berufen. Der Rechtsbeistand der Lehrerverbände oder Personalräte kann nützlich sein, um im Konflikt mit Gesetzen und Behörden die Bildungsrechte der Kinder durchzusetzen (vgl. Interview Irmtraud Schnell). Häufig handelt es sich auch um so genannte behinderte oder von Behinderung bedrohte ausländische Kinder, die teilweise *im stillen Einvernehmen* zwischen den Eltern und Behörden vom Schulbesuch befreit werden.

Ein Beispiel: Ein mehrfachbehinderter Jugendlicher aus dem Kosovo ist mit seiner Familie als Asylbewerber in Deutschland im „Duldungsstatus“ und muss alle drei Monate seinen Status prüfen lassen. Ohne Pflegedienstleistungen, Krankengymnastik und Bildungsangebot „vegetiert“ er zu Hause vor sich hin und wird von Geschwistern unterstützt. Erst bei einem Hausbesuch einer Lehrerin anlässlich der Einschulung seiner Schwester kommt dies ans Tageslicht.

Trotz vieler Konzepte der Armutsbekämpfung scheitert die Umsetzung in der Praxis oft an unklaren Vorschriften und nicht koordinierten Arbeitsweisen der Zuständigen (vgl. Stähling 2005a). Um Verantwortung nicht abzuschieben und Hilfemaßnahmen durch den Staat nicht zu verzögern, haben Mitarbeiter einer Schule sich dazu entschieden, zunächst so vorzugehen, dass mehrere Stellen unabhängig voneinander mündlich und schriftlich informiert werden: der Ausländerbeirat der Gemeinde, die Dezernate für Jugend, Gesundheit und Schule, das Flüchtlingsdezernat, das Schulamt und die Schulaufsicht. Dies führt in der Regel zu Erfolg; das Gesundheitsamt muss umgehend tätig werden. Wer setzt sich nun zumindest aber für die Beschulung ein? Den „unbequemen“ Schulmitarbeitern (vgl. Interview Fuest, Schnell) helfen bei diesen „unheimlichen Entdeckungen“ juristische Fakten: Die UN-Kinderrechtskonvention von 1989 legt das Recht des Kindes auf Bildung auf der Grundlage von Chancengleichheit fest. 1990 forderte die UNESCO in einer „Declaration of Education for All" den gleichen Zugang zum Erziehungswesen auch für Behinderte. 1994 wird die Salamanca-Erklärung auf der „Weltkonferenz über Pädagogik der besonderen Bedürfnisse" verabschiedet. Schließlich verlangt die UN-Konvention über die Rechte Behinderter, dass Menschen mit Behinderungen nicht vom allgemeinen Bildungssystem ausgeschlossen werden dürfen. Das Grundgesetz legt seit 1994 unveränderlich fest: „Niemand darf wegen seiner Behinderung benachteiligt werden" (Art. 3 Abs. 3 Satz 2 GG). Das Diskriminierungsverbot nach der Europäischen Menschenrechtskonvention (Art. 14) hat in Deutschland bereits seit 1952 Gesetzeskraft. In den letzten Jahren ist die Teilhabe von Menschen mit Behinderungen gestärkt worden durch Schaffung des Behindertengleichstellungsgesetzes (BGG), des Neunten Sozialgesetzbuches (SGB IX) und des Antidiskriminierungsgesetzes. Wenn ein Schulmitarbeiter sich dieser Rechtslage bewusst ist, wird er zielsicher daran arbeiten können, dass die genannten Missstände beseitigt werden. Erst wenn er alle zuständigen Stellen informiert hat und alle legalen Mittel erschöpft sind, also in der Regel erst nach langwierigen Prozessen, lässt sich ein legitimes Recht auf Widerstand und zivilen Ungehorsam ableiten. Mit welchen repressiven Maßnahmen auf der Seite der Regierenden zu rechnen ist, wenn es zu einem Machtkampf kommt, zeigen die Erfahrungen mit Disziplinarmaßnahmen. In Martin Walsers Roman „Finks Krieg" (1996) wird die psychische Belastung dokumentiert (vgl. auch Interview Kreiselmeyer und Kapitel 9 und 10).

An vielen Beispielen im Schulalltag werden die Spannungsfelder deutlich, in denen sich Eltern, Schüler, Schulmitarbeiter, Schulleiter und auch die Verwaltungen bewegen. Wir sehen, wie problematisch ein rein vorschriftsmäßiges Handeln ist und in welche Notlagen Schüler, Eltern und Schulmitarbeiter dadurch kommen können. Dieses Kapitel bietet, ohne den Anspruch auf Vollständigkeit zu erheben, so etwas wie eine Ideenschmiede und Positionshilfe an.

Die PISA-Studie 2006 – wie auch viele Erhebungen vor ihr – haben belegt: Bei Schülern in Deutschland hängen Herkunft und Kompetenzniveau eng zusammen. Hans Wocken (2007) hat die empirisch nachgewiesenen Chancenungleichheiten von Schülern in Deutschland auf Verfassungsgemäßheit geprüft und kommt zu der Einschätzung, dass diese nicht gegeben ist. Hieran ließe sich eine Klage beim Europäischen Gerichtshof anschließen. Dieser hatte in einem ähnlichen Verfahren mit Urteil vom 13.11.07 *erstmals Statistiken als Beweismittel für individuelle Ungleichbehandlung* anerkannt: Das Urteil betraf Roma-Kinder in Tschechien, die – statistisch nachweisbar – in unverhältnismäßig großer Zahl (nach Durchführung von Tests) in Sonderschulen geschickt wurden. Der dominante Trend zur Ungleichbehandlung wurde vor Gericht nachgewiesen (vgl. Poscher/Langer 2009).

Der UN-Sonderberichterstatter Vernor Muñoz-Villalobos verwies bei seiner Visite 2006 in Deutschland darauf, dass „schlechte schulische Leistungen von Teilgruppen von Schülerinnen und Schülern *nicht nur ein bedauerliches Leistungsdefizit* eines Bildungswesens sind, sondern *Menschenrechte von Kindern und Jugendlichen verletzen.* Dies ist dann der Fall, wenn durch Herkunft, nationale, ethische oder religiöse Zugehörigkeit oder durch Lebensschicksale bestimmbare Gruppen von Kindern durch das Bildungswesen ungenügend gefördert werden, obwohl Mittel und Programme dafür zur Verfügung stehen, wie der Vergleich mit anderen Bildungssystemen demonstriert" (Krappmann 2007). Der UN-Sonderberichterstatter für das Recht auf Bildung kritisierte daher auf der Bundespressekonferenz am 21.2.06 in Berlin (vgl. Overwien/Prengel 2007, Dokumente unter www.budrich-verlag.de):

- Soziale Chancenungleichheit bei Armut: 20 % ohne Schulabschluss; 50 % der Migranten nach Schulabschluss ohne Ausbildungsplatz.
- Frühe Aufteilung nach Klasse 4 berücksichtigt nicht die Bedürfnisse der Kinder.
- Flüchtlingskinder werden in Deutschland zuerst im Status als Flüchtlinge, dann erst als Kinder gesehen.
- Erwartungen an Lehrer sind höher als ihre realen Gestaltungsmöglichkeiten erlauben.
- Bildung in Deutschland ist nicht begründet mit den Rechten der Kinder.
- Menschenrechte sind nicht in den schulischen Lehrplänen verankert.
- Kinderrechte in Deutschland beziehen sich nur auf das Alter bis 16, nicht bis 18 Jahren.
- Vorschulische Bildung ist noch nicht gebührenfrei.

Woellert u. a. (2009) belegen, dass 30 % der aus der Türkei stammenden Migranten in Deutschland keinen Schulabschluss haben. Zu den auffälligsten Regionen gehören danach Duisburg und Nürnberg. Zwar sind die meisten Türkischstämmigen schon lange in Deutschland und die Hälfte ist hier geboren, aber ihre Herkunft aus wenig entwickelten Gebieten entscheidet noch heute über den Integrationserfolg. Dem deutschen Bildungswesen gelingt es nicht hinreichend, diese Migranten erfolgreich zu qualifizieren. Selbst in der 2. Generation sind die „Werte" nicht wesentlich besser.

Die Schulrealität zeigt, dass vielfach ausländische und zugleich von Armut betroffene Schüler als behindert betrachtet und diese so Etikettierten dann zum größten Teil (mehr als 80 %) in Sonderschulen ausgesondert werden (vgl. Stähling 2006a/2009, S. 17 f.). Obwohl diese „Förderorte" seit einiger Zeit offiziell „Förderschulen", statt „Sonderschulen" heißen, verwenden wir in dieser Veröffentlichung weiterhin den früheren Begriff, der dem selektiven Charakter des Schulwesens besser gerecht wird. „Behinderte" haben weiterhin – nach behördlicher Lesart – einen „*sonder*-pädagogischen" und nicht einen „*förder*-pädagogischen" Förderbedarf.

Schulen in sozialen Brennpunkten bleibt es überlassen, ob und in welchem Maße sie Kinder aus Armutsgebieten aufnehmen (vgl. Interview Fuest). Brennpunktschulen brauchen ganz besonders viel Phantasie bei der Suche nach „Kunstgriffen“ zur Förderung ihrer Kinder, wenn sie sie nicht aussondern wollen (vgl. konkrete Beispiele im Kapitel 7). Lehrer, die sich für die Menschenrechte ihrer Schüler engagieren, werden häufig mit der Frage konfrontiert, ob sie einen „schwachen Schüler“ als behindert einstufen oder ihn in einer Regelschule „still integrieren“ sollen (vgl. Interview Pollert). Die zufällige Ausgangssituation (Wohnort, schulisches Konzept der Schule, wo angemeldet wird) entscheidet nicht selten, ob jemand als „behindert“ gilt oder nicht. Viel hängt von der Einschätzung der Schulleitung ab (vgl. Kapitel 3 und 7). Schulleitern wird häufig das Recht abgesprochen, selbst festzulegen, ob das Kind, das als „behindert“ eingestuft wurde, zu einer integrativen Schule oder einer Sonderschule überwiesen wird, selbst wenn sie bereit wären, es in der eigenen Schule zu integrieren. Hier sind oft geschickte, diplomatische Verhandlungen „im Stillen“ gefragt.

Wie können bei diesen Vorgängen gerade Kinder von illegal in Deutschland lebenden Ausländern ihr Menschenrecht auf Bildung verwirklichen?

Der Behindertenstatus eines Kindes verschafft der Schule, falls sie als „integrative Schule“ mit so genanntem „Gemeinsamem Unterricht“ (GU) anerkannt ist, zusätzliche Lehrerstellen. Häufig sind jedoch die Aufnahmezahlen einer Schule mit „GU“ für Schüler, die einen „sonderpädagogischen Förderbedarf“ haben und zusätzliches Personal benötigen, aufgrund finanzieller, aber rechtlich nicht begründbarer, möglicherweise willkürlich erscheinender Grenzen auf z. B. 24 Schüler pro GU-Schule limitiert. Es heißt bezeichnenderweise, dass diese Kapazitäten „gedeckelt“ seien. Ein Rechtsanspruch auf Integration muss gegen diesen „Ressourcen-Vorbehalt“ erkämpft werden. Daher empfiehlt der Verein „mittendrin e. V.“ Eltern, sich spätestens zum 5. Geburtstag eines behinderten Kindes eine Rechtsschutzversicherung zuzulegen, die sie bei Verwaltungsgerichtsverfahren unterstützen kann (vgl. Mittendrin 2008). Einen Platz für Behinderte an allgemeinen Schulen gibt es nach den Kapazitätsvorbehalten in vielen Bundesländern nur dann, wenn genügend Sonderpädagogen finanzierbar erscheinen. Schulleitern, die im Konflikt mit Schul- und Gesundheitsbehörden diese „Deckelung“ für ihre Schule aus Gewissensgründen nicht akzeptieren und mehr behinderte Schüler in den GU aufnehmen als eingeplant, verteidigen sich erfolgreich juristisch mit Bezug auf die *Rechte der Kinder.* Die Rechtsprechung gibt Anlass zu Hoffnungen. In den folgenden drei Beispielfällen zeigen wir einige gute Lösungen für Probleme im Rahmen der Integration auf:

1. Wahlfreiheit der Eltern und pädagogische Begutachtung

Mit einem Beschluss des Bundesverfassungsgerichts wurde 1996 einem Elternpaar Recht gegeben, das sich durch die Einweisung seines Kindes in eine Sonderschule benachteiligt und in seinem Grundrecht verletzt sah. Zuvor hatte das körperbehinderte Mädchen in einer Grundschule erfolgreich gelernt, aber wurde durch die Schulbehörde beim Übertritt in die Sekundarstufe in eine Sonderschule überwiesen. Das Gericht gab der Beschwerde der Eltern gegen diese Überweisung Recht. Es genüge nicht – so das Gericht –, „die Möglichkeit einer integrativen Beschulung (...) mit pauschalen Hinweisen auf die Funktionsfähigkeit der allgemeinen Schule bei begrenzten organisatorischen und personellen Mitteln zu verneinen." Danach ist eine Benachteiligung im Sinne des Grundgesetzes gegeben, wenn ein Kind in eine Sonderschule überwiesen wird, obwohl ein seiner Behinderung entsprechender Besuch einer allgemeinen Schule möglich wäre (vgl. Speck 1997). Der Elterneinschätzung wird großes Gewicht gegeben: „Entscheiden sich Eltern im aus ihrer Sicht so gewürdigten Interesse ihres Kindes für eine Beschulung gemeinsam mit nichtbehinderten Schülern, darf sich die Schulbehörde nicht einfach etwa mit der nicht näher fundierten Begründung hinwegsetzen, die Überweisung an eine Sonderschule und die Unterrichtung dort seien in Wahrheit besser geeignet, dem wohlverstandenen Interesse des behinderten Kindes zu dienen" (Beschluss vom 8.10.1997-1 BvR 9/97).

Bei dieser richtungweisenden Entscheidung spielte gewiss der dokumentierte Erfolg des Kindes in einer Grundschule eine Rolle. Man kann mutmaßen, dass ein Gericht gegen die Integration des Kindes hätte entscheiden können, wenn eine Grundschullehrerin seine Erfolge angezweifelt und dieses Kind nicht unterstützt hätte. Welche Bedeutung hatte die Begutachtung der Schule für die Zukunft des Kindes? Wenn die Lehrerin das Kind als „nicht integrationsfähig" hingestellt oder es als „voraussichtlich chancenlos" im regulären Schulsystem beschrieben und so die Eltern verunsichert hätte, wäre das Kind vermutlich nicht zu seinem Recht gekommen.

Beurteilt eine Lehrkraft die Lernpotentiale desselben Kindes optimistischer, verändert sich dann auch die gesamte juristische Sachlage? Schafft somit eine Lehrerin mit positiven Prognosen und Grundhaltungen zu Schülern bereits neue Fakten für die Rechtsprechung und eröffnet den Schülern bessere Wege? Interessant ist die pädagogische Erfahrung, dass eine Schule sogar durch vermeintlich „*zu positive* Zensierung“ eines Schülers bereits die Eltern zu einem optimistischen Blick auf das Kind und seine Prognosen des Schulerfolgs bringen und so wahrscheinlich die schulischen Chancen real verbessern kann. Eine Lehrerin, die Schüler – in ungewohnter Interpretation der Vorschriften – aus Gewissensgründen *positiv* beurteilt, gerät erfahrungsgemäß in einen Konflikt mit dem Schulsystem (vgl. auch Interviews mit Schumann, Sennlaub, Kreiselmeyer). Ein Beispiel ist die Lehrerin Sabine Czerny (2010), die „strafversetzt wegen guter Noten“ (Spiegel online 4.6.09) 2008 durch das TV-Magazin „Monitor“ bekannt wurde (dazu Hötte u. a., 2008) und im Juni 2009 eine Auszeichnung für Zivilcourage erhielt. Eine „zu positive“ Zensierung stärkt gegebenenfalls durch ihre Bewertung sogar juristisch den Rücken der Schüler und Eltern für Bildungschancen. Seit dem Bundesverfassungsgerichtsurteil von 1996 gibt es eine „Begründungspflicht“ des Staates, wenn keine Integration angeboten wird. Verfassungsrechtlich haben Lehrer allgemeiner Schulen somit die Aufgabe, auch behinderte Kinder zu unterrichten. Das Bundesverfassungsgericht erweitert das enge Aufgabenverständnis der allgemeinen Schule, in der Regel nur für so genannte „normale“ Schüler zuständig zu sein, zugunsten einer Öffnung für alle Kinder und Jugendliche. Dies hat weit reichende Folgen für die pädagogische Arbeit und bietet Chancen zur Neuorientierung der deutschen Schulen in Richtung Inklusion (vgl. Interview mit Irmtraud Schnell; Unesco 2009).

2. Integrationshelfer

In einigen Fällen brauchen „behinderte“ Kinder eine intensive 1:1-Betreuung, die von einem Integrationshelfer übernommen werden kann. Aber an dieser Stelle wird teilweise gegen Integration argumentiert: „Für solche schwierigen Fälle sind ja die Sonderschulen mit ihrer größeren Personalzuweisung da. Die allgemeine Schule kann ja nicht alles leisten“. Die Praxis zeigt, dass Lehrer der allgemeinen Schulen solche Argumente gegen Integration „vorauseilend gehorsam“ akzeptieren. Die Rechte Behinderter sind unter Lehrern weitgehend unbekannt. Wüssten sie mehr darüber, würden wahrscheinlich Lernbedingungen in Regelschulen verbessert werden können. So könnten z. B. Integrationshelfer frühzeitig und effektiv angefordert werden. Bei der Kostenübernahme einer Eingliederungshilfe wurde 2005 vom Bundesverwaltungsgericht im Sinne des Verfassungsgerichtsurteils von 1996 entschieden: „Einem Anspruch auf Eingliederungshilfe (...) für den Besuch einer integrativ unterrichtenden Grundschule, der ein schulpflichtiges behindertes Kind zugewiesen ist, kann nicht entgegengehalten werden, dass solche Kosten bei einer Beschulung des Kindes in einer Sonderschule nicht angefallen wären“ (Bundesverwaltungsgericht 5 C 20.04). Wenn den Eltern Wahlfreiheit zwischen einer Sonderschule und einer Integrationsschule eingeräumt wird, müssen auch im gemeinsamen Unterricht alle für die angemessene Schulbildung notwendigen Maßnahmen bezahlt werden.

Solche Rechtsprechung hilft auch, die Arbeitsbedingungen der Lehrer zu verbessern. Die Erfolge der Integration sind davon abhängig, dass zusätzliches Personal bereitgestellt wird. Auch juristisch spielt dabei wieder das pädagogische Fachurteil der Schulleitung und der Schulaufsicht eine große Rolle. Wer aufgrund seiner eigenen Erfahrung davon ausgeht, dass mit Integration grundsätzlich schulische Erfolge zu erwarten sind, kann bereits durch ein entsprechendes Gutachten zur Veränderung beitragen.

3. Entscheidung der Schulleitung

Die Bedeutung der Schulleiter für die Veränderung der Schule wird in einem Gerichtsurteil aus dem Jahr 2007 unterstrichen: Das Verwaltungsgericht Köln kam in einem Fall zu dem Schluss, dass die Entscheidung, ein Kind gegen den Willen der Eltern der „Förderschule geistige Entwicklung“ zuzuweisen, rechtswidrig war. In der Begründung heißt es: „Es gehört nicht zur Aufgabe der Schulaufsichtsbehörde, ihre Zuständigkeit im Verfahren zur Feststellung des sonderpädagogischen Förderbedarfs dazu zu nutzen, Einfluss auf die Bewirtschaftung von Plätzen an Schulen, insbesondere der Plätze des gemeinsamen Unterrichts an Regelschulen, zu nehmen. Zuständig für die Aufnahme eines Kindes an einer Schule ist nach § 46 Abs. 1 Satz 1 SchulG der Schulleiter. Die Schulaufsichtsbehörde handelt zudem gesetzwidrig, wenn sie eine Förderschule als einzig in Betracht kommenden Förderort in der Erwägung bestimmt, an der Regelschule stehe kein Platz für eine – unter pädagogischen Aspekten geeignete – integrative Beschulung des Schülers zur Verfügung, denn die Aufnahmekapazität der Regelschule ist bezogen auf die Festlegung des Förderortes ein sachfremdes Kriterium“ (Verwaltungsgericht Köln 10 K 761/07).

Mit diesem juristischen Rüstzeug ausgestattet, ist ein couragierter Schulleiter einer Regelschule in der Lage, Schüler aufzunehmen, die aus Sicht der Schul- und Gesundheitsbehörden zur Sonderschule gehen sollten.

Die genannten Beispiele deutscher Rechtsprechung zeigen, dass integrative Beschulung auch gegen behördliche Hindernisse durchgesetzt werden kann. Sie wird neuerdings erleichtert und erhält neuen Schwung durch die UN-Behindertenrechtskonvention (BRK), die seit 2009 auch in Deutschland geltendes Recht ist. Mit der Konvention bekommt der Staat einen *Infrastrukturauftrag*, nämlich den Umbau des Schulwesens zur „Inklusion“ (zum Begriff vgl. Stähling 2006/2009). Dieser Strukturauftrag scheint allerdings schwer durchsetzbar. Ob sich daraus ableiten lässt, dass Eltern, Schüler oder Institutionen etwa gegen eine Stadt, die diesen Auftrag nicht erfüllt, mit Aussicht auf Erfolg klagen können, bleibt abzuwarten. Die nunmehr entstehende Inklusionspflicht des Staates entspricht auch dem geltenden Diskriminierungsverbot. Große Bedeutung für diese Veränderung wird das Rechtsgutachten von Poscher/Langer/Rux (2008) erhalten, das die völkerrechtlichen und innerstaatlichen Verpflichtungen aus dem Recht auf Bildung nach *Art. 24 des UN-Abkommens über die Rechte von Menschen mit Behinderungen* untersucht. Dabei geht es um die Vereinbarkeit des deutschen Schulrechts mit den Vorgaben der UN-Behindertenrechtskonvention (BRK). Das Rechtsgutachten stellt klar, dass Art. 24 der BRK zu einem *flächendeckenden inklusiven Schulsystem mit lerndifferenziertem Unterricht verpflichtet* (vgl. Poscher u.a. 2008, S. 19–30). Dies bedeutet, dass die Landesregierungen die bisherige Rechtslage verändern müssen, wonach Kinder in Sonderschulen auch gegen den Elternwillen gesondert unterrichtet werden. Die entstehenden Kosten können die Verpflichtung zur Inklusion nicht einschränken, da finanzwissenschaftliche Untersuchungen zeigen, dass ein inklusives Bildungswesen langfristig wegen der Personal- und Schülertransportkosten günstiger ist als ein duales System aus Regel- und Förderschulen (vgl. Poscher u. a. 2008, S. 32). Pro Jahr kostet z. B. ein Grundschüler 4100 € und ein Förderschüler im Durchschnitt 12800 € (Statistisches Bundesamt 22.1.09).

Aber Inklusion ist nicht mit der zeitweiligen Verteilung sonderpädagogischer Kompetenzen auf allgemeine Schulen zu verwechseln. Mit „Förderzentren" ist häufig die falsche Erwartung und Vorstellung verbunden, Integration sei pädagogisches Ziel von Sonderschulen. Wenn – wie in Hessen seit 1993 – Sonderschulen in „Förderzentren" umgewidmet werden, wird damit die notwendige *kontinuierliche Team-Präsenz* von Sonderpädagogen im Gemeinsamen Unterricht (siehe Kapitel 6) beschnitten, wie die Erfahrungen zeigen (vgl. Schnell 2007).

Die deutsche Übersetzung der UN-Konvention ist leider missverständlich und spiegelt in einigen Teilen nicht die gewollte inklusive Tendenz wider (vgl. Hinz 2009). Die vorliegende Fassung übersetzt das im Original genannte *Recht auf „inclusive education"* mit dem Wort „integrative Bildung". Damit ist der international vollzogene Wandel vom Integrations- zum Inklusionskonzept begrifflich unscharf markiert. Diese Übersetzung widerspricht zudem der wissenschaftlichen Diskussion und mindert den Handlungsdruck auf die deutschen Länderregierungen, die Systemlogik der Aussonderung zu überwinden. Ebenso fehlerhaft und zu kurz greifend ist die Übersetzung von „living independently" als „unabhängig" anstelle von „*selbstbestimmt*". An Stelle von „*Barrierefreiheit*" wird „accessibility" mit „Zugänglichkeit" übersetzt und verwässert dadurch möglicherweise die Rechtsansprüche. Das Recht auf Bildung für Menschen mit Behinderungen enthält in der UN-Konvention grundsätzlich keine Schranken. Nachdem alle begleitenden und unterstützenden Maßnahmen ausgeschöpft sind, um das Inklusionsziel zu erreichen, kann es nur sehr wenige Grenzen geben, die die Inklusionsverpflichtung einschränken. Diese Sonderfälle beziehen sich auf einzelne zahlenmäßig geringe Gruppen, bei denen im Ausnahmefall ein gesonderter Unterricht geboten sein kann: für das Erlernen der Blinden- und Gehörlosensprache sowie für Kinder mit bestimmten Formen des Autismus, die sich selbst gefährden. Ebenfalls kann die Inklusionsverpflichtung eingeschränkt sein, wenn *trotz aller zumutbaren Hilfen* bei unkontrollierbar aggressivem Verhalten einer Gefährdung der Mitschüler nicht abgeholfen werden kann. Andere Ausnahmen sind nicht mit der Behindertenrechtskonvention vereinbar (vgl. Poscher u. a. 2008, S. 30 ff.).

Nach geltendem Schulgesetz hätten alle behinderten Schüler in Bremen schon jetzt das Recht, in allgemeinen Schulen gefördert und nur ausnahmsweise in der „Förderschule" unterrichtet zu werden. Jedoch ist dies in der Realität nicht erfüllt, da in der Hälfte der Fälle die Sonderschule als „Förderort" bestimmt wird. Durch die Aufhebung einzelner Sonderschularten in Bremen sind viele Schulen allerdings bereits auf dem Weg zur Inklusion (vgl. Klemm/Preuss-Lausitz 2008, S. 6f.).

Aus Gewissensgründen werden einige Schulleiter und Lehrer bereits jetzt nicht mehr aussondern. Aber werden deutsche Behörden in Folge der UN-Konvention „kampflos" die Sonderschulen abschaffen? Auf jeden Fall wird die Konvention unser Schulwesen verändern:

Rund 86% der Schüler mit sonderpädagogischem Förderbedarf, also diejenigen, die bisher in Sonderschulen unterrichtet wurden, haben dann das Recht, in Regelschulen aufgenommen zu werden. Das sind 400.000 Mädchen und Jungen, also 5% aller Schüler. Zählt man die bereits jetzt integrierten Schüler hinzu, dann würden in Zukunft nach Umbau des selektiven Schulsystems zu einem inklusiven – sofern die Begutachtungsverfahren zur Feststellung des Förderbedarfs unverändert fortgesetzt würden – *ca. 6% aller Schüler,* also durchschnittlich jeder 16. Schüler einer allgemeinen Schule (also ca. 18 von 300 Schülern) eine *sonderpädagogische Förderung* bekommen:

2,7% aller Schüler in Regelschulen hätten den Förderschwerpunkt *„Lernen"* (ca. 8 von 300),
0,9% den Schwerpunkt *„geistige Entwicklung"* (ca. 3 von 300),
0,6% fielen jeweils auf die Schwerpunkte *„emotionale und soziale Entwicklung"* und *„Sprache"* (ca 2 von 300 Schülern).

Aus der Tatsache, dass jeder 16. Schüler eine so genannte Behinderung hat, wird deutlich, dass ein Umbau des Schulwesens zu einem inklusiven einige Veränderung der Arbeit in den allgemeinen Schulen mit sich bringt. Dabei ist entscheidend zu berücksichtigen, dass die Kinder mit Förderbedarf *auf alle Schulformen* (auch die Gymnasien!) gleich verteilt werden müssten, was die Behindertenrechtskonvention verlangt (vgl. Poscher u.a. 2008, S. 25). In der Praxis wäre also damit zu rechnen, dass bei einer Klassenstärke von ca. 25 Schülern *durchschnittlich 1-2 Schüler pro Schulklasse* zusätzlichen Förderbedarf haben. Diese geringe Zahl, die je nach Region schwanken wird, kann viele skeptische Eltern und Lehrer überzeugen, die noch glauben, dass „nicht-behinderte" Kinder zu kurz kämen. Der Widerstand gegen die Abschaffung des aussondernden Schulwesens wird sinken. Rechtlich ist der Umbau des Schulwesens bereits – seit dem Inkrafttreten der Behindertenrechtskonvention am 26.3.2009 – für die Zukunft vorgezeichnet. Jede einzelne Schule wird diese pädagogische Herausforderung auf eigene Weise angehen, aber der Handlungsspielraum wird begrenzt sein, weil Schüler in der Regel nicht auszusondern sind. Für die Praxis strebt die UN-Behindertenrechtskonvention an, dass 80–90 % der behinderten Schüler integriert werden. Nach einer Übergangsphase von einigen Jahren ist damit zu rechnen, dass ein Teil der systembedingten Benachteiligungen von Schülern aufgehoben sein wird. Das Deutsche Institut für Menschenrechte in Berlin als nationale Überwachungsstelle begleitet die Umsetzung und kann Politiker (jedoch keine Einzelfälle) beraten.

Wie sind unsere heutigen gesellschaftlichen und schulischen Verhältnisse mit den Gesetzen zu vereinbaren? In der folgenden stichwortartigen Übersicht werden in der linken Spalte die Verhältnisse in Deutschland den verfassungsmäßigen Rechten (GG 1949), der Europäischen Menschenrechtskonvention (EMRK 1950), der UN-Kinderrechtskonvention (KRK 1989) und der UN- Behindertenrechtskonvention (BRK 2007, 2009) in der rechten Spalte gegenüber gestellt. Welche Gestaltungsmöglichkeiten bieten geltende Gesetze? Wir wollen denjenigen Lehrern eine erste Orientierung bieten, die nach juristischen Hebeln suchen, sich gegenüber den üblichen Verwaltungspraktiken bei der Überwindung von Ungerechtigkeiten durchzusetzen. Grundlage bilden dabei Berichte zu den Kinderrechten (National Coalition 2001), Untersuchungen zur Förderschule (Wocken 2007), die Sonderberichterstattung der UN-Menschenrechtskommission zum Recht auf Bildung (Overwien/Prengel 2007) und das Gutachten zu den Verpflichtungen aus dem Recht auf Bildung für Menschen mit Behinderungen (Poscher/Langer/Rux 2008):

Welche Missstände gibt es heute?	***Was sagen die Gesetze dazu? Auf welche Artikel können wir verweisen?***
Menschen-, kinder-, behindertenrechtswidrige Verhältnisse in Deutschland und grundgesetzwidrige Zustände (vgl. Wocken 2007; Overwien u. a. 2007; Poscher u. a. 2008; Schöler 2008)	UN-Behindertenrechtskonvention (BRK 2007) UN-Kinderrechtskonvention (KRK 1989) Europäische Menschenrechtskonvention (EMRK 1950) Grundgesetz für Deutschland (GG 1949)
Bedrohung der Unversehrtheit • Mehrere hunderttausend Fälle von körperlicher und seelischer Misshandlung, Vernachlässigung oder sexuellem Missbrauch • Den Negativentwicklungen, z. B. in sozialen Brennpunkten folgen zu wenig rechtzeitige Maßnahmen.	KRK Art. 19: Jedes Kind hat **Anspruch auf Schutz** vor jeder Form körperlicher oder geistiger Gewaltanwendung, Schadenszufügung oder Misshandlung, Verwahrlosung, Vernachlässigung.

Chancenungerechtigkeit • Wachsende Arbeitslosigkeit, Armut und Benachteiligung, die besonders Kinder treffen. • Rückgang der Qualität der Versorgung in Kindereinrichtungen, Schulen und gesundheitlichen Einrichtungen. • Bei integrativer Beschulung müssen die Eltern häufig die kurze Halbtagsschule oder offene Ganztagsschule durch eigenes Engagement ausgleichen. Zu wenig gebundener Ganztag. • Bildungschancen werden beeinträchtigt durch unzureichende materielle Sicherung. Kosten für Fahrten zur Schule, Mittagessen, Klassenfahrten, Lehrmittel u. a. werden teilweise nicht bezahlt. • Arbeitslosenzahlen liegen parallel zum hierarchisch gegliederten Schulsystem. Überrepräsentanz von Kindern von Arbeitslosen in Sonderschulen. • Die meisten Eltern von Sonderschülern haben in der Regel geringen beruflichen Rang. • Bücherbestand korreliert linear mit dem Status der Schulart in der Schulhierarchie. • Linearer Zusammenhang zwischen Fernsehzeit und Schulart: Je niedriger die Schulart, desto länger der Fernsehkonsum. • Überrepräsentanz von Kindern aus kinderreichen Familien in Sonderschulen.	KRK Art. 27: Jedes Kind hat ein Recht auf einen **Lebensstandard**, der seiner körperlichen, geistigen, seelischen, sittlichen und sozialen Entwicklung angemessen ist. Der Staat unterstützt alle für das Kind verantwortlichen Personen bei der Verwirklichung des Rechts. GG Art. 7, Abs. 4: Bildungswesen soll einkommens- und besitzneutral sein: „Das Recht zur Errichtung von Schulen wird gewährleistet, wenn dadurch ... eine Sonderung der Schüler **nach Besitzverhältnissen** nicht gefördert wird.“
Benachteiligung im Bildungswesen • Kinder ohne deutschen Pass wird dauernder Aufenthalt verwehrt, ohne dass dem Kindeswohl Vorrang gewährt wird. • Nicht überall gibt es Schulpflicht für Flüchtlingskinder. • Anteil der Eltern mit guter deutscher Sprachkompetenz nimmt proportional zur Schulhierarchie ab. Überrepräsentanz von Kindern mit Migrationshintergrund in Sonderschulen. • Kaum Nachteilsausgleich für Kinder von Eltern ohne Grundbildung: geschätzte 10 % sind funktionale Analphabeten. • Trotz ähnlicher Intelligenz erzielen Mädchen bessere Rechtschreibleistungen in Gymnasien, Hauptschulen und Sonderschulen. • Die Geschlechter sind disproportional auf die verschiedenen Schulformen verteilt. Besonders hohe Überrepräsentanz der Jungen in allgemeinen Sonderschulen. • In zahlreichen Regionen wird wohnortnahe Integration kaum angeboten.	KRK Präambel: Anerkennung der Würde und Gleichheit aller Mitglieder der Gesellschaft KRK Art. 2 + 3 + 22: Rechte gelten für alle Kinder, gleich welcher Herkunft, Vorrang des Kindeswohls, Flüchtlingskinder erhalten angemessenen Schutz EMRK Art. 14: Diskriminierungsverbot KRK Art. 28: **Recht auf Bildung** auf der Grundlage der Chancengleichheit KRK Art. 29: Bildung gerichtet auf Entfaltung der Persönlichkeit, der Begabung und der geistigen und körperlichen Fähigkeiten Auch GG Art. 3: „ Niemand darf wegen seines Geschlechts, seiner Abstammung, seiner Rasse, seiner

	Sprache, seiner Heimat und Herkunft, seiner religiösen oder politischen Anschauungen **benachteiligt oder bevorzugt** werden.“ BRK Art. 24 Abs. 2: Verpflichtung zu inklusivem Schulsystem, auf alle Schularten bezogen BRK: Völkerrechtliche Individualbeschwerde gegen Verletzung durch Vertragsstaaten (z. B. bei Sonderschulüberweisung) denkbar GG Art. 3: Gleichberechtigung der **Geschlechter**.
Aussonderung • Zu wenig Entlastung und Beratung für Familien mit behinderten oder chronisch kranken Kindern. Beratungen zielen zu selten darauf ab, alle Möglichkeiten zu erkunden, welche Hilfestellungen und Nachteilsausgleiche in wohnortnahen Einrichtungen angeboten oder entwickelt werden können. • Tausende Kinder sind ohne Krankenversicherungsschutz und erhalten keine präventive medizinische Versorgung. • Lehreraus- und fortbildungen zielen zu wenig auf Inklusion. • Aussonderung in Sonderschulen auch gegen den Willen der Eltern und das Interesse des Kindes. Widerspruch und Klagen gegen diese „Förderortentscheidungen“ sind für Eltern nur schwer durchzusetzen. • Verletzung der Würde durch Beschämung, indem zur Sonderschule überwiesen wird. • Fast überall in Deutschland: Integration scheitert an mangelnden finanziellen Ressourcen und unzureichenden Kompetenzen. Selbst wenn personelle, sächliche und räumliche Voraussetzungen für eine integrative Beschulung mit geringem Aufwand zu schaffen wären, wird häufig Unterstützung verweigert. • Integrative Beschulung wird nicht ermöglicht, Rechtsanspruch fehlt in den meisten Bundesländern. Rechtspraxis: Nur in Bremen kann jedes Kind integrativ beschult werden. • Baden-Württemberg: Vorschriften stellen gemeinsamen Unterricht nur als Ausnahme dar. • In mehreren Bundesländern ist zieldifferenter Unterricht in allen Schulformen nicht vorgesehen. • Kaum integrativer Unterricht in Sekundarstufe, besonders in Gymnasien.	KRK Art. 23: Kinder mit **Behinderungen** und chronischen Krankheiten haben ein Recht auf besondere Pflege, rechtzeitige Versorgung und Therapie und auf Bildung und Erziehung, die Selbstständigkeit und Teilnahme am Gemeinschaftsleben fördern. Art. 24 KRK: Jedes Kind hat das Recht auf ein höchstmögliches Maß an körperlicher und psychischer **Gesundheit**. BRK Art. 24 Abs. 2: **Verpflichtung zu inklusivem Schulsystem**, individueller Unterstützung, Ausgleichsmaßnahmen bei schulischen Prüfungen. BRK Art. 24: Keine Beschränkungen ergeben sich aus Kosten für die Inklusion. BRK Art. 8: Länder haben an Bewusstseinsbildung mitzuwirken, um Eltern die Vorzüge integrativer Beschulung nahe zu legen.

Reichen unsere Gesetze aus, um die gesellschaftlichen bzw. schulischen Realitäten zu verbessern? Können Paragrafen etwas daran ändern, wenn Unrecht geschieht? Lehnen wir uns in Ruhe zurück, wenn wir sehen, dass es Artikel gibt, mit deren Hilfe alle zu ihrem Recht kommen *könnten*? Werden zuweilen die Missstände sogar noch *mit Hilfe der Gesetze schön geredet*?

„Wer fällt, hat ein Recht auf Hilfe", sagte am 7.6.09 der UN-Sonderberichterstatter für das Menschenrecht auf Bildung, Vernor Muñoz-Villalobos, bei einem Vortrag in Oldenburg. Er betonte, dass der größte Wandel in der Menschheitsgeschichte von denen kam, die „anders" waren, denen man Möglichkeiten verweigerte. Es stellt sich die Frage nach dem verantwortungsbewussten, „ungehorsamen" Verhalten z.B. der beamteten Lehrer, die auf die Verfassung vereidigt wurden. In welcher Weise ist Ungehorsam *„not-wendig"*, um den Schülern zu ihrem bereits jetzt verfassungsmäßig verbrieften Recht auf Teilhabe zu verhelfen?

Dr. Brigitte Schumann

1946	geboren
1972	Referendariat an einem Mädchengymnasium in Essen
1974–90	Lehrerin an einem Gymnasium in Mühlheim a. d. Ruhr
1984–1989	Stadtverordnete im Rat der Stadt Mühlheim
1990–2000	Mitglied des Landtags NRW, bildungs- und kulturpolitsche Sprecherin der Fraktion der Grünen
seit 2000	Bildungsjournalistin
2006	Promotion bei Ulf Preuss-Lausitz an der TU Berlin
2007	Veröffentlichung der Dissertation „Ich schäme mich ja so!“ Die Sonderschule für Lernbehinderte als „Schonraumfalle“

BRIGITTE SCHUMANN

Die Arbeit musste eine Drei werden

– Eine Gymnasiallehrerin und Landtagsabgeordnete erzählt

Frau Schumann, Sie waren zuerst Lehrerin am Gymnasium?

Ich bin 1974 gestartet als Studienrätin zur Anstellung. Die ersten vier Jahre waren eine Riesendurststrecke. Richtig schlimm. Es war mir oft zum Heulen zumute. Ich hatte mehrere Probleme. Eins war ganz deutlich, ich hatte Germanistik und Anglistik mit dem Schwerpunkt auf Literaturwissenschaft studiert, aber keine fachdidaktischen Kenntnisse im Studium erworben. Das war damals nicht verpflichtend. Es gab keine Schulpraktika. Die anschließende Referendarzeit war auch nicht sehr hilfreich. Ich bin also ziemlich unbedarft als Lehrerin in die Schule gegangen. Ich wusste nicht, wie moderner Sprachunterricht gestaltet wird. Dafür hatte ich allerdings Kenntnisse in Gotisch, Althochdeutsch und Mittelenglisch! Unvorstellbar, wenn ich daran denke, wie ahnungslos ich war. Ich würde sagen, für jede Unterrichtsstunde habe ich mindestens drei Stunden Vorbereitung angesetzt. Auch pädagogisch war ich denkbar schlecht vorbereitet. Damals reichte eine mündliche Prüfung in Philosophie und Pädagogik für das erste Staatsexamen. Ich bin über Schopenhauers Welt als Wille und Vorstellung und den pädagogischen Existenzialismus abgeprüft worden.

Dann kamen die richtig dicken Probleme mit der Leistungsbewertung. Ich hatte viel damit zu tun, weil ich ja zwei Korrekturfächer hatte. Ich konnte mich nicht wirklich einarbeiten, weil ich ja in allen Stufen und fast allen Jahrgängen gleichzeitig unterrichtete. Die Erwartungen an mich als Gymnasiallehrerin waren aber ganz klar: Die ganze Notenskala muss ausgeschöpft werden. Fünfen und Sechsen sind obligatorisch. Wer nicht siebt, ist kein guter Lehrer, das war die unausgesprochene Parole. Eine Schule, die nicht siebt, hat einen schlechten Ruf in der Stadt. Die Zahl der Wiederholungen und der Abschulungen galten noch als ein Qualitätsmerkmal. Und das zeigte sich dann ganz konkret in den Versetzungskonferenzen, wenn ich meine Zensuren rechtfertigen musste. „Frau Schumann, liebe Kollegin“, der Chef hatte meine Noteneintragungen im Klassenbuch mit meiner Endzensur für das Zeugnis verglichen. „Ich sehe, dass Sie hier in Deutsch keine Fünf gegeben haben. Wie kann das sein?“ Beim ersten Mal war ich wirklich nicht darauf vorbereitet, und ich hab' dann irgendwas gestottert vor lauter Überraschung. Beim nächsten Mal war mir ganz klar, ich muss meine pädagogische Vorstellung offensiv vertreten. Ich muss sagen, dass ich der Überzeugung bin, so wie ich es ja auch gehandhabt hatte, dass jeder Schüler bei mir die Möglichkeit bekommt, ein Defizit in Klassenarbeiten durch besondere Zusatzleistungen auszugleichen. Z. B. durch ein anspruchsvolles Referat in der Oberstufe oder in der Unterstufe, in der Mittelstufe durch die schriftliche Bearbeitung eines selbst gewählten Themas, das ihn oder sie herausfordert. Das ist meine Verpflichtung als Lehrerin.

Ich war immer Klassenlehrerin in den sechzehn Jahren und kannte genau die Kollegen, besonders in Naturwissenschaften und Mathematik, die mit dem roten Notenbuch (damals war es rot) vorne standen und dann Namen aufriefen, Stoff abfragten und den Schülern eine Fünf verpassten, wenn nix kam oder zu wenig kam. Ich wusste ganz genau, wer Zensuren als Disziplinierungsmittel einsetzte. Das waren meistens schwache Lehrer, die als Menschen wenig darstellten, die sich zurückgezogen hatten hinter diesem Buch. Aber sie mussten nie rechtfertigen, warum sie ihre Fünfen auffällig häufig setzten und damit so manches Mal die Klassenwiederholung auslösten. Kollegial die Problematik aufzuarbeiten, war überhaupt nicht möglich, weil es ganz klar war: das Vorgehen entspricht dem Stil des Gymnasiums und jeder hat hier die Hoheit über sein Fach und seinen Unterricht. Das fand ich nicht in Ordnung. Ich hatte als Klassenlehrerin schon frühzeitig eine Wahrnehmung, bei welchen Schülern und Schülerinnen möglicherweise etwas anbrennen könnte. Im Einzelgespräch mit besagten Kollegen konnte ich herausfinden, wer besonders gefährdet war. Dann wurden diese von mir gewarnt und auch die Eltern wurden entsprechend informiert, dass dringend etwas getan werden müsse.

Ich hatte einmal einen ganz besonderen Fall. Da ging es darum, dass eine Schülerin einen Hauptschulabschluss bekommen musste, um nicht ganz ohne Abschluss das Gymnasium mit der Klasse 10 zu verlassen. Ich hatte die Eltern weinend vor mir. Sie erklärten, wir haben einen Ausbildungsplatz, aber ohne Hauptschulabschluss klappt das nicht. Da gab es Lehrer, die mit zweistündigen Nebenfächern darauf bestanden, die harte Kante zu fahren, die einfach stur erklärten: „Es tut mir Leid. Ich kann nicht anders. Es ist eine Frage der Gerechtigkeit, ich kann doch nicht einfach eine Zensur verschenken.“ Dann habe ich mir gedacht, dann muss ich den Ausgleich für Minderleistungen in anderen Fächern mit einer Drei in Deutsch herstellen. Ich muss ihr im Unterricht viele Gelegenheiten geben, von einer Vier auf eine Drei zu kommen. Ich glaube, ich habe dann noch in der letzten Klassenarbeit dafür gesorgt, dass sie eine Drei bekam. Die letzte Arbeit musste einfach 'ne Drei werden. Ich habe getrickst, aber ich fand es richtig. Ich habe es natürlich niemandem erzählt, das darf man dann nicht. In der Situation muss man schweigen. Aber ich denke, jetzt wäre der Zeitpunkt gekommen, darüber zu sprechen, welche Konflikte durch eine mechanische Handhabung von Ziffernnoten produziert werden. Vergleichende, pauschale Ziffernnoten verleiten dazu, den einzelnen Schüler und die einzelne Schülerin aus dem Blick zu verlieren zugunsten einer Vorstellung von Pseudogerechtigkeit. Ziffernnoten und Klassenwiederholungen sind vielen durch die internationalen Leistungsstudien und Vergleiche mit anderen Ländern, die unsere Praxis so nicht kennen, fragwürdig geworden. Es ist zu hoffen, dass die Rhetorik der individuellen Förderung endlich umgesetzt wird in echte Förderung.

Wie war das in dem Kollegium mit dem Satz „Der gehört hier nicht hin“?

O, der Satz war Standard. Also, als die Finnen nach PISA ihren Erfolg mit der Philosophie begründeten, dass kein Kind beschämt werden und kein Kind zurückgelassen werden dürfe, da fielen mir wieder die vielen Situationen ein, in denen dieser Satz gesagt worden war. „Der gehört hier nicht hin“. Das ist keine Erfindung. Ich habe ihn auch in Erprobungsstufenkonferenzen gehört. Kaum waren die Grundschüler und -schülerinnen bei uns, kamen die ersten Hinweise von einigen Kollegen: „Ob der wohl hierhin gehört?“

Was wussten wir bei Abschulungen zu anderen Schulformen über diese? Wir wussten nichts Konkretes über die Lehrpläne und Ansprüche der Realschule oder der Hauptschule. Von der Hauptschule wussten wir lediglich, sie hat einen schlechten Ruf. Also, sollte man das Kind vielleicht doch eher zur Gesamtschule schicken? Kein Mensch wusste wirklich, was mit den Kindern dort passiert. Das fand ich zynisch. Ich habe meine eigenen Schlüsse daraus gezogen. Ich wusste, auf welche Kollegen ich aufpassen musste, wenn sie in meiner Klasse unterrichteten. Pädagogische Konferenzen gab es selten. Wenn es dann doch eine gab, fragte man, ob das denn auch wirklich zwingend sein müsse. Pädagogik wurde gerne unter Verschiedenes abgehandelt, und meistens ging es um Ordnungsmaßnahmen. Pädagogische Fragestellungen kamen erst in dem Augenblick auf, als wir einen ziemlichen Schülerrückgang hatten. Wie kann man sich in der Konkurrenz zu anderen einen Namen machen? Was muss man anbieten, was steigert die Attraktivität? „Was machen die anderen? Und da könnten wir vielleicht auch ...?“ In dem Zusammenhang spielte Pädagogik plötzlich eine ganz große Rolle.

Gab es Auseinandersetzungen mit Behörden?

Da ist eine Geschichte, wo ich ungehorsam war, wirklich offen und erklärtermaßen. Achtzigerjahre, und wir haben die Bedrohung durch die Nato-Doppelbeschlüsse. Ich war Teil der Friedensbewegung, also Aktivistin, es stand eine wichtige Demo an. Es war ein Samstag, und wir hatten Unterricht. Und es kam von der Bezirksregierung die Order: Kein Lehrer darf zur Demo, niemand wird dafür beurlaubt. Das war für mich nicht mehr einsichtig, das war für mich bitterernst; ich muss da hingehen. Ich hatte vier, fünf Kollegen, die das auch so sahen, Wir haben entschieden, wir machen das nicht heimlich. Wir hätten uns natürlich für den Tag krank melden können. Wir haben entschieden, wir melden unser Fehlen mit Begründung vorher an, so dass kein Unterricht ausfällt und Vertretungen eingeplant werden können. Wir sagen auch dem Direktor, wie wir den Unterricht nachholen werden. Und egal, was er sagt, wir gehen zur Demo nach Bonn. Ja, und das haben wir dann auch gemacht. Ich habe damals gedacht: „Was kann es schon für Konsequenzen geben? Ich bin verbeamtet! Meine Güte, welche Konsequenzen können da schon drohen? Und wenn ich jetzt schon Angst habe, wie hätte ich mich dann wohl im Nationalsozialismus verhalten?“ Diese Frage habe ich übrigens immer in meinem Kopf, wenn es um Mut geht, um kleine Mutproben im Alltag. Wenn ich in einem Rechtsstaat nicht in der Lage bin, meine Überzeugung zum Ausdruck zu bringen und ein ganz kleines Zeichen zu setzen, was hätte ich denn dann wohl im Nationalsozialismus für eine Rolle gespielt? Und das hat geholfen! Dann war der Kopf wieder klar, dann konnte ich sagen, das mache ich. Es gab einen Denunzianten in unserem Kollegium. Er bekam spitz, dass wir angemeldet fehlten, und der hatte dann nichts Weiteres zu tun, als dies der Bezirksregierung zu melden. Da musste der Chef berichten, und wir wurden einzeln noch einmal von ihm angehört. Das Tolle ist, dieser Chef, der im Grunde sonst recht obrigkeitshörig auftrat und nicht anecken wollte bei der Schulbehörde, der war wohl beeindruckt von unserer Haltung, dass wir aus Überzeugung uns offen bekannten zu unserem dienstlichen Ungehorsam. Er muss einen ganz netten, pflaumenweichen Bericht geschrieben haben. Es ist nie was nachgekommen, nicht mal eine Gehaltskürzung. Und da habe ich draus gelernt, dass man mit einer klaren Haltung und der Ansage, ich bin bereit, die Verantwortung und die Konsequenzen für mein Verhalten zu übernehmen, überzeugen kann.

Aber viele Kollegen damals trauten sich nicht. Das ist meine Erinnerung an eine Schulform, wo ich nicht viel Zivilcourage, Mut, Eigenes zu erproben oder über Grenzen zu gehen, erlebt habe. Dabei ist es so bitter nötig für unsere Schüler und Schülerinnen, dass sie Lehrer und Lehrerinnen erleben, die ihnen auch zivilgesellschaftliches oder politisches Engagement als Menschen vorleben. Oder die sie begeistern von der Idee, dass sie Verantwortung für das übernehmen sollten, was um sie herum geschieht. Ich fand das immer wichtig, der Schülervertretung zu sagen, die demokratische Schule darf nicht unpolitisch sein.

Frau Schumann, von 1984–1989 waren Sie selbst Fraktionssprecherin in einer Kommune und von 1990–2000 bildungspolitische Sprecherin der Grünen im Landtag von NRW.

Die Grünen waren für mich in ihren Anfängen das Highlight überhaupt, das Nonplusultra, sie waren meine politische Heimat. Als ich in den Landtag gewählt wurde, wurde ich als ehemalige Lehrerin zur Bildungspolitik verdonnert. Das war aber auch mein Interesse, denn bei den Grünen war ich ja auf ein bildungspolitisches Programm gestoßen, das mich von Anfang an unheimlich fasziniert hat: die eine Schule für alle. Zunächst musste ich erst einmal schlucken, denn das war nicht Gesamtschule, das war viel mehr, da ging es nämlich schon damals darum, dass auch die Kinder mit Behinderungen dazu gehören. Das war zunächst die absolute Herausforderung für mich. Wie sollte das gehen? Ich habe mir in der Zeit der Schulversuche die Praxis angeschaut und gemerkt, das ist nicht nur denkbar, das ist auch machbar und das ist gut für alle.

Deshalb war es mit diesem Programm im Rücken ein toller Auftrag, Bildungspolitik zu machen. Wir waren Opposition, wir konnten ungebremst unsere Ideen in Form von Anträgen in den Landtag einbringen. In meinem allerersten Landtagsantrag forderte ich für die Grünen die Ausweitung der Schulversuche zum Gemeinsamen Unterricht von Kindern mit und ohne Behinderungen mit der Perspektive, ihn zum Regelangebot zu machen. Ich habe mich mit Eltern in der Landesarbeitsgemeinschaft „Gemeinsam leben und lernen" vorher besprochen. Ich habe immer Praktiker oder auch Wissenschaftler herangezogen, um meine politischen Inhalte und Forderungen überprüfen zu lassen. Der besagte Antrag wurde im Plenum vorgestellt und in den Schulausschuss überwiesen. Dort wurde er mit den Stimmen der SPD, CDU und FDP abgelehnt. Da waren die Verhältnisse von Anfang an klar. Die SPD machte nur, was sie wollte mit ihrer absoluten Mehrheit, und für CDU und FDP waren wir Grüne einfach nur die Spinner. Aber das hat mich eigentlich gar nicht bekümmert, weil ich ja wusste, wir liegen nicht falsch. Damals hatte ich schon Kenntnisse über die Schulpolitik in anderen Ländern. Ich habe immer viel gelesen. Ich finde, die Wissenschaft ist dazu da, dass die Politik sich ihrer bedient im besten Sinne. Ich ging in den Schulausschuss und konnte meine Forderungen wissenschaftlich untermauern mit Blankertz, Klafki, von Hentig, Klemm, Tillmann etc. Dann merkte ich, das interessiert aber hier nicht. Hier geht es nicht um Diskursfähigkeit, sondern um Macht.

Als die Grünen mit der SPD an der Regierung beteiligt waren ...

... da fing eigentlich meine Leidensgeschichte an, politisch gesprochen. In der Koalition ist natürlich klar, dass man seine Ziele nicht 1:1 durchsetzen kann. Aber für mich war eigentlich doch erstrebenswert, möglichst viel durchzusetzen. Die Koalitionsvereinbarung im Bildungsbereich war leider sehr schwammig und gab sehr wenig für uns her.

Haben Sie eigentlich je als Politikerin ein parteiübergreifendes Engagement für das höchste Gut Bildung gespürt?

Es gab viel Rhetorik auf allen Seiten: Bildung ist wichtig, Bildung ist Schlüssel für gesellschaftliche Teilhabe etc. Aber, das war das eine. Das andere war, dass man sich wohl parteiübergreifend einig war, dass man mit Bildung keine Wahlen gewinnen kann. Man kann erst recht nicht mehrheitsfähig werden, wenn man eine Schule für alle will. Das schlug mir auch bei den Grünen in der Fraktion entgegen, als wir im Landtag waren: „Was hast du gegen das Gymnasium? Es ist doch eine beliebte Schulform, da können wir doch nicht auf die Idee kommen, eine Schule für alle zu fordern. Und außerdem steht doch gerade die Gesamtschule in der öffentlichen Kritik." Und aus dem Programm wurde dann auch die Forderung nach einer *Schule für alle* entfernt. Die Aufgabe, die Regierung als Legislative zu kontrollieren, trat in der Koalition hinter das Anliegen zurück, auf keinen Fall die Koalition zu beschädigen oder zu gefährden. Sie musste eine Erfolgsgeschichte werden. Bei den anderen Fraktionen war es auch nicht besser. Viel Initiative für das höchste Gut Bildung habe ich bei der SPD nicht erlebt. Da nahm man auch nur entgegen, was aus dem Ministerium kam. Und bei der CDU konnte man sich immer auf ihre vorgefassten Meinungen verlassen und ihre Anti- Gesamtschul-Reflexe.

Was, glauben Sie, ist der Grund dafür, dass das Gymnasium unantastbar zu sein scheint?

Da ist die Lobby der solventen und eloquenten Mittelschichtseltern, die selber das Gymnasium erlebt haben, die die Vorteile des Gymnasiums kennen, die auch sehr genau wissen, dass ihr Kind dort Bildungsprivilegien genießt, und die das einfach nicht ändern möchten. Von Berlin hört man, dass man den Kiez verlässt, wenn das Kind eingeschult wird. Man möchte dann die allerbeste soziale Umgebung haben. Dann gehen auch die besser gestellten Migranten weg aus Kreuzberg, um „bessere" Schulen zu haben für ihr Kind. Der Sozialabbau ist die rüdeste Art, deutlich zu machen, dass bestimmte Gruppen nicht mehr dazugehören und selber sehen sollen, wie sie klar kommen. Und das spiegelt sich ja dann auch im Verhalten der Gesellschaft wider. Wenn Harz IV und die Agenda 2010 so durchkommen konnten, dann muss das Programm ja gesellschaftlich getragen sein. Es mangelt offensichtlich an der Bereitschaft, solidarisch zu sein, solidarisch zu denken, zu teilen. Und im Gymnasium gibt es dieses Denken auch. Die Politik schielt auf ihre Wähler. Weil diejenigen, die benachteiligt sind, schon gar nicht mehr zu den Wahlen gehen, zählen sie auch politisch wenig. Aber es gibt eben auch eine zunehmend größer werdende Gruppe von Menschen in allen Teilen der Gesellschaft, die die schreiende Ungerechtigkeit unsers Schulsystems und die individuellen und gesellschaftlichen Folgen der gefährlichen Spaltung in arm und reich nicht mehr hinnehmen wollen. Denen das Wohl eines jeden Kindes und der gesellschaftliche Zusammenhalt wichtiger sind als der platte Eigennutz. Daraus speist sich mein Optimismus, dass wir das Gymnasium und das daran geknüpfte, sozial selektive Schulsystem überwinden können.

Was kann der „kleine Lehrer" dazu tun?

Mein Mann ist Gymnasiallehrer, und er sagt zum Beispiel, dass er die aktuelle Forderung nach einer *Schule für alle* richtig findet, aber selbst nicht mehr die Kraft hat, das umzusetzen. Da liegt die Antwort enthalten auf die Frage, was der einzelne Lehrer denn tun kann. Er soll sich nicht in den Weg der Reform stellen. Ich erwarte nicht, dass jeder Lehrer jetzt Feuer und Flamme ist, vor allem nicht die, die ein langes Berufsleben hinter sich haben. Nein, das erwarte ich nicht. Schlimm sind die, die Stimmung machen gegen notwendige pädagogische Reformen im Kollegium. Die über die kleinsten Veränderungen meckern. Oder tausend Bedenken aufzählen, warum das nicht geht und warum sie nicht mitmachen. Diese Gruppe meine ich. Die macht so viel kaputt an jeder Schule, obwohl sie in der Regel klein ist. Was kann man dagegen tun? Ich denke, dass an jeder Schule sich Lehrer, die einigermaßen gleich gesinnt sind, sich gegenseitig Rückhalt geben, sich stark machen und möglichst die Schulleitung hinter sich bringen sollten.

Die PISA-Koordinatorin von Finnland hat mir in einem Gespräch gesagt: „Man kann nicht eine Schulreform von den Lehrern und deren Meinung abhängig machen, man muss sie tun." Und sie erzählte dann, dass sie selber Gymnasiallehrerin war zu dem Zeitpunkt, als Finnland seine Schulstruktur umstellte. Die Gymnasiallehrer haben sich vehement dagegen gestellt und die Politik hat gesagt: „Ja und? Das machen wir trotzdem.“ – Man kann nicht warten, bis man den allerletzten „mitgenommen“ hat. Die Koedukation ist übrigens auch nicht eingeführt worden, nachdem man gefragt hat, wollt ihr das alle? Die Koedukation war eine Setzung, eine politische. Wir hätten sie vielleicht sonst heute noch nicht. Auch das Recht auf Inklusion von Kindern mit Behinderungen in das allgemeinbildende Schulsystem darf nicht abhängig gemacht werden von der Bereitschaft der einzelnen Lehrer und Lehrerinnen. Wenn es um die Verwirklichung des Rechts auf Bildung für alle geht, dann müssen alle neue Erfahrungen machen. Dann kann es wohl auch passieren, dass Lehrer sagen, sie wollen das nicht, und für sich entscheiden, dass sie das System verlassen. Ja, das ist dann ihr gutes Recht.

Welche Rolle spielt dabei die Schulaufsicht?

Ich finde, Schulaufsicht soll Schulen stark machen im Sinne von pädagogischer Eigenverantwortung. Es darf nicht nach dem Motto gehen: „Da kommt demnächst eine Verordnung, da müssen Sie schon mal sehen, dass Sie das machen.“ Dieser schreckliche vorauseilende Gehorsam, den man so oft in diesen Etagen findet. Und die Schulleitung duckt sich schon, da kommt jetzt was. Das ist widerlich, wie manche Dinge, die sich ankündigen, im Grunde schon längst geschluckt sind in der Lehrerschaft. Und da spielt in diesem Mechanismus die Schulaufsicht eine Rolle, und eine nicht allzu gute. Es gäbe mehr positiv widerständige Schulen, wenn die Schulaufsicht eine andere Rolle spielte. Ich bin sicher, dass die Loyalität gegenüber dem Obersten Dienstherrn ein gefragtes Qualifikationsmerkmal ist für die Ernennung zum Dezernenten. Es gibt zum Glück aber auch andere Schulaufsichtsmenschen.

Besteht nicht die Gefahr, dass selbst gute Modell-Schulen resignieren?

Ich glaube, dass die Schulen das erkannt haben, die schon die Spitze der pädagogischen Innovation darstellen. Da gibt es ja Zusammenschlüsse, z. B. den Arbeitskreis reformpädagogischer Schulen „Blick über den Zaun“. Schulen vernetzen sich, um sich gegenseitig stark zu machen, Mut zu machen und voneinander zu lernen. Zudem gibt die UN-Konvention über die Rechte von Menschen mit Behinderungen so viel Rückenwind, dass ich die Gefahr derzeitig für nicht so groß halte, dass gute Schulen abdriften und sagen, das lohnt sich ja doch nicht.

BARBARA WENDERS

3. Wenn Kinder nicht in die Norm passen

– Ein Exkurs über den Widerstand gegen gymnasiale Selbstverständlichkeiten

Am Beginn von allem steht eine ethische Entscheidung: Sie trennt jene, die meinen man müsse weiter machen wie bisher, von denen, die aus dem alten Leben austreten und ein neues schaffen wollen.

Peter Sloterdijk: Zukunft. In: Süddeutsche Zeitung Nr. 2 vom 3./4.1.09, S. VIII

Der folgende Text basiert auf einem Interview, das im Dezember 2008 aufgezeichnet wurde. Die Namen der Personen sind geändert, jedoch die Vorgänge wahrheitsgetreu wiedergegeben.

Fest steht, Nelly passt in keine Norm, wie viele andere Kinder auch, die offiziell *nicht* als behindert gelten. Nelly ist meistens schon mehrere Gedankengänge weiter als andere Kinder und Erwachsene, und sie hat von Geburt an eine Spastik. Wegen dieser Spastik kann sie nicht so schnell laufen und schreiben wie andere. Manchmal verursacht langes Schreiben durch assoziierte Reaktionen, dass Nellys Füße wehtun oder sie die Schreibhand gar nicht mehr öffnen kann. Sie braucht zwischendurch kleine Schreibpausen, damit sie ihre wohl geordneten und klugen Gedanken vollständig zu Papier bringen kann. Um selbstständig von A nach B zu kommen, benutzt sie ein dreiradriges Fahrrad. Dieses Fahrrad braucht einen Abstellplatz, und Nelly braucht Menschen, die ihr die Türen aufhalten. Niemand kennt Nelly so gut wie ihre Eltern. Auch Nelly selbst konnte schon ziemlich früh Auskunft über sich erteilen.

Nellys Eltern haben nach eigener Aussage stets das direkte Gespräch mit den Schulen gesucht im Sinne einer guten Kooperation und fairer Lösungen. Für Nellys Mutter hatte dabei Hartmut von Hentigs Satz „Die Menschen stärken, die Sachen klären“ große Bedeutung.

Nelly wuchs in den neunziger Jahren in einer mittelgroßen Stadt auf. Es gab damals keinen Rechtsanspruch auf einen Integrationsplatz in einem Regelkindergarten oder einer Regelschule. Heute ist Nelly Studentin, die immer noch schneller denkt als viele ihrer Kommilitoninnen und die nach wie vor Hilfe braucht beim Überwinden von Barrieren, wie zum Beispiel Treppen oder Türen. Darauf angesprochen, dass Nelly trotz ihres Handicaps doch sehr viel erreicht habe und jetzt erfolgreich im Studium stünde, erzählt Nelly von der Kehrseite dieser Medaille. Sie erzählt von demütigenden Erfahrungen, die sie und ihre Eltern auf dem Weg durch Kindergarten und Schule gemacht haben. Auf die Frage, ob diese Erfahrungen ihrer Ansicht nach vermeidbar gewesen wären und wenn ja, wodurch, wird folgendes deutlich: Nelly hätte auf diese negativen Erfahrungen gerne verzichtet, die haben sie gequält und die wird sie auch nicht wieder los, wie sie heute selbst sagt. „Ich musste immer besser sein als meine Mitschüler, um überhaupt ernst genommen zu werden“, sagt sie rückblickend und fährt weiter fort, dass es in den Schulen Pflicht sein müsste, dass die Lehrer ihre Schüler als Individuen mit all ihren typischen Besonderheiten wahrnähmen, akzeptierten und sich in Folge dessen darauf einstellten.

Nelly wurde zunächst in einer *integrativen* Grundschule in ihrer Nachbarschaft angemeldet. Dort war sie schon zum Vorschulturnen gegangen. Die Eltern bekamen bei der Anmeldung keine Zusage, sondern die Information, dass man erst abwarten müsse, wie voll die Klassen würden. Würden sie zu voll – und das könne auch im laufenden Schuljahr durch so genannte Quereinsteiger passieren – dann müsse Nelly – selbst wenn sie bis dahin in eine Klasse aufgenommen worden wäre – doch zur Sonderschule gehen.

Mit dieser Unsicherheit wollten Nellys Eltern nicht leben. Durch Zufall erfuhren sie von einer Schulleiterin in einer entfernteren Grundschule, die bekannt war für mutige, unorthodoxe Entscheidungen im Sinne der Kinder. Die hat Nelly einfach in ihre Grundschule aufgenommen, wie die Mutter berichtet, ohne eine Expertin zu sein und ohne Erfahrungen zu haben, wie der Unterricht mit einem körperbehinderten Kind in einer nicht entsprechend eingerichteten Schule gelingen kann. Die Grundschule, die zuvor eine halbherzige Zusage gemacht hatte, bemühte sich jetzt um ihre Ehrenrettung, aber die Eltern blieben bei ihrer Entscheidung, Nelly in der entfernteren Grundschule anzumelden.

Nelly sagt heute: „Frau B., die Schulleiterin, hat am Anfang auch nicht so genau gewusst, wie das mit mir gehen soll, zum Beispiel im Sportunterricht. Aber sie hat sich zusammen mit uns etwas ausgedacht, damit ich mitmachen konnte. Spiele wurden z. B. abgeändert: statt gelaufen wurde gekrabbelt, oder ich durfte das Tempo bestimmen und die anderen mussten sich auf mein Tempo einstellen.“ Auf die Frage, ob es Kritik von anderen Eltern gab, die jetzt vielleicht gesagt haben, „was ist denn mit meinem Kind, kommt es jetzt zu kurz, dreht sich jetzt alles nur um das körperbehinderte Mädchen“, sagt die Mutter, dass es in dieser Grundschule eine solche Einstellung nicht gegeben habe. Frau B. als Schulleiterin habe eine Haltung vorgelebt, die deutlich machte, dass Nelly so selbstverständlich dazu gehörte, wie jedes andere Kind auch. Sie habe nicht ängstlich gefragt: „Ist das erlaubt oder verstoße ich gegen Erlasse?“

Nelly ist anschließend durch den persönlichen Einsatz und die Fürsprache dieser Grundschulleiterin auf ein „normales" Gymnasium gekommen. Und danach wegen Umzug noch auf ein weiteres.

Im Gymnasium war die Welt, trotz der Bereitschaft der jeweiligen Schulleiter zur Aufnahme, plötzlich eine andere, erinnert sich die Mutter.

„Solange sie mich nicht stört, kann sie in meinen Sportförderunterricht kommen", bekam Nellys Mutter von einer Sportlehrerin des Gymnasiums zur Antwort. Die Lehrerinnen und Lehrer schienen nun anderen Kriterien zu gehorchen, jedenfalls handelten nach den Schilderungen von Nelly und ihrer Mutter einige von ihnen so, als wenn Nelly zu Unrecht ins Gymnasium aufgenommen worden wäre. Nellys Mutter versuchte in unserem Gespräch für die Haltung einzelner Lehrerinnen und Lehrer Gründe zu finden:

Warum sollten die sich auch auf ein körperbehindertes Kind einstellen, das besondere Bedingungen verlangte? Es gab ja die Sonderschulen dafür, wo die Experten arbeiteten. Die Lehrer haben vielleicht gedacht: wie soll ich alleine jedem Kind oder Jugendlichen gerecht werden können? Was zählt, sind Klausuren, die mündliche Mitarbeit und die Punkte. Wir haben so viel vorzubereiten, dass alles, was diese Arbeit durch *Sonderwünsche* erschwert, nicht zu rechtfertigen ist. Sie hörte in Gesprächen auch stets heraus, dass die meisten Schülerinnen und Schüler in der Lage seien, ohne Sonderbedingungen klarzukommen, und wer an den Anforderungen scheitere, sowieso nicht auf das Gymnasium gehöre. Rückblickend vermutet Nellys Mutter, dass einige Lehrer sich vielleicht überfordert gefühlt haben müssen. So hätten die Studienräte zum Beispiel danach gefragt, wer die Lehrer denn unterstütze bei den Ansprüchen der Eltern, die häufig den Unterricht kritisierten oder mit dem Anwalt drohten, wenn die Note angeblich ungerecht sei. Da hätten sie *Dienst nach Vorschrift* gemacht und seien von sich aus *ungehorsam gegenüber ihrem Schulleiter* oder dem Profil der Schule geworden. Wenn es einzelne Kolleginnen gab, die sich auf individuelle Maßnahmen einließen, gab es andere, die sich dafür nicht interessierten. Die sagten, dass sie dafür nicht ausgebildet seien, und dass es sie krank mache.

Im Folgenden sind einige Beispiele aufgeführt, die erzählen, was Nelly im Gymnasium erlebt hat.

„Warum steht das Fahrrad da?" Eine Lehrerin beschwert sich bei Nelly und ihrer Mutter, weil Nelly ihr Fortbewegungsmittel einfach im Klassenzimmer abstellt und sie als Lehrerin darüber stolpern könnte. In Nellys Erinnerungen heißt es:

„Vielleicht hat die Lehrerin gedacht, es gab noch nie ein Fahrrad im Klassenzimmer, also kann und darf es auch jetzt nicht sein. Was soll ich mich damit befassen? Ein Fahrrad gehört hier nicht hin, es behindert mich, ich komme nicht mehr schnell genug ans Waschbecken. Auf dem Flur wäre mein Fahrrad womöglich beschädigt worden, oder es wäre verstellt worden", sagt Nelly.

„Nelly ist immer die Letzte." Auf dem Elternsprechtag beschwert sich eine Lehrerin, Nelly komme immer zu spät in den Fachraum und außerdem werde sie nie fertig bei den Französischarbeiten, sie sei zu langsam.

Nelly musste beim Wechsel des Fachraums zunächst ihre Sachen auf das Dreirad packen, dann mit dem Rad zum Aufzug fahren und diesen anfordern. Oben angekommen, musste sie feststellen, dass alle schon in irgendeinem Raum verschwunden waren; nur in welchem, das sollte Nelly zuweilen selbst herausfinden. Also war es Nelly nicht anzulasten, dass sie die Letzte war.

„Nelly bekommt in Französisch eine Vier." Die Französischarbeit bestand aus drei Blöcken, die unterschiedlich bewertet wurden. Es gab vorher allerdings keine Punktetransparenz. Nelly brauchte aus anfangs erwähnten Gründen zum Schreiben mehr Zeit. Den letzten Teil, für den es die meisten Punkte gab (was vorher nicht klar war), schaffte sie nicht. Also gab es eine Vier, obwohl sie in den ersten beiden Teilen kaum einen Fehler hatte. Ein Klassenkamerad machte in den ersten beiden Teilen viele Fehler, schaffte aber den dritten Teil noch und bekam eine Zwei. Die Lehrerin riet Nelly, sie solle doch nur jeweils die Hälfte von allen Aufgaben bearbeiten, dann käme sie mit der Zeit hin. Eine Zeitverlängerung könne sie nicht geben. Sie wäre ja wirklich sehr gut in Französisch, aber sie sei zu langsam.

Die ehemalige Grundschulrektorin war empört ob dieser Ungerechtigkeit und suchte das Gymnasium daraufhin auf, um an einer Lösung mitzuwirken. Zu diesem Gespräch mit der ehemaligen Grundschulrektorin erschien allerdings kein Fachlehrer. Schließlich wurde die Angelegenheit durch das Gymnasium an die Bezirksregierung weitergeleitet, und Nellys Mutter erhielt durch das Gymnasium die Information, dass die Vier nun auch durch die Bezirksregierung abgesegnet worden sei. Nellys Mutter informierte sich selbst und suchte den Fachdezernenten in der Bezirksregierung persönlich auf. Dieser war wütend, als er hörte, dass es bei der Vier geblieben war und erklärte den genauen Sachverhalt. Er habe seinerzeit die Sache zurückgegeben, weil es in Nellys Fall eine Lösung für alle Fächer hätte geben müssen, nicht nur in Französisch. Er riet der Mutter, diese Vier anzufechten. Da Nellys Familie jedoch in eine andere Stadt ziehen musste, somit auch ein Schulwechsel anstand, wurde keine Energie mehr auf das Anfechten einer Note verwandt.

„Es darf nicht sein, dass jeder Lehrer sich seine eigene oder auch keine Lösung ausdenkt."

In der neuen Stadt, am neuen Gymnasium, sollte es nicht mehr vorkommen, dass Nellys Noten von Willkür abhingen. Nellys Eltern wollten sofort eine Regelung über die nun zuständige Bezirksregierung bezüglich einer Zeitverlängerung. Der Schulleiter des Gymnasiums beschwerte sich darüber, wollte es lieber intern, ohne Bezirksregierung regeln, aber Nellys Eltern wünschten es anders. Weil die Sache mit Nellys Langsamkeit beim Schreiben eine nicht kalkulierbare

Falle sein konnte, vor allem im Hinblick auf das angestrebte Abitur, beantragten Nellys Eltern eine offizielle Arbeits-Zeitverlängerung für ihre Tochter. Die Bezirksregierung tat so, als sei dies ein Routinefall, erinnert sich Nellys Mutter. „Das machen wir jeden Tag“, sagte der zuständige Beamte zu Nellys Mutter, was diese niemals geglaubt hat.

Schließlich wurden in einem kostenaufwändigen Verfahren durch mehrere Ärzte Gutachten erstellt und hinterher minutiös ausgerechnet, ob und wieviel Zeitverlängerung Nelly bei ihrem Handicap bei schriftlichen Arbeiten zustehe. Besonders das sehr differenzierte orthopädische Gutachten führte dazu, dass Nelly eine offizielle Zeitverlängerung bekam. Dies half auch bei der späteren Einschreibung an der Universität. Nellys Erfahrungen zeigen, dass allerdings nicht berücksichtigt wurde, dass es für die Umsetzung dieser Differenzierung Konsequenzen brauchte. Zum Beispiel einen Raum und auch einen Lehrer, der ebenfalls länger bleiben konnte. Es gab die Zeitverlängerung auf dem Papier. In der Praxis entstand für Nelly häufig ein Chaos: „Ach so, du brauchst ja noch Zeit. Ja, wo kannst du denn jetzt hin, ich muss weg in eine andere Klasse, ich komm später vorbei“, waren einige Antworten, die zeigten, dass nichts transparent und selbstverständlich war.

„Zählt denn dann dieses Abitur?“

Einmal wurde Nellys Mutter von der Frau eines Politikers gefragt, ob Nellys Abitur überhaupt anerkannt werden könne. Einige Eltern von anderen Kindern zeigten sich plötzlich wenig solidarisch: „Ja, wenn mein Sohn mehr Zeit hätte, würde er auch ein besseres Ergebnis erzielen können. Kann es denn immer nur um Nelly gehen? Wir sind doch auch noch da! Wenn das dann auch noch als Abitur zählt, bei mehr Zeit, dann ist das ungerecht.“ Solche Elternäußerungen haben Nelly und ihre Eltern damals sehr verletzt.

Für Nelly, als schnell lernendes Mädchen, wurden auf Nachfrage durch ihre Eltern Förderprogramme installiert: Nelly belegte statt einer, zwei Fremdsprachen. Latein und Französisch parallel, das so genannte *Drehtürmodell.* In Englisch nahm sie an höheren Kursen teil. Nelly mochte sich nicht für Latein oder Französisch entscheiden, sondern sie wollte beide Sprachen weiter lernen. Für ihr Gymnasium war das laut Aussage der Mutter ein Novum. Die Lehrer und Lehrerinnen der Fachkonferenzen entschieden sich zunächst strikt dagegen. Der Unterricht liege doch parallel und bei Klausuren müssten die Fachlehrer ihre Termine vorher absprechen. Statt zu sagen: „Du willst das machen, das ist gut und wir finden es sinnvoll. Das wird vielleicht nicht ganz einfach, aber wir wollen dich unterstützen“, teilten sie Nelly mit: „ Wir warnen dich, wir sind dagegen und wenn es schief geht, haben wir dich vorher darauf hingewiesen. Du allein trägst das Risiko, das musst du unterschreiben.“ Auch die Eltern mussten in einer formvollendeten Erklärung unterschreiben, dass sie die Verantwortung dafür übernähmen, falls Nelly scheitern würde.

Nelly wurde nach eigener Aussage in der weiterführenden Schule immer wieder bloßgestellt: „Kein Wunder, dass sie so gute Klausuren schreibt, sie hat ja auch mehr Zeit“, sagten einige Mitschüler. Nelly denkt heute darüber, dass es an einigen Lehrern lag: „Wenn ein Lehrer einmal damit anfängt, vor der Klasse mit spitzen Bemerkungen oder im Nebensatz anzudeuten, ich weiß nicht so genau, vielleicht ist es ja doch eine Bevorteilung, dann springen die Mitschüler darauf an und lassen es mich spüren.“

Andere Bloßstellungen hatten mit dem Umstand zu tun, dass sie natürlich nicht gleichzeitig am Latein- und Französischunterricht teilnehmen konnte. Sie musste selbstständig entscheiden, wann sie wohin ging. Das, was sie jeweils verpasst hatte, ließ sie sich von Mitschülern berichten. Ein Lehrer allerdings stellte sie mehrmals bloß, indem er sagte: „ Ja, die Nelly, braucht sich mal wieder nicht die Ehre zu geben. Die ist ja nie da.“ Statt zu ermutigen, wertete man Nellys Leistungen ab oder zweifelte sogar an, ob das alles so richtig sei. Bei einer anderen Lehrerin bekam Nelly anstelle einer sehr guten Note eine Drei, weil sie wegen des Parallelunterrichts sich nicht mündlich hatte einbringen können. Sie war eben nicht immer da.

Nellys Mutter sagt: „Kein Lehrer schien sich darüber zu freuen, dass Nelly schon zwei Jahre früher in Englisch ihr Abitur hätte machen können. Es wurde ihr nicht gestattet, die Früchte des für sie eingerichteten Förderprogramms zu ernten, indem sie in einem einzelnen Fach schon ein oder zwei Jahre früher die Abiturprüfung machen konnte“.

Nelly sagt heute: „Ich hatte immer das Gefühl, ich musste mich als Sonderling da so durchwurschteln, es hat sich niemand solidarisiert. Ich war Einzelkämpferin. Die Leute waren und sind nicht motiviert, sie wollen nichts verändern. Man braucht die grundsätzliche Übereinkunft, dass man Schüler als Individuen behandeln muss.“

Das erste Gymnasium, an dem Nelly nach dem Umzug angemeldet wurde, wollte sich auf keinen Fall auf oben beschriebenes Förderprogramm, das bereits in der alten Schule installiert worden war, einlassen: „Nein, wir machen unsere Arbeit selbst und ohne Elternmitarbeit. Sie brauchen uns das Programm nicht zu erklären, wir haben unsere eigenen Methoden. Es wird auch so gut für Nelly.“

Nellys Mutter sagte daraufhin: „Wenn Sie sich nicht verändern wollen, dann bekommen Sie meine Tochter nicht“. Nelly wurde an einem anderen Gymnasium angemeldet. Es stellte sich heraus, dass der Schulleiter Nelly später sehr gerne als Schülerin gehabt hätte, weil sie doch so gute Leistungen brachte.

Nelly fasst ihre Erfahrungen zum Schluss zusammen:

„In meiner Grundschulzeit habe ich mich sehr wohl gefühlt, das war eine Schule, wie ich sie mir immer vorgestellt habe. In den weiterführenden Schulen lief eigentlich alles anders. Ich weiß nicht, was aus mir geworden wäre, wenn meine Leistungen nicht so gut gewesen wären. Ob sie noch besser gewesen wären, wenn ich statt ständiger misstrauischer Nachfragen mehr Ermutigung und Unterstützung erfahren hätte, interessiert wahrscheinlich niemanden. Aber ich denke an die Schüler, deren Noten zum Beispiel zwischen Vier und Fünf stehen und die deshalb häufig fertig gemacht werden. Ein Lehrer holte zum Beispiel immer die Schwachen an die Tafel zum Vokabeltest und schrieb dann für alle sichtbar eine große Fünf an die Tafel."

„Nelly hat sich stets selbst angetrieben. Im Gymnasium wurde nie gesagt: 'Nelly, das schaffen wir schon!'", bemerkt Nellys Mutter rückblickend. Hätte Nellys Mutter sich vor dem Schulanfang beeinflussen lassen durch die Beratung im damals neu eingerichteten „Expertenkindergarten" (Wortschöpfung von Nelly), wäre Nelly direkt in eine Sonderschule gekommen. Die Leiterin hatte gesagt: „Sie werden nie eine Regelschule finden, die ihr Kind nimmt."

Nellys Mutter fand, wie oben beschrieben, eine Regelgrundschule mit couragierter Schulleiterin. Sie ließ sich nicht demütigen und klein reden. Allerdings zum Preis, dass Nelly nicht mit ihren Freunden aus der Nachbarschaft in die Schule gehen konnte.

Nelly selbst sagt: „Auf so einer Schule, wie meine Grundschule eine war, wäre ich gerne länger geblieben. Dort gab es den Klassenrat, da haben wir gelernt, dass wir alle die gleichen Rechte haben. Auch ich durfte mich, im Gegensatz zur weiterführenden Schule, über meinen Lehrer beschweren. Im Klassenrat haben wir gelernt, dass niemand bloßgestellt werden darf, dass jeder, der Hilfe braucht, sie auch bekommt. Für mich war nach ganz kurzer Zeit klar, dass ich immer jemanden hatte, der mir die Türen aufhielt. Dieser Dienst war im Klassenrat geregelt worden, und er funktionierte so selbstverständlich wie jeder andere Dienst auch. Dann gab es auch noch Treppen vor dem Eingang. Wie sollte ich mit meinem Dreirad dort hinauffahren können? Die Schulleiterin hat vermutlich gegen Bauvorschriften verstoßen, als sie einfach Holzbohlen dorthin legte. Ich kam jedenfalls barrierefrei in die Schule. Als eines Tages ein anderes Kind mir drohte, mich von der Rampe zu stürzen, wusste ich, das kann ich im Klassenrat klären. Und es wurde geklärt."

Ada Fuest

1937	geboren
1959	Lehrerin in Gelsenkirchen und Essen
1967	Lehrerin in Münster
1969–1987	Fachleiterin für das Fach Deutsch, dann Lehrerin des Hauptseminars am Studienseminar in Münster, Lehrer- und Fachleiterfortbildungen; Weiterbildung zur Individualpsychologischen Beraterin
seit 1983	Dozentin am Alfred-Adler-Institut Delmenhorst für die Berater-Weiterbildung
1987–2001	Schulleiterin einer Grundschule in Münster im sozialen Brennpunkt
seit 1989	Mitarbeit am Pilotprojekt für Kinder auf Reisen und schulische Versorgung von Sinti- und Roma-Kindern beim Kultusministerium; Lehrberaterin
2001	im Ruhestand
seit 2002	Vorsitzende der Weiterbildung Beratung/Supervision am Alfred-Adler-Institut-Nord Delmenhorst
2008	Veröffentlichung „Und in der Mitte das Kind“

ADA FUEST

Keine Angst vor Autoritäten

– Die Leiterin einer Schule im sozialen Brennpunkt erzählt

Frau Fuest, schon Ihre erste Stelle 1959 als Lehrerin war in einem sozialen Brennpunkt.

Ja, da habe ich gesagt, ich möchte lieber Putzfrau werden, als Lehrerin, weil ich die Arbeit unendlich schwer fand. Und ich habe gedacht, die Kinder lernen nichts bei mir. Es war ein schwerer Einstieg in mein Berufsleben.

Aber ich hatte keine Angst vor Autoritäten, wenn es um die Kinder ging. Immer wenn es darum ging, den Kindern zu ihrem Recht zu verhelfen, dann gab es diese Angst nicht. Irgendwelche Konsequenzen wären mir egal gewesen. Irgendwann war ich in eine Schule geraten, in der Kinder noch geschlagen wurden. Auch viele Eltern hielten das für richtig. „Wenn er nicht pariert, hauen se dem mal eine runter, das hilft."

Ich wurde gerufen, als ein Junge aus der 7. Klasse aus dem Fenster springen wollte, weil er wieder geschlagen werden sollte. Der Junge war außer sich. Er stand auf dem Fenstersims. Er war es leid. Das war ein sehr lebendiger Junge. Ich mochte ihn allerdings auch sehr gerne, weil er so war. Ich mochte immer die verhaltensauffälligen Kinder gerne. Je schwieriger sie waren und je mehr Arbeit ich mit ihnen hatte, umso spannender fand ich auch diese Kinder. Er war in extremer Not und sollte auch wieder verhauen werden und hatte mir dann auch hinterher, als er zusammenklappte und weinte, gesagt, er ginge nicht mehr in die Schule. Der Lehrer hatte mit Sicherheit Grund genug, ein schlechtes Gewissen zu haben oder auch Grund genug anzunehmen, dass ich irgendwann mal zum Schulamt gehe. Darauf wäre ich gar nicht gekommen. Das hatten wir damals noch nicht drauf, dass man sich an andere Menschen wendet. Ich wollte immer nur, dass die Eltern sich wehrten.

Und ebenso, als zwei Mädchen auf dem Schulhof die Ohrläppchen eingerissen wurden, da hab ich den Lehrer vor den Kindern angeschrien: „Tun Sie das nie wieder!" Da kam auch immer wieder als Antwort dieses Bagatellisieren, ich soll mich nicht so anstellen oder ähnliches. Das kriegte man ja häufiger gesagt. Frauen sind da ja sowieso etwas empfindlich.

Dann habe ich mich aber genauso mit den Eltern angelegt. Bei einem Jungen, der offensichtlich ein Fahrrad geklaut hatte und ich dem Jungen gesagt hatte, dass wir gemeinsam das Fahrrad zu dem Geschädigten zurückbringen, kamen dann die Eltern und schrien mich an: „ Wat, unser Kind klaut? Unser Kind klaut nicht." Aber ich wusste es genau, da habe ich sie dann rausgeschmissen. Davor hatte ich auch keine Angst, auch wenn sie mir Prügel androhten.

„Kriegt mein Kind keine Drei in Deutsch, breche ich Sie sämtliche Knochen!" Auch das war ja durchaus immer möglich. Diese Geschichten haben sich dann in meiner Schulleiterlaufbahn weiter durchgezogen, das gab es immer wieder.

Aus der Zeit als Schulleiterin ein Beispiel: Einem Kind ging es schlecht in der Übermittagbetreuung und man hat die Mutter zur Rede gestellt und gesagt, so ginge das nicht weiter, sie müsste sich mehr um ihr Kind kümmern. Natürlich hatte ich Kontakt zum Jugendamt. Und dieses Kind kam dann in ein Heim. Dann hat sie mich bedroht und bestellen lassen, sie würde ... Das Jugendamt hat gesagt: „Frau X läuft Amok, machen Sie ihre Schule zu, schicken Sie die Kinder und die Lehrer nach Hause, die will Sie fertig machen." Das habe ich aber auch öfter erlebt.

Bei einem anderen Kind war es dann noch dramatischer, weil dieses Kind von seinen Eltern geschlagen wurde. Der Vater hat in den Gürtel Nägel gesteckt und hat das Kind damit geschlagen, oder auch mit einer Teppichleiste. Das Jugendamt wurde eingeschaltet. Es wurden alle Register gezogen, Helferkonferenz und was man dann ja alles auch so tut. Dieses Kind ist von meiner Schule aus kurz vor Weihnachten vom Jugendamt abgeholt und ins Heim gebracht worden. Als ich mit dem Kind sprach und es darauf vorbereitete, dass es in ein Heim gebracht würde, sagte es: „Das Schlimmste ist, dass ich meinen Eltern Weihnachten versaue." Ich antwortete ihm: „Nein, nicht du deinen Eltern, sondern deine Eltern versauen dir Weihnachten."

„Die Fuest mache ich platt." Das war eine klare Drohung des Vaters an meine Adresse. Dem Schulamt habe ich Bescheid gegeben. Die Lehrerinnen, die das Kind unterrichteten, wurden nach Hause geschickt, die anderen Kinder aus der Klasse wurden nach Hause geschickt.

Passierte dann etwas?

Nein, es passierte nichts. Aber da war mir schon mulmig. Erstens war ich alleine in der Schule, die ja nicht sehr geschützt war. Mein Hausmeister war für zwei Schulen zuständig. Ich glaube nicht, dass er da war. Mit dem Schulamt und Jugendamt blieb ich im telefonischen Kontakt. Bei diesem Vater habe ich es für möglich gehalten, weil ich über seine Gewalttaten Bescheid wusste. Weil ich wusste, was er mit seinem Sohn machte. Ich hatte ihn ja auch zu mir in die Schule bestellt und habe gesagt: „Ich zeig' sie an, wenn Ihrem Kind noch einmal etwas passiert."

Hatten Sie Unterstützung von den Ämtern?

Es gab zumindest in den Anfängen diese Menschen, z. B. den Schulamtsleiter, der mich immer unterstützt hat, der dieses komplizierte System kannte. Auch der Schuldezernent kannte das. Sie hatten mir alles Gute zu der schwierigen Aufgabe gewünscht, die ich da übernommen hatte. Da wusste ich ja noch nicht, was auf mich zukam. Auch der Schulrat. Sie haben alle gesagt: „Gehen Sie Ihren Weg". Wenn ich allerdings unbequem wurde, weil ich ja etwas forderte, zum Beispiel in einer Schulleiterrunde und ich über die Situation an dieser Schule berichtete, da hieß es: „Das kann doch wohl nicht wahr sein, es war doch bisher alles in Ordnung."

Diese Schule war das älteste Provisorium in der Stadt, die Baracke. Da gab es natürlich ganz viele Dinge, bei denen ich unbequem war. Ich brauchte neue Stühle – die hab ich nicht gekriegt. Dann wollte man mir die Stühle unterpolstern, da war so eine Kunststoffschicht drauf, da wollte man Bretter drunter tun. Dann kam gleich der Schreiner vom Bauhof mit einem Stapel Bretter und wollte die unter den Sitzen anbringen. Die hingen durch und das Zeug bröselte unten durch. Ich wollte ja vor allen Dingen neue Stühle haben. Dann habe ich gesagt: „Was wollen Sie hier?“ „Ja, ich soll hier die Bretter ...“ Ich sagte: „Wenn das Gesundheitsamt sagt, das ist für den Rücken meiner Kollegen richtig, dann können Sie das machen und jetzt gehen Sie.“ Aber das habe ich nicht so nett gesagt. Ich hab dann im Schulamt angerufen, was das sollte. Dann hab ich gesagt: „Die Gesundheitsbescheinigung will ich hier auf dem Tisch haben, dass diese Stühle für den Rücken meiner Kolleginnen richtig sind. Dann können Sie das machen.“ Ich hab hinterher so ein Ohr gehabt. Dieser arme Mensch konnte nichts dazu, dass ich da so furchtbar war, aber das waren schon Schoten. Da bekam ich dann noch ein paar alte Sessel. Die anderen Stühle blieben so, bis wir umzogen.

Im Schulleiterzimmer wollte ich nur 5 Regalbretter und dann war das so, dass ich das oberste Brett zum Abschluss nicht belegt hatte mit Büchern, damit das so ein bisschen nett aussah und es einen Abschluss gab. Da kam ein Mensch vom Bauhof und sagte: „Ich soll hier ein Brett abholen.“ Ich sagte: „Einen Augenblick, was für ein Brett?“ „Ja, in ihrem Regal, da brauchen Sie das oberste Brett nicht, hat Herr X gesagt.“ Da hab ich nur gesagt: „Raus! Herr X soll selbst kommen und es abholen.“ Ich wurde immer unangenehmer. Für einige war ich ein rotes Tuch, aber nicht für alle.

Ich habe Sonnenschutzgardinen für meine Sekretärin gebraucht, weil der Arbeitsplatz nicht computergerecht war. Da habe ich für diesen Raum, weil das ein ehemaliger Klassenraum war, eine halbe Sonnenschutzgardine bekommen, statt einer ganzen.

Dann brauchte ich Sonnenschutzgardinen für die Klassenräume, weil die Baracke ja so aufheizte. Die Gardinen, die an der Sonnenseite waren, die waren einfach kaputt und ganz porös. Ich kriegte neue, wenn neu gestrichen würde, versprach man. Aber es wurde nicht neu gestrichen, weil wir ja in absehbarer Zeit – in fünf Jahren oder so – eine neue Schule kriegen sollten. Da haben wir Maßnahmen ergriffen: Wir haben das Gesundheitsamt eingeschaltet und Schimmelpilzmessung machen lassen, weil die Räume auch zum Teil feucht waren, das Dach nicht dicht war. Ich habe eine Bau-AG gegründet mit Eltern zusammen. Alleine hätte ich das gar nicht geschafft.

Dann haben wir in einigen Klassen Sonnenschutzgardinen bekommen, weil da Schimmel war. Bei den anderen gab es keine neuen. Da haben dann die Kollegen Betttücher von zu Hause mitgebracht und vor das Fenster gehängt. Ich konnte ja nichts empfehlen, aber ich hab' gesagt, ja, die sind anscheinend noch nicht kaputt genug. Meine hellhörigen Kolleginnen wussten Bescheid. Sie haben dann die

Dinger auch zerrissen. Das ging auch ganz leicht. Man brauchte nur einen Riss weiter zu machen. Und das Schärfste an der Geschichte war dann, als ich zu Frau Y vom Amt sagte: „Gucken Sie sich die Gardinen an, die sind kaputt, die haben wir jetzt abgenommen." Ich bin mit Frau Y zwei Stunden durch die Schule gelaufen, wir haben die Gardinen nicht gefunden. Die hatten meine Kolleginnen offensichtlich entsorgt. Ich hab nie nachgefragt, sie haben mich freundlich angelächelt. Dann mussten natürlich neue Gardinen her. Das war ganz klar. Ich habe eben so lange gekämpft, bis es dann ging.

Bekamen Sie dann ein neues Schulgebäude?

Ja. Es standen mehrere Grundstücke zur Diskussion. Ich habe mit einer Kollegin zusammen recherchiert, auf welches Grundstück wir sollten. Das war ein ehemaliges Kasernengelände und da standen auch noch die Schuppen für Fahrzeuge und Geräte. Es stellte sich heraus, dass letztendlich alle Nationalitäten, die wir dann auch an der Schule hatten, als Kriegsgefangene in der Kaserne gewesen waren. Es war so, dass ich mir dieses Grundstück nicht vorstellen konnte. Überhaupt niemals. Ich habe gekämpft. Dann wurde noch festgestellt, dass da irgendwelche großen Tanks unter dem Grundstück waren. Wir haben gesagt, der Boden müsste untersucht werden in Bezug auf Munition, weil da auch Schießübungen gemacht worden waren.

In meiner Not habe ich Friedensreich Hundertwasser angeschrieben. Ich muss wohl so eindringlich geschrieben haben, dass ich ihn überzeugte. Es geht nicht, dass auf diesem Grundstück eine normale Schule gebaut wird. Sie müssen Blumen pflanzen oder so ähnlich. Jedenfalls hat er über seinen Manager dann antworten lassen, dass er bereit wäre, diese Schule zu bauen. Ich sollte ihm mal Unterlagen schicken und Fotos. Er wäre bereit. Ich habe ihm das wohl eindrucksvoll geschildert. Die ganze Geschichte der Stadt steckte dahinter.

Ich bin mit diesem Antwortbrief von Hundertwasser zum Schulamtsleiter gegangen und war erstaunt darüber, dass er mitmachen wollte. Er hat sich kundig gemacht. Er hat nicht gesagt, Fuest spinnt, weil sie auch schon eine Attraktion für die Stadt erwarteten, und ich sagte, ja, das wird sich auch auswirken. Ich habe ein anderes Interesse als Sie, aber so eine Schule wird natürlich der Stadt noch einmal in dieser Gegend ein Gesicht geben. Es gab aber eine Bedingung: Herr Hundertwasser sollte sich an einem anonymen Architektenwettbewerb beteiligen. Der Manager von Hundertwasser sagte mir: „Frau Fuest, was stellen Sie sich vor? Meister Hundertwasser ist ein Künstler, und er wird sich nicht an einem Architektenwettbewerb beteiligen. Entweder er kriegt den Auftrag oder er kriegt ihn nicht." Damit musste ich kapitulieren. Ich musste sagen, ich hab alles getan.

Dann ging es um vielerlei Kämpfe in Bezug auf Fußboden und Farben, Material und Lehrerzimmer, immer wieder. Die haben tief durchgeatmet, wenn ich überhaupt wieder den Mund aufmachte. Ich hab' zwei Stunden um teurere Lehrerzimmerstühle gekämpft, als sie uns zustanden. Ich konnte hinterher nicht mehr, aber ich hab sie ja gekriegt. Da sollte ein Anthrazitfußboden rein. „Die Kinder werden depressiv“, habe ich gesagt, „meine Kollegen und ich auch. Das geht überhaupt nicht.“ Es gab einen anderen Fußboden.

Ein Lehrerzimmer auf zwei Ebenen wollte ich haben, mit einer Wendeltreppe innen, Spülen in den Klassenräumen in Kinderhöhe, eine Dusche, eine Waschmaschine und einen Trockener, eine Spülmaschine für das Lehrerzimmer und vieles mehr. Das Kämpfen war ich manchmal so leid! Tiefes Nichtverstehen, als ich sagte, meinen Kollegen muss es so gut gehen, wie den Kindern. Sie brauchen gute Arbeitsbedingungen. Dieses Denken war nicht üblich. Ich wusste ja inzwischen, wenn es dem Kollegium gut ging, ging es den Kindern ja auch gut. Bei den Außenwänden warnte ich vor glatten weißen Flächen. Sie fordern geradezu zu Grafittimalereien auf. Das kann man heute sehen.

Wenn Sie in deren Augen „spinnen“, wie haben Sie das denn empfunden?

Das war mir so egal. Ich musste gucken, dass ich immer so weit ging, wie ich gehen konnte. Ich hab nie auf halber Strecke aufgehört, wenn ich noch irgendwo eine Möglichkeit sah. Es hat mich nicht interessiert, wirklich nicht interessiert, weil das andere wichtiger war, das Ziel. Das Ziel, eine Schule für die Kinder zu haben und dem hab ich auch alles unterstellt. Auch meine Person.

Woher nahmen Sie dafür die Kraft?

Kinder, immer nur Kinder. Die waren ja sowieso diejenigen, die nach mir fragten, die sagten: „Oh, warst du krank? Wie geht es dir denn jetzt?“ Oder: „Du siehst so schön aus, hast du Geburtstag gehabt?“ Die Kinder waren diejenigen, die mir die Blumen schenkten, die das Feedback gaben. Wenn es ihnen besser ging, dann ging es mir auch besser. Ganz klar, wenn einer dann keine Kopfschmerzen mehr hatte, nur weil ich ihm mal eben 30 Sekunden gewidmet hatte, er dann sagte, jetzt ist es schon gut, jetzt kann ich wieder gehen, dann war ich einfach glücklich. Es gab immer solche Glücksmomente. Oder, wenn ein Kind kam und sagte, meine Eltern, die lassen sich scheiden, aber du darfst es niemandem erzählen. Das waren Vertrauensbeweise, die mich sehr berührten.

In anderen Situationen war es schwieriger. Letztendlich auch bei den Roma-Kindern. Ich hatte ihnen gerade gesagt: „Bitte, den Apfelbaum habe ich geschenkt bekommen, und ihr habt jetzt schon zwei Äpfel abgepflückt, bitte geht da nicht mehr dran." Sie gingen raus und hatten den nächsten Apfel in der Hand. Und trotzdem, ich hab sie gemocht, diese Kinder. Wahnsinn! Da bin ich oft nachdenklich geworden, wieso ich diese Kinder so mag, also diese armen „Blagen". Diese Kinder, die mich übers Ohr gehauen haben, die mich und andere beklaut haben, ich weiß es auch nicht. Letztendlich haben sie mir den Sinn für meine Arbeit dort erklärt. Wehe, es kommt etwas an die Kinder, egal wer das dann war. War es ein Lehrer, war es ein Mitschüler, waren es Eltern, die die Kinder bedrohten oder irgendwelche Leute von außen ...

Gibt es Beispiele, wo Sie sich einfach über gewisse Dinge hinweggesetzt haben, wohl wissend, dass das von Schulamtsseite her nicht erlaubt war?

Zum Beispiel die Einrichtung der reinen Roma-Klasse. Da waren es erst 26 oder 28 Erstklässler. Als es darum ging, dass die Kinder in ein aufsteigendes Schuljahr kamen, da haben wir dieses erste Schuljahr zu einer Nullrunde erklärt. Wenn das einem aufgefallen wäre, was dann? Auf der anderen Seite hatten die Kinder nur „Schulbesuchsrecht", noch nicht Schulpflicht. In der Statistik kamen sie als besonders zu fördernde Gruppe nicht vor. Jedenfalls habe ich gesagt, offiziell sind sie jetzt alle im Schulkindergarten und zwar deshalb, weil diese Kinder mehr Zeit brauchten und weil für die Eltern das Wiederholen einer Klasse eine Schande ist. Meine Kollegin und ich haben im Vorfeld mit den Eltern gesprochen.

Aber letztendlich habe ich erfahren, dass man strategisch handeln muss, damit man seine Ziele erreicht. Ist aber das Wohl der Kinder Sinn und Ziel, dann gehört es schon zu meiner Profession, meine beraterischen Fähigkeiten zu nutzen.

Das Beispiel der Gardinen: Wir wollen neue und ich sagte, wir müssen eine Schimmelpilzmessung machen lassen. Und eine Kollegin sagte, was hat denn das mit den Gardinen zu tun. Ich sagte, ach, lass mich mal machen, ich will dir das erklären. Also, dass man gleich von Anfang an dachte, so kriegst du die Gardinen nicht, so kriegst du den Fußboden nicht repariert. Also bist du sofort dabei, zu überlegen, welche Strategie wendest du an, damit du das kriegst, was die Kinder brauchen.

Das macht auf Dauer mürbe, wenn man nur noch denkt, auf geradem Wege geht nichts. Es gibt ja viele Beispiele für so etwas, wie man an die Sachen gekommen ist.

Wenn ich nicht wollte, dass ein Kind zur Schule für Erziehungshilfe kam, musste ich manchmal sagen: „Nur über meine Leiche." So etwas gab es. „Jaqueline kommt nicht auf die E-Schule. Das ist ein freiheitsliebendes Mädchen, aber das ist nicht verhaltensgestört im üblichen Sinne, sondern es ist ein Sinti-Kind." Natürlich hat man in Zeugniskonferenzen schon zugesehen, dass zum Wohle des Kindes entschieden wurde:„Gibt es da noch die Möglichkeit, etwas zu machen?"

Man muss auch sagen, dass die Macht des Schulleiters/ der Schulleiterin nicht zu unterschätzen ist. Irgendwann hat mir ein Schulleiterkollege gesagt: „An ihnen kommt keiner vorbei." Das hat mir auch geholfen, viel zu riskieren. Und es war auch so. Selbst, wenn sie mir ein Disziplinarverfahren anhängen und meinen Stuhl vor die Tür setzen. Ja gut, bitte, aber ich hab keine silbernen Löffel geklaut. Es war ja eigentlich auch unmöglich, ich kriegte dann eine „gelbe Karte"! – Ich war unerfahren, z.B. habe ich einen Zeitungsartikel geschrieben: „Frau Fuest braucht Geld, egal woher." Ich brauchte Geld für die Übermittagbetreuung, die ich mit 1 DM pro Kind angefangen habe, weil es da die Förderung von der Stadt noch nicht gab. Das hat schon Ärger gegeben. Ich bin aber zu was gekommen. Ich hab eine AB-Stelle vom Sportverein gekriegt. Es hat ja funktioniert.

Und wenn das immer von anderer Seite kommentiert wird... ?

Als ich den Förderverein gründen wollte. – „Die wird schon sehen, das geht hier nicht an dieser Schule im Brennpunkt." Das hat mich eher dazu beflügelt, zu sagen, einen Augenblick, das wollen wir doch mal sehen. Das war dann auch ein Alleingang. Nach einer halben Stunde hatte ich den Förderverein zusammen. Ich hab es ja selber nicht geglaubt. Alle haben gesagt: „Das brauchen sie nicht zu versuchen, das hat keinen Zweck." Genauso ging es mit der Einrichtung der Übermittagbetreuung. Ich glaube, dass einige Menschen an meinem Scheitern interessiert waren. Natürlich wackelte das auch, weil die Eltern das Geld nicht bezahlten. Das war alles sehr dramatisch. Als meine AB-Kraft kam und sagte: „Hast du noch Geld? Wir müssen noch bei Aldi einkaufen." Das war schon nicht toll. Aber es hat nicht dazu geführt, dass ich aufgegeben hätte.

Warum erreichen das nicht alle anderen auch?

Ich glaube, die Kinder als Sinngeber für den Beruf, die werden zu wenig gesehen. Sie stehen nicht im Mittelpunkt. Das meinen zwar alle. Das hat man mir beim Schulamt auch gesagt, als ich sagte, es geht hier um die Kinder. Ja, das ist selbstverständlich. Aber es ist eben nicht selbstverständlich. Es geht oft um eigene Lorbeeren und Außendarstellung. Es geht um Macht. – Es ging mir bestimmt auch um Macht, keine Frage. So ist mein Lebensstil, aber nicht darum, Macht, zu missbrauchen! Wenn man Lehrer fragt: „Kennst du deine Kinder in der Klasse? Was weißt du von dem und dem?" Weiß er, dass X gut Fliegen fangen kann, dass sie gut auf ihre Geschwister aufpassen kann? Dann kennt er häufig nur die Defizite.

Frau Fuest, gibt es ein Leitbild für Sie?

Für die Kinder, nur die Kinder. Ich mag die Kinder, ich mag sie trotz allem, egal, was sie anstellen. Das war wohl immer klar. Da war ein Junge, der mir beinahe die Schule abgefackelt hatte. Als ich die Polizei schon verständigt hatte und er mit in meinen Raum musste, fiel mir plötzlich ein, dass ich ihn fragen musste: „Weißt du eigentlich, dass ich dich mag?", und er sagt: „Ja, das weiß ich." Dann war es gut. Und dann ging es mit harten Bandagen weiter. Aber diese Zusicherung hatte er. Und das war auch so. Es war für mich beruhigend, das fühlen zu können. Das war sonst wirklich ein „Haudegen". Aber es gab eben auch diese kleinen Machos, die da oben auf dem Baum saßen, und ich zitterte da unten. Ich sagte: „Bitte komm runter." – „Ah, du brauchst keine Angst zu haben." Ich sagte: „Ich hab aber Angst." Aber die Kinder haben mir die Angst auch genommen. Das war schon spannend. „Frau Fuest, du musst doch keine Angst haben, da passiert schon nichts." Das war öfter so, wenn ich mit ihnen unterwegs war.

Ich habe einmal gesagt, ich verstehe es gar nicht, weshalb ich so für die Kinder kämpfe. Ich glaube, ich will das Kind in mir retten. Ich glaube auch, dass das ein unbewusstes Motiv war. Ich glaube das, weil es auch so eine Vehemenz hatte, für diese Kinder etwas zu tun. Und natürlich die Resonanz, Blumen habe ich von den Kindern gekriegt, die haben es mir gedankt. Das bringt einen immer weiter, dieses hohe Maß an Vitalität nicht aufzugeben, die man natürlich auch als Kriegskind erworben hat, sonst wäre man ja gestorben. Da bin ich ganz sicher, zumindest bei den Erfahrungen, die ich gemacht habe, wäre ich wahrscheinlich nicht lebend davon gekommen. Daraus entwickelt man eine enorme Vitalität, so dass es auch Kollegen bei mir schwer hatten, die 'zimperlich' waren. Dann habe ich gesagt. „Sei nicht so zickig!"

Ich habe auch mal bei einer Dezernentin in einer Riesenrunde gesagt: „Ich brauche Lehrer, Lehrerinnen, die die Kinder mögen." Darauf sagte sie: „Das tun doch alle." Ich habe dann gesagt: „Nein, ich habe andere Erfahrungen gemacht. Das sind Ammenmärchen, dass sie alle Kinder mögen. Das stimmt nicht."

Wie viele Frauen oder Männer habe ich kennengelernt mit gefletschten Zähnen, die immer lachten und da drunter so rigide waren. Nicht authentisch. Aber wenn man fragte: „ Mögen Sie Kinder?" Dann war das eine Unverschämtheit, eine Einmischung. Das durfte man doch nicht fragen.

REINHARD STÄHLING

4. Lesehimmel selber bauen oder protestieren?

– Ein Exkurs über die List widerspenstiger Eltern

Das ist einfach der Unwille, sich vorzustellen, was eigentlich mit dem anderen ist. Dieser kuriose Pflichtbegriff in Deutschland, dieses Unvermögen, wie Kant sagt, an der Stelle eines anderen zu denken. Diese Art von Dummheit, als ob man gegen eine Wand spricht, man kriegt nie eine Reaktion, weil nämlich auf einen selber gar nicht eingegangen wird, das ist deutsch.
Hannah Arendt 1963 (zit. nach Kahl 2006a)

Das deutsche Schulwesen wird durch zwei voneinander getrennt fungierende Verwaltungsapparate gesteuert: Die öffentlichen Schulgebäude werden von den Kommunen, den so genannten Schulträgern finanziert und von den dort angegliederten Bauämtern unterhalten. Die Hausmeister als Zuständige für die Reinigung und den Schutz der Gebäude und die Sekretärinnen sind *von der Kommune* angestellt, gelten aber als Assistenten des *vom Land* verbeamteten Schulleiters, der wiederum selbst nicht von der Kommune kontrolliert wird. Das jeweilige Bundesland bezahlt die Schulleitung und das Lehrpersonal und steuert durch bundeslandspezifische Richtlinien und Schulaufsichtsbeamte sein Handeln. Sowohl die Kommunen als auch die Länderregierungen unterliegen politischen Vorgaben, die sich allerdings widersprechen können. So verfolgte jahrzehntelang eine CDU-regierte Kommune wie Münster eine andere Schulpolitik als das von der SPD regierte Land NRW.

Die jeweilige Schule wird im Alltag solch ein Hin und Her der Verwaltungsvorgaben zu spüren bekommen. Verantwortung für die Erziehung und Bildung der Schüler trägt die Schulleitung. Aber sie kann bei wenig oder ungeeignetem Personal oder maroder Bausubstanz weder die Richtlinien der Kommune noch die des Landes befriedigend erfüllen. Zum Wohle der Kinder muss sie nach eigenem Gewissen entscheiden, was – im Zweifel auch gegen geltende Leitlinien – getan werden muss. Ein Beispiel mag dies erläutern:

Die Schulleitung einer Ganztagsschule hat dafür zu sorgen, dass die Klassenräume eine gute Lernumgebung darstellen. Gerade die Kinder haben darunter zu leiden, wenn sie sich beispielsweise wegen des indiskutablen Mangelzustands vieler verödeter Schulgebäude nicht ausreichend bewegen können oder ihr Gesundheitszustand z. B. durch Schimmelpilzbefall gefährdet ist. Dadurch lernen sie nicht so gut wie in einem „gesunden“ Schulgebäude. Die Klassenlehrer werden also ermutigt, die Räume entsprechend gesundheitsfördernd zu gestalten. Die dazu nötigen Gelder kommen in der Regel von der Kommune. Ein Schulleiter lässt z. B. einen „Lesehimmel“ bauen – das ist eine behaglich eingerichtete Hochebene, die Kinder einlädt, sich zum entspannten Lesen zurückzuziehen. Richtlinien und Lehrpläne fordern solche ermutigende Lernatmosphäre. Kinder fühlen sich wohl, wenn sie Zeit und behagliche Rückzugsräume zum vertieften Lesen vorfinden (vgl. Stähling 2010b). Als Modelle dienen die aus der Reformpädagogik beeinflussten skandinavischen „Häuser des Lernens“, die dezentrale Zonen des Lernens einrichten. Um Geld zu sparen und auch um längere Genehmigungsverfahren zu umgehen, entschließen sich Eltern, in Eigenleistung eine solche Hochebene zu bauen. Fachhandwerker und Ingenieure aus der Elternschaft übernehmen die Regie und planen diese Hochebene, die Platz im Klassenraum spart und eine neue Computerecke darunter schafft. Andere Eltern fassen mit an. Da die engagierten Handwerker ausschließlich die Kosten für das Material erstattet haben möchten, zahlt der

Förderverein der Ganztagsschule. So entsteht ein (für die Kommune) kostenlos eingerichteter „Lesehimmel", der von den Kindern begeistert aufgenommen wird und in der pädagogischen Fachwelt anerkannt ist. Die Regeln zur Nutzung werden vereinbart: Es dürfen nur vier Kinder gleichzeitig darauf, und es darf – nicht nur aus Sicherheitsgründen – nur ruhig gelesen werden. Der „Schulstandort" gewinnt an Beliebtheit und die Kommune könnte die Qualität ihrer *Ganztagsschule* zur Schau stellen. Hier gelingt Elternarbeit. Die Schulaufsicht zeigt sich begeistert, Fachleiter in der Lehrerausbildung rühmen die Leseanreize. Wenn der Bürgermeister als Vertreter des Schulträgers zu Besuch kommt, lässt er sich dort mit Kindern zusammen fotografieren. Das gleiche würde auch für die oberste „Dienstherrin" der Lehrer, die Schulministerin gelten, die auch das ehrenamtliche Engagement der Eltern als beispielhaft hervorheben würde.

Alles wunderbar, bis die kommunale Verwaltung – wie das Beispiel zeigt – das Engagement ausbremst:

Nach mehreren Jahren, in denen der Lesehimmel Kinder immer wieder „zum Lesen verführt" hat, betritt die Bauaufsicht des Schulträgers das Gebäude, um „gravierende Sicherheitsmängel" festzustellen. Zur Abklärung schaltet sie einen Gutachter der Unfallversicherung ein. Statische Berechnungen hätten angestellt und etliche Bau- und Sicherheitsvorschriften beachtet werden müssen. Es wird angeordnet, dass der Hausmeister als Angestellter der Kommune die Zugänge zum „Lesehimmel" abmontiert. Die Eltern, die selbst als ausgebildete Fachhandwerker oder Ingenieure die Verantwortung übernehmen konnten, sind sich – auch rechtlich – ungewiss, ob bei reinen „Lesehimmeln", deren Benutzung klar geregelt ist, überhaupt einige der genannten Bauvorschriften (wie z. B. ein zweiter Handlauf an der Treppe zur Hochebene) anzuwenden sind. Es scheint eher „im Ermessen" der Fachleute zu liegen, hier Sicherheitsmängel zu sehen.

Beiläufig wird dem Schulleiter vom Bauamt vorgeworfen, dass er keine Genehmigung zum Bau einer Hochebene eingeholt hätte. Auf die Frage, was denn die Kommune auf eine Genehmigungsanfrage geantwortet hätte, heißt es dann: Man wäre allerdings nicht bereit gewesen, die Hochebene in Eigenleistung bauen zu lassen, weil dann die Gewährleistung wegfalle und die Folgekosten am Schulträger hängen bleiben könnten (vgl. den ähnlichen Fall im Interview von Pollert). Schlaue Stimmen behaupten, dass dies nicht die einzigen Gründe dafür sind, dass Leistungen wie Bauen von Möbeln und Pausenspielgeräten oder Anstriche in Klassen nicht ehrenamtlich und kostenlos erbracht werden dürfen. Elternengagement am Schulbau nimmt nämlich heimischen Handwerksbetrieben die erhofften Aufträge weg. Bewirken diese Firmen beim Schulträger, dass die „neutralen" kommunalen Bau- und Schulämter auch die Interessen der regionalen Wirtschaft nicht aus dem Auge verlieren?

Die betroffenen Eltern protestieren gegen die baufachlich umstrittene Bewertung einer mutmaßlichen Gefahr für die Sicherheit der Kinder und vermissen eine Unterstützung bei der Behebung der Mängel. Nebenbei sei erwähnt: Hier agiert dasselbe Bauamt, das kein halbes Jahr zuvor Schimmel an durchnässten Decken mehrerer Klassenräume als unbedenklich einschätzte, die Gesundheitsgefährdung abstritt und Schimmelstellen mit Farbe überstreichen ließ, bis der Schuleiter mit Hilfe einer Raumluftmessung erwirken konnte, dass saniert werden musste. Allerdings wurde dies so kostensparend durchgeführt, dass die nächste Schimmelbildung schon vorauszusehen ist, weil die Ursache – das undichte Dach – nicht behoben wurde.

Entpuppen sich die Sicherheitsmaßnahmen zum Schutz der Kinder bestenfalls als kurzsichtige Sparmaßnahmen einer Verwaltung, die die Folge ihrer Fehlinvestition hofft erst dann tragen zu müssen, wenn die Verantwortlichen schon außer Dienst sind? Solche Bauamtslogik beweist pädagogische Unkenntnis, indem sie im Bericht zum Lesehimmel ungeprüft unterstellt, dass Kinder auf diesen „Hochspielebenen" oder „Hochbetten" „spielen" und „toben". Dass dagegen selbst ein erhöhtes Geländer nicht schützen würde, ist sogar den – als naiv geltenden – Pädagogen bewusst. Deshalb gibt es ja strikte Regeln zur Benutzung des Lesehimmels. Und wenn Sicherheitsmängel bestehen, könnten sie doch schnellstens mit Hilfe der Bauämter behoben sein, denkt ein normaler Mensch. Eltern würden sofort helfen, weil es ja um die Sicherheit der Kinder geht.

Aber weit gefehlt! Werden hier nicht wertvolle Steuergelder verschwendet, indem die Bauaufsicht und das Bauamt sich mit Sicherheitsargumenten als

„Bremsklötze" gebärden? Sie tragen nicht einmal dazu bei, die auf kostspielige Weise durch Gutachter auf Steuerzahlerkosten festgestellten Mängel wirksam zu beheben. Vielmehr *blockieren die Ämter die Entwicklung* einer vom Land gewünschten Ganztagsschule. Ihre Dienste wären wertvoll, wenn sie zur Sicherheit der Kinder als helfende Berater hinzugezogen werden könnten. *Hartmut von Hentig* hat als deutschlandweit anerkannte Autorität und wissenschaftlicher Leiter der Laborschule eine mit Schülern selbst gebaute Bude gegenüber einem Sicherheitsbeauftragten verteidigen müssen, der die Früchte langer Arbeit innerhalb von 24 Stunden beseitigen lassen wollte. Von Hentig musste in seiner eigenen Schule, die ja bekanntlich als „Labor" dem Experimentieren verpflichtet ist, um einen zweitägigen Aufschub bitten, um mit den Schülern zusammen die Sicherheitsmängel zunächst selbst zu verstehen und zu beseitigen (vgl. v. Hentig 2007, 2, S. 350 ff.).

Bauämter geben vor, der Kinder wegen einzugreifen. Aber dienen manche nicht vielmehr den Interessen einiger Wirtschaftsunternehmen? Sie achten selten die Wünsche derjenigen, die vor Ort Schule gestalten, sondern sie verschreiben sich den Investitionsprioritäten der Kommune. Wenn schon etwas gemacht werden muss, dann soll der Bauwirtschaft auf die Beine geholfen werden. Viele Schulleiter schließen aus oben beschriebenen Erfahrungen, dass man besser solches Engagement nicht fördert, um nachträglichen Ärger zu vermeiden.

Peter Sloterdijk verweist in seiner Schulkritik darauf, dass sich das moderne Schulsystem nur noch auf sich selbst beziehe und dabei vermeide zu bekennen, „seine einzige Aufgabe bestehe darin, sich selber irgendwie am Laufen zu halten, um seine Profiteure, namentlich Lehrer und Verwaltungsangestellte, in den Genuss von sicheren Stellen und soliden Privilegien zu bringen" (2009, S. 683). Ein solches Schulwesen gebe seine eigentlichen Ziele preis. Abgänger dieser Schulen charakterisiert Sloterdijk so: Sie haben „nahezu irreversibel, die Stoffdurchnahme ohne aneignendes Üben eingeübt. Man hat den Habitus eines Lernens-als-ob erworben, das sich beliebige Gegenstände defensiv zu eigen macht" (S.684 f.).

Resignation breitet sich bei manchem schleichend aus. „Die Schule neu denken" (von Hentig 1993) – davon sind wir weit entfernt. Vielmehr wird sie wie auf einem Verschiebebahnhof hin- und herrangiert. Wer übernimmt die Verantwortung für das so notwendige Weiterbauen an einer Schule, die den lernenden Kindern entspricht? Welches Interesse hat eine Bauverwaltung, Lesehimmel formell zu verhindern, wenn solche doch dazu beitragen, die Lesekompetenz der Kinder zu verbessern? Das deutsche Erziehungswesen zeigt sich auf diesem Gebiet unterentwickelt. Besteht nicht der Urauftrag der Schule darin, ein Ort zu sein, wo Menschenbildung im Sinne von Astrid Kaiser (2007) oder Hartmut von Hentig (1993) praktiziert werden kann?

An dieser Stelle sind „Ungehorsam" und „ungehöriges" Handeln gefragt. Ein *taktisches Nachgeben* und Ausbessern der Lesehimmel mit den fachkundigen Eltern zusammen kann nicht nur bewirken, dass endlich wieder vertieft gelesen werden kann, sondern auch, dass Eltern sich organisieren und sich den überfälligen Sanierungsstau des baufälligen Gebäudes nach vielen Jahren des Wartens ebenfalls nicht mehr gefallen lassen.

Es kann auch anders kommen: Die Kinder wollen nicht einsehen, dass ihr geschätzter Lesehimmel gesperrt ist. Sie verstehen nicht, wieso dies geschehen muss, wo sie doch niemals das Tobe-Verbot missachtet haben. Die Kinder verfassen einen Brief an den Bürgermeister und bitten um klärenden Beistand. Eine ähnliche Geschichte erzählt Walter Hövel im Interview (vgl. S. 110ff.). Die betroffenen und engagierten Eltern wollen sich die Ignoranz des Bauamts nicht bieten lassen und schalten die Presse ein. Die Lehrkräfte dürften das nicht, weil sie sich loyal gegenüber ihrer Dienststelle verhalten müssen. Die Eltern aber können öffentlich kritisieren. Sie empfinden es als „unanständig", wenn Verwaltungen so mit Fachleuten umgehen, die in Verantwortung für ihre Schüler und gleichzeitig zum finanziellen Vorteil des Schulträgers ehrenamtlich arbeiten. Der Disziplinarfall Kreiselmeyer (Kapitel 9) zeigt, wie verantwortungsvolles Engagement z. B. für die Ausstattung von Schulen zu „Ärger mit dem Ehrenamt" (Süddeutsche Zeitung 25.7.2001) führen kann.

Festzuhalten bleibt aus dem „Lehrstück Lesehimmel", dass barsches, von einigen Betroffenen als „unanständig" empfundenes Verhalten von „denen da oben" Protest oder Widerstand auslöst. Aufstände (wie auch die französische Revolution) entzündeten sich – wie historisch untersucht wurde – in der Regel an Fragen des Anstands. Man verlangte vom „kleinen Mann", dass er dem Anstand ge-„*horchen*" sollte; aber wenn nicht einmal die „Großen" anständig waren, brauchte man selbst auch nicht mehr ge-„*hor*"-sam zu sein (vgl. auch Interview Fuest, S. 77ff.).

Ungehorsam im Schuldienst wird so zum Motor für eine humane Schule. „Schule neu denken" heißt in diesen Fällen un-ge-hörig und un-ge-hor-sam zu werden.

Wenn nicht alles so bleiben soll wie immer, antwortet die Verwaltung: „Das können wir nicht machen, da müssen Sie erst die Gesetze ändern!" ... Und sie bekommt noch Recht, zumindest vor dem Gesetz, wohl aber nicht vor dem Gewissen. Der Trend der Eltern, ihre Kinder an Privatschulen anzumelden, wächst stetig an. Dort kann man sich keine heruntergekommenen Schulgebäude leisten. Das Interview mit Raimund Patt, dem ehemaligen Leiter einer Schule in privater Trägerschaft, verweist auch auf die Zwänge solcher Einrichtungen (vgl. S. 146ff.).

In der Reggio-Pädagogik heißt es, dass drei Lehrer nötig seien für die Bildung der Kinder: Erstens die *Mitschüler*, zweitens die eigentlichen *Lehrer* und drittens der Raum. Eine Schule architektonisch von innen und außen so zu gestalten, dass Schüler gut lernen können, ist eine große Aufgabe, die die Schulleute auch gegen die Schulverwaltung „einfach machen“ müssen; denn: „Wer viel fragt, ...“ (vgl. Interview Pollert, Hövel und Winkel 2008–2010). Genau so ließ einst der Ministerialrat Stroh beim Aufbau der Laborschule Bielefeld den Leiter Hartmut von Hentig wissen: „Das werden WIR nicht genehmigen können. Also lieber nicht anfragen, sondern einfach handeln! Haben Sie das eigentlich Unmögliche eingerichtet (...), *ist* es nicht mehr unmöglich. Dann werden wir hier eine juristische Lösung finden“ (von Hentig 2007, 2, 288).

Auch wenn in „Konjunkturpaketen“ die Schulsanierung der Ankurbelung der Wirtschaft dienen soll, können Schulen sinnvoll saniert werden, wenn Eltern sich für ihre Kinder engagieren wollen. Die architektonischen Entwürfe der traditionellen Schulen sind heute falsch. Lehrer haben sich durch die an *Anstalten* erinnernde Bauweise dazu verleiten lassen, in Schulräumen den bürokratisch optimierten Putzdiensten mehr Macht zu geben als den Kindern. Wenn sich die überfällige Schulsanierung nur als Arbeitsbeschaffungsmaßnahme versteht, werden anstaltsartige Gebäude allenfalls energieeffizienter bewirtschaftet. Danach ist das Geld ausgegeben. Die Veränderung der Schule liegt also auch nach der Sanierung in der Hand der Lehrer und Eltern, die dafür zu sorgen haben, auch gegen die Bauämter traditionelle Anstalten in Orte des Lernens zu verwandeln (vgl. Interviews mit Fuest, Greiling, Hövel, Pollert). Dies wäre übrigens auch eine Chance für viele arbeitslose Architekten, die sich mit den Lehrern und Eltern beherzt an einen Tisch setzen könnten, um Schulen neu zu gestalten.

Gertraud Greiling

1936	geboren
1956	Seminar für kirchlichen Dienst in Hannover
bis 1962	Heimerzieherin, Ferienhilfswerk der Inneren Mission
1962	Studium an der Pädagogischen Hochschule Münster
1965	Volksschullehrerin an der Wartburgschule Münster
1969	Gründung der Nachmittagsschule
1979	Aufbau des Ganztagszuges an der Wartburg-Grundschule
1979 – 1983	Wissenschaftliche Begleitung des Schulprojekts Lit: Wenn die Schule sich öffnet (Benner/Ramsegger 1981)
1985	Gründung der Grundschulwerkstatt Gievenbeck
1989	Ernennung zur Konrektorin
1995	Ernennung zur Rektorin
1995	Neubau der Wartburg-Grundschule
1997	Verdienstorden der Bundesrepublik Deutschland für ihr pädagogisches Lebenswerk
2000	Pensionierung
2001	Aufbau der Leseoase in der Wartburg-Grundschule
2008	Wartburg-Grundschule ist Hauptpreisträger des Deutschen Schulpreises
2008	Gründungsschulleiterin der Münsterlandschule Tilbeck

GERTRAUD GREILING

Deutscher Schulpreis 2008

– Die Gründerin des Gievenbecker Projekts und ehemalige Schulleiterin der Wartburgschule erzählt

Frau Greiling, wie kamen Sie zum Lehrerberuf?

Der Anfang meiner Schulkarriere ist eher zufällig. Ich bin Gemeindehelferin gewesen. Ich habe erst in einem Kinderheim gearbeitet. Ich kam dann an die Wartburgschule in der Zeit, als es wenig Lehrer gab, kriegte gleich ein Doppelordinariat aufs Auge gedrückt, zwei erste Schuljahre, in der einen Klasse 47 Kinder, in der anderen 48 und dreißig Lehrerstunden. Jetzt haste für 47/48 Kinder 15 Stunden. Man kommt ja ziemlich schnell darauf, dass die Zeit nicht reicht. Ich bild' mir ein, ich hätte da den Wochenarbeitsplan erfunden. Ich hab also versucht, Kinder sehr schnell zu verselbstständigen (lacht), um mit den anderen auch was machen zu können. Und viele Dinge gingen eben auch in die Hausaufgaben, wenn man nur 15 Stunden hat. Die Kinder, die da in der Baracke lebten, konnten aber keine Hausaufgaben machen. Sie lebten unter schrecklichen Bedingungen. Eine Baracke neben der anderen, völlig vermatschtes Gelände, verschimmeltes Gebäude. Die Kinder spielten im Matsch, hatten zum Teil auch nur wenig Wasser und Waschmöglichkeiten. Da gab es irgendwo ne zentrale Dusche, aber wer geht da schon hin mit seiner Familie? Ein Waschbecken zum Beispiel in einer Wohnung mit neun Kindern, solche Familien habe ich da kennen gelernt. Kohleheizung, und wenn sie Strom nicht bezahlt hatten, wurde das Licht abgestellt. Meine ersten Hausbesuche da, das war schon sehr bedrückend. Jedenfalls fuhr ich durch die Baracken und alle Kinder hinter mir her: „Wo fährst du hin, was hat der gemacht?" Sie glaubten, ich fahr' da hin, weil der was angestellt hat, und nicht, weil ich die kennen lernen und sprechen wollte.

Ich denke, wenn ich da nicht irgendwas in Bewegung gebracht hätte, wäre ich verzweifelt an der Situation, in der die Kinder waren. Da musst du Kinder zur Sonderschule schicken und weißt, die haben eigentlich ne normale Begabung, aber du kannst ihnen nicht helfen. So war das. Dann habe ich wirklich Schritt für Schritt gelernt, wie Ganztagsschule sein muss: Man braucht mehr Zeit. Ich habe Leute gewonnen, die mitgemacht haben. Wir waren damals 7 Lehrer, die ehrenamtlich jeden Nachmittag gearbeitet haben. Ich hatte eine Gruppe von 11 Frauen, die am Nachmittag kamen und mit Kleingruppen Hausaufgaben gemacht haben.

Half Ihnen der Schulträger?

Ich hab' der Stadt zwar geschrieben, dass wir was machen, aber es hat eigentlich nichts gebracht. Wir haben gemerkt, wie wichtig Kontinuität der Bezugspersonen ist. Jeder, der dazu kam, war nicht genug informiert über das Kind. Dann haben wir mit Spendengeldern eine Erzieherin eingestellt, mit 'ner halben Stelle erstmal. Mittagessen haben wir aus dem Altersheim gekriegt, gespült haben wir in einer Badewanne, wir hatten erst auch kein Warmwasser, keinen Boiler (lacht) und mussten auf einer kleinen Kochplatte Wasser heiß machen. Wir haben wirklich so mit gar nichts angefangen. Hatten auch keinen Raum für uns. Die Kinder, die eher frei hatten, hielten sich dann auf dem Flur auf, bis wir dann in eine Klasse konnten.

Da war das erste: Kontinuität der Bezugspersonen und das zweite war, dass Hausaufgaben Blödsinn sind. Dass sie in der Regel nicht passen. Für den einen ist das zu einfach und für die meisten ist das zu schwer, jedenfalls für die Kinder, die wir damals aufgenommen haben. Dann haben wir die Hausaufgaben für die Gruppe erstmal abgeschafft und haben im Kontakt mit dem Vormittagslehrer nachgespürt, was ist für dieses Kind jetzt richtig, was soll mit dem gemacht werden?

Wir haben zwischendurch auch furchtbar gemogelt. Es musste einfach sein, dass die Kinder auch merkten, wenn ich nachmittags arbeite, dann nützt das was. Dann sollten sie eigentlich ein ungeübtes Diktat schreiben, und wir kriegten den Text vorher und übten mit den Kindern das Diktat. Dann lohnte es sich zu üben. Dass so etwas herauskam, war wichtig. Einmal in der Woche sind wir in die Turnhalle gegangen, nicht so sehr der Bewegung wegen, was ja auch wichtig ist, sondern mehr, damit ein Kind hinterher unter die Dusche gehen konnte. Dann kriegte es neue Strümpfe oder Unterwäsche und so etwas. Eltern haben immer fleißig mitgesorgt und gespendet. Immer wieder Anträge gestellt an die Stadt, und irgendwann kriegten wir aus dem Sozialfond dann auch Tutoren bezahlt und über die Innere Mission einen Zivildienstleistenden. Dann hatten wir schon mal die Erzieherin und den Zivi als feste Bezugspersonen, und der Zivi ist dann auch mit in den Vormittagsunterricht gegangen, um die Brücke zu schlagen. Wie bei allen Sachen, die neu sind, da ist noch viel Feuer, aber wenn man nicht vorankommt, dann lässt es auch ein bisschen nach. Die Lehrer sind dann so nach und nach ausgestiegen. Ich bin dran geblieben.

Kam denn nicht das Gesundheitsamt wegen der Badewanne?

Nee, das Gesundheitsamt hat das nicht interessiert. Ich habe es ihnen nicht gesagt (lacht).

Ich hatte eher Probleme mit den Soziologen der Uni. Die sagten, man dürfe die Kinder nicht in der Schule behalten, das sei nicht ihr Feld, sondern sie müssten selbstbewusst in ihrer eigenen Welt aufgebaut werden. Und die Schule wäre 'ne Gegenwelt, die den Kindern nicht das gäbe, was sie brauchten.

Diese Position hatte das Schulamt nicht?

Ich kann mich überhaupt nicht erinnern, dass das Schulamt irgendwas interessiert hat. Die haben zwar auch immer die Briefe gekriegt, die ich an die Stadt geschrieben habe. Hauptsache, es war Ruhe (lacht), es wurde nicht gemeckert. Die Bereitschaft zu helfen war aber in der Schulgemeinde da und auch in der Kirchengemeinde. Ich habe damals viel mit der Gemeinde zusammen gemacht. Wir haben uns einmal im Monat getroffen, haben vorbereitet und über die Probleme gesprochen. Das war eine sehr gute und nachhaltige Arbeit.

Und was dachten die Soziologen damals dort?

Der eine Professor hatte was gegen die Ganztagsschule. Es war für mich 'ne Welt, die ich nicht verstanden habe, weil es eigentlich immer um Chancengerechtigkeit ging. Ich meine, man kann höchstens dafür sorgen, dass die Chancen ein bisschen gerechter verteilt werden, aber Chancengerechtigkeit gibt es nicht. Das ist 'ne Illusion. Ein Kind, das kein bildungsbewusstes Zuhause hat, das hat so viele Nachteile, das muss das Zehnfache von dem leisten, was ein anderes Kind aus einem bildungsfreundlichen Umfeld hat. Ich habe aus der Nachmittagsschule mal ein Kind bis zum Studium gebracht. Ich habe die Eltern lange überreden müssen, das Kind zum Gymnasium zu schicken. Ein wirkliches Überfliegermädchen. Die hat später Soziologie studiert und mir geschrieben, als sie Examen gemacht hat, wie schwer das für sie war. Jeder wusste, wenn sie ihre Adresse angab, wo sie herkam. Und sie sagte: „Ich wusste, wenn ich jemandem die Hand gab, ich bin nicht so sauber, wie die, ich rieche vielleicht, ich kann das aber nicht ändern, ich komme eben aus so einem Umfeld, ich passe eigentlich nicht da hin." Die hat unheimlich kämpfen müssen. Ein starkes Mädchen. Also: Gerechtigkeit in den Bildungschancen können wir nicht herstellen.

Meinen Sie nicht, dass das auch Aufgabe der Schule sein sollte?

Soweit sie das kann. Im Moment betreue ich für eine Frau, die gerade zusammengebrochen ist, ihr Kind aus der vierten Klasse. Ist ein recht gut begabtes Kind. Keine Schwierigkeiten im Rechnen, in der Rechtschreibung, ist auch grammatisch recht sicher, spricht wunderbar Deutsch. Die Lehrerin gibt ihr im Sachunterricht ne Fünf. Sie weiß, sie hat keinen Hintergrund. Das Mädchen fährt mit ihren Eltern nach Enschede, auf irgend so einen Jahrmarkt, aber nicht mal in die Stadt und guckt die Giebelhäuser an. Die sprechen über bestimmte Dinge nicht. Die Eltern lesen zu Hause nicht. Es werden so manche Fragestellungen überhaupt nicht an sie herangetragen. Von der Leistung her, könnte das Kind ein Gymnasium besuchen, aber es kriegt nicht genug Anregung, um dorthin zu kommen. Ich bin ganz froh, dass die Eltern sich jetzt haben zur Gesamtschule überreden lassen.

Für mich war auch ein wichtiger Lernschritt, das gehört auch zu den wichtigen Erfahrungen, die für mich nachher auch Ganztagsschule ausgemacht haben: Je wohler sich die Kinder bei uns fühlten, umso mehr steckte das auch an. Wir hatten dann auch Kinder aus ganz anderen Bevölkerungsschichten, die sagten: „Wir wollen auch." Wir feierten da wunderbare Feste, wir hatten nachmittags immer irgendwas los, dann standen die da und sagten „Wir wollen auch."

Den richtigen Durchbruch haben wir dann erst gehabt, als wir einen Professor im Rücken hatten. Es haben sich zwar alle möglichen Leute der Uni mal für uns interessiert, haben ihre Studenten geschickt, aber jemand, der sich die Sache so zu eigen machte, war nicht. Doch Dietrich Benner, der Reformpädagoge, suchte Lehrer, die Schule verändern wollten. Dann habe ich gesagt, wenn ihr wollt, dass ich da mitmache, dann in Richtung Ganztagsschule.

Jörg Ramsegger, damals Assistent von Benner, war nur für uns da. Und das ganze fünf Jahre lang. Die haben dann einen Antrag bei der Bund-Länder-Kommission gestellt, und das ist dann ein Modellvorhaben gewesen. Modellvorhaben, kein Modellversuch, dann hätte man Stunden für Forschung und Entwicklung gekriegt. Modellvorhaben heißt, man macht das Gleiche, aber man kriegt nichts dafür (lacht). Das war 1979. Dann hieß es Grundschulprojekt Gievenbeck. Im Sinne von Öffnung von Schule hat sich dann eben manches verändert. Die Nachmittagsschule hatte auch schon ihren Platz im Stadtteil. Aber diese Öffnung, das institutionelle, methodische und thematische Öffnen von Schule, das sind dann die drei großen thematischen Entwicklungsschritte gewesen.

Gab es Konfrontationen?

Ich hab damit relativ wenig zu tun gehabt, ich war ja nicht in der Schulleitung. Ich hatte mich zwar zwischendurch mal als Konrektorin beworben, war aber durchgefallen, sie haben mich nicht genommen (lacht). Ich hörte nachher, es hätte daran gelegen, dass ich einen bunt bemalten Bulli fuhr und einen Parka trug und auf der Treppe saß und mit den Kindern linke Lieder sang. Es hat mich schon gekränkt, dass man mich nicht genommen hat. Denn ich denke, ich hatte da auch schon einiges geleistet. Aber ich fand es auch schon ziemlich typisch. Da auf anderen Schulhöfen gingen die Lehrerinnen noch in Nerzjacken Aufsicht machen. Da waren wir schon sehr auffallend. Ja, und linke Lieder, das waren die Gripslieder damals. „Doof geboren ist keiner“ und „Wir werden immer größer“. Gar nicht so schlimm, aber schön (lacht).

Und was die anderen Leute sagen ... ?

... das ist mir eigentlich immer noch ziemlich wurscht (lacht). Das habe ich auch gelernt, vielleicht, als ich meine Kinder so unehelich geboren habe und dann noch als Gemeindehelferin im kirchlichen Dienst war. So eine uneheliche Mutter, die nimmt man nicht. Und die Sportdozentin in der PH sagte ganz bewusst „Fräulein Greiling“, wenn sie mich über den Sportplatz jagte (lacht). Ja, das war damals auch nicht so einfach, ich denke, dass man dann entweder kaputt geht oder stärker wird. Später habe ich ausreichend Selbstbestätigung gekriegt. Die Kollegen, die mit mir zusammen die Ganztagsschule angefangen haben, der Kreis um Dietrich Benner und Jörg Ramsegger, waren um mich herum. Da haben wir viel gearbeitet, aber auch unheimlich viel Spaß gehabt. Das gab viel Stärke. Da konnten die anderen ruhig reden. Ob man genug lernt, das ist ja immer noch die Frage in der Wartburgschule. Spaß und Lernen ist schon verdächtig. Wenn man gerne zur Schule geht, irgendwo ist das verdächtig (lacht).

„Wenn die Schule sich öffnet“, darüber hatten sie alle gestaunt, oder?

Eigentlich entwickelte sofort danach die Stadt die Idee von einer zentralen Ganztagsschule mitten in der Stadt. Alle Kinder, die zur Ganztagsschule wollen oder sollen, die es besonders nötig haben, die zieht man da zusammen. Die Eltern haben sich dann gewehrt gegen diese Idee, weil das auch ein Stück des Konzepts war: Schule im Stadtteil, öffnen zu den Institutionen, ob das nun Bücherei oder Zoo oder Kirchengemeinde ist. Dann haben die eine tolle Aktion gemacht. Sie haben die Schule richtig festgebunden im Stadtteil. Lauter bunte Bänder verknotet über die Straße und dann in dem Geschäftszentrum drumherumgelegt und die Schule an die Leine gelegt, festgebunden im Stadtteil. Das war eine schöne Aktion. Dann ist es auch kräftig durch die Presse gegangen. Der Jörg Ramsegger hat alle möglichen Leute aufgeboten. Dann hat die Stadt diese Idee zurückgenommen. Es kam ein Gewohnheitsrecht, eine gewisse Narrenfreiheit: „Die machen da sowieso was sie wollen. Lassen wir sie mal, schadet keinem!“ (lacht).

Nur die Raumprobleme wuchsen. Dann hat man uns zwei Baracken auf den Schulhof gestellt. So richtig alte Schätzchen vom Gymnasium; ein Gymnasium hatte seinen Neubau fertig und da brauchten sie die nicht mehr. Es war so fußkalt, war ja nicht untermauert. Da hatte ich beim Schulamt angefragt, ob sie nicht einen Teppich hätten. Da kamen die an mit einem Teppich, der war schon so zerschlissen. Ich sag': „Wo haben Sie den denn her?“ Erzählte der Fahrer, den hätten sie gerade abgeholt aus einem Gymnasium, da hätte der Schulleiter einen neuen Teppich gekriegt. Und da habe ich sie wieder weggeschickt, habe gesagt, den wollte ich nicht. Ich hab mir selber einen besorgt, aber den alten hätte ich nicht genommen (lacht). Ich habe viel Geld investiert in die Schule und nicht umsonst kein eigenes Haus. Wenn man etwas wirklich braucht, stellt 'nen Antrag und kriegt's nicht, ja dann muss es eben so kommen.

Jetzt könnte man glauben, Sie wären ärgerlich wegen des Teppichs …

Nein, eigentlich habe ich darüber gelacht, weil das irgendwie typisch war. Es war, wie Grundschule damals behandelt wurde. Und eigentlich hat Grundschule erst wieder an Ansehen gewonnen, als das mit IGLU und Pisa passierte. Da hat man erstmal gemerkt, wie wichtig die Grundschule ist. Das hat man bis dahin nicht gemerkt.

Offene Auseinandersetzung, das war 'ne Ebene, auf der ich nicht konnte und nicht wollte. Ich kann mich schon streiten mit Leuten, die sagen: „Ich finde Noten wichtig, sonst können die Kinder nichts leisten.“ Mit denen kann ich wunderbar streiten. Aber Dinge, die ins Persönliche gehen, das will ich nicht, das wollte ich nie. Ich habe mich bei Auseinandersetzungen eher zurückgezogen in die Arbeit mit den Kindern. Es ist immer so, wenn ich mit Kindern zu tun habe, gebe ich was ein und bekomme mindestens das Gleiche zurück. Und das ist bis heute so, sonst würde ich wahrscheinlich gar nicht so viel machen.

Ich erleb' auch oft, wenn Lehrer durch unsere Schule gehen, dass junge Kollegen sagen: „Aber ich bin da doch ganz allein." Dann sag ich: „Man muss anfangen, ich war auch immer allein. Dann hab ich die Tür aufgemacht. Das steckt auch an. Das muss nicht alles auf einmal sein."

Frau Greiling, dieses langsame Verändern. Ist das Ihr Erfolgsrezept?

Ich denk' schon, dass das auch zu dem gehört, wohin ich immer beraten würde: Macht ein Ding nach dem anderen. Nicht alles auf einmal. Andererseits sind inzwischen ja auch ganz andere Erfahrungen da. Ich muss nicht alles erst selbst ausprobieren, muss nicht alle Fehler selber machen. Und das wird auch so bei der Münsterland-Schule, die wir jetzt neu aufbauen. Die Leute, die es machen, die müssen sich das erstmal zutrauen und das wollen und für richtig halten. Dann kann ich ihnen auch dabei helfen. Man muss nicht so von vorne anfangen, wie wir damals (lacht).

Sind beim Neubau der Schule die meisten Vorschläge beachtet worden?

Was ich noch an keiner Ganztagsschule richtig gelöst gesehen habe, ist der Sanitärbereich. In Kindergärten, da ist es völlig klar, da hat jede Gruppe ihren Waschraum und ihre Toiletten. Eine Ganztagsschule hat nur kleine Waschräume, die haben nur fünf Becken für zwei Klassen. Das ist zum Zähneputzen viel zu wenig und zum Sich-mal-waschen auch, die brauchten einen ganz anderen Sanitärbereich, aber der ist bei Ganztagsschulen überhaupt nicht mit bedacht. Das sind zum Beispiel Sachen, die wir versucht haben durchzusetzen, die nicht gelungen sind. Ja, wir haben dann, wo es sich nicht mehr lohnte, die Kraft einzusetzen, auch mal aufgegeben. Man kann sich ja zerreiben an solchen Dingen und weiß, man schafft es doch nicht. Dann hört man besser rechtzeitig auf. Und später kann man dann die Kinder „manipulieren". Zum Beispiel unser Fußballplatz. Ohne unsere Kinder hätte der nie eine feste Decke gekriegt. Ich habe einen Antrag nach dem anderen gestellt, weil der Platz so matschig war. Aber es gab kein Geld. Da ist unser Schulparlament losgegangen. Ich hab die Kinder aufgestachelt, hab ihnen gesagt, ihr müsst machen, ich schaff's nicht (lacht). Sie haben den Antrag gestellt beim Bürgermeister. Dann hat der Leute hingeschickt und wir haben einen Belag gekriegt (lacht). Ich meine: Die Kinder sind nur nicht drauf gekommen, gelitten haben sie schon unter diesem schrecklichen Platz, von daher war das nicht Manipulation.

War das ungehorsam?

Also, Ungehorsam ist etwas, was sich gegen etwas richtet. Und ich hab mich eigentlich nicht gegen Leute gerichtet, sondern für sie gestritten. Dann habe ich vielleicht nicht an die gedacht, die auch noch was zu sagen gehabt hätten. Ich hab auch nicht bewusst irgendwas nicht gemeldet. Ich hatte auch nicht das Bedürfnis, irgendwas beim Schulrat zu melden. Wenn ich dachte, es ist für die Kinder gut, dann musste ich nicht den Schulrat fragen.

Viele Kollegen wollen sich absichern ...

Ja, aus vorauseilendem Gehorsam vielleicht. Ich sag' jetzt mal ein bisschen streng: Die haben eigentlich nicht die richtige Einstellung zum Beruf. Denn es muss ihnen ja eigentlich darum gehen, dass das Kind in der Mitte ist. Der zweite Schritt ist erst: Kann ich mich damit durchsetzen, oder kann ich das nicht?

Bevor der Schulversuch „Schule ohne Noten" lief, da hatten wir schon keine Noten. Das war mit den Eltern genau besprochen. Die Eltern haben gemerkt, sie erfahren durch die Lernentwicklungsberichte sehr viel mehr über ihre Kinder und darüber, was gelaufen ist und was sie schon können und woran sie noch arbeiten müssen. Wir suchten eigentlich schon während der wissenschaftlichen Begleitung, 1979 bis 83, im Ganztagszug Wege, die Noten zu entschärfen, d.h. eigentlich nur noch Noten als Anhängsel mitzugeben. Und die haben wir dann einfach ausfallen lassen und nur die Lernentwicklungsberichte gegeben. Das war nicht erlaubt. Interessiert haben die Zeugnisse eigentlich nur die Eltern, und mit denen hatten wir das besprochen. Die fanden das gut, wir hatten 100%ige Zustimmung.

Was passierte, wenn ein Schüler wegzog und woanders ein notenfreies Zeugnis vorzeigte?

Wir hatten auch Leute, die weggezogen sind. Aber wir haben da nie Klagen gehört. Die Eltern haben eher rückgemeldet, dass die neue Schule ganz froh über die Informationen war. Als der Schulversuch zu Ende war, hat man ja merkwürdigerweise, obwohl er so positiv beurteilt worden war, für die vierte Klasse die Noten als Pflicht wieder eingeführt. Da habe ich unter die Zeugnisse als Bemerkung drunter geschrieben, dass die Noten „auf dem Hintergrund der Lernentwicklungsberichte" zu verstehen sind. Damit sind die Eltern auch zu den Anmeldungen gegangen. Eine pädagogische Note, nie 'ne Fünf. Ich hatte aber auch keine Eins drin. Vieren gab es schon, aber es gab dazu den Lernentwicklungsbericht, wo eigentlich viel deutlicher erklärt wurde, was so eine Note ist. Das ist zwei Jahre lang in den weiterführenden Schulen so angenommen worden. Dann muss irgendjemand dies bei der Bezirksregierung gemeldet haben. Ich habe in dem einen Jahr alle Zeugnisse noch mal schreiben müssen. Die Bemerkung musste weg. Die Noten sind aber geblieben, auch wenn es pädagogische Noten waren. Es durfte nicht mehr drunter stehen „auf dem Hintergrund der Lernentwicklungsberichte".

Was wäre denn passiert, wenn Sie die Zeugnisse nicht noch einmal geschrieben hätten?

Also in dieser Breite habe ich den zivilen Ungehorsam noch nicht ausprobiert (lacht). Es gibt wohl so was wie Abmahnungen. Ich hab aber noch nie eine gekriegt, ich weiß gar nicht warum (lacht). Jetzt können sie mich nicht mehr abmahnen.

Ich bin auch oft gefragt worden: „Wie werden denn eure Kinder in der weiterführenden Schule mit Noten fertig? Das kennen die doch gar nicht." Die werden besser damit fertig, als Kinder, die in der Grundschule lauter Zweien und Einsen gehabt haben und jetzt Vieren kriegen. Sie stellen andere Fragen. Sie fragen, wenn sie 'ne Vier bekommen haben: „Warum habe ich die gekriegt? Ich hab da nicht richtig geübt oder ich hab das nicht verstanden. Da muss ich noch mal weitermachen." Die schönste Geschichte, die ich immer wieder erzähle, ist von Collin, der seinen ersten Klassenaufsatz in der weiterführenden Schule schrieb. Am Ende der Stunde packte er sein Heft ein. Die Klassenlehrerin hat mir das voller Empörung erzählt: „Der hat doch einfach sein Heft eingepackt!" – „Hat er denn gesagt warum?" – „Ja, er hat gesagt, er wäre noch nicht damit zufrieden, er wollte das noch mal überarbeiten." Da war ich so stolz auf Collin. Da habe ich der Lehrerin erzählt, dass ich meine Aufsätze auch so schreibe. Ich mach doch auch nicht einen Artikel fertig und der ist dann endgültig fertig. Den überarbeite ich doch noch, schlaf manchmal sogar noch eine Nacht drüber. Und die müssen in 45 Minuten da irgendwas schreiben. Ist doch unnatürlich, oder?

Wie sehen Sie die Sekundarstufe?

Ich meine, der Witz an der Sache ist, dass ja gerade von der Berufswelt her eine Bestätigung der Arbeit kommt, wie wir sie in der Grundschule sehen. Die eigentliche Hürde ist der Sekundarbereich. Mir sagte mal eine ehemalige Schülerin: „Was ich in der Grundschule gelernt habe, habe ich hinterher im Studium wieder gebraucht." Ist doch peinlich, nicht? Die Rückmeldung, die da kommt von der IHK und wer sich da noch so alles äußert, geht ja eher dahin, dass gelernt werden muss, im Team zu arbeiten, kreativ zu sein, Forscherqualitäten zu entwickeln, selbstständig denken zu können.

Wie kriegen wir denn nur die Philologen in den Griff? Die sitzen auch noch in der Politik, das ist das Fatale. In der Zeitung stand, in einem Gymnasium sind die Abiturienten ganz schlimm dran, da ist die Lehrerin so lange schon krank. Die Schüler wollen selbstständig arbeiten, aber sie haben kein Material. Da lachste dich kaputt, aber das ist typisch. In allen Schulen, die ich in Schweden oder Dänemark gesehen habe, da sitzen die Großen ohne Lehrer, die haben gelernt, wie man lernt. Und bei den Kleinen sind ganz viele Lehrer, damit sie ihnen helfen, in die Gänge zu kommen, Dinge selbst zu entwickeln. Das war so witzig, dass sich die Eltern beschweren, dass ausgerechnet die Abiturklasse ohne Lehrer dasteht und die Schüler sich überlegt haben, sie wollten sich selbst unterrichten.

Es gibt Dinge, die kann man bewegen und es gibt Dinge, die kann man nicht bewegen. Wenn ich Ehemalige treffe und frage „Na, wie geht es?", wollen sie mir immer erzählen, welche Noten sie haben. Dann sag ich: „Ich will gar nicht wissen, welche Noten du hast, sondern: Was macht dir denn im Moment besonderen Spaß?" Dann müssen sie immer lange nachdenken. Ist schon blöd, ne? Gerade auch, wenn man so lebendige Menschen abgibt.

REINHARD STÄHLING

Hinweis für Praktiker zu den Kapiteln 5 bis 8

„Nun lern ich bei Lust und Lachen
All die allerliebsten Sachen."

Adolf Glaßbrenner (1810–1876): Lachende Kinder 1850

Wer die Schule verändern will, hat sich mit „festen Strukturen" auseinander zu setzen: Nicht nur Gesetze, Erlasse, Verordnungen und ähnliche Vereinbarungen prägen den Schulalltag, sondern auch tradierte Ansichten darüber, wie Schüler in der Schule zu lernen hätten. Aufgrund eigener Schulerfahrungen haben sich Bilder und Routinen eingegraben, die nicht so einfach aufgegeben werden: Lehrer an der Tafel vorne, Unterricht in geschlossenen Räumen, Klassenräume ohne Pflanzen und Tiere, Schulglocken, 45-Minuten-Fachunterricht, Fächer, Zensuren, Versetzungen, Sonderschulen. All das wird zwar hinterfragt, aber selten verändert.

In den folgenden Kapiteln 5 bis 8 werden einige praktische Beispiele für ungehorsames Handeln aus der Schule stichwortartig in tabellarischen Übersichten zusammengetragen. Viele dieser Vorschläge stammen von unseren Interviewpartnern. Die Beispiele beziehen sich auf Veränderungen der Lehrerrolle vom Einzelkämpfer zum *Teammitglied* (Kapitel 6), auf *integrative Beschulung* anstelle von Aussonderung in Sonderschulen (Kapitel 7) und auf die sinnvolle Übernahme von *Zuständigkeiten*, z. B. der Jugendhilfe, durch die Schule (Kapitel 8). Die Übersicht praxiserprobter Ungehörigkeiten beginnt (im Kapitel 5) mit einem Blick auf den *Unterricht*, der den vorauseilenden dienstlichen Gehorsam „abschüttelt" und sich zu einer humanen und couragierten Gemeinschaftsveranstaltung für alle Schüler verwandelt.

Viele unserer Gesprächspartner (z. B. Greiling, Pollert, Kreiselmeyer) empfehlen, sich *nicht unnötig angreifbar* zu machen, wenn man ein Ziel erreichen will. Die gesammelten Vorschläge lassen sich meist nur umsetzen, indem sich viele Lehrer mit „Bundesgenossen" (Sennlaub) zusammenschließen. Häufig ist es günstig, wenn die Schulleitung „mit im Boot" ist. Alleingänge sind selten sinnvoll. Enge Kontakte zu den Eltern, zu vorgesetzten Behörden und zum Schulträger können viel bewirken.

Wenn sich ein paar Engagierte in einer Schule zu einer Veränderung entschieden haben, dann sind erfahrungsgemäß folgende Schritte sinnvoll, die Manfred Pollert als Schulleiter der Grundschule Berg Fidel jahrzehntelang praktiziert hat:

- Gründung eines Arbeitskreises von Mitarbeitern und Eltern, die das Vorhaben aus vielfältigen Perspektiven über Monate ergebnisoffen diskutieren. Die Schulleitung ist führend an diesem Kreis beteiligt. Beratungen mit der Schulaufsicht und dem Schulträger sind häufig hilfreich.
- Erarbeitung einer schriftlichen Vorlage für eine Mitarbeiter-Konferenz, in der die Maßnahme begründet und ein Planungsvorschlag vorgelegt wird. Die Kollegen diskutieren und fällen eine interne Vorentscheidung, ohne der Entscheidung der Schulkonferenz vorzugreifen.
- Erarbeitung einer entsprechenden schriftlichen Vorlage für die Elternvertreter aller Klassen.
- Diskussion in der Elternschaft, meist an Elternabenden.
- Entscheidung in der Schulpflegschaft der Eltern.
- Entscheidung in der Schulkonferenz, dem höchsten Entscheidungsgremium der Schule.

REINHARD STÄHLING

5. Fünfen und Sechsen geben oder Erfolge vermitteln?

– Sammlung praxiserprobter Ungehörigkeiten

„Um den Geschmack der Kinder auszubilden, muss man sie in eine besondere Schule bringen, wo sie machen können, was man für die Chemie in den Laboratorien macht. Sie müssen Möbel zur Verfügung haben, mit denen sie Zimmer einrichten, Kleider die sie anziehen können und so weiter. Und es muss gute und schlechte Möbel geben und Kleider verschiedener Güte. (...) Setzkästen zum Komponieren von Buchseiten. Mappen mit kitschigen Bildern. Lesen von Gedichten, dann Abhören der Rezitation durch gute und schlechte Rezitatoren, auf Platten. Mappen mit edlen Gebrauchsgegenständen, Essbestecken, Spielkarten."

Bertolt Brecht (1898–1956):
Schule der Ästhetik (Gesammelte Werke 1967, 20, 333)

„Eine erstaunliche Kontinuität" stellt Klaus Klemm (2009) fest, wenn er das Fächerspektrum eines heutigen Gymnasiums der Sekundarstufe I in NRW mit dem des preußischen Gymnasiums von 1837 vergleicht. Jedoch ist heute nach Klemms Einschätzung die Allgemeinbildung am Ende, weil sich moderne Gesellschaften nicht auf eine einheitliche Weltanschauung mit einem entsprechenden Verhältnis zum Traditionszusammenhang verständigen können. So fehlt auch eine für das Zusammenleben bedeutsame Orientierung durch inhaltliche Vorgaben zu einem schulischen „Literaturkanon". Aber trotz dieser (auch durch die internationalen Bildungsstandards beeinflussten) Entwicklung scheint noch immer die tradierte Idee der Allgemeinbildung mit dem sozialen Aufstieg des Bürgertums verbunden zu sein. Wer nicht die *Zugangsberechtigung* zum Gymnasium erlangt, hat weniger Berufschancen.

Noch mehr Sorge bereiten die PISA-Ergebnisse, die den Skandal aufdeckten, dass unser deutsches Schulwesen für eine zu große Zahl von Schülerinnen und Schülern die Grundbildung nicht garantiert: Ein Zehntel der 15-Jährigen kann nicht lesen, weitere 13 % können aus altersgemäßen Texten nur die elementaren Inhalte entnehmen, und jeder Zehnte bricht die Schule ab. Ein Viertel der 15-Jährigen hat eine Klasse wiederholt – aber offenbar ohne Erfolg.

Eine *fachdidaktische Unterrichtskultur*, die nicht den individuellen Lernweg in den Mittelpunkt stellt, überfordert in besonderem Maße schwache Schüler und Migrationskinder (vgl. Interviews von Schnell, Fuest, Greiling, Kaiser). Etwa 20 % der Schüler im vierten Schuljahr verfügen nur eingeschränkt über grundlegende *mathematische Fähigkeiten* und stellen so eine Risikogruppe dar. In den *Naturwissenschaften* sind 25 % der Schüler am Ende der Klasse 4 nicht in der Lage, ihr in der Schule erworbenes Wissen auf den Alltag anzuwenden (vgl. Bos u.a. 2008). Nur 15 % der Grundschüler und Grundschülerinnen erfahren einen *Leseunterricht*, in dem Lehrer unterschiedliche Lesematerialien auf unterschiedlichen Niveaus einsetzen. Die deutschen Schulen sind zudem im internationalen Vergleich nicht gut ausgestattet (vgl. Valtin 2006). Da *(Binnen-) Differenzierung* vernachlässigt wird, sind u.a. Migrationskinder benachteiligt. Sie müssen neben der Muttersprache und der deutschen Umgangssprache eine – auch für deutsche Unterschichtschüler schwierige – (schriftnahe) Standardsprache erlernen, die in der Schule häufig als bekannt vorausgesetzt wird. Dabei erleben sie, dass ihre Muttersprache einem lernkulturellen, „monolingualen Habitus" (Gogolin/Neumann 1997) der Mittelschicht zum Opfer fällt. Sie müssen sich mit fremden Werten auseinander setzen. Zudem erfahren ihre Eltern teilweise aus sprachlichen Gründen nicht, was ihre Kinder in der Schule lernen sollen.

In kaum einem OECD-Land sind so wenige Schüler und Schülerinnen der Sekundarschulen der Meinung, dass sie von ihren Lehrern individuelle Lernunterstützung erfahren, wie in Deutschland. Das unterstützende Interesse an den Lernfortschritten der Grundschüler ist dagegen deutlich größer (vgl. Interviews Greiling, Pollert). Zu den günstigen Lernbedingungen gehört eine positive Lernumgebung, in der Kinder sich vor Gewalt sicher fühlen können. Deutschland hat in der IGLU-Studie mit 18 % den höchsten Wert der Grundschüler, die sagen, sie fühlten sich in der Schule nicht sicher. 36 % der deutschen Schulleiter an Grundschulen beklagen u.a. Störungen in Klassenzimmern, Vandalismus,

Diebstahl, Beleidigungen oder körperliche Streitigkeiten der Kinder (vgl. Valtin 2006).

Damit jedoch eine Schule zur schützenden „polis“ werden kann, sind nach Hartmut von Hentig (2007, S. 366f.) die drei R maßgebend:

- *Regeln* aufstellen und beachten, die ermöglichen, das Schulleben gemeinsam zu planen und zu gestalten;
- *Reviere* festlegen, die Abgrenzungen ermöglichen;
- *Rituale* einüben, die bewährte Abläufe erleichtern und an nachkommende Schüler weitergegeben werden, um leichte Orientierung zu schaffen.

Die folgende Übersicht geht von Notwendigkeiten im Schulalltag (Spalte 1) aus, nennt Beispiele für Hindernisse bei deren Verwirklichung (Spalte 2) und skizziert sowohl langfristige Visionen (Spalte 3) als auch erste „ungehörige“ Schritte (Spalte 4).

Alltags-notwendigkeiten	***Widersprüche, Widerstände***	***Langfristige Visionen***	***Erste Ungehörigkeiten***
Auflösung der Jahrgangsklassen zur besseren Förderung der Kinder: Kein Sitzenbleiben.	Übergang von der Jahrgangsklasse zur Altersmischung stößt auf Abwehr, weil bestehende Klassen aufgelöst werden müssen.	„Sache der Schule ist es auch, über die Gliederung ihrer Lerngruppen zu entscheiden.“ (Sennlaub 1995, 25). Altersmischung anstelle von Sitzenbleiben.	Hospitationen, Konferenzen und Fortbildungen. Eltern-Lehrer-Arbeitskreis zur Umstellung auf Altersmischung. Erprobung mit nur einigen Klassen der Schule, die aufgelöst und neu verteilt werden.
Kleine Klassen	Lehrer-Schüler-Relation ist unabhängig von Einzugsgebiet und Belastungssituation.	„Jede Schule müsste so viele Lehrer kriegen, wie sie pädagogisch braucht. Alles andere wäre dann ihre Sache. Die Bildung von Klassen mit mehr als 20 Schülern wird als Straftatbestand ins Strafgesetzbuch aufgenommen.“ (Sennlaub 1995, 25)	Bildung von altersgemischten Klassen, um die Schulanfänger so zu verteilen, dass die Klassengröße nicht über dem Mittelwert von 25 liegt.
Klassenrat als regelmäßiger Gesprächskreis zur Problemlösung und Planung von Vorhaben, auch über Lernangebote und Lernformen.	Viele Lehrer behaupten, sie verlören durch Klassenrat Zeit für Lernstoff. Der Lehrplan ist teilweise überfüllt von fachlichem Stoff.	Klassenrat in jeder Klasse auf Grund eines Schulkonferenzbeschlusses. Atmosphäre der gegenseitigen Anerkennung und Gleichwertigkeit aufbauen.	Klassenrat in einer Klasse beginnen und von den Erfolgen berichten (vgl. Stähling 2003a). Dafür Stunden der Fächer Religion, Deutsch und Sachunterricht nutzen. Fachdidaktische Konferenzen, Hospitationen und Fortbildungen.

Alltags-notwendigkeiten	***Widersprüche, Widerstände***	***Langfristige Visionen***	***Erste Ungehörigkeiten***
Zeit flexibel und individuell auf Schüler einstellen: Wechsel von Anforderungen und Entspannung, von Einzel-, Partner- oder Gruppenlernzeiten.	45-Minuten-Takt, Stundenplan nach Fächern gestaltet.	Gleichgewicht von individueller Lernzeit und Zeit für Gruppen-aktivitäten. „Für alle den gleichen Takt zu schlagen, gehört an Dirigenten-pulte und auf Galeeren. Für Köpfe aber gilt der Takt, den der da oben vorgegeben hat" (Sennlaub 1995, 11).	„Dies ist ein Aufruf zum Ungehorsam gegen die Zeitrauber (...). Kämpft für das Klassenlehrersystem und viele 'Fächer' unter eurer Obhut! Und dann stellt den Wecker ab!" (Sennlaub 1995, 11)
Curricula orientieren sich auch an den Bedürfnissen der Lerngruppe und des einzelnen Schülers. Auch Religionsunter-richt ist Teil des Lebens und Lernens in der Klassengemein-schaft.	Zentral verordnete Lehrpläne und Standards machen Vorgaben, die für alle gelten. Zentrale Vergleichsarbeiten dienen der Kontrolle, ob die abprüfbaren Kompetenzen erreicht wurden. Religions-unterricht muss getrennt nach Konfessionen gegeben werden.	„Die Stundentafeln der Ministerien werden als Ergebnis eines Kungelprozesses demaskiert, außer Kraft gesetzt und als Sondermüll entsorgt. Die Lehrerschaft gibt sich ihre Richtlinien selbst. Dann steht da nicht mehr: die Lehrer sollen, die Lehrerin-nen müssen, sondern: Wir wollen. (...). Klassenbücher werden wegen ihres geringen Wahrheitsgehalts auf die Liste jugendgefähr-dender Schriften gesetzt. Sprachlich herausragende Stoff-verteilungspläne werden in eine besondere Märchen-sammlung (...) aufgenommen." (Sennlaub 1995, 25)	Hospitationen, Konferenzen und Fortbildungen. Pädagogische Frei-räume nutzen. In Projekten fächerüber-greifende Lerninhalte (auch mit Religion) bearbeiten. Religions-stunden als Projekte gestalten und nicht auf Stundenplan ausweisen (vgl. Inter-view Patt). Offene Unterrichtsformen, besonders freie Arbeit in jeder Klasse der Schule einführen. Das „Durchnehmen des Stoffes" als uneffektive Lernform erkennen und abbauen. Lehrpläne kreativ auslegen (vgl. Interviews von Kaiser, Sennlaub, Hövel, Pollert).

Alltags-notwendigkeiten	***Widersprüche, Widerstände***	***Langfristige Visionen***	***Erste Ungehörigkeiten***
Leistungen wahrnehmen und würdigen. Kinder sind unverwechselbare Individuen. Sie haben unterschiedliche Stärken und Vorlieben. Auch geringste Lernzuwächse werden sichtbar gemacht, um die Arbeitshaltung mit Erfolgszuversicht zu stärken. Die Abschaffung des Benotungssystems wie in vergleichbaren Ländern ist förderlich und denkbar.	Leistungen einstufen. Gerecht ist: „Jedem das Gleiche". Leistungen der Schüler sind nur vergleichbar, wenn Aufgaben und Unterrichtsmethoden möglichst stark homogen und standardisiert sind. Schüler werden am Mittelwert gemessen.	„Unterschiedliche Hürden so einstellen, dass auch die Schwächsten nach gehöriger Anstrengung über ihre hinwegkommen. (...) Das ist die Berufsmoral von Fahr- und Schwimmlehrern. Und unsere sei es auch" (Sennlaub 1995, 46). Kinder entscheiden selbst über Aufgabenauswahl, Zeit und Methode der Bearbeitung der Aufgabe, Gütekriterium der Erfolgsmessung: „Direkte Leistungsvorlage" oder Portfolio. „Ziffernzensuren werden abgeschafft. Die Damen und Herrn Kolleginnen und Kollegen mögen bitte lernen, den ihnen anvertrauten Kindern mit Worten zu sagen, was sie für Sache halten. Die von den Eiskunstlaufpreisrichtern ausgeliehenen Zifferntäfelchen sind beim Hausmeister abzugeben." (Sennlaub 1995, 25) Kein Sitzenbleiben; alle bleiben in der Gemeinschaft.	Fachdidaktische Konferenzen und Fortbildungen. Schulkonferenzbeschluss: Benotungen erst zum spätest möglichen Zeitpunkt. Anstelle von 5en und 6en Leistungsbeschreibung im Zeugnis und intensive Elternberatung zu jeder Zeugnisausgabe. In besonders schwierigen Lebenslagen keine Zensierung (vgl. Interviews Schumann, Pollert, Sennlaub, Hövel). Regelmäßige Informationen über den Leistungsstand (Elternhospitationen, Vorlage von Arbeitsprodukten). Beteiligung der Kinder an der Notenfindung, wechselseitige Verständigung über Lernziele, Bewertungskriterien und tatsächliche Leistungen. Bsp: Schreibkonferenzen der Schüler zur Überarbeitung von Texten, Metagespräche über Präsentation von Ergebnissen einer Gruppenarbeit.
Schülertische und -stühle in altersgemischten Klassen auf mittlerer Größe mit Fußstützen für Kleinere. Teilweise mit höhenverstellbaren Einzelplätzen. Mehrere Stühle für Erwachsene.	Bestimmung der Art und Anzahl von Tischen und Stühlen nach Schülerzahl und Alter. Stühle für Erwachsene nicht vorgesehen.	Möblierung der Räume nach den Erfordernissen der Klassen und durch die Pädagogen selbst.	Sparsamer Einsatz moderner Möbel. Nutzung alter, aber körpergerechter Möbel.

Alltags-notwendigkeiten	***Widersprüche, Widerstände***	***Langfristige Visionen***	***Erste Ungehörigkeiten***
Mehrzweckräume für Toben, Lesen, Sinneswahrnehmung, Entspannung und Rückzug	In Regelschulen nicht vorgesehen	Kindgerechte Ausstattung mit Kissen, Sitzecken, Matten, gemütlicher Gestaltung: „Hörclub", Toberaum. Einrichtung einer Bibliothek, „Leseoase".	Aus Spargründen Ausstattung vorhandener Räume mit alten, aber zweckmäßigen Möbeln; Einrichtung mit Hilfe von Eltern und Praktikanten.
Mehrzweckraum für Experimente im Sachunterricht	In Grundschulen nicht vorgesehen	Ausstattung und Einrichtung einer „Forscherwerkstatt"	Anschubfinanzierung über Stiftungsgelder, Kooperation mit Uni; Eigenmächtige Einrichtung mit Hilfe von Eltern und Praktikanten.
Einzelförderung oder Tests in Raum mit ansprechender Gestaltung und geeigneter Ausstattung	In vielen Schulen nicht vorgesehen	Ausstattung und Einrichtung eines schallgedämmten kleinen Raumes	Umbau vorhandener kleiner, ehemaliger Putz- und Lehrmittelräume mit Hilfe von Eltern und Praktikanten.

Walter Hövel

1949	geboren
1969	Pädagogische Hochschule in Köln, AStA-Arbeit
1973	Arbeiter und Angestellter u. a. bei Bayer Leverkusen, Verwarnung wegen Unruhestiftung
1978	Lehramtsanwärter
1979	Hauptschullehrer in Köln, Begegnung mit Freinetpädagogik, Hauptpersonalrat, Mitglied der Englisch-Lehrplankommission
seit 1986 bis heute	Lehraufträge an Universitäten, Leiter von Seminaren, Autor
1990	Gesamtschullehrer
1991	Konrektor an Grundschulen im Rhein-Sieg-Kreis
seit 1995 bis heute	Schulleiter Grundschule Harmonie in Eitorf bei Köln
1996	Veröffentlichung zus. mit Jochen Hering zur Freinetpädagogik www.grundschule-harmonie.de

WALTER HÖVEL

Wir haben gemacht, was wir wollten

– Der Leiter einer reformpädagogischen Schule erzählt

Herr Hövel, wie entstand bei Ihnen der Wunsch, Lehrer zu werden?

Ich bin jeden Tag zur Schule gefahren, nach Köln zum Gymnasium. Ich habe eine fürchterliche Zeit erlebt. Eine Zeit der Erniedrigung, eine Zeit der Langeweile, wo ich nach einigen Jahren davon überzeugt war, dass ich doof bin. Das haben die Leute mir rübergegeben. Ich habe meinen Tag damit verbracht, dass ich immer Einstiege spannend fand, in Physik oder sonst irgendwas, und dann wurde es langweilig. Weil dann kamen Sachen, die die Lehrer auch nicht verstanden haben. Das habe ich gespürt. Dat spannend Ding vom Herrn Newton – ich saß da und dachte, das stimmt doch gar nicht, was der Lehrer da erzählt. Da gibt es doch ganz andere Fragen, die man jetzt stellen muss. Aber der Lehrer fing schon an zu rechnen. Man hatte das schon in Formeln umzusetzen und musste jetzt lernen, wie das zu rechnen ist. Irgendwann habe ich mir angewöhnt, nach draußen zu gucken. Auf jeden Fall war ich felsenfest davon überzeugt, dass ich nicht besonders intelligent bin. In dieser Zeit habe ich mir geschworen, dass ich Lehrer werden will. Dass ich zeigen wollte, dass das anders geht. Ob ich es mir selber zeigen wollte, ob ich es Mama, Papa zeigen wollte, das weiß ich nicht, aber ich wollte es anders machen. So Schule, niemals!

Auch heute noch, wenn ich zu Elternsprechtagen muss oder musste, wenn ich auf so Standardschulen-Lehrer treffe, es ist mir ein Gräuel, wie diese Leute glauben, bestimmen zu können und zu müssen, was andere lernen, denken, fühlen, mitbekommen müssen! Dass sie glauben, zu wissen, dass es einen Stoff gibt, den ich zu inhalieren habe, damit ich dann genau so klug bin wie sie. Finde ich einen ungeheuerlichen Anspruch. Und ich muss aufpassen, wenn ich mit Kolleginnen und Kollegen zu tun habe, dass ich auch keine falschen Sachen sage.

Wie fingen Sie als Lehrer an?

Ich bin einfach in die Schule rein und hab' dann unmögliche Sachen ausprobiert. Ich war an der Hauptschule und ich hab' 'nen Teppich im Klassenraum gehabt und ein Regal. Und dafür hätten mich einige am liebsten im Knast gesehen. Der Schulleiter, der Hausmeister, die haben mich zur Sau gemacht. Brandgefahr, Infektionsgefahr, pädagogischer Unfug. Es war unglaublich, was ich mir da anhören musste. Die haben mich dann so geärgert, dass ich eine eigene Unterrichtsform entwickelt habe. Ich kriege die wahrscheinlich heute kaum erzählt, so bekloppt war die. Ich hab' ein System entwickelt in meinem 8. Schuljahr, dass ich über Wandzeitungen, die vorne links und rechts neben der Tafel hingen, sofort alles aufgezeichnet habe, was es an Aktivitäten von Kindern gab. Wir haben, während wir gearbeitet haben, transparent gemacht, was wir da tun, und am Schluss jeden Tages ausgewertet.

Dann das ganze Hauptschulkollegium eingeladen – 1979/80 herum – und die mussten sich so eine Stunde bei mir angucken. Die waren so fertig, da sie alles erwartet hatten, aber nicht, dass da ein Idiot steht, der es auch noch schafft, während er mit den Kids redet, während er den Unterricht lenkt, zu notieren, was da geschieht. Also, dann ist die Konrektorin ganz leise zu mir gekommen und hat gesagt: „Du Walter, ich kenn da einen Schulleiter, der hat jetzt 'ne Schule übernommen, der sucht gute Leute." Und dann bekam ich einen Anruf. Der Schulleiter sagte: „Du hast drei Tage Zeit, zu überlegen, ob du an meine Schule kommst. Ich kenn dich nicht. Ich hab nur eine einzige Bedingung, du musst auf Freinet-Fortbildung gehen." Dann hab ich gesagt: „Ok, mach ich gerne." Und dann, weiß ich noch, musste ich in die Eifel fahren. Da war ein Referent, der einen Diavortrag hielt, und der arme Kerl ist drei Bilder weit gekommen, weil ich mit dem diskutiert habe. Ich hab' versucht, den auseinander zu nehmen. Beliebigkeit, Unstrukturiertheit – Und der ist einer meiner besten pädagogischen Freunde geworden, später. Er hat dann Prinz Höfte aufgemacht, diese freie Schule, und wir haben über zwanzig Jahre ganz eng zusammengearbeitet, Freinet-Pädagogik entwickelt, uns über systemische Pädagogik Gedanken gemacht und so ein richtiges Denkgebäude aufgebaut, in dem ich heute pädagogisch auch lebe.

Ich habe nicht nach Konzepten gearbeitet, sondern so was habe ich für mich ausprobiert. Ich hab' manchmal den Verdacht, dass, wenn Leute pädagogische Theorien entwickeln, dass das gar keine Theorien sind, sondern das sind Menschen, die haben es pädagogisch so gemacht, weil sie gar nicht anders konnten. Das ist ihnen so zugelaufen, dass ist ihnen einfach aus der täglichen Praxis raus passiert. Aber weil es Leute gibt, die das nicht mögen, dass man Pädagogik und Schule verändert, werden diese Leute angegriffen. Und in dem Augenblick wirst du gezwungen, das zu erklären. Und wenn du was erklärst, bis du dabei, Theorie zu bilden. Ich vermute also, was wir heute als pädagogische, fortschrittliche Theorien haben, sind nix anderes, als Selbstverteidigungsgespräche von Leuten, die erklären mussten, warum sie es so gemacht haben. Purer Konstruktivismus.

Gab es Menschen, die Ihnen gesagt haben: „Das ist so nicht erlaubt"?

Ich habe mal ein Projekt „Kinderrechte" gemacht, und wir haben in dem ganzen Schulhaus unsere Kinderrechte mit Illustrationen aufgehängt. Was Kinder alles dürfen. Mit hochrotem Kopf stand der Bürgermeister da und sagte: „Kinder haben nicht nur Rechte, alle Menschen haben auch Pflichten. Warum hängen sie nicht auch die Pflichten da hin?" Da bin ich zum Glück dann so helle, wenn mir einer so kommt, dem kann ich dann antworten, das liegt daran, dass das Grundgesetz nur Grundrechte und keine Grundpflichten verankert hat.

Wenn mir Leute sagen, dass ich was nicht dürfte, das kann mich auch einschüchtern. Zum Beispiel habe ich kürzlich ein Gespräch gehabt über die Frage, ob in der Schule gekocht werden darf. Da war eine Frau, die einfach mal geschildert hat, was man alles nicht darf. Da ist mir anders geworden. Da werde ich schon vorsichtig und ich passe auch gut auf.

Aber grundsätzlich ist das so, man kann in Schule machen, was man will, und kein Mensch stoppt einen. Die einzigen, die einen stoppen können, sind Eltern. Das heißt, wenn man Eltern falsch einschätzt und etwas tut, was sie nicht vertragen, dann bekommt man Gegenwind, so dass man vom Felsen stürzt. Deshalb muss man Eltern immer richtig einschätzen. Aber was Behörden angeht, was Ministerien angeht, was Bezirksregierungen angeht, die sind so weit weg, wie der Kölner schon immer gesagt hat: „Man kann im Kölner Dom machen, was man will, Rom ist so weit weg“. Bis die Antwort hier ist, haben wir schon das nächste Ding getan. Also meine Erfahrung ist, man wird nicht gebremst.

Das heißt, du darfst nicht hingehen und keine Noten mehr geben, dann hast du verloren. Weil das ist eine Todsünde. Aber du kannst Stunden anders legen, die müssen nicht in 45 Minuten liegen. Du kannst Englischunterricht geben soviel wie du willst. Du kannst Veränderungen am Stundenplan vornehmen ohne Ende. Du kannst Dinge in Schule machen, die nirgendwo stehen, du darfst nur niemals fragen, ob du das darfst. Sondern du musst dich mit der Frage auseinandersetzen, ob du das aushältst, was du da tust, wenn jemand nachguckt, ob du das darfst. Die Frage musst du dir sehr wohl stellen. Das musst du absichern. Da musst du auch ein gutes Gespür für haben.

Und das Schöne ist, wir bekommen als Schule das Gütesiegel für individuelle Förderung verliehen, sind eingeladen auf einem großen Kongress in Essen, und der Herr Ministerpräsident spricht zu den Lehrerinnen, Lehrern, Professoren, Schulrätinnen des Landes und sagt zwei Mal in seiner Rede: „Meine Damen und Herren in Schule, bitte fragen Sie nicht mehr, ob Sie tun dürfen, machen Sie. Machen Sie und fragen Sie nicht mehr.“ Zwei Mal – und ich denke, das sagt der für mich. Der hat das mitbekommen, dass ich nicht gefragt habe, der Ministerpräsident spricht gerade mit mir, das ist schön.

Ich hab' das so gemacht. Wir fahren nach England, übernachten in der englischen Schule. Mit 'nem Flieger. Am Abend vorher fragt meine Frau mich, sag mal, bist du eigentlich sicher, dass du fliegen darfst? Ich bin fast in Ohnmacht gefallen, weil, auf so eine dumme Idee wäre ich gar nicht gekommen, nachzufragen. Ich wollte doch nach England, wat geht mich dat an, ob ich fliegen muss? Ich hätte auch einen Bus nehmen können. Ja, wie ist das, dürfen das Grundschulkinder überhaupt? Dann hab' ich so eine halbe Stunde Angst, und dann rattert mein Kopf durch. Du hast einen Schulkonferenzbeschluss gefasst. Das ist eine Schulveranstaltung. Und selbst, wenn das nicht erlaubt ist, hast du aber diesen Konferenzbeschluss im Rücken. Und dann bin ich aus England zurück und dann gibt es einen Wettbewerb, wo man sich wegen europäischer Aktivitäten bewerben darf. Da gehst du jetzt hin. Du stellst das gesamte Projekt vor, mit Fliegen mit allem drum und dran. Kommst du zu den Preisträgern, dann ist abgesegnet, was du da getan hast, oder ab jetzt ist es erlaubt. Kann man nicht immer machen so.

Was ich gelernt habe, ist, ich verstehe meine Kolleginnen und Kollegen Schulleiter nicht, die immer Schiss in der Hose haben und immer fragen, darf man das, geht das, ist das auch richtig. Die stehen sich so im Weg. Ich denke mir, das sind Diener dieses Staates und wir dienen doch treu, in dem wir möglichst viele Dinge erfinden, möglichst kreativ mit dem umgehen, was da an Notsituationen um uns herum ist, und Schule ist immer in Not. Da gibbet kein Geld, da gibbet zu wenig Lehrer, immer irgend wat. Du musst ja ständig was erfinden. Statt zu heulen, weil es mir so schlecht in Schule geht, dreh ich das doch lieber um und sage, wie herrlich! Der Schulrat ist so weit weg. Wir haben gemacht, was wir wollten.

Wie ist es mit Teppichen in den Klassen? Brandgefahr, Gesundheitsgefahr?

Damit haben wir ständig zu tun, mit dieser Argumentation. Die Kleidung der Kinder, die draußen hängt, kann viel schneller verbrennen als alles andere, sag ich denen. Aber ich weiß, dass ich, wenn da so ein Brandschutzmeister steht, der das durchsetzen will, keine Chance habe. In diesem Fall würde ich als Schulleiter meinen Hausmeister anweisen, den Teppich zu entfernen. Dann leg' ich den am nächsten Tag wieder hin, und wenn der wiederkommt und sagt, der Teppich liegt wieder, sag ich, hab ich meinem Hausmeister gesagt, er soll den weg tun. Das hat der wohl nicht verstanden, dass muss ich aber noch mal sagen. So und wenn er beim dritten Mal wiederkommt und sagt, der Teppich liegt, sag ich, ne, der liegt da nicht. Der hängt woanders an der Wand. Den hat man nur gerade da hingelegt, der muss lüften. Und wenn es gar nicht anders geht, muss ich mich anpassen. Ich muss abwägen können, ob der Teppich es mir wert ist, dass ich mich jetzt deshalb streite. So findest du an meiner Schule auf den Gängen wirklich keinen Tisch oder Stuhl, obwohl die da locker stehen könnten. Das würde niemand stören, aber der Brandschutz verträgt das nicht. Aber ich hab' durchgesetzt, dass dieser Forumsbereich und der Raum vor dem Lehrerzimmer richtig möbliert sein dürfen. Hab' ich acht Jahre für gebraucht, um das durchzusetzen. Das war es mir wert.

Haben Sie vorher schon im Forum Tische und Stühle stehen gehabt, unerlaubter Weise?

Ja, ich musste das ja durchsetzen. Also, wenn ich mir sicher bin, dass ich Recht habe, also absolut sichere Fluchtwege habe, dann halte ich das auch durch. Es gab ja noch nicht mal eine Vorschrift. Die konnte der mir ja nicht mal zeigen. Der hat ja nur geglaubt, dass das eine Vorschrift wäre. Aber ich hab das besser gewusst, ich konnte beschreiben, wo zwei Notausgänge sind. Also somit war ich besser informiert als dieser Mensch. Da werde ich total arrogant und sag' das auch so. Wahrscheinlich hab ich dem Hausmeister von damals genau die gleiche Antwort gegeben und gesagt, Sie müssen mir das zeigen, wo das steht, dass da kein Teppich liegen darf. Solange Sie mir das nicht zeigen können, bleibt der Teppich da liegen. Aber wenn der Hausmeister auch nur den Hauch einer Chance hat, dass es die Vorschrift gibt und ich kann den so einschätzen, dass er die Vorschrift rausholt und ich deshalb an eine andere Schule muss oder so was, dann tu ich den Teppich weg.

Die Staatsgewalt ist im Notfall stärker als ich, die haben mehr im Rücken als ich armer Kerl. Und eine Pressekampagne oder ein paar Freunde im Rücken schützen dich nicht. Ich hab gelernt, dass man sich nicht überschätzen darf.

Was kann Staatsgewalt Ihnen antun?

Wenn du durchhältst, wenn du vormachst, dass das geht, was du da willst, hab ich positive Erfahrungen mit dieser so genannten Staatsgewalt gemacht. Es gibt manchmal auch da Idioten, die ihre Ämter missbrauchen, da muss man wieder aufpassen. Aber das ist nicht die Staatsgewalt, sondern das sind Einzelne, die sich die Staatsgewalt anmaßen. Wenn mir jemand mit was richtig Dämlichem käme, also sagen würde, passen Sie mal auf, ihr Schulgelände ist gefährlich für Kinder, wir kommen morgen mit einer Raupe vorbei und planieren das. Dann würde ich sagen, versuch das mal. Da würd ich mir richtig was einfallen lassen. Und das wissen die Jungens auch. Es hat genug Leute gegeben, die immer versucht haben, unser Schulgelände platt zu machen. Wir haben vor acht Jahren einen Umweltpreis für unser Schulgelände bekommen, mit der ausdrücklichen Erklärung des Landrates, wir bekommen diesen Preis, weil wir das Gelände gegen den Widerstand des Schulträgers durchgesetzt haben. Da saß der Herr aus der Gemeinde und musste sich das anhören. Da haben wir gewonnen. Es gibt aber andere Stellen, wo ich was nicht durchgesetzt bekomme. Zum Beispiel, dass es Kommunalpolitiker gibt, dass es eine Pfarrerin gibt vor Ort, die behaupten, dass Kinder an unserer Schule nicht genügend lernen würden, um anschließend zum Gymnasium zu gehen. Da komm ich nicht gegen an. Das ist etwas, was ich einfach ertragen muss. Solche Verleumdungen muss man einfach aushalten.

Wie laufen denn Vergleichsarbeiten bei Ihnen? Das Ganze darf nur so und so viele Minuten dauern und dann darf auch kein Wort geredet werden ...

Ich muss doch deshalb den Kindern keine Angst machen. Das heißt, ich kann doch Bedingungen schaffen, dass diese Kinder da sitzen und Freude daran haben, so einen Test auszufüllen. Dabei kann es was zu trinken geben, was zu essen geben. Steht da doch alles nicht, dass es das nicht geben darf. Die Schüler treffen sich alle im Forum und dann sagen wir denen, wie ernst wir das nehmen. Hier wird was abgefragt, weil die wissen wollen, ob wir gut gearbeitet haben, und wir wären uns sicher, dass wir gut gearbeitet haben. Und uns ist wichtig, dass sie sich Mühe geben würden bei diesem Test. Dann machen wir das mal ganz gemütlich. Und wenn man das Gefühl hat, man kommt mit der Zeit nicht aus, dann muss man auch schon mal sagen, so Kinder, jetzt nehmt ihr mal alle die Stifte runter, jetzt müssen wir mal ein Päuschen machen, denn von „kein Päuschen" steht da nix. Und dann treffen wir uns gleich wieder und machen weiter. Manchmal gibt es auch Leute von Universitäten, die so Tests planen, die von Dingen keine Ahnung haben, die da nicht nur in Abiturarbeiten Fehler einbauen. Da muss man auch schon mal den wissenschaftlichen Kollegen helfen und vor Ort etwas richtig darstellen. Das nennt man Kooperation mit der Wissenschaft. Ich will doch, genau so wie die, dass da was Erfolgreiches rauskommt. Wie dämlich ist das, dass wir ständig mit den weiterführenden Schulen bei PISA so schlecht abschneiden. Wir können doch froh sein, dass wenigstens die Grundschulen besser abschneiden, und da machen wir doch mit.

Und wie gehen Sie mit den schlechten Zensuren um?

Keiner guten Grundschule gelingt es, dass ein Kind eine ungenügende Leistung bringt. Das heißt, wenn diese Situation eintreten würde, wäre was vollkommen Falsches gelaufen. Unser Verständnis ist eben nicht, die Kinder durch Noten so lange zu selektieren, bis ein paar übrig bleiben, die wir rausschmeißen, sondern zum Glück haben wir ein wunderbares Landesschulgesetz bekommen, dass genau das Gegenteil beschreibt. Wir haben mit den Kindern so lange zu arbeiten, bis sie keine Sechsen und keine Fünfen haben, das heißt, ich mach' doch keinen Leistungsvergleich mit denen, wenn die noch nicht so weit sind, sondern ich arbeite so lange, bis sie das auch schaffen. Ich kenn' doch diese Kinder, und ich weiß doch, wie ich ihnen helfen kann. Wenn da ein Kind ist, was absolut keine Leistung in Rechtschreiben erbringen kann, weil irgendetwas da ist, was das verhindert, dann schreibe ich da keine Sechs rein, sondern schreibe daran, dass das nicht ging. Das ging nicht, Schluss, aus! Und wenn mir dann wiederum jemand kommt und sagt, da müssen sie aber eine Note hinschreiben, da sag ich, wenn du da eine Note reinschreiben willst – hier ist das Blatt, schreibe rein, aber ich nicht. Soll er machen, aber ich doch nicht. Und wenn er glaubt, ich dürfte deshalb kein Lehrer mehr sein oder kein Schulleiter mehr sein, dann soll er das jemandem anders erzählen, dann müssen wir uns woanders darüber unterhalten.

Wenn man Ihnen abverlangt, dass Sie bestimmte Dinge im Haus anders zu machen haben . . . ?

Wäg' ich genau ab. Es könnte passieren, dass ich grinsend sofort diese Veränderung vornehme, weil es mir egal ist. Es könnte aber auch passieren, dass man von mir irgendwas verlangt, wo ich dann sagen würde, wenn Sie das jetzt durchsetzen, ist diese Gemeinde mich als Schulleiter los. Dann gehe ich. Dass könnte auch eine Kleinigkeit sein, dass wäre mir egal. Wenn ich das Gefühl habe, da wird was von mir verlangt, was ich nicht selber will, würde ich wahrscheinlich schon mal 24 Stunden drüber schlafen, aber da kann ich mir vorstellen, dass ich auch sage: „Muss ich nicht, hab' ich nicht nötig, mach' ich nicht mit".

Nehmen wir mal an, da würde jetzt jemand ankommen und würde sagen, Sie müssen jetzt jede Konferenz der letzten zwei Jahre aufschreiben und protokollieren. Dann würde ich sagen: „Nee. Ich schreibe Ihnen gerne einen wunderbaren Aufsatz darüber, wie wir mit Konferenzbeschlüssen umgehen, was für ein Prinzip dahinter steckt. Beschreibe dabei, was wir die letzten Jahre alles beschlossen haben. Ich hoffe, Sie können soviel Seiten lesen, wie ich schreibe, aber das, was Sie da gerade wollen, mach ich nicht."

Es hat von jeder Konferenz ein Protokoll vorzuliegen ...

Dann würde ich sagen, jetzt können Sie entscheiden, ob ich hier Schulleiter bleibe oder nicht. Ich akzeptiere Ihre Entscheidung. Aber jetzt sind wir an der Stelle, wo Sie die Leitung der Schule übernehmen können. Dann würde ich es darauf ankommen lassen und wenn es drei Tage vor meiner Pensionierung wär'. Das würde ich tun.

Obwohl ich auch feige sein kann. Ich kann auch Auseinandersetzungen ausweichen. Das war so eine Situation, wo sie dann immer die Tische da weg haben wollten und schon wieder ankamen wegen Brandschutz. Wir hatten diese Pappsäulen aufgestellt und angemalt, die so wunderbar aussehen und die Gemeindekontrolleure wollten die weg haben. Die Konrektorin ist dann hingegangen und hat denen gesagt: „Meine Herren, dass sind Pappröhren aus der Teppichfabrikation. Da das so feuergefährlich ist, was da geschieht in der Teppich-Fabrikation, sind die mit einem Spezialstoff getränkt, der schwer entflammbar ist." War natürlich totaler Quatsch. Es gab überhaupt keine besondere Tränke oder sonst was. Die war so gut. Die hat die Geschichte erzählt und hat dann Tschüss gesagt. Auf so was wäre ich nie gekommen.

Es gibt so Situationen, wo man unheimlich klug sein muss. Eine dieser Situationen war: Ein paar hundert Meter von der Schule weg wurden Buchen gefällt. Die waren 30 Jahre alt. Es war eine alte Buchenhecke. Die Dinger waren jetzt 10–20 m hoch. Die Straße sollte verbreitert werden, und die wollten die abholzen. Ein Kollege geht mit den Kindern dahin und hat über die Igel erzählt und was da sonst so lebt, und wie schrecklich das alles für die ist, wenn das Stück Natur da auch noch verschwindet, und da waren die Kinder so erbost und wollten eine Demonstration machen. Dann haben die Transparente gemalt, große Tafeln, und der Lehrer lud die Presse ein und den Bürgermeister, und dann haben die sich da aufgebaut und haben im Unterricht eine Demonstration gemacht. Die Presse ist gekommen. Dann ging eine Schmutzkampagne los, gegen die Grundschule Harmonie, sie würde Kinder vor ihren politischen Karren spannen. Ich wurde eingeladen ins Schulamt und als erstes gefragt, ob der Kollege verbeamtet oder angestellt wäre. Na ja, sag ich, haben sie Pech, der ist verbeamtet. Aber sie weiter: Ich hätte nicht richtig reagiert und hätte als Schulleiter darüber informiert sein müssen, das hätte abgesprochen sein müssen und, und, und. Da hab ich geantwortet, das sähe ich nicht so, weil ich informiert war. Ich wusste, dass der Kollege so ein Projekt macht und lesen Sie mal die Literatur über Projekte nach, schauen Sie in den Lehrplänen nach. Auch bei Grundschulkindern gehören die politische Äußerung und die Artikulation von gesellschaftlichen Vorgängen zu dem, um was es geht. Nichts anderes haben die getan und was der Kollege getan hat, war vollkommen ok.

Das Schulamt hat sich sehr schnell auf diese Seite geschlagen, aber nicht die kommunale Öffentlichkeit. Sondern in der Öffentlichkeit sind Schmutzkampagnen geführt worden, in der Tageszeitung, wir sind beschimpft worden von Ratsherren, was wir für Verbrecher wären. Und das ging zwei, drei Wochen lang. Ich hab meinen Leuten befohlen, richtig befohlen: Es äußert sich niemand! Kein Wort! Wenn euch jemand fragt, kein Kommentar, wir sagen kein Wort! Wir halten diese Kampagne so lange durch, bis jemand für uns spricht. Es war vollkommen richtig, weil nach 14 Tagen war ein Redakteur des Stadtanzeigers das leid, hat einen Leitartikel geschrieben, dass es eine Superschule hier gibt, die einen Superunterricht macht und superdemokratisch ist und so was ausgehalten hat, was da mit ihnen passiert ist. Und das wäre beispielgebend für eine demokratische Schule von heute. Eine Woche später bekamen wir den Umweltpreis des Kreises, die das sehr wohl genauso mitbekommen haben. Es sind keine Tricks, es hätte auch schief gehen können. Aber das ist auch Glück, die richtige Karte zu ziehen und die zu benutzen.

Wir fantasieren mal: Inspektoren kommen vorbei und sagen, hier sind Dinge, die wir nicht nachvollziehen können ...

Passiert aber nicht: es geschieht genau das Gegenteil! Wir halten das seit Jahren aus, dass uns ständig Leute über die Schulter gucken. Wir finden das sehr unangenehm, dass da jetzt staatliche Inspektoren glauben, uns nach Schemata beurteilen zu müssen. Finden wir nur seltsam. Aber irgendwo ist uns das egal, weil wir das gewöhnt sind. Da sind nicht die Probleme. Das was uns so kratzt, sind diese üblen Nachreden, die es vor Ort gibt. Zum Beispiel: Da geht ein Arzt aus der Gemeinde hin und meldet sein Kind, obwohl er aus dem anderen Schulbezirk kommt, bei uns an. Und dann erfahren wir Tage später, dass ein Beigeordneter zu diesem Mann sagt, also ich hab' dich bis heute für einen vernünftigen Menschen gehalten, aber dass du dein Kind an dieser Schule anmeldest, das ist das Letzte. Und dieser Mann war für Schule verantwortlich, der das gesagt hat. Und du musst denen immer noch die Hand schütteln und du musst dir ewig einen Blödsinn anhören. Da wird dir erzählt, er wäre auch Lehrer gewesen und er wüsste, wie Unterrichten geht ... Oder einen Bürgermeister zu haben, der eine Rede vor internationalen Gästen an unserer Schule hält und mit dem Gedanken anfängt, dass Kinder ja die zukünftigen Steuerzahler wären und dass die die Rente für die Alten bezahlen müssten und unter diesem Aspekt Kinder sieht. Und einer, der sich da hinstellt und laut fragt, warum Schulen so viele Konferenzen machen, die sollten in der Zeit doch einfach Rechtschreiben üben. Dieses alltägliche Unverständnis von Schule zu ertragen, ist schlimm. Diese endlose gesellschaftliche Dummheit, in der auch ganz Deutschland in Gymnasien gehalten wird, in Hauptschulen und Realschulen! Rundherum gibt's 50 Länder, die so was nicht mehr machen. Der Österreicher und der Deutsche glauben noch immer, die könnten die Privilegien ihrer eigenen Kinder dadurch retten, dass sie sie zum Gymnasium schicken oder dass sie möglicherweise die Chance haben, dass das Kind das Gymnasium aushält und nicht begreifen, dass ihre Wirtschaft absackt, dass die Europäer sich drum herum tot lachen, weil sie einfach bessere Bildung vermitteln. Dass du mitten in diesem Pfuhl leben musst und denen auch noch erklären musst, was du machst! Und du bist noch von denen abhängig, das macht mir Probleme, das muss ich aushalten.

Sie sagen, von denen bin ich abhängig?

Die haben Schule so eingerichtet, dass du drei Chefs hast, du hast die Kommune, du hast die Bezirksregierung und du hast die Landesregierung. Du kannst dir immer die Partner in jeder Frage aussuchen. Du musst schon Riesenfehler machen, um gar nicht mehr 'rauszukommen. Also du findest immer irgendwo einen, der den anderen gerade nicht mag und dich dann doch wieder unterstützt. Es darf dir eben nur nicht passieren, dass alle gegen dich sind! Dann hast du was falsch gemacht. Wir haben jahrelang eine rot-grüne Regierung gehabt. Diese rot-grüne Regierung hat über unsere Schule nie was gesagt. Wir kriegen jetzt 'ne schwarz-gelbe und wir werden auf einmal gelobt. Das musst du auch erst einmal politisch verkraften. Die eigenen Leute sind nicht in der Lage zu erzählen, was man Gutes macht. Da kommen die anderen dran, und die loben einen. Ja, verarbeite das mal vor Ort! Man kann das ja auch nur alles verarbeiten, wenn man lachen kann, wenn man Freunde hat, um zu lachen und gemeinsam zu heulen, wenn es weh tut.

Ich hab in meinen Anfangsjahren als Lehrer immer geglaubt, ich müsste andere Leute davon überzeugen, wie Schule sein soll. Ruth Cohn hat mal gesagt, wenn du etwas erzählst, finden 20 % der Menschen, die zuhören, das, was du erzählst, toll. 20 % hassen dich für das, was du sagst und mögen das nicht. 60 % ist das fürchterlich egal. Daraus kannst du schließen, dass, wenn du versuchst, den 20 %, die dich nicht mögen, zu erklären, dass sie dich doch mögen können, verbrauchst du jede Kraft. Du kommst niemals vorwärts. Die meisten Schulleiter versuchen genau das. Die versuchen immer mit denen zu arbeiten, die ihnen widersprechen. Sie versuchen, sie zu überzeugen. Und seid doch bitte so nett und schreibt jetzt keine Diktate mehr. Seid doch so nett und arbeitet jahrgangsübergreifend. Das interessiert die 20 % gar nicht. Die haben ihre Meinung vorher gehabt. Das heißt, ich hab gelernt, mit den 20 % zu arbeiten, die etwas verändern wollen. Als Konrektor an einer anderen Schule hab ich einen Arbeitskreis gemacht mit Leuten, die was verändern wollten. Die anderen, die lass' ich. Das ist doch ihre Verantwortung! Die müssen doch mit den Eltern klar kommen, die müssen doch, wenn sie am Spiegel vorbei gehen, in ihr eigenes Gesicht schauen und wissen, was sie gemacht haben. Ist doch nicht mein Problem. Wenn sie von mir Hilfe haben wollen, können sie kommen, ich berate die gerne. Ich erkläre ihnen das gerne, aber arbeiten tue ich mit den 20 %, die was bewegen wollen. Dadurch verändern sich die Mehrheitsverhältnisse. Dadurch schaffen wir es in vielen Fragen fast zu 100 %, uns einig zu sein, weil die, die das nicht wollen, auch wissen, dass ich sie lasse. Also nicht nur in dieser Negativeinstellung, sondern, wenn einer etwas nicht kann, lerne ich auch, das zu respektieren. Ja, dann machst du es nicht, ich kann dich doch nicht zwingen. Das ist genau so, wie Kinder. Wenn ein Kind sagt: „Ich will nicht in ein Kinderuniversitätsseminar, ich will hier nichts über Erzählen lernen, ich hab gerade das Thema Planeten, und ich find das nur toll!“, dann muss ich mit dem verabreden können, dass es am Planeten arbeitet. Dann ist das so, das muss ich aushalten.

Einer meiner Lieblingssätze von George Bernard Shaw: Es gibt zwei erfolgreiche Lehrmeister. Der eine Lehrmeister ist die Tortur, der Zwang, und der andere Lehrmeister ist die Kunst. Natürlich kann ich ein Kind zwingen, und ich kann erfolgreich sein. Ich kann heute noch lateinisch konjugieren und deklinieren, hat man mich zu gezwungen. War erfolgreich. Aber ich will nicht. Ich will der Künstler sein. Also versuche ich es mit Kunst. Versuche, die Leute zu überzeugen, und dat tut et auch. Und mir geht es um nicht mehr, als dass ich für mich Freiräume bekomme, dass ich mit Kunst arbeiten darf und nicht mir Tortur. Wer mit Tortur arbeiten will, kann nicht mit mir zusammenarbeiten, das will ich nicht. Das ist gegen das, was ich denke und spüre und bin. Ich arbeite mit Leuten, die mit Kunst an Pädagogik gehen, und jeder Künstler ist anders und jeder macht das anders. Wenn man das zusammen tut, wird es noch viel, viel spannender.

Haben Sie je Verwarnungen gekriegt?

Nein, aber Dienstaufsichtsbeschwerden. Das heißt, irgendwelche Leute beschweren sich über dich. Die erste hab ich bekommen am gleichen Tag, wo ich mein zweites Staatsexamen bestanden habe. Da hat meine eigene Englisch-Mentorin, beleidigt darüber, dass ich so ein gutes Examen gemacht habe, eine Dienstaufsichtsbeschwerde geschrieben, wo sie behauptet hat, ich wäre nicht in der Lage zu unterrichten. Begründet damit, ich sei zu spät gekommen. Weil, ich musste im Winter von Köln nach Ratingen durch den Schnee fahren und da bin ich wirklich zwei, drei Mal zu spät gewesen. Und das hat die genommen, mir eine Dienstaufsichtsbeschwerde an den Hals zu hängen. Also ich war einen Tag examiniert und da hatte ich meine erste Dienstaufsichtsbeschwerde.

Später habe ich davon zig eingesammelt. Einmal hat es einen Elternvertreter gegeben. Der wollte mich dran kriegen, ich hätte seine Post geöffnet. Das war einfach der Versuch, mir eine reinzusemmeln. Das war herrlich. Ich bekam dann einen Anruf aus dem Ministerium. Ach nee, das war bei der nächsten Dienstaufsichtsbeschwerde. Da hat sich jemand beschwert über die Art und Weise, wie meine Schule geführt wird, wie ich unterrichte. Das wäre alles nicht in Ordnung. Das hat er in einem meterlangen Brief begründet. Da bekomme ich aus dem Ministerium in Düsseldorf einen Anruf – nach Hause, glaube ich sogar – wo mir gesagt wurde, Herr Hövel wir sind stolz darauf, Lehrer zu haben, die sich von Eltern nicht alles gefallen lassen. Bitte sehen Sie das sportlich, was jetzt weiter geschieht.

Dann einmal, als ich in meiner Anfangszeit an der Grundschule „Harmonie" im ersten Jahr versucht habe, jahrgangsübergreifenden Unterricht einzuführen. Da hatte ich vier Klassen an der Schule, das sind also höchstens 110 Kinder, und ich habe 360 Unterschriften von Eltern bekommen, wo dagegen protestiert wurde, dass ich jahrgangsübergreifenden Unterricht einführen wollte, und drin stand ständig, wie unfähig ich bin und dass ich bewiesen hätte, dass ich gar keine Schule leiten kann und das am besten wieder sein lassen würde. Das hat mich auch eingeschüchtert. Also, es ist nicht so, dass ich jetzt derjenige bin, der sagt: „Hey, ich hab wieder 'ne Dienstaufsichtsbeschwerde, herrlich wa? Eine richtige Narbe im Gesicht eines

Demokraten". Das sag ich erst ein paar Tage später, erstmal rege ich mich darüber tierisch auf und schimpfe wie ein Rohrspatz. Ich bin auch fix und fertig und kann das überhaupt nicht leiden. Also, diese lässige, rheinische Haltung kommt erst später dazu.

Da gibt es auch mal eine schlaflose Nacht deswegen, oder?

Ja, mehr als das. Ich kann dann richtig die Wände hoch laufen. Wenn mich was richtig ärgert, bin ich so daneben, das ist fürchterlich.

Sehen Sie Hürden, wenn Sie behinderte Kinder aufnehmen?

Ich habe da eine fürchterlich vereinfachte radikale Meinung. Ich bin der Meinung, dass alle Menschen behindert sind. Da kannste mich vorneweg hinstellen, ich kenne meine Behinderung. Von einfachsten körperlichen Zipperleins und Fehlfunktionen bis hin zu irgendwelchen tiefsitzenden Problemen, die ich habe. Alle Menschen sind behindert, und nur diese Sichtweise zu Ende gedacht, kann dich dazu bringen, dass du wieder glaubst, dass es keine Behinderungen gibt. Aber erst musst du diesen Gedanken richtig zulassen. Den musst du richtig kapieren, um Menschen nicht mehr als behindert anzusehen. Diesen Gedankenumweg musst du gehen.

Wie ist einer, der dazu beiträgt, dass die Schule sich verändert? Wie ist Walter Hövel?

Es gibt da zwei Dinge die mir einfallen. Eine Freundin von mir hat mich mal in dem Vorwort zu dem Kinderrechtebuch, das ich vor vier Jahren gemacht habe, beschrieben, und sie sagte, der Walter Hövel ist der Typ, wenn dem ein Spiegel hinfällt, dann fängt der nicht an zu jammern, dass der Spiegel kaputt ist, sondern der stellt sich dahin, guckt darauf und sagt: „Guck mal, sieht das nicht toll aus?" Das ist das eine, und das stimmt einfach. Es geht mir ganz oft so, wenn ein Problem da ist, dann find' ich das irre.

Und das andere ist ein Zitat vom Karl Popper „Leben ist Problem lösen". Probleme sind für mich nichts Fürchterliches. Ich lös' auch nicht jedes, und ich muss nicht ständig Probleme haben, die ich lösen muss. Aber wenn eins da ist, ist das doch ein Grund, sich zu freuen: Ich kann das lösen. Und wenn ich das nicht alleine kann, gibt es andere. Und da in Kommunikation kommen, das ist doch hochspannend. Ich werd' natürlich nickelig, wenn ich das Problem nicht löse, wenn es mich verfolgt, so in Form von Menschen, die dann doch immer wieder an der gleiche Stelle jammern. Das find' ich dann schrecklich. Das beeinträchtigt mich. Aber wenn ich ein Team von Leuten hab', wo ein paar gute Leute sind, mit denen ich was lösen kann, das ist doch toll! Auch Unterrichtsstunden vorbereiten, wo Ideen produziert werden müssen, um bestimmte Fragen hinzubekommen, find' ich hochspannend.

REINHARD STÄHLING

6. Allein oder gemeinsam gegen pädagogischen Unsinn kämpfen?

– Sammlung praxiserprobter Ungehörigkeiten

Denn wenn er sich natürlich gibt
Macht er sich oben unbeliebt.
Hat er sich gebückt, verbeugt, gebogen
Wird ihm der Brotkorb hochgezogen
Und erst wenn er verstümmelt und entmannt
Wird er von oben gnädigst anerkannt.
Gebrochen ist sein Rückgrat. Seine Pflicht
Ist, dass er nun das seiner Schüler bricht.
Der deutsche Schulmeister, erinnert ihn nur:
Erzeugnis und Erzeuger der Unnatur!
Schüler und Lehrer einer neuen Zeit
Betrachtet seine Knechtseligkeit
Damit ihr euch davon befreit!

Bertolt Brecht (1898–1956)
Epilog in: Der Hofmeister von J. M. R. Lenz, 1950

In Deutschland ist die Einzelkämpfermentalität des Allround-Experten-Lehrer (unterrichten, erziehen, beraten, beurteilen) weit verbreitet. Bei Lehrern herrscht die Norm der gegenseitigen Nicht-Einmischung. Dies spiegelt sich wider in der geringen Zahl der Schüler, deren Lehrer sich mehr als einmal in der Woche zu Absprachen treffen: In Deutschland sind es – auch bedingt durch den Halbtagesunterricht – nur 10% (zum Vergleich: Schweden 58%, Niederlande 33%, England 31%) (vgl. Valtin 2006).

Auch *Unterstützungsmaßnahmen für den Klassenlehrer* durch zusätzlichen Einsatz von Fachkräften sind in Deutschland seltener als in vergleichbaren Ländern. So arbeiten Kinder mit Leseschwierigkeiten in Island zu 82% und in Schweden zu 77% mit Förderlehrern zusammen, während Zusatzkräfte in Deutschland nur für 21% solcher Kinder im Einsatz sind (vgl. Valtin 2006).

In einem *aussondernden Schulwesen* können Lehrer nicht allein mit ihrem Handwerkszeug, dem „methodischen Repertoire", den „ureigenen Bordmitteln der Schule", den Kindern gerecht werden. Die Daten der Lehrerbelastungsforschung zeigen, dass ein nennenswerter Teil der Pädagogen am Rande ihrer Kräfte ist. Die Klage der Pädagogen der Rütli-Schule in Berlin-Neukölln aus dem Jahre 2006 macht deutlich, dass hier gesellschaftliche und politische Entscheidungen zu treffen sind. Wenn die „Schwachen" durch Systemvorgaben, wie frühe Beendigung der Grundschul-Klassengemeinschaft und Aufteilung in verschiedene Schulstände, Zensurengebung, Klassenwiederholung benachteiligt werden, sind die pädagogischen Handlungspielräume für engagierte Schulleute gering (vgl. Interviews von Schumann, Sennlaub, Kreiselmeyer).

Rütli-Hauptschullehrer aus Berlin beklagen:

„Welchen Sinn macht es, dass in einer Schule alle Schüler/innen gesammelt werden, die weder von den Eltern noch von der Wirtschaft Perspektiven aufgezeigt bekommen, um ihr Leben sinnvoll gestalten zu können. (...) Hauptschule isoliert sie, sie fühlen sich ausgesondert und benehmen sich entsprechend. (...) Perspektivisch muss die Hauptschule in dieser Zusammensetzung aufgelöst werden zugunsten einer neuen Schulform mit gänzlich neuer Zusammensetzung." (vgl. Pick 2007, 125f.)

Manche Schulleiter berichten, dass sie gegen die Vorschriften arbeiten müssen, indem sie z.B. Kinder vorzeitig nach Hause schicken, um überhaupt den Betrieb personell aufrechterhalten zu können. In vielen Fällen geht es nicht einmal um Strukturveränderungen, sondern schlicht und einfach um den Schutz der Gesundheit von Kindern und Mitarbeitern, wenn z.B. Klassenregale immer wieder von Lehrerinnen selbst gereinigt werden, weil Putzdienste kaum zur Verfügung stehen. Eine geradezu sinnwidrige Auslegung von Erlassen durch Vorgesetzte führt teilweise dazu, sich gewisser „Taschenspielertricks" bedienen zu müssen, um lediglich die menschenwürdige Grundausstattung erhalten zu können, geschweige denn diese auch noch nach Maßstäben moderner Pädagogik zu gestalten (Beispiele dazu in den Interviews mit Fuest, Hövel u. a.). So wie sich der Bundestag einen Wehrbeauftragten leistet, wäre es eigentlich angemessener, auch das Amt eines bundesweit tätigen *Schulbeauftragten* zu installieren. Dieser hätte die Aufgabe, sich für die Bedürfnisse der in Schulen tätigen und mit Schule verbundenen Menschen einzusetzen. Auch er dürfte weder Mitglied des Bundestages noch Beamter sein. Er würde auf Weisung des Bundestages tätig oder ginge Hinweisen auf Grundrechtsverletzungen in Schulen nach. Im jährlichen Bericht an den Bundestag würden viele Missstände aufgedeckt.

Wer mit Reformeifer sagt: „Schule kann gelingen", wie die Schulleiterin Enja Riegel (2004), der wird auf Widerstände stoßen (vgl. auch Winkel 2008–2010). So bedeutet die zu frühe Aufteilung in verschiedene Schulstände nach Klasse 4 für viele Kinder ein Stolperstein, der die gesamte weitere Laufbahn gefährdet. Deshalb geben viele Lehrerinnen und Lehrer zu bedenken, dass sich nichts „Wesentliches" ändern würde, wenn nicht die Grundfesten, die Stützen dieses Systems fallen. Andernfalls sei ein kleinschrittiges „Reförmchen" nur eine Stabilisierung dessen, was man eigentlich abschaffen will, eine „Verewigung des alten Gebäudes" (v. Hentig 2007/2, S. 273). Die Verhältnisse ändern sich nicht, wenn Ungereimtheiten oder Ungerechtigkeiten nur kosmetisch ausgebügelt werden.

Am Beispiel der so genannten VERgleichsArbeiten (VERA) in einigen Bundesländern wird die Dialektik des Kampfes gegen pädagogischen Unsinn deutlich. Die in einer Landauer Forschungsgruppe um Andreas Helmke (2003) zentral entwickelten VERA-Tests führen die Lehrer selbst mit allen Schülern bestimmter Jahrgänge durch. Die *angestrebten öffentlichen „Vergleiche"* der Testergebnisse von Schulklassen und Schulen in einem Ranking verunsichern die Lehrkräfte. Betroffene Lehrer fürchten bei schlechten Schülerleistungen Konsequenzen für sich. Schon der gesunde Menschenverstand sagt, dass Lehrer wahrscheinlich die Datenerhebung und Auswertung verfälschen werden, um sich vor Sanktionen von Eltern und Schulaufsicht zu schützen: *„Teaching the test"* ist eine von vielen, weit verbreiteten Täuschungsmöglichkeiten, die auch aus anderen Ländern bekannt sind (vgl. Stähling 2005b, Interview Hövel). Die erhobenen Daten sind folglich für jeden seriösen Zweck *unbrauchbar*. Einige Testaufgaben der Vergleichsarbeiten sind zudem fachdidaktisch nicht fundiert (vgl. Bartnitzky 2004; 2008). Vorteile aus VERA ziehen die Schulbuchverlage, die an den Übungsmaterialien zu den regelmäßigen Tests verdienen. Angesichts der kontraproduktiven Nutzung des Messinstrumentes VERA erscheint es zweifelhaft, ob sich die Mühe einer Verbesserung der Testaufgaben lohnt. Manche fragen sich: Sollte man sich nicht eine systemimmanent wirkende Kritik an den VERA-Aufgaben sparen und stattdessen die Vergleichsarbeiten lieber prinzipiell politisch ablehnen? Ist es sinnvoll, sich der Durchführung zu verweigern und die Ergebnisse in Form passiven Widerstandes durch Täuschungsmanöver unbrauchbar zu machen?

Andere geben zu bedenken, dass die dezidierte Kritik an den VERA-Aufgaben deutlich aufdecken könne, welchen bildungspolischen Interessen die Testung dient. Einen solchen Weg versucht der Grundschulverband. Zur Entfaltung kommt der Anstoß letztlich durch die Lehrerinnen und Lehrer, denen der Grundschulverband ein Sprachrohr gibt. Die Summe vieler einzelner Aktionen und sogar der Ungehorsam jedes einzelnen Lehrers können Reformen des Schulwesens auslösen (vgl. Interviews von Kaiser, Sennlaub).

Die Schulforschung und die Schulaufsicht könnten bei Reformen dann eine wichtige Rolle spielen, wenn es zu einem fruchtbaren, vertrauensvollen Verhältnis zur Schulpraxis käme. Dies ist auch von Seiten der Schule nicht selbstverständlich; denn dort gilt: Man sollte besser nicht *„aus der Schule plaudern."* Diese Redensart ist in vielen europäischen Sprachen bekannt und bezieht sich darauf, vertrauliches Wissen nicht an Außenstehende weiterzugeben. Es gibt interne schulische Vorgänge, die nicht preisgegeben werden, weil sie „dienstliche" Geheimnisse sind, über die „man nicht redet" (z.B. Interview Sennlaub, Kreiselmeyer). Schützen sich hier etwa die Lehrer vor den Ansprüchen der Gesellschaft, die in Form von Lehrplänen, Prüfungen, Evaluationsgesprächen u.a. daher kommen? Selbst der Wissenschaftler Hartmut von Hentig (2007,2, 287) betrachtete die *„Verteidigung der 'schmuddeligen' Erfahrung gegen die Vorherrschaft der 'reinen' Erhebungs- und Überprüfungsmethoden"* als „Hauptkampflinie" seines Berufslebens! Man wird sich fragen müssen: Was sind das für Amtsstrukturen, wenn beim Aufbau der Laborschule Bielefeld „eine beträchtliche Hintergehungsenergie" nötig war (vgl. v. Hentig 2007, 2, 286)?

„Wer betrogen werden will, muss betrogen werden", sagte einer unserer Interviewpartner. So werden die Schulaufsicht und die Erziehungswissenschaft („Weißkittel-Pädagogen") von den Lehrerinnen und Lehrern („Blaukittel-Pädagogen", v. Hentig 2007, 2, 286) hinters Licht geführt, obgleich sie ja gerade den Auftrag haben, die „Realitäten" von außen zu beobachten, zu evaluieren und zu verändern. Wird auch die Öffentlichkeit über das, was im Schulalltag wirklich stattfindet, in die Irre geführt?

Aber welchen „Output" erbringt die Schule tatsächlich? – „Immer so durchgemogelt", heißt es bei Kempowski (1974). Gehört das Täuschen als selbstverständlicher Bestandteil von Schule zu den „Tabus über dem Lehrberuf" (Adorno 1965/1973)?

Die Schulrealitäten sind für die Schulforschung schwer zu erfassen. Ist doch fast zu erwarten, dass einige Forscher bereits bei der Datenerhebung scheitern und sich übertölpeln lassen durch „Vorführstunden", geschönte Schülerleistungen oder andere Fälschungen?

Vor 40 Jahren nannte der Sozialphilosoph Theodor W. Adorno die Schule eine „ummauerte Scheinwelt". Er stellte die These auf, Schule habe eine immanente Tendenz, sich gegen die Gesellschaft abzudichten. Das Bestreben der Lehrer bestehe darin, den „Mikrokosmos" und die „ummauerte Scheinwelt" zu erhalten (vgl. Adorno 1965/1973).

Wer „die Schule neu denken" will, wie Hartmut von Hentig (1993), kann zu dem persönlichen Schluss kommen: „Der Nur-Lehrer ist ein schwacher Pädagoge. Meine wichtigsten 'Quellgebiete' waren Freundschaften, die Hentig-Familie, Reisen, die Musik, die Verlockungen anderer Berufe, darunter der Ansporn und die Wirkungen des eigenen Schreibens, das Miterleben der zeitgenössischen Politik und schließlich die ersten öffentlichen 'Auftritte'" (von Hentig 2007/2, S. 143). Nebenbei entstand so auch ein Teil der Öffentlichkeitsarbeit für die Laborschule, die ihr den Rücken frei machte für wichtige schulische Versuche und nicht vernachlässigt werden durfte (vgl. v. Hentig 2007, S. 379ff.).

Die folgende Übersicht geht von Notwendigkeiten im Schulalltag (Spalte 1) aus, nennt Beispiele für Hindernisse bei deren Verwirklichung (Spalte 2) und skizziert sowohl langfristige Visionen (Spalte 3) als auch erste „ungehörige" Schritte (Spalte 4).

Alltagsnotwendigkeiten	***Widersprüche, Widerstände***	***Langfristige Visionen***	***Erste Ungehörigkeiten***
Kontinuität der Bezugspersonen (vgl. Interview Greiling). *Multiprofessionelle Teams (vgl. Stähling 2004)* planen, reflektieren und evaluieren. In jedem Team arbeitet mind. ein Mitarbeiter mit Migrationshintergrund.	Verantwortlich für Kinder mit sonderpädagogischem Förderbedarf ist der Sonderpädagoge. Seine Stundenzahl wird nach dem „Förderbedarf" bemessen. Probleme mit Mitarbeitern, die „Querfunktionen" einnehmen (z. B. Psychologe, Sozial- und Sonderpädagoge) und nicht im Team eingebunden sind (vgl. v. Hentig 2007, S. 400ff.).	Bildung von multiprofessionellen und multikulturellen Teams, die regelmäßig ihre Arbeit planen und gemeinsam verantwortlich sind für die Lernprozesse der gesamten Klasse und jedes Kindes in jedem Fach. Personalauswahl durch das Team selbst.	Multiprofessionelle Steuergruppe der Schule erarbeitet einen Vorschlag zur Personalverteilung. Grundsätzlich wird jeder Klasse ein festes multiprofessionelles Team zugeordnet. Die vorhandenen Stellen werden auf alle Klassen gleich verteilt. Dabei Schulstatistiken formal richtig führen (vgl. Interview Sennlaub). Personalauswahl trifft das Team einstimmig, soweit es stimmberechtigt ist.
Mitarbeiter-Supervision, *Teamsitzungen* brauchen Zeit und Klausur-Räume zum Rückzug. Ganztägige Arbeit in der Schule mit eigenen Arbeitsplätzen für jeden Mitarbeiter.	Keine Stundenentlastung für Teamarbeit und Supervision. Lehrerzimmer als einziger Mitarbeiterraum vorgesehen. Einsatzzeiten für Putzdienste erschweren die Nutzung des Schulgebäudes über die Kernunterrichtszeit hinaus.	Erwachsenengerechte Ausstattung und Einrichtung kleiner Gruppenräume für ganztägige Arbeit in der Schule; Anerkennung der notwendigen Teambesprechungen und Supervisionen als Teil der regulären Arbeitszeit der Mitarbeiter.	Nutzung von Klassen- und Mehrzweckräumen für Mitarbeiterbesprechungen. Verschiebung der Putzzeiten; interne Anrechung der Teamarbeit als Arbeitszeit durch Entlastungsstunden. Fortbildungen zu Kooperations-Prozessen. Ergonomische Ausstattung fordern (vgl. Interview Fuest).

Alltags-notwendigkeiten	***Widersprüche, Widerstände***	***Langfristige Visionen***	***Erste Ungehörigkeiten***
Schulberatung durch externe Unterstützer; *Evaluation* durch kritische Freunde, die als gleichrangige Kollegen unbedrohlich wirken und intime Situationskenntis besitzen. „Bündnispartner“ (Interviews von Greiling, Sennlaub, Kreiselmeyer, Porter, Collicot). Unterstützung der Arbeit durch öffentliche Würdigung.	Schulaufsicht hat oft demotivierende Wirkung. Zuweilen „Erbsenzählerei“, statt Unterstützung, Disziplinarverfahren (vgl. Interview Kreiselmeyer). Kompetenztests wie VERgleichsArbeiten vorgeschrieben; sachfremde Aufgaben werden der Schule aufgegeben.	„Schulaufsicht wird durch Schulberatung ersetzt. (...) die Schulabteilungen bei den Regierungspräsidenten werden aufgelöst.“ (Sennlaub 1995,25). Teilnahme an Schulevaluation des Verbunds „Blick über den Zaun“ (kritische Kollegen anderer Schulen, vgl. Interview Schumann). Dienstliche Beurteilung abschaffen, Unterstützungskultur durch Schulamt (vgl. Interviews von Porter, Collicot, Kreiselmeyer). Öffentlichkeitsarbeit der Schule als Unterstützung der Schüler, Eltern und Mitarbeiter.	Schule versucht Entscheidungen unabhängig von der Schulaufsicht zu treffen und informiert über die Sachlage (vgl. Interview Keiselmeyer). Wehren gegen Unterrichtsbesuche der Schulaufsicht mit gewerkschaftlichen und juristischen Mitteln wegen fehlender Beurteilungskriterien bei einer „Laborschule“ (vgl. v. Hentig 2007, S. 392). Schulevaluation selbst organisiert über Schulbesuche kritischer Freunde. VERA-Aufgaben nicht als Vergleichstest einsetzen (vgl. Interview Hövel). Öffentlich die Erfolge der Schule darstellen und Kritik am Schulsystem üben.
Mitspracherecht aller an der Schule beschäftigter pädagogischen Mitarbeiter bei pädagogischen Entscheidungen.	Mitbestimmungsvorschriften begrenzen das Stimmrecht einzelner Berufsgruppen in bestimmten Dienstverhältnissen an den Schulen (z. B. Erzieher in der „Lehrerkonferenz“).	Teilnahme aller Mitarbeiter an Konferenzen, gleichrangiges Stimmrecht für alle hauptamtlichen Pädagogen; Freiheit der politischen Meinungsäußerungen (vgl. Interviews von Schumann, Pollert, Hövel).	Grundsätzlicher Schulkonferenzbeschluss bezüglich der Mitbestimmungsmöglichkeit aller pädagogischen Mitarbeiter an der Schule, abweichend von Vorschriften, z. B. Erzieherin als Mitglied der Schulkonferenz.
Mitspracherecht der Schüler bei Entscheidungen, die sie direkt betreffen: Schul- und Klassenregeln, Lernangebote, Lernformen, Lernentwicklung.	Rechtliche Möglichkeiten fehlen bei jüngeren Schülern. Lehrer können sich durch Schülerentscheide übergangen und eingeengt fühlen.	Klassenrat über alle Probleme und Vorhaben in der Klasse. Die Versammlung aller Klassensprecher (Schülerrat, Schulparlament) entscheidet mit. Politische Demonstrationen von Schülern.	Schülerrat und Schulhofrat alle 4 Wochen zu Regelungen des Schulhofs, der Pausen u. a. (vgl. Stähling 2007). Vorsitz: Schulleitung. Politische Aktivitäten mit Schülern zusammen (vgl. Interviews von Greiling, Hövel, Pollert, Alexander).

Alltags-notwendigkeiten	***Widersprüche, Widerstände***	***Langfristige Visionen***	***Erste Ungehörigkeiten***
Mitspracherecht der Eltern.	Gesetzlich geregelt.	Elternvertreter sind an allen Entscheidungsprozessen der Schulentwicklung beteiligt.	Arbeitskreise mit Eltern. Politische Aktionen und Proteste zusammen mit Eltern gegen Misstände (vgl. Interview Fuest, Pollert Alexander).
Mitarbeiter-Raum für Besprechungen aller Mitarbeiter (Lehrer, Erzieher, Sozialpädagogen, Sonderpädagogen, technisches Personal, Studenten) mit entsprechender Möblierung und Küchenecke nach Ansprüchen der Gesundheitsförderung mit Schalldämmung.	Bestimmung der Größe der Konferenzräume nach Anzahl der gebildeten Klassen; andere Ausstattung ist nicht vorgesehen.	In die Raumgrößenberechung fließt die Zahl der sonderpädagogischen Mitarbeiter, der Ganztagsmitarbeiter, der Hilfskräfte für Küche und Technik mit ein. Schalldämmung an Decken und Wänden.	Ausstattung der Besprechungsräume durch sparsamen Einsatz neuer Möbel. Nutzung alter, aber körpergerechter Möbel. Selbstständige Gestaltung durch Mitarbeiter und Praktikanten im Rahmen von Projekten.
Souveräne Entscheidungen über *Möbel- und Lehrmitteletats* von den Pädagogen selbst.	Kontrolle der Schulverwaltungsämter beschneiden oft den Entscheidungsspielraum.	„Jede Schule verwaltet ihren Etat selbst. Ob sie ihr Geld für OH-Projektoren, Landkarten mit Goldschnitt oder Pausenmüsli ausgibt, geht die Bleistiftritter in den Schulverwaltungsämtern nichts an." (Sennlaub 1995, 25)	Jedes Team kann im Rahmen eines Etats für seine Klasse frei wählen, welche Möbel, Ausstattungsgegenstände, Lehrmittel u. a. es anschaffen möchte. Sachspenden (vgl. Interview Kreiselmeyer).
Lehrerausbildung in der Praxis (vgl. Interview Kaiser, Schnell). Studenten sind ständige Begleiter von Kindern. Ehrenamtliche Helfer (z. B. Eltern) unterstützen. Helfer mit Migrationshintergrund begleiten jede Klasse.	Zeit zur Anleitung der Helfer in Teams wird nicht als Arbeitszeit angerechnet. Bürokratische Hürden (Versicherungen, Gesundheitsprüfungen, Datenschutzbedenken u. a.) erschweren den Einsatz von außerschulischen Mitarbeitern und Studenten.	„Der Staat verhindert, dass Menschen Lehramt studieren, denen Kinder gleichgültig sind, und dass Menschen Lehrer ausbilden, die Kinder nur kennen, so sie eigene haben, und Schule nur aus der Literatur" (Sennlaub 1995, 25). In jeder Klasse arbeitet mindestens ein Mitarbeiter mit Migrationshintergrund.	Langzeitpraktikanten und außerschulische Helfer begleiten förderbedürftige Kinder auch nach Schulschluss. Einstellung von vielen Helfern unabhängig von bürokratischen Hemmnissen. Bevorzugte Einstellung von Helfern mit Migrationshintergrund. Elternhilfe im Unterricht (vgl. Interview Kaiser).
Mitarbeitereinkommen in Schule gerecht und nachvollziehbar. Einsatz der Mitarbeiter nach Bedarf, nicht nur nach Ausbildung.	Besitzstandswahrung, Spezialisierung auf Fächer, dadurch Kooperationshemmnisse.	„Alle Lehrer werden nach dem bewährten Grundsatz besoldet: Gleicher Lohn für gleiche Arbeit" (Sennlaub 1995, 25).	Diskussion um Einkommen der Mitarbeiter. Sie werden unabhängig von ihrer Ausbildung nur dort eingesetzt, wo sie mit Begeisterung und Liebe mit Kindern arbeiten.

Dr. Manfred Pollert

1939	geboren
1963	Alleinstehender Lehrer einer einklassigen Volksschule mit 8 Jahrgängen im westlichen Münsterland, Studium der Reformpädagogik
1967	Konrektor einer Volksschule im Münsterland
1968	Stellvertretender Leiter des Bezirksseminars zur Ausbildung von Referendaren für Grund- und Hauptschulen, Promotion zur „Erwachsenenbildung“
1974–2002	Schulleiter der Grundschule Berg Fidel
seit 1978	Laienprediger der ev. Kirche von Westfalen
1981–86	Leiter der Kommission für die neuen Richtlinien NRW
1992	Verleihung des Bundesverdienstkreuzes am Bande
2002	Verleihung der Goldenen Ehrennadel des Diakonischen Werkes von NRW
seit 2002	im Ruhestand, ehrenamtliche Tätigkeiten
	Veröffentlichungen zum Grundschulunterricht und Autor von Schulbüchern

MANFRED POLLERT

Nicht fragen!

– Ein Schulleiter im sozialen Brennpunkt erzählt

Herr Pollert, was war Ihre erste Schule?

Eine einklassige Landschule. Acht Jahrgänge, 50 Kinder, alle in einem Raum so groß wie mein Wohnzimmer. Da war ich dann Allein-Lehrer. Das fand ich eigentlich ganz gut. Keiner konnte mir reinreden. Ich konnte machen, was ich wollte. Der einzige, der reinreden konnte und das auch tat, war der Schulrat. Darum fing ich schon sehr früh an, mich sehr selbstbewusst zu wehren gegen Entscheidungen, die ich für unpädagogisch hielt. Die Kinder in meiner Schule, sechs bis fünfzehn Jahre alt, fand ich toll. Ich hab nicht so Unterricht gemacht, wie man sich heute die alte Schule vorstellt, dass ich nur jahrgangsweise oder zusammengelegte Jahrgänge unterrichtet habe. Sehr früh setzte ich Helfer ein. Und dann kamen damals gleich in meinem ersten Dienstjahr diese Vergleichsarbeiten – so hießen die, glaub ich – widerlich! Alle Schulen kriegten die gleichen Arbeiten. Nach der ersten Vergleichsarbeit habe ich so einen drauf gekriegt von dem Schulrat, wie schlecht meine Kinder waren, dass ich das in Zukunft immer unterlaufen habe. Ich bekam ja die Aufgaben früh genug und hab mit den Kindern vorher gepaukt, was gefragt war, so dass wir Spitze abschnitten. Brav teilte ich die Ergebnisse dem Schulrat mit, und der war immer zufrieden. Nur beim ersten Mal war ich eben dumm genug, ihm ehrlich mitzuteilen, wie das ausgegangen war.

Nicht so dumm zu sein, das war die Konsequenz daraus?

Ja, oder: einfach nicht alles sagen, was der nicht unbedingt wissen muss. Wenn ich die Klassentür hinter mir zumache, und es sitzt nicht zufällig jemand drin zur Kontrolle, mache ich in der Klasse mit den Kindern, was ich will. Das hat mir eigentlich immer sehr gefallen. Ich hab viel gelernt in den 5 Schuljahren. Das war 1963/64, bis ich dann in einen kleinen Ort kam als Konrektor. Da war ich auch nur 1 Jahr, weil ich mich mit dem Schulleiter absolut nicht verstehen konnte. Es ging damit los, dass er mir vorschreiben wollte, ich hätte ein Oberhemd und Krawatte zu tragen und nicht meinen Rollkragenpullover. Der kam rein in meinen Unterricht, riss die Tür auf und schrie in die Klasse, weil ich wieder irgendwas gemacht hatte, was ihm nicht passte. Oder ich hängte ein Schild an die Tür: „Bitte nicht stören, Studenten-Lehrprobe“. Dann kam er rein: „Wer hat Ihnen gestattet, ein Schild an die Tür zu hängen? Ich habe das nicht genehmigt!“. Und so ging das – lauter Kleinkrieg-Kram. Dann haben wir uns ein paar Mal ordentlich gefetzt, bis ich zur Regierung ging, um mich freistellen zu lassen für ein Sonderpädagogikstudium. Aber es kam anders. Ich wurde für fast fünf Jahre in ein Bezirksseminar in die Seminarleitung versetzt.

Dann kam die Schule Berg Fidel, wo Sie der erste Schulleiter waren …

Die Schule war ja aus dem Boden gestampft hier. 1973 hab ich angefangen. Das war natürlich schön, weil ich als erster Rektor die Möglichkeiten hatte, jetzt Pflöcke einzuschlagen. Damals hatten wir etwa 500 Kinder. Es gab Schichtunterricht am Anfang. Jede Klasse des 1. Schuljahrs hatte im Wechsel mal von 08:00 – 11:00 und dann von 11:00 – 13:00 Unterricht, weil wir nicht genug Räume hatten. Deshalb fing ein Kampf mit der Stadt an. Eltern und Lehrer drohten mit Streik. Zuerst bin ich mit dem Vorsitzenden der Schulpflegschaft zusammen schön brav zum Schulrat gegangen um unser Anliegen vorzutragen. Dann waren wir bei der Bezirksregierung. Aber immer wurde gesagt: „Es sind zurzeit keine Gelder da, das geht alles nicht.“ – Wir mussten Unterricht in den Nachmittag verlegen. Es passierte nichts. Dann haben wir die Presse zu einem Gespräch eingeladen und unsere Streikpläne erläutert. Wir Lehrer durften ja als Beamte nicht streiken, aber die Eltern konnten ihre Kinder zu Hause lassen. Groß in der Zeitung: „Eltern planen Schulstreik“. Erfolg: Innerhalb von zwei Monaten wurde ein Schulanbau als Fertighaus genehmigt und gebaut.

Wurde Ihnen das übel genommen?

Weiß ich nicht. Der Schulrat meinte nur: Druck der Öffentlichkeit ist manchmal ganz gut. – Nicht gerne mochte mich auf jeden Fall ein Mensch aus der Rechtsabteilung der Stadt. Mit dem hab ich später auch noch Ärger gehabt, als ich arbeitslosen Lehrern der GEW erlaubt habe, unsere Schule zu besetzen. Der evangelische Schulreferent hatte die Idee, dass arbeitslose Lehrer eine Schule besetzen und uns Lehrern für einen Tag die Arbeit aus der Hand nehmen und vorbereiteten Unterricht geben sollten. Ich war genau informiert und habe alles mit dem Kollegium besprochen. Wenn wir „nein“ gesagt hätten, wäre die Aktion nicht erfolgt. Unsere Schule wurde also besetzt. Ich hab natürlich das Schulamt verständigen müssen. Ein Herr vom Rechtsamt verlangte, ich hätte mein Hausrecht auszuüben und denen zu verbieten, das Schulgelände zu betreten. Ich hab mich aber geweigert und gesagt: „Ich mach’ das nicht. Dann müssen Sie das machen. Ich find’ das in Ordnung, was die vorhaben. Die wollen nur öffentliche Aufmerksamkeit für ihr Problem erreichen.“ Dann kam der zuständige Schuldezernent und hatte die Idee, sofort alle Kinder mit Bussen in den Zoo zu fahren. Das konnte ich ablehnen, weil die Eltern nicht informiert waren.

Ich hab’ die Protestlehrer gerne auf den Schulhof gelassen, im Grunde nicht eingeladen, aber einfach gesagt: „Da ist das Lehrerzimmer, da sind die Klassenräume.“ Die jungen Lehrkräfte boten auf dem Schulhof erstmal ein Spielprogramm für die Kinder in der Pause an. Die fanden das spannend und toll. In vielen Klassen unterrichteten dann Fremdlehrer. Sie hatten schöne Themen mitgebracht, sogar lebendige Tiere, und machten einen ordentlichen Unterricht. – Der Mann vom Rechtsamt hatte mir angedroht, das hätte für mich Konsequenzen. Aber es erschienen sehr positive Berichte in den Zeitungen: Ganzseitige Artikel von unserem Protest hier. Viele Leserbriefe zeigten: Man hatte wahrgenommen, da laufen Hunderte von arbeitslosen Lehrern herum, und in den Klassen sitzen 40 Kinder. So gab es keine Konsequenzen für mich. Außerdem: Ein Mensch der Stadtverwaltung kann mich nur verantwortlich machen, wenn ich Material oder das Gebäude in irgendeiner Art veruntreue oder verunreinige.

Das ist genauso beim Schulrat. Eh dir dieser etwas nachweisen kann, was dann in die Personalakte kommt, da musst du schon ganz schön heftig daneben gegriffen haben. Egal ob es jetzt Ungehorsam im Blick aufs Schulamt war oder auf Lehrpläne oder Richtlinien, es hat nie Konsequenzen gehabt. Beispiel: Die Mengenlehre habe ich nicht mitgemacht. Ich bin nicht auf jeden Zug aufgesprungen, den die Regierung losschickte. Mengenlehre hat zwei Jahre gedauert, dann war die vom Tisch. Ich hab' die Bücher nicht gekauft, ich hab' die Materialien nicht gekauft. Das Kollegium entschied, wir machen etwas davon am Beispiel Schnittmengen bei Einmaleinsreihen. Die Kinder wussten, was eine Schnittmenge war, und einige Grundbegriffe der Mengenlehre fließen immer ein in guten Mathematikunterricht. Aber wir haben nicht diese Kurse für Eltern und Kinder zur Mengenlehre gemacht, sondern alles einfach ausgelassen für die zwei Jahre – wie wir mit Eltern und Kollegium entschieden hatten.

Mit Eltern?

Ja, mit Eltern. Das war mir immer wichtig. Ich hab' bei allen Sachen, die ich verändern wollte, erst das Kollegium auf meine Seite geholt. Das hat auch nicht immer geklappt, und ich verzichtete auf mein Vorhaben oder wartete eine Zeit lang ab. Immer versuchte ich mich zu vergewissern, kriegst du die Eltern dafür? Manchmal hab' ich mit den Eltern angefangen, damit die Eltern auch so ein bisschen Druck bei den Kollegen ausüben konnten. Ich selber hab' mich ziemlich zurückgenommen. Es war einfach klüger. Bestimmte Dinge habe ich auch durch Kolleginnen vorantreiben lassen, die eine gewisse Stellung im Kollegium hatten. Ich denke an eine Kollegin, das war eine Frau, auf die alle hörten, auch ich. Eine ganz gestandene Lehrerin, Pädagogin mit Leib und Seele, geliebt von den Kindern. Wenn die in der Konferenz etwas sagte, dann hörten alle zu, da gab es selten Widerspruch. Darauf konnte man aufbauen. Das hab ich auch oft gemacht, weil ich immer wollte, bei allem was ich verändert habe: das Kollegium muss mitziehen, sonst gelingt es nicht. Wenn du schon einmal das Kollegium hinter dir hast, drohen selten Probleme, dass irgendein Vorgesetzter vom Schulamt sagt: „Hören Sie mal, das können Sie aber nicht machen." Aber wenn Kollegen zum Schulamt laufen und sagen, hier an der Schule passiert das und das, da werden einfach Dinge aus dem Lehrplan (wie Mengenlehre) nicht gemacht, hätte ich eine schriftliche Aufforderung bekommen, die Entscheidung der Schulkonferenz zurück zu nehmen. Wahrscheinlich hätte ich das dann auch veranlasst.

Ich bin immer mehr Lehrer für Kinder gewesen als Lehrer für Lehrpläne. Wir haben zum Beispiel unseren Sachunterricht so gestaltet, wie wir das an unserer Schule für unsere Kinder aus diesem Stadtteil für richtig hielten und nicht, wie damals die Lehrpläne von 1973, die „grüne Hoffnung", vorschrieben. Wir sollten auf einmal in der Schule schön differenzieren nach Biologie, Chemie, Physik, Geschichte. Diesen Sachunterricht als Fachunterricht, nur weil sich die Hochschule das so ausgedacht hatte, haben wir rundweg abgelehnt. Wir sind dabei geblieben, ganzheitlich zu arbeiteten, und haben auch den Eltern erklärt: „Für unsere Kinder ist die Welt nicht sortiert nach Biologie, Physik, Chemie, Erdkunde und Geschichte. Das machen wir nicht.“ Die Schulkonferenz segnete dann einen schuleigenen Plan ab, in dem die Themen ganzheitlich sinnvoll verzahnt waren. Dabei gelang es, viele der Lehrplan-Themen unterzubringen. Aber mindestens 50% wurde gestrichen, weil wir entschieden: Lieber weniger Themen gründlich bearbeiten als viele oder alles oberflächlich. Trotzdem – es ist fast ein Witz – bin ich dann zum Vorsitzenden der Richtlinienkommission für Nordrhein Westfalen ernannt und mit der Überarbeitung der „grünen Hoffnung“ und der Erarbeitung neuer Richtlinien betraut worden.

Das heißt, man wusste wohl, dass Sie das nicht mitmachten?

Ja, auch der Schulrat hat das gewusst, denn bei Schulleiter-Dienstbesprechungen habe ich entsprechend offen Stellung bezogen. Aber da gibt es eben Schulleiter, die immer die Hand an die Mütze legen und sagen: „Jawohl Herr Schulrat“, und es gibt Schulleiter, die sich gegen alle möglichen Dinge wehren. Bei meiner Verabschiedung hat die Schulrätin dann auch erklärt, dass man es nicht immer leicht gehabt hätte mit mir. Irgendwie hat mir das sogar sehr gefallen. Man muss allerdings auch in der Position sein, dass man sich ein offenes Wort leisten kann: Du musst eine ordentliche Arbeit machen. Dann habe ich bei manchen Gesprächen auch gemerkt, mit *Dr.* Pollert redet man anders als mit *dem* Pollert. Das ist schon bei manchen Gesprächsteilnehmern ein Unterschied. Und ich hatte bei der Bezirksregierung immer Kollegen, mit denen ich befreundet war. Auf die Art und Weise habe ich auch an die Schule Lehrer bekommen, die wir brauchten, die wir haben wollten, von denen wir wussten, sie tragen unser Konzept mit.

Die Kollegen wussten, dass sie sich auf Sie im Konfliktfall verlassen können?

Ich denke, da war beim Kollegium einfach ein Stück Sicherheit, wenn wir das so machen, dann wird der Pollert auch davor stehen, wenn es Ärger gibt. Die Kollegen bekamen ihre Besuche durch den Schulrat, mussten ihre Stunden vorführen, und bekamen ihre Anstellung auf Lebenszeit als Beamte, obwohl sie nach unseren schuleigenen Lehrplänen gearbeitet haben. Kein Schulrat hat gesagt: „Das dürfen Sie aber nicht.“ – Die Leute, die dem Schulrat die Wünsche vom Mund abgelesen haben, die fanden es natürlich unmöglich, wie bestimmte Kollegen oder ich sich dem Schulrat gegenüber verhielten. Die fragten höchstens, wo genau der Paragraph steht, der mich da absichert, wenn ich das so und so mache. Das hat mich nie interessiert. Die machten sich auch vor Angst in die Hose, wenn sie mal einen Paragraphen ausgelassen hätten, den Eltern von ihnen einforderten.

In der Schulleiterdienstbesprechung gab es einige Leute, die haben sehr deutlich ihre Meinung vertreten. Viele aber haben lieber geschwiegen als dem Schulrat oder einer Regierungsanweisung zu widersprechen, und ein paar hatten Angst. Die gibt es immer. Aber das gibt es in jedem Beruf: starke und schwache Leute, gute und weniger gute Leute.

Dann haben Sie Arbeitskreise zu bestimmten Vorhaben gegründet?

Ja, in der Regel haben wir im Kollegium die Arbeit verteilt und Vorlagen für die Konferenzen erarbeitet. Wenn wir das in der Konferenz dicht hatten und beschlossen haben, so machen wir das jetzt, wurde das in die Schulpflegschaft gebracht. Wir versuchten, erst die ganze Schulpflegschaft zu überzeugen, und dann erst ging es in die Schulkonferenz. Darum gab es auch viele Arbeitskreise aus Eltern und Lehrern. Wir sind immer diesen umständlichen Weg gegangen. Erst müssen wir Lehrer uns einigen, dann müssen wir die Eltern überzeugen, damit ihre Vertreter in der Schulkonferenz auch zustimmen können. Das hat immer hingehauen. So haben wir die tägliche freie Arbeit eingeführt und dass morgens ab 7:30 die Klassen schon offen sind und dabei nicht in jeder Klasse schon eine Aufsicht sitzen muss; das erste Schulprogramm 1977, als es noch keine entsprechende Anweisung dafür gab; 1992 den Ganztagsunterricht; 1997 die Aufnahme von Kindern mit sonderpädagogischem Förderbedarf; 2002 die Einführung der Altersmischung und vieles mehr. Das haben wir alles einvernehmlich vereinbart und nach und nach in kleinen Schritten eingeführt.

Wenn die Eltern mal in der Schulpflegschaft sagten, das können wir uns aber nicht so vorstellen, wie haben Sie reagiert?

Eigentlich nur durch Einladung in die Klassen. „Kommen Sie, gucken Sie es sich an, damit Sie sehen, wie das geht, dass Ihre Kinder dabei lernen." Wir haben z. B. Eltern gehabt, die hatten Angst, wenn die Kinder wählen dürfen, was sie arbeiten wollen, dann wählen sie sich immer etwas zu Leichtes und oder tun nicht genug und verplempern ihre Zeit. Es gibt auch Kinder, die da ein bisschen Druck brauchen, bis sie es gelernt haben, dass es eigentlich Spaß macht, wenn man selber wählt, was man lernen will. – Manche Eltern sind gekommen, andere nicht. An vielen Elternabenden wurden z. T. harte Diskussionen geführt. Ich erinnere mich an einen Architekten, seine Tochter war in meiner Klasse. Der hat geredet und geredet, wie man doch eigentlich Unterricht machen müsste. Irgendwann habe ich ihn unterbrochen und gefragt:„ Wann sind Sie Montag im Büro?" „ Um 09:00." „Das passt gut, dann komme ich und zeige Ihnen mal, wie Sie Ihre Arbeit machen müssen." „Wieso?" – „Sie sind jetzt seit einer Stunde dabei und wollen mir sagen, wie ich meine Arbeit als Lehrer machen muss. Aber Sie haben das nicht studiert." – „Ja, so war das ja nicht gemeint." Dieser Mann war nachher einer der stärksten Motoren mit in der Schulkonferenz, als er hospitiert und gesehen hatte, wie seine Tochter arbeitete. Natürlich hatte er – oder ich? – das Glück, dass er eine intelligente Tochter hatte, denn sie bewies, das Konzept war gut. Denn offene Arbeit bringt für starke Schüler oft größere Erfolge als für schwächere. Das wird jedoch ausgeglichen durch den zur Förderung freiwerdenden Lehrer.

Also, das war ja alles vom Erfolg getragen. . . ?

Ja, vorausgesetzt, dass wir hinterher den Nachweis gebracht haben, dieses Konzept ist richtig so. Wir haben jedes Jahr uns irgendetwas vorgenommen, was wir verändern wollten. Zum Beispiel das Pausenverhalten. Eltern und wir beobachteten auf dem Schulhof: Wo läuft etwas schief, was müssen wir verändern? Welche Angebote fehlen? Ausgangspunkt war die hohe Anzahl von Unfällen bei uns auf dem Schulhof: Laufunfälle, Zusammenstöße, Rennen vor die Pfeiler der Gangüberdachung. Erste Konsequenz: Die Pfeiler wurden blau gestrichen und kriegten auffällige gelbe Punkte an den Seiten. Spielzonen, Hüpffelder und Ähnliches führten dazu, dass wir die Unfälle auf dem Schulhof um mehr als 70 % reduzieren konnten. Und dann kam die Schulhofveränderung mit Spielgeräten, mit der Wiese hinten, die klassenweise wechselnde Fußballpause auf dem Sportplatz. Dann kam Mitbestimmung der Schüler. Alles wurde nach und nach realisiert. Auch da gab es bei den Kollegen in der Schulleiterdienstbesprechung sehr viel Kontra, einige meinten: Soviel Spielraum steht den Kindern nicht zu. Noch sind wir Lehrer doch diejenigen, die sagen, wo es lang geht. – Das ist aber nichts, was Leute, die Schule verändern wollen, aufhalten kann. 2002 bekamen wir den Demokratiepreis des Grundschulverbandes.

Gab es denn nicht auch mal schlaflose Nächte?

Unruhig war ich das eine Mal, wo meine Eigenmächtigkeit mich fast Geld gekostet hätte, und zwar mein privates Geld, als wir beschlossen hatten, das Außenbild der Schule zu verändern und ohne Genehmigung die ganzen Wände der Schule durch die Kinder bemalen ließen. Ich hatte zu verantworten, dass Eigentum der Stadt verändert wurde. Die Stadt sagte „verschandelt“, ich sag’ „verbessert“. Wir haben ja auch den Erfolg gehabt, dass es keine Schmierereien an irgendeiner Wand der Schule mehr gegeben hat, seit die Kinder die Wände selbst bemalt haben. Zehn Jahre lang hat die Stadt nicht ein einziges Mal eine Firma schicken müssen, um Schmierereien an den Wänden entfernen zu lassen. Der Leiter des Hochbauamtes wollte durchsetzen, den alten Zustand wieder herzustellen. Das war das einzige Mal, wo ich unruhig geschlafen habe, weil ich gedacht habe, Mensch, wo kriegst du jetzt 10.000 DM her?

Ich hätte wohl wieder meinen alten Trick – Öffentlichkeit, Presse – angewandt. Wenn man irgendetwas hat, wo die Presse entsprechende Stimmung macht, hat man eigentlich immer gute Karten. Hinterher kriegt man manchmal nur gesagt: „Da hätten Sie aber fragen müssen!“, oder: „Du, du, das darfst du nicht!“ Bei dieser Aktion hab’ ich hinterher gefragt:

„Was hätten Sie denn gesagt, wenn ich einen höflichen Antrag gestellt hätte, alle Schulwände durch Kinder nach deren Vorlagen zu bemalen? Hätten Sie das genehmigt?“ – „Nein, natürlich nicht!“ –„Sehen Sie, darum habe ich nicht gefragt.“ Aber damals musste ich vom Schulamt auch eine deutliche Rüge einstecken. Und?

Ein klares Nein an die Behörde – gab es das öfter?

Eine Schule in Münster bekam auf einmal zwei oder drei Romakinder zugewiesen und wollte als erstes diese Kinder an uns abgeben. Die sollten täglich mit einem Taxi zu uns gefahren werden. Wir hatten aber bereits über 30 und lehnten das ab, weil nicht einzusehen war, warum diese Arbeit nicht verteilt werden kann. Nur weil wir angeblich mehr Erfahrung mit diesen Kindern hätten? Auf meine Weigerung hin wollte uns das Schulamt anweisen, eine halbe Lehrerstelle abzugeben. Meine Drohung: „Gut, diskutieren wir das mit Eltern und Presse öffentlich, und dann wollen wir mal gucken, wie das ausgeht“, löste das Problem. Das Schulamt und der betroffene Kollege waren natürlich einige Wochen sauer auf mich. Da konnte ich jedoch gut mit leben. Wenn man mich nach einiger Zeit wieder brauchte, war alles vergessen und vergeben.

Die Kinder waren das Entscheidende und nicht die Verwaltung. Die muss irgendwie laufen. Ich hab' mich immer gewehrt gegen alle unnötigen Papierkramarbeiten, vor allem Statistiken. Ich hab' gelogen „auf Deubel komm raus“, damit die Statistik nachher stimmte. Sie wurde so lange verändert, bis das passend war und das Amt bzw. der Computer die Daten angenommen hat. Mir war z. B. wichtiger, dass jedes Kind soviel Stunden Deutsch oder Förderunterricht bekam, wie es nötig hatte, auch wenn die vorgeschriebene Stundentafel das nicht hergab.

Und die Zensuren?

Ich hab' nie Diktate zensiert von Kindern, die einen bestimmten Stand noch nicht erreicht hatten, ich schrieb dann lieber: „Du hast von 64 Wörtern 36 schon richtig.“ Das wäre natürlich eine „Sechs“ gewesen. Ich habe mich geweigert, Noten zu schreiben, wo es unsinnig war. Das war natürlich nicht rechtens, vor allem in den Zeugnissen. Aber ich hab das mit Kollegen und Eltern abgestimmt. Die meisten Eltern sahen das ein, bis auf die, deren Kinder lauter „Zweien“ und „Einsen“ auf dem Zeugnis gehabt hätten. Die sagten natürlich, ja, wenn wir hier noch keine Noten kriegen, dann sind unsere Kinder benachteiligt. Der Opa möchte gerne Geld geben fürs Zeugnis, aber für Texte ... – Doch die Schulkonferenz hat das abgesegnet. Aber es gab auch ein, zwei Kollegen, die das nicht gut fanden, einer der wenigen nicht einstimmigen Beschlüsse.

Zwei, drei Mal entstanden so Probleme mit Schulleitern anderer Schulen, auf die Kinder von uns wechselten. Die Kollegen verlangten Noten. Aber auch dann habe ich mich geweigert und nur empfohlen: „Gehen Sie zum Schulrat und beschweren Sie sich über mich, und dann soll der Schulrat entscheiden.“ Nie gab es eine solche Beschwerde. Hätte der Schulrat davon erfahren, hätte ich eine entsprechende Anweisung gekriegt und so verfahren müssen. Das ist nie geschehen. Wenn ich daran denke, unsere vielen Romakinder aus dem Kosovo haben wir ja alle nicht benotet, wir konnten es pädagogisch nur so verantworten. Die kriegten ihren Gutachtentext und oft hatten wir einen Übersetzer da, der bei der Übergabe dabei saß und das Zeugnis kommentierte. Die Beschreibung von Fortschritten und Aufgaben ist wichtiger als Nummern!

Gibt es auch Grenzen, die Sie nicht überspringen können?

Ja. Wir haben damals, als wir die neuen Richtlinien erarbeitet haben, als Kommission gesagt: Wir brauchen mindestens eine sechsjährige Grundschule! Das war überhaupt nicht diskussionswürdig bei der Regierung in Düsseldorf. Lediglich Kultusminister Girgensohn hatte Verständnis für unsere Forderung. Da habe ich auch nicht weiter gekämpft. Gegen Windmühlenflügel muss man nicht ankämpfen. Ich hab' verändert, was ich für uns verändern konnte, und wenn ich merkte, etwas ist nicht durchsetzbar, weil die Kollegen nicht wollen, weil die Eltern nicht wollen, dann habe ich es gelassen. Ich habe Tagungen gemacht in Gymnasien, habe dort versucht, Differenzierung wie Warmbier zu verkaufen. Die haben hospitiert bei uns. Es war alles für die Katz. Ich hab' mich hinterher geärgert, wie viel Zeit ich verplempert habe. Die fanden das schön, waren ganz überrascht, was die Kinder schon selbstständig können, sagten aber: „Bei uns geht das nicht!"

Bei einem Vortrag in einem Klassenraum habe ich mich einfach nur so umgeguckt und gesagt: „Wenn meine Kinder in so einem Raum arbeiten müssten, würden sie eingehen wie eine Primel. Hier lebt und lernt ein 5. Schuljahr? Ohne Blumen, ohne Wandschmuck?" – Antwort: „ Ja, das geht bei uns nicht!" – Im Grunde haben die nicht kapiert, dass Kinder besser in der Schule lernen, wenn sie sich dort wohlfühlen können.

Was sagen Sie denn zu denen, die eigentlich nur stöhnen über Schule?

Kann ich im Grunde nicht verstehen. – Heute Morgen hatten wir unser Adventsessen mit erwachsenen Deutschschülern. Da saßen Frauen und Männer aus elf Nationen. Alle hatten irgendetwas Heimatliches gekocht oder gebacken und mitgebracht. Wir Lehrer brachten Kaffee und Tee mit. Das ist so etwas Schönes, und man merkt, wie froh diese Leute sind, dass sie mit uns lernen und leben. Das trägt dazu bei, sich wohlzufühlen. Man kann darüber klagen: „So viel Ausländer im Stadtteil!", oder man kann sagen: „Es gibt viele interessante, tolle Leute hier bei uns, die ganz viel erzählen können." Im Moment machen wir ein Stadtteil-Projekt „Kunst aus Nationen, die hier vertreten sind". So lernt man die Menschen einfach besser kennen. Das ist auch das Schöne bei uns an der Schule. Diese Vielfalt, die wir haben, das ist anregend, das macht Spaß, die Kinder lernen ein normales Miteinander. Wer nur stöhnt und sagt: „ Ach, was habe ich es doch schwer, so viel Ausländer, wie soll ich das hinkriegen?", der hat selbst Schuld. Zur Schule bin ich eigentlich jeden Morgen pfeifend durch meinen Garten marschiert. Nein, es war schon schön. Und was nicht so schön war, habe ich längst vergessen.

Herr Pollert, stellen Sie sich bitte einmal vor, man hätte Ihnen strikt verboten, das aufzubauen, was Sie aufgebaut haben …

Ich bin eben so, wie ich bin und glaube nicht, dass ich mich hätte sehr verbiegen können. Ich habe vor Behörden und sogenannten großen Leuten keine Angst. Respekt schon, aber keine Angst. Man hätte mich nicht zum Anpasser machen können. Dann fände sich in meinen Akten ein erster Rüffel, dann der zweite, irgendwann eine offizielle Abmahnung, die Androhung einer Strafversetzung. Schließlich wäre ich wahrscheinlich die Schulleitung meiner Schule los gewesen. Ich bin nämlich auch etwas stur. Wenn ich etwas als notwendig erkannt habe, will ich das auch entsprechend realisieren.

Es gibt etwas Übergeordnetes für mich: Artikel 1 unseres Grundgesetzes und Artikel 1 unserer Richtlinien. Da steht: Jeder Mensch ist gleichberechtigt, Jungen wie Mädchen, Schwache wie Starke, Auslander wie Deutsche, mit gleichem Recht auf Zuwendung, auf Erziehung, auf Bildung und auf Liebe. Alle müssen in gleicher Weise ernst genommen werden. Das ist der übergeordnete Maßstab für mich gewesen, bei allem, was ich getan habe. Den habe ich versucht durchzuhalten. Was nicht heißt, dass ich sicherlich vielen Kindern nicht gerecht geworden bin. Das ist was anderes, man schafft das ja nicht immer. Ich habe Kinder zur Hauptschule geschickt, von denen ich hinterher erfahren habe, dass sie die Kurve zum Abitur geschafft haben, und Kinder gingen auf meinen Rat zum Gymnasium und erlangten später nicht einmal den Hauptschul-Abschluss. Das heißt, ich hab' auch Fehler gemacht. – Manche hängen sicher damit zusammen, dass wir in NRW eine zu kurze Grundschulzeit haben. Aber oft lag ich auch falsch.

Was ich jedem Menschen zugestehe, Kindern wie Erwachsenen, ist, dass er sein Leben leben kann mit seiner Würde. Die ist nicht bestimmt durch Erfolg oder Wohlstand, nicht durch irgendwelche Fähigkeiten, auch nicht durch sein Alter. Meine Aufgabe war es, dafür zu sorgen, dass die Kinder sich möglichst individuell entfalten können. Nicht, wie ich es meine, dass es für sie gut wäre. Ich hab' mich nie als Lehrer verstanden, der etwas in die Kinder rein gibt, sondern der den Kindern die Möglichkeit gibt, etwas aus sich herauszuholen. Ich war nur der, der Anregungen geben konnte, der Kinder stark machen konnte, in dem ich ihnen zeigte, was in ihnen steckt. Und noch mal: Ich behaupte nicht, dass mir das immer gelungen ist. Ich hab' viele Fehler gemacht, auch Menschen Unrecht getan. Merkte ich es, habe ich mich auch entschuldigen können bei den Kindern wie bei Erwachsenen. Wenn ich Kinder als gleichberechtigt ernst nehme, kann ich mich auch problemlos bei ihnen entschuldigen. Sie lernen dann, jeder Mensch macht Fehler, aber man muss zu den Fehlern stehen und mit den Fehlern nachher richtig umgehen können.

Kinder sind wirklich das wichtigste Kapital, was wir haben. Wir Lehrer können dabei so viel kaputt machen. Das haben wir zu verantworten.

REINHARD STÄHLING

7. Förderorte oder Schule für alle

– Sammlung praxiserprobter Ungehörigkeiten

Der Sokratische Eid

Als Lehrer und Erzieher verpflichte ich mich,
- *die Eigenheit eines jeden Kindes zu achten und gegen jedermann zu verteidigen; (...)*
- *es erfahren zu lassen, was und wie das gemeinte gute Leben ist;*
- *ihm eine Vision von der besseren Welt zu geben und Zuversicht, dass sie erreichbar ist; (...)*

Damit verpflichte ich mich,
- *so gut ich kann, selber vorzuleben, wie man mit den Schwierigkeiten (...) zurechtkommt*
- *nach meinen Kräften dafür zu sorgen, dass die kommende Generation eine Welt vorfindet, in der es sich zu leben lohnt (...)*
- *meine Überzeugungen und Taten öffentlich zu begründen (...)*
- *mich dann jedoch allen Personen und Verhältnissen zu widersetzen – dem Druck der öffentlichen Meinung, dem Verbandsinteresse, dem Beamtenstatus, der Dienstvorschrift –, wenn sie meine bekundeten Vorsätze behindern.*

Hartmut von Hentig (geb. 1925) in: Die Schule neu denken (1993, S. 250f.)

Seit 1980 hat sich die Kinderarmutsquote in Deutschland deutlich erhöht. 10 % der Kinder unter 7 Jahren lebten Ende 2004 in strenger Armut (vgl. Merten 2007). Ungleichheit in materieller und gesellschaftsstruktureller Hinsicht scheint jedoch für die dominanten allgemein-pädagogischen Positionen, aber auch für die Sonderpädagogik (seit Mitte der 80er Jahre) und die Integrationspädagogik kein zentrales Thema darzustellen (vgl. Schnell 2004; Schumann 2007, S. 67). In der internationalen Bildungspolitik ist zugleich der Einzug marktwirtschaftlichen und gewinnorientierten Denkens festzustellen (vgl. Schnell 2004). Die gesellschaftlichen und ökonomischen Bedingungen treffen besonders die „Schwachen" und *„be-hindern"* deren Bildungsprozess. Der UN-Sonderberichterstatter Vernor Muñoz-Villalobos pointierte diese Fakten bei einem Vortrag in Oldenburg am 7.6.09, indem er den Begriff der Behinderung mit einer anschaulichen Multiplikationsgleichung erläuterte:

Personale Behinderung × Barrieren durch das Umfeld = gesamte Behinderung

Wenn ein Kind 1 personale Behinderung hat, es aber auf 10 Barrierefaktoren im Umfeld stößt, dann ist sein Behinderungsfaktor schon $1 \times 10 = 10$; wenn jedoch ein Kind sogar 10 personale Behinderungsfaktoren aufweist, aber im Umfeld auf keine Barriere tritt, gilt $10 \times 0 = 0$, es gibt keine Behinderung.

Mehr als 20 % der 15-jährigen Deutschen können laut PISA kaum lesen und werden nicht zu Erfolgen im allgemeinen Bildungswesen geführt. Viele dieser jungen Leute werden beim Übergang ins Berufsleben erleben, dass ihre Arbeitskraft als „unverkäuflich" liegen gelassen wird. Das hierarchisch gegliederte Schulsystem bildet den Erwerbsstatus der Eltern ab:

Im Jahr 2000 betrug die *Arbeitslosigkeit der Väter*
in Gymnasien 7 %,
in Hauptschulen 14 % und in der
„Förderschule für Lernbehinderte" 28 % in Hamburg bzw. 38 % in Brandenburg.

Familien, deren Kinder Förderschulen für Lernbehinderte besuchen, haben einen durchschnittlichen sozioökonomischen Status, der *unterhalb des Niveaus der Arbeiterschicht* liegt (vgl. Wocken 2007). In Ländern, in denen die PISA-Forschung 2006 die geringsten Zusammenhänge zwischen dem sozialökonomischen Status der Eltern und den erreichten Kompetenzen von 15-Jährigen ermittelt hat (Japan, Korea, Finnland und Kanada), müssen andere Bildungsstrukturen herrschen.

480.000 Schüler (6 %) in Deutschland benötigen sonderpädagogische Förderung. 84 % dieser so genannten Behinderten gehen in Sonderschulen. Im internationalen Vergleich fällt auf, dass in Deutschland eine große Zahl von Kindern und Jugendlichen wegen Lernerschwernissen zu „Lernbehinderten" erklärt werden. 46 % der „Sonderschüler" tragen das Etikett „lernbehindert" und darunter finden wir deutlich mehr Jungen als Mädchen. Bundesweit gelten 225.000 Schüler als „lernbehindert". Davon werden die meisten (190.000) in Sonderschulen unterrichtet. Die „lernbehinderten" Jugendlichen haben die geringsten Chancen auf dem Arbeitsmarkt. In Debatten über PISA-Vergleichsuntersuchungen und die Mehrgliedrigkeit des deutschen Schulwesens kamen „Lernbehinderte" nicht vor (vgl. Schöler 2008). Ihre Leistungen sind umso schlechter, je früher sie auf Sonderschulen überwiesen werden (vgl. Wocken 2007). Ein neuer Forschungsüberblick über die Effizienz der Sonderschule für „Lernbehinderte" stellt die Legitimation dieser Schulform in Deutschland in Frage (vgl. Schnell 2011).

In einigen Provinzen Kanadas, in Skandinavien, Italien, England und in anderen Ländern gibt es dieses Sonderschulsystem nicht mehr. Die Regelschule nimmt dort per Gesetz jedes Kind auf. Berichte aus diesen Schulen zeigen, dass dies funktioniert. Dagegen werden in Deutschland durchschnittlich nur ca. 16 % der Kinder mit sonderpädagogischem Förderbedarf in allgemeinen Schulen unterrichtet. 62 % davon lernen in Grundschulen. Damit trägt die Grundschule den größten Teil der integrativen Arbeit, indem durchschnittlich in jeder dritten Grundschulklasse ein solches Kind lernt. Nur die Hälfte der behinderten Schüler erhält auch in der Sekundarstufe einen Platz im gemeinsamen Unterricht. Dort leisten vor allem die Hauptschulen die Arbeit: Statistisch finden wir *in jeder vierten Hauptschulklasse, aber nur in jeder 38sten Realschulklasse und in jeder 56sten Gymnasialklasse einen Schüler mit sonderpädagogischem Förderbedarf* (vgl. Demmer 2009). Wenn die Zahl der behinderten Schüler erhoben würde, die in Deutschland vom ersten Schuljahr bis zum Schulabschluss in allgemeinen Schulen unterrichtet werden, dann erhielte man eine sehr viel niedrigere Integrationsquote. Hinter diesem geringen Durchschnittswert verbergen sich allerdings je nach Region extreme Spitzenwerte. So hat sich die Zahl der „Erziehungsschwierigen" von 1999 bis 2006 bundesweit verdoppelt. In manchen Bundesländern werden sie zum größten Teil in vom Wohnumfeld entfernt gelegene Sonderschulen geschickt, während in anderen Regionen solche Kinder überwiegend in der wohnortnahen Regelschule unterrichtet werden. Ein Blick in die Statistik lohnt, um weitere Merkwürdigkeiten zu entdecken (vgl. www.kmk.org).

Nicht erst der Vergleich mit dem Ausland hat Kritik am deutschen Sonderschulwesen hervorgerufen. Seit Jahren wird von Wissenschaftlern vorgerechnet, dass die Integration aller Kinder und die entsprechende Verteilung der Sonderpädagogen in das Regelschulwesen wesentlich kostengünstiger wären (vgl. Preuss-Lausitz 2002b). Durch die besondere Unterteilung der sonderpädagogischen Fördereinrichtungen entstehen Kosten: Zunächst werden „Behinderte" bestimmten, ihre Namen immer wieder ändernden Sonderschultypen zugeordnet. In deutschen Bundesländern gab – bzw. gibt – es getrennte Schulen für so genannte Erziehungsschwierige, Lernbehinderte, Sprachbehinderte, geistig

Behinderte, Körperbehinderte, Blinde, Sehbehinderte, Taubblinde, Gehörlose, Schwerhörige und Kranke. Schulintern werden weitere Sonderungen vorgenommen. So bilden z. B. Schulen mit den „Förderschwerpunkten" Hören oder Sehen eigene „Abteilungen" (Sonderklassen innerhalb der Sonderschule) für Schüler, die zusätzlich zu ihrer Sinnesschädigung Lernschwächen oder Verhaltensauffälligkeiten zeigen. Das ist eine zweite Stufe der kostenintensiven Aussonderung, die von der empirisch widerlegten (gymnasialen) Hypothese ausgeht, dass leistungsfähige Schüler besser fortschreiten können, wenn sie von „Schwachen" und „Störern" ferngehalten und „zielgleich" unterrichtet werden, und dass Letztere wiederum besser mit ihresgleichen lernen.

Trotz großer empirischer Zweifel an seiner Effizienz wird das deutsche Sonderschulwesen noch nicht aufgegeben, da es für die allgemeine Schule Entlastung und den Behinderten Schonräume verspricht. In Zeiten traditioneller Buchschulen war die Einrichtung von Sonderschulen ein Fortschritt im Kampf für die Rechte der Behinderten. Heute hat man sich allerdings in einzelnen Regionen bereits auf den Weg gemacht, jedes Kind des näheren Umfeldes in die wohnortnahe allgemeine Schule aufzunehmen. Erfolge sind vielfach empirisch nachgewiesen. Wie in der frühen Integrationsdebatte der 80er-Jahre löst allerdings das teils als Modebegriff benutzte Wort „Inklusion" bei einigen Sonderpädagogen eine emotionale Abwehrhaltung aus. Andreas Hinz (2009) verweist auf die große Heterogenität der Schülerschaft und betont mit dem Blick auf die Schulstrukturen: „Wenn man diesen internationalen Standardbegriff mit seinen eigentlichen Implikationen nutzen würde, stünden gravierende Veränderungen an" (S. 171).

In Deutschland gelingt es auch nicht, migrationsbedingte Nachteile auszugleichen (vgl. PISA-Konsortium 2006, 2008):

- Migrationskinder und bildungsbenachteiligte Kinder bilden den größten Anteil unter den schwachen Lesern, den Klassenwiederholern, den Schülern mit und ohne Hauptschulabschluss und den geringsten Anteil von Menschen mit Berufsausbildungen und höheren Bildungsabschlüssen (vgl. Bellenberg u. a. 2004; Klemm 2004). Ein *Zusammenhang* zwischen wirtschaftlicher Lage, Bildungsniveau, sprachlichen Leistungen und Schulerfolg ist seit Ende der 60er-Jahre empirisch belegt (vgl. Kornmann 2006). 50 % der Jugendlichen, deren beide Elternteile im Ausland geboren wurden, besuchen die Hauptschulen, nur 15 % besuchen das Gymnasium. In Deutschland sind *Kinder der zweiten Generation leistungsschwächer* als die der ersten.
- Gelten Migrationskinder als lernschwach oder verhaltensauffällig, werden sie häufig ausgegrenzt (vgl. Kottmann 2005). 65 % der ausländischen Sonderschüler werden dem „Förderschwerpunkt Lernen" zugeordnet, bei den deutschen ist der Anteil mit 51 % geringer (KMK-Statistik 2005; Kornmann 2006). In den einzelnen Bundesländern variiert die Zahl der Kinder, die integrativ beschult werden. Im „Schwerpunkt Lernen" schwankt deren Anteil zwischen 1 % und 61 %.

> Der hohe Anteil der Migrantenkinder in Sonderschulklassen lässt sich nicht mit deren verminderter Leistungsfähigkeit erklären. Es scheint daher ein bestimmter Prozentsatz an *Aussonderung institutionell* vorgegeben zu sein. Die Diagnostik der Lernbehinderung ist zudem fragwürdig, wie die Forschungsübersicht belegt (Schnell 2011). Andere als pädagogische Gründe entscheiden demnach über den Förderort.

Das mehrgliedrige Schulsystem legt den Lehrern einen *„Leitkultur"-Habitus der Aussonderung* nahe („Du gehörst hier nicht hin!") (siehe auch Interviews von Schnell, Schumann). Viele Grundschullehrer in Deutschland sehen Schulversagen allerdings nicht als Angelegenheit der Schule, sondern eher als Problem des Schülers an (vgl. Bos u. a. 2006). Aus der Elternschaft, der Schulverwaltung, aus Interessenverbänden der Sonderpädagogen und der Regelschullehrer, aber auch aus der Wissenschaft gibt es starke Stimmen, die für die schulische Aussonderung Behinderter sprechen. So wird in der Schulverwaltungspraxis mit dem Instrumentarium des empirisch nicht abgesicherten und theoretisch nicht begründeten Begriffs des *„sonderpädagogischen Förderbedarfs"* (vgl. Jogschies 2008) vorgeblich „trennscharf" entschieden, auf welcher Schule ein „förderbedürftiges" Kind lernen soll. Dies geschieht trotz der Tatsache, dass viele Schülerinnen und Schüler mehreren Förderschwerpunkten zugleich zugeordnet werden könnten. Mit Hilfe des Konstruktes einer so genannten „Förderdiagnostik" werden seit 30 Jahren selektierende Prozesse verschleiert. Unangemessenes Verhalten wird nicht selten als „biologischer Defekt" erklärt, der medizinisch behandelt werden kann (z. B. ADS, vgl. Jantzen 2001).

Auf der Basis dieser Analyse lässt sich erklären, wieso viele Lehrer, Schulbehörden und Schulärzte der Annahme sind, dass es Schülerinnen und Schüler gibt, die *„nicht integrationsfähig"* seien. In anderen Schulbezirken können solche Kinder mit Erfolg am gemeinsamen Unterricht teilnehmen. Als „integrationsfähig" in diesem Sinne gelten zumeist diejenigen, die den *reibungslosen* traditionellen Unterrichtsalltag nicht mehr belasten als andere „normalere": Willkommen sind Schüler, die zwar zieldifferent unterrichtet werden, aber dennoch nicht den Ablauf des tradierten Unterrichts stören. Dazu zählen ruhige, leicht führbare Kinder mit so genannten Lernbehinderungen oder geistigen Behinderungen, die der Schulklasse teilweise zusätzliches Personal ermöglichen. Ebenso Menschen mit leichten Sinnesschädigungen oder körperlichen Beeinträchtigungen, die dem Unterricht folgen, ohne im größeren Maße unterstützt werden zu müssen. Die Lehrer können diese Schüler teilweise „zielgleich" unterrichten. Dagegen gelten Verhaltensauffällige trotz „zielgleicher Unterrichtung" als besonders schwer zu integrieren, weil sie das Gefüge der Klasse und das Fortkommen der Mitschüler wegen besonderer sozialer und emotionaler Bedürftigkeiten stören.

Vermeintlich „unbequeme" und „unproduktive" Menschen zählen von vornherein nicht mit (siehe auch Interviews von Sennlaub, Patt). Vielmehr orientieren sich Lehrer – teilweise sogar in der so genannten Integration – an traditioneller, selektiver Unterrichtskultur (vgl. Stähling 2006/2009).

Die folgende Übersicht geht von Notwendigkeiten im Schulalltag (Spalte 1) aus, nennt Beispiele für Hindernisse bei deren Verwirklichung (Spalte 2) und skizziert sowohl langfristige Visionen (Spalte 3) als auch erste „ungehörige“ Schritte (Spalte 4).

Alltags-notwendigkeiten	***Widersprüche, Widerstände***	***Langfristige Visionen***	***Erste Ungehörigkeiten***
Sonderpädagogen als Unterstützung der Klassenlehrer, Klassen und Schule (als System). Multiprofessionelle Teamarbeit in jeder Klasse (vgl. Kapitel 6).	Anspruch der als „behindert“ etikettierten Kinder auf Förderung durch Sonderschullehrer; Stellenberechnungsgrundlagen (nach Behinderungsart) erlauben keine stabile Kontinuität des Personals in Regelschulen.	Pauschale Stellenzuweisung von Sonderpädagogen an Schulen. Feste multiprofessionelle Teams für jede Klasse der Schule.	Multiprofessionelle Steuergruppe erarbeitet einen Vorschlag zur gerechten schulinternen Gleichverteilung von Stellenanteilen auf die vorhandenen Klassen (vgl. Stähling 2006, S. 100ff.). Bildung von Klassenteams (vgl. Kapitel 6).
Gemeinsamer Unterricht und gemeinsames Leben von Kindern „mit und ohne Behinderungen“ im Klassenverband vorrangig ohne äußere Differenzierung in allen Räumen und Fluren der Schule. Um die Leistungsfähigkeit aller Schüler nicht zu beeinträchtigen, muss in allen Räumen und Fluren der *Schall gedämmt* sein.	Schalldämmung erlaubt nach DIN bis zu 0,55 s Nachhallzeit. Fremdsprachenunterricht, Unterricht mit Hörgeschädigten und schwachen Schülern haben niedrigere Grenzwerte und können in dafür gedämmten Räumen stattfinden.	Miteinander und voneinander lernen als Quelle des Fortkommens. Schalldämmung nach DIN *in allen Räumen*, so dass die vorgeschriebenen Grenzwerte für Fremdsprachenunterricht, hörgeschädigte und schwache Schüler eingehalten werden.	Gemeinsames Lernen in Klassenraum, Flur und Nebenräumen. Selbstständiges und kooperatives Lernen in leiser Arbeitslautstärke. Tägliche Reflexion der Lernprozesse, besonders des „Übens“ in der gesamten Gruppe (Lern-Klassenrat). Bei anfallenden Sanierungen: Schalldämmung an Decken und breiten Streifen im oberen Wandbereich und evt. durch Teppichböden und Vorhänge.
Kindgerechte *Einschulung* und frühzeitiges Kennenlernen möglichst aller Vorschulkinder.	Begrenzung der Integration in so genannte „integrative“ Einrichtungen und im „I-Zug“ einer Schule. Feststellung des Förderbedarfes erst nach Einschulung, dadurch weiterer Schulwechsel auf Sonderschule vorgesehen.	Aufnahme aller Kinder eines Wohnbezirks in inklusive Schule ohne Überprüfungsverfahren; individuelle Bildungspläne für jedes Kind. „Trotz schandbarer Rahmenbedingungen Tag für Tag zu versuchen, jeden einzelnen Schulanfänger integriert zu fördern, ist unsere Ehre. Uns für die Schwachen zu zerreißen, ist unser Stolz“ (Sennlaub 1995, 56).	Aufnahme der Kinder mit Förderbedarf, frühzeitige Ermittlung des sonderpädagogischen Förderbedarfs bereits in der Kita. Antrag auf Überprüfung *durch die Eltern* stellen lassen.

Alltags-notwendigkeiten	***Widersprüche, Widerstände***	***Langfristige Visionen***	***Erste Ungehörigkeiten***
Austausch von wichtigen Entwicklungsdaten der Kinder als Voraussetzung für die Entscheidung über Fördermaßnahmen.	Problem: Datenschutzvorschriften erlauben keine Datenweitergabe ohne Einwilligung der Betroffenen.	Jugendhilfe, Kindergärten und Schulen unter einer gemeinsamen Leitung, um eine kontinuierliche Bildung zu gewährleisten. Kindergartenpflicht für alle.	Gemeinsame Konferenzen und Fortbildungen mit Kindergärten. Gegenseitige Hospitationen. Bei der Pflege enger Kontakte zu Kindergärten, Jugendhilfe, Gesundheitsamt, weiterführenden Schulen werden Infos im Einvernehmen mit Eltern weitergegeben. Schon bei Aufnahme in Einrichtung *Einverständniserklärung* der Eltern.
Heterogene Gruppen mit wenig Fluktuation, stabile und *verlässliche* Gruppenverhältnisse.	Gettos mit sozial schwachen Familien, Wohnbezirke für arme und reiche Leute getrennt.	Schulbezirke mit gemischter Bevölkerung in stabilem Umfeld, Aufnahme aller Kinder in die wohnortnahen Einrichtungen.	Aufnahme aller „schwachen" Kinder, Anträge auf sonderpädagogische Förderung bei vielen. Dadurch Einstellung von sonderpädagogischem Personal.
Konstanz der Gruppe. Lernen ohne Unterbrechung und Schulwechsel.	Passende Lernanforderungen scheint es nur an „passenden" Schulformen zu geben. Längere Grundschulzeit für s.g. „Lernbehinderte" nicht vorgesehen.	Eltern-Lehrer-Arbeitskreise zur Konzeptionierung einer verlängerten Grundschulzeit. Didaktische Konferenzen und Fortbildungen zum Konzept der Aufnahme aller Kinder eines Wohnbezirks in die Schule für alle vom Kindergarten bis zum Schulabschluss. Verlängerte Schulzeit bis zum Schulabschluss ohne Sitzenbleiben in altersgemischten Gruppen der Jahrgänge 1–3; 4–6; 7–9 und 10–13, wobei 7–9 entschult sind (vgl. v. Hentig 2006).	Kindgerechter Übergang zu anderen Schulen und frühzeitiges Kennenlernen möglichst aller zukünftigen Mitschüler. Kritische Unterrichtsbeobachtungen in weiterführenden Schulen (vgl. Stähling 2003b). Verlängern der individuellen Grundschulzeit für Kinder mit besonderen Bedürfnissen durch Verweilen in der Schuleingangsphase und Klassenwiederholung in altersgemischten Klassen, auch bei „Behinderten". Gemeinsame Konferenzen und Fortbildungen mit Sonder- und Sekundarschulen.

Raimund Patt

1953 geboren

1979 Lehramtsanwärter in einer Schule für Erziehungshilfe

1981 Lehrer in einer privaten Schule für Erziehungshilfe in einem Jugendhilfezentrum, Weiterentwicklung offener Unterrichtsformen

1991 Schulleiter derselben Schule. Altersmischung; integrative Werkstattgruppen im Berufskolleg; Lehrer und Werkstattmeister bilden ein Werkstatt-Team

2000 Pädagogischer Leiter desselben Jugendhilfezentrums. Konzeptionelle Umorientierung der Einrichtung in die Kooperation mit der Region

2006 Freiberufliche Schulentwicklung. Langfristige Begleitung von Regionen und Schulen in Richtung wirksamer Lern-Kulturen

www.schulhorizonte.de

RAIMUND PATT

Eskalation gehört immer dazu!

– Ein Heimschulleiter und Schulentwickler erzählt

Herr Patt, spürten Sie schon früh als Berufsanfänger einen Stachel in Ihnen?

Sehr früh! Als Lehramtsanwärter. Ich fand das schrecklich, ein unglaublich traditionelles, verkrustetes Unterrichtssystem. Die Lehrer kämpften gegen die Kinder – in aller Liebenswürdigkeit. Ich hab' immer gesagt, das ist Allgemeinbildung unter erschwerten Bedingungen, was wir hier machen. Es schwirrte im Nebel ein Curriculum, das ich nie zu Gesicht bekommen habe, aber das in den Köpfen all dieser tapferen Lehrerinnen steckte und das irgendwie durchzukriegen war. Begleitet mit viel Humor und mit viel Spaß. Ich hatte eine erfahrene Mentorin. Ihr habe ich irgendwann gesagt: „Warum kämpft ihr gegen die Kinder? Wir müssen das hier ganz anders machen, schülerorientiert." Sie schaute mich völlig entsetzt an und keifte zurück: „Wie kommst du dazu, hier die Klappe aufzureißen? Erstens! – Und zweitens: mach mal!"

Wir waren zu dritt als Lehramtsanwärter an dieser Schule. Wir haben den Tagesablauf und den Unterricht in den kleinen Zellen, in denen wir waren, verändert in offenen Unterricht.

Gab es denn da Schwierigkeiten, wenn Sie offene Formen im Unterricht erprobt haben?

Nein, das gab es überhaupt nicht, sondern es gab ein hohes Maß an Neugier, ein Interesse daran. Wir haben große Unterstützung erlebt. Unsere Mentorinnen haben das verstanden und mitgetragen und zum Teil in ihren eigenen Unterricht eingebaut. Eine kleine Störung ergab sich während der zweiten Staatsprüfung mit einem schwergewichtigen Regierungsschuldirektor. Ich hatte mir vorgenommen, du machst nichts anderes als sonst auch, überhaupt keine Zauberstunde, sondern wir machen das, was wir im Tagesverlauf so machen. Die Kommission saß im Klassenraum, und es war ein Gewusel der Kinder. Sie arbeiteten alleine oder in Gruppen am gemeinsamen Projekt „Wir schreiben unser eigenes Geschichtsbuch über Köln.". Das lief wunderbar und selbstorganisiert, ich war in der Rolle des Begleiters. Plötzlich ein Raunzen des schwergewichtigen Herrn: „Das ist doch kein Unterricht!" Mein Fachleiter hatte uns immer darin bestärkt: „Macht das, genauso ist das richtig, ihr müsst gar nichts befürchten." Und plötzlich der Aufstand des oberleitenden Dingsda, er hatte einen knallroten Kopf, wollte eigentlich abbrechen und den Raum verlassen. Und dann folgte eine Szene, die sich mir eingebrannt hat: Claudia, meine Schülerin, stand erbost auf. „Was, was sagen Sie da?" Sie ging auf den leitenden Herrn zu und sagte: „Was, das ist kein Unterricht? Dann stehen Sie mal auf und gucken Sie mal, was wir hier machen?“ Und schon war Ruhe eingekehrt. Das fand ich so grandios!

Und die anderen Schüler?

Die haben einfach weitergemacht. Es war ihnen völlig egal, was der Herr von sich gab. Das war grandios. Für mich hat sich eingeprägt: Geh den Weg, mach das! Für mich war sehr schnell klar, du gehst nicht in den öffentlichen Schuldienst. Da scheint ganz viel Allgemeinbildung unter erschwerten Bedingungen zu laufen, also klassische Schule mit viel Aushalten, das kann nicht funktionieren. Also gehst du in eine Heimschule mit der Chance freier Gestaltungsmöglichkeiten und schülerorientierter Arbeit. Ich bin schließlich bei den Katholen gelandet in einer sehr harten Jungeneinrichtung, Landverschickung der bösen Buben aus den umliegenden Städteregionen. Eine Schule, die unglaublich ungepflegt, unkultiviert war, die aber genau das fortsetzte, was ich vorher gesehen hatte: das Ringen von Lehrern mit einem geheimen Curriculum im Kopf gegen Jungs, die ihnen jeden Tag klar machten: „Ihr könnt uns mal ...“ Das war heftig. Ich bekam eine siebte Klasse. Später habe ich dann erfahren, diese Schüler waren alle aus ihren Klassen geflogen; der Neue soll sich mit den Harten bewähren.

Das war eine klassische stationäre Heimeinrichtung. Die Jungs kamen von der Straße, die kamen aus der Psychiatrie und waren jahrelang nicht in der Schule gewesen, viele waren straffällig geworden. Ihnen konnte ich sagen: „Jetzt bist du hier auf dem Land in frischer Luft. Jetzt kannst du noch mal durchstarten, du hast Zeit dazu. Du hast die Chance, hier rauszugehen mit einem Schulabschluss oder sogar mit einem Gesellenbrief. Ob du jetzt noch fünf Jahre Schule machst oder die Gesellenprüfung wiederholst, das spielt gar keine Geige.“ Die Jungs, einige treffe ich noch heute, haben es alle geschafft, mit Ausschlägen, mit katastrophalen Episoden. Das war ein gutes Konzept. In den 90er-Jahren musste die Einrichtung dieses Konzept leider aufgeben, da infolge des SGB VIII die Ausbildung in der Jugendhilfe nicht mehr gezahlt wurde.

In diesem Heim bin ich 26 Jahre geblieben. Der Vorteil einer Heimschule ist: es gibt Niemanden, der es besser könnte. Zweitens, die Jungs sind so „fürchterlich“, was soll denn da noch helfen? Eigentlich gehören sie sowieso in den Knast, ihr Lebensweg ist gezeichnet mit Drogen, Straffälligkeiten, Knast, Psychiatrie; sie sind abgeschrieben. Also gab es einen Freiraum, auch die Gefahr des Freiraums, sich nicht zu engagieren, den Dienst abzusitzen. Das ist die größte Gefahr dabei, und das war in dieser Schule sehr deutlich spürbar. Das zeigte die ganze Schule in ihrem grauen, vergammelten, stinkenden Ambiente.

Große Freiheit?

Ja, aber ich habe das Wort Freiheit nie benutzt, sondern für mich – auch heute noch – heißt das Thema „Gestaltungsverantwortung“. Das heißt, ich habe hier eine Verantwortung und natürlich auch einen Anspruch! Es gab noch den 17. Juni als Feiertag. Und mein Anspruch war, den jungen Männern der Abschlussklasse den

Sinn des 17. Juni zu vermitteln. Es waren starke, große Jungs, einer war Kreismeister im Kugelstoßen. In dieser Klasse war ich der Kleinste und der Schwächste. Und so saßen sie auch da im Sinne von „Lass den Schnösel mal was erzählen"; das war schon ein großes Kompliment. Eine Viertelstunde haben sie mich über den 17. Juni berichten lassen. Dann gab es ein Zeichen, sehr wohlwollend, sehr freundlich im Sinne von „ist ok jetzt, es reicht". Zwei Jungs nahmen mich hoch, trugen mich aus der Klasse und setzten mich am Schultor in eine Mülltonne, in die Papiertonne. Den ganzen Weg über lag ich entspannt in den Armen der starken Jungs, auch in der Mülltonne habe ich noch ein freundliches Gesicht gemacht. Ich fand, das war ein grandioser Gag. Sie haben mir nachher bescheinigt: „Jung, das war dein Test – du hast bestanden!"

Mit der „Sieben" wurde erst einmal der Klassenraum gestaltet und ein völlig anderer Tages- und Wochenrhythmus eingeführt. Ich vermittelte ihnen: „Ich bin hier derjenige, den ihr als Experten nutzen könnt, der euch zur Verfügung steht. Ich konfrontiere euch mit dem, was ihr vorhabt: Warum bist du hier? Was willst du hier erreichen? Worauf legst du den Schwerpunkt, Scheiße bauen oder was für dich entwickeln? Was sind deine Ziele?"

Gestört hat mich zunehmend, dass in dieser Schule so ein traditioneller Unterricht lief. Und diese Einschätzung teilten mehr und mehr Verbündete. Der Sportlehrer war der erste Verbündete. Mit ihm begann die revolutionäre Zelle dieser Schule. Das gipfelte in internen, heftigsten Auseinandersetzungen. Wir wollten andere Rhythmisierung, andere Formen der Lerngruppenzusammensetzung. Bis wir uns entschlossen haben – das war nachher im Kollektiv, alle waren auf dieser Linie –, das hat einige Jahre gedauert. Wir haben dem Träger vermittelt, es gibt nur zwei Möglichkeiten, entweder der Schulleiter geht oder wir gehen. Das war das gesamte Kollegium.

Wie kam es zu dieser Entwicklung?

Es hat sich in den Gesprächen gezeigt, dass es Verbündete gibt, die einfach genau so denken, die aber bisher, aus welchen Gründen auch immer, damit nicht so raus kamen. Es stand keine Strategie dahinter, sondern es hat sich in den Gesprächen einfach entwickelt, auch aus Missmut. „Was stinkt mir hier? Was funktioniert nicht? Welche Vorstellungen haben wir?" Eine Planungsgruppe wurde gegründet. Wir haben uns außerhalb der Schule getroffen, eine andere Schule entworfen, dieses Konzept im Kollegium vorgestellt und diskutiert. Und daraus wuchs zunehmend eine Ungeduld, weil in Leitungsfunktion jemand saß, der dagegen arbeitete.

Stand nicht der Einzelne auch vielleicht etwas allein da und sagte: „Oh, oh, ich weiß nicht, mit dem will ich es mir ja auch nicht verderben. Ich hab ja auch Familie ..."?

Existenzielle Befürchtungen hatte niemand von uns, weil es damals eine gute Stellensituation im Schulbereich gab. Ich kann mich gut daran erinnern, dass wir auf dieser konzeptionellen Ebene gedacht haben, auch bis zu dem Punkt: entweder geht das hier, oder es geht nicht. Ich glaube, im Nachhinein bin ich fest davon überzeugt, diese Eskalation brauchte es, um dem Träger die Situation klar zu machen. Bitte, wir haben ein Konzept zur Veränderung von Schule, nimm es oder lass es. Der Träger hat es kapiert. Ich wurde zum Geschäftsführer geladen, konnte ihm das Konzept präsentieren, und er hat es innerhalb einer Woche genehmigt.

Ich bin dann Schulleiter geworden. Im Nachhinein kann ich sagen: Ich bin so lange in dieser Einrichtung geblieben, weil es immer eine Möglichkeit der Entwicklung gab. Die hat es immer gegeben, aber immer mit Eskalation. Das gehörte immer dazu, immer bis auf den Punkt.

Eskalation bedeutete letztendlich, über die Schule hinaus zu denken, in die ganze Einrichtung zu denken. So nach und nach wurde uns sehr deutlich, diese Abhängigkeit von der Politik der Heimleitung bringt uns in den Ruin. Das heißt, wir können als Schule nicht zusehen, wie diese Leitung, jetzt kommt die nächste Stufe, die Einrichtung an die Wand fährt. Dieses Heim hatte keinerlei Verbindung zur Region. Im Gegenteil, es hatte einen ganz schlechten Ruf. Wir saßen im Kollegium und sahen, wie die Schülerzahl schrumpfte, weil wir von der Belegung der Einrichtung abhängig waren. Und so ist die Idee entstanden, wir müssen sehen, dass wir Schule, schulische Erziehungshilfe und Jugendhilfe für die Region werden, uns öffnen für die Region, für andere Altersgruppen, für die Mädels. Das war die nächste Strecke.

Dann kam die Konfrontation mit der Leitung?

Erst noch nicht. Die Öffnung in die Region haben wir als Schule geschafft durch einen wunderbaren Zufall. In meiner Ausbildungsschule habe ich mit einer Rebellin zusammengearbeitet. Auf sie haben wir immer gehofft. Wenn es in Konferenzen darum ging, bitte keine Langeweile, lasst den Schulleiter keine Monologe führen, dann war sie immer vorne, und es endete immer in einem Nase-an-Nase-Zoff mit dem Schulleiter. Eine wunderbare Frau, die dann zu diesem Zeitpunkt, als ich Schulleiter war, in der Bezirksregierung tätig war. Sie rief mich eines Tages an, ob ich denn wüsste, was der Kreis an Schwachsinn vorhabe. Der Kreis hatte eine Primarstufenschule für Erziehungshilfe gegründet und sah sich nun in der Verpflichtung, eine Sek-1-Schule aufzubauen. Er schaute natürlich zunächst auf eigene Grundstücke. Es gab in der Region ein großes Schulzentrum, ein großes Berufskolleg, Gymnasium, Realschule, Hauptschule, einen Campus von Tausenden junger Menschen. Und mittendrin stand eine vergammelte Baracke. Und in dieser Baracke, mitten im Campus, sollte die Sek-1-Schule für Erziehungshilfe gegründet werden. Die Dezernentin: „Wir fahren da morgen hin und verhindern das!“ Und wir haben das verhindert. Noch an dem Termin hat der Kreis-Dezernent von dieser Idee Abstand genommen. Er fragte mich, ob wir das nicht übernehmen könnten als Schule, wir waren ja Sek-1-Schule. Wir wurden recht schnell vertraglich Schule für den Kreis. Der Kreis hat seine Pflichtleistung an uns übertragen und sich an Investitionen beteiligt. Daraus wuchs eine grandiose Partnerschaft.

Und schließlich kam der Sturz der Leitung. Dieser Herr unterstützte die Schule in besonderer Weise. Er hat Bittgespräche beim Erzbistum geführt, damit die Kirche

Geld locker machte für diese Schule, dass angebaut würde, dass wir Ganztagsschule umsetzen konnten. Aber in Bezug auf die Einrichtung hatte er blinde Flecken. Und da blieb nur eins, und das war jetzt nicht mein Ding, sondern das war sozusagen Aufgabe der Leitungsrunde. Es war klar, wir müssen dem Träger klar machen, er möge den Chef bitte bewegen, in den vorzeitigen Ruhestand zu gehen. Und das geht natürlich nie reibungslos, sondern immer mit Schmerzen, Streit und Trauer.

Das ist auch ein Zwiespalt?

Genau, und dieser Zwiespalt war schwierig zu bearbeiten. Aber wir haben gemerkt, in der Richtung ist er absolut blind, da ist nichts zu machen. Und wenn nichts zu machen ist, dann muss man machen. Es ging wirklich darum, diese Einrichtung vor dem Ruin und vor dem Zusammenbruch zu retten, unabhängig von der Person, Wert legend darauf, dass dieser Person bei allen Verletzungen keine existentielle Gefahr drohte. Das war der Punkt. Ich musste für mich persönlich ein Arrangement finden, das eine zu tun und das andere auch zu tun. Das war schon ein schwieriger Prozess. Wir wussten auch: Als Schule können wir nicht weiter existieren, wenn die Einrichtung zu Grunde geht. Und wir wollten diese Schule. Nicht, weil wir sonst nichts hatten, sondern weil wir Feuer gefangen hatten in der Gestaltung dieser Schule. Auch beim Nachfolger des Direktors ist es in der Leitungsrunde zum kollektiven Aufstand gekommen. Kollektiver Aufstand bedeutet aufstehen und sagen: „Schluss, aus, Ende, Feierabend! Das ist nur Scheiße, was Sie hier machen, und das muss Ihnen mal ganz klar gesagt werden, erstens, zweitens, drittens." Das fand ich immer gut, dass es solche gemeinschaftlichen Entwicklungen gab. Das hat immer lange gebraucht, viele Gespräche und Klärungen, aber es hat stets Gemeinschaft gebildet.

Gab es einen Anlass bei dem nachfolgenden Chef?

Ja, er hatte als Leiter ein Ziel, die Verkehrssituation der Einrichtung zu regeln mit Einbahnstraßensystem, mit Schlagbäumen, mit Hinweisschildern. Das wurde so verrückt, dass der morgens in den Büschen hockte, um die durchfahrenden Mitarbeiter aus den Büschen springend anzuhalten: „Sie fahren zu schnell." Der Gipfel war, er stoppte den Tischlermeister, sprang aus den Büschen, ihm vors Auto: „Sie fahren zu schnell". „Wie schnell darf man denn hier fahren?" „Ja, man darf hier so schnell fahren, wie ein Dackel läuft." „Ich hab's verstanden", sagte der Tischlermeister, fuhr in die Werkstatt, sägte sofort einen Holz-Dackel und ließ ihn vom Malermeister gestalten. Und innerhalb einer Stunde stand am Eingang des Geländes das Dackelschild: Hier gilt Dackeltempo. Und allen war klar, dieser Leiter ist peinlich und unfähig. Das ist eine Woche später auch so in der Leitungsrunde von allen – das fand ich so Klasse – so formuliert worden. Innerhalb weniger Tage war er entlassen. Ich wurde gefragt, ob ich das machen wolle. Ich habe lange überlegt und dann zugesagt, denn ich konnte mich ja drei Jahre aus dem Schuldienst beurlauben lassen. Meine Vision war immer, die Einrichtung muss noch intensiver in die Region.

Woher konnte die Einrichtung Geld bekommen?

Das ist eine wunderbare Geschichte. Ich komme wieder zurück auf den Herrn Direktor, der wirklich alles getan hat, um der Kirche Geld zu entlocken. Was der Herr Direktor aus der Schulabteilung immer mitbrachte, war die Devise: „Wir können diesen jungen Menschen nur Geld für eine Schule geben, wenn es Ihnen, Herr Direktor, auch gelingt, diese jungen Menschen in die Kirche zu bringen." Das betrübte den Herrn Direktor natürlich, weil er wusste, das wird so nicht gelingen, denn die Jungs waren schon *sehr* kirchenfern. Über viele Jahre blieben die Bittbesuche erfolglos, bis wir dann miteinander auf die Idee kamen: „Wieso schicken wir die Kinder in die Kirche? – Lasst uns doch die Kirche in die Schule holen. Das heißt, wir bauen eine Schule, in der die Kirche schon drin ist." Und es entstand die grandiose Idee der mobilen Kirche. Mobile Kirche heißt, wir schaffen es, in 15 Minuten aus unserem Schul-Foyer einen Kirchenraum zu machen. Und das war der Durchbruch. Die Schule ist auch Kirche. Das hat überzeugt und schließlich ist das Geld geflossen. Zur Einweihung war die kirchliche Herrlichkeit zugegen. Wir sind, als die Schule umgebaut und angebaut wurde, in leerstehende Gruppenhäuser im Gelände umgezogen. Und als wir dann mit den Schülern die neue Schule betreten haben – das weiß ich noch genau –ging ich neben einem Schüler. Er schaute mich an und sagte: „Welcher Idiot gibt denn so viel Geld für uns Gangster." Ich antwortete ihm: „Weil die Menschen kapiert haben, wie wertvoll du bist und wie wertvoll ihr alle seid, genau deshalb. Diesen Wert wollen wir erhalten." Der Junge war völlig überrascht.

Wie hielten Sie es mit der Religion in der Schule?

Wir waren lange Zeit eine katholische Schule ohne Religionsunterricht. Wir haben alle eingeladen, alle Pfarreien, Generalvikariat, Schulabteilung, kommt zu uns, ihr Hirten und verkündet unseren jungen Menschen das Wort Gottes. Wenn sie dann wussten, wer wir waren, kam es zu Schweißausbrüchen. Die hatten Schiss vor uns und vor dieser Schule. Keiner wagte sich. Später haben sich Kollegen für den Religionsunterricht qualifiziert.

Als Schulleiter hatte ich keinerlei dogmatische Vorgaben. Das war eine Zone, in der ich Gestaltungsverantwortung wirklich wahrnehmen konnte. Die Zusammenarbeit mit der örtlichen Schulaufsicht und auch mit der Bezirksregierung war immer hervorragend.

Intern gab es immer Reibereien. In allen Phasen blieb das kompliziert, aber immer auch fanden sich Verbündete und neue Wege.

Herr Patt, Ihr persönlicher Weg ging weiter zur Schulentwicklungsberatung?

Ich bin mit diesem Schulkonzept frühzeitig angefragt worden: „Komm mal, erzähl mal, begleite uns!" Intensiviert wurde das, als die Landesregierung das Schulprogramm erfand und alle Schulen dazu verpflichtete. Danach wurde ich noch häufiger angefordert. Und so gab es eine parallel wachsende Nebentätigkeit als Schulentwicklungsberater, so dass ich entscheiden musste, das eine oder das andere.

Welche Charakterstärke braucht man dafür, um nach so vielen Jahren in fester Arbeit sich auf ein Glatteis der Selbstständigkeiten zu begeben?

Ich bin oft gefragt worden, wo ich den Mut hernehme, auch weil ich das im Alter von 53/54 Jahren entschieden habe. Da macht man so was nicht, da ist man etabliert. Ich hatte von Beginn an Ideen, immer eine Vorstellung von Weiterentwicklung. Es gab für mich überhaupt nie einen Zweifel, das zu tun. Das war irgendwann sehr klar. Existenzängste habe ich in diesem Entscheidungsprozess niemals gespürt.

Braucht einer bestimmte Fähigkeiten, um das zu schaffen?

Was ich empfehle ist: Folge deinem Inneren, deinem Herzen, deiner Seele, deinen Wünschen und sieh zu, dass du das hinkriegst, ohne andere zu verletzten, wissend, damit überfordert man einige Menschen und damit polarisiert man auch. Dann muss ich auch damit rechnen, dass ich eisigen Gegenwind bekomme und dass es auch dazu führen kann, gehen zu müssen oder dieses Feld nicht mehr betreten zu dürfen.

Wie standen Sie zu den Dienstvorschriften?

Ich hab nie in die BASS, die Sammlung der Schulvorschriften geschaut. Wenn die BASS, dann habe ich sie humorvoll benutzt, zum Beispiel um höher zu sitzen. Und wenn ein Lehrer zu mir kam und in die BASS schauen wollte, dann habe ich ihm gesagt: „Willst du wirklich in den öffentlichen Schuldienst wechseln? Finde doch mal deine eigene Lösung!"

Ich bin sehr dankbar für diese 26 Jahre. Wir konnten machen. Und das finde ich einfach toll, Schule entwickeln und auf der BASS sitzen. „Auf der BASS sitzen und Schule entwickeln", das könnte ein Motto sein. Und letztendlich gute Partnerinnen und Partner finden, auch im öffentlichen Kontext. Das ist schon wunderbar. Auch nicht katholisch stranguliert zu werden. So habe ich das erlebt.

Wie ist es denn bei Ihnen? Gibt es schlaflose Nächte, zu viel Arbeit?

Schlaflose Nächte habe ich nie gehabt, Gott sei Dank! Aber richtig Stress, Dinge, die mich richtig belastet haben, wo ich nicht weiter wusste. Wo es an einem Punkt war, wo nichts mehr ging. Aber das waren immer Prozesse, die so kurz vor der Eskalation waren, wo eine Entscheidung her musste. Und nach der Entscheidung war Erleichterung.

Sind Lehrer mutig?

Ich glaube, viele trauen sich nicht. Ich erlebe eine Zurückhaltung, die ich nicht verstehen kann. Das so genannte System definiert sich auch über die Zuschreibung seiner Akteure. Schule ist ja nicht komplett definiert. Schule ist eine politische Zone, und sie ist administrativ verstört. Wenn man ein Strukturdefizit wahrnehmen möchte, dann sehe ich das ausschließlich darin, dass die Schule sich letztendlich nicht anders organisiert als das Bauamt, das Friedhofsamt oder sonst irgendein Amt. Und das ist fatal. Ich mache viele Begleitungen von Schulleitungen in Bezug auf eigenverantwortliche Schule. Sie kommen in diese Veranstaltungen mit der Erwartung, da ist jemand, der uns das juristisch haarklein beschreiben kann, der uns eine administrative Sicherheit vermittelt. Und diesen Sicherheitsbedarf wische ich sofort weg. Ich sage: „Was heißt eigenverantwortlich, was bedeutet für Sie *eigen* und *verantwortlich*? Nehmen Sie das Heft in die Hand! Wenn Sie eine juristische Abklärung wollen, dann bewerben sie sich doch als Abteilungsleiter des Friedhofsamtes! Dort haben sie eine Grabsteinverordnung, daran können Sie sich festhalten. So können Sie die Toten verwalten. In der Schule geht es um Lebende, Leben ist anders."

Woran liegt es, dass so viele sagen: „Nein, das können wir nicht schaffen"?

Wir können nicht von allen revolutionäre Energie erwarten. Und wenn, dann gelingt es über eine kollektive Bewegung. Ich bemerke bei vielen, dass sie aus dieser Trägheit des Alltags, der Mutlosigkeit schon mal rauskommen. Dann erlauben sie sich, über verrückte Dinge nachzudenken. Über die Dinge nachzudenken, die sie auch bewegen. Und dann versinken sie wieder im Alltag, weil sie es alleine nicht schaffen. Das ist eine große Herausforderung für die Erhaltung der Lebensbalance, das hinzukriegen zwischen Ideal und Wirklichkeit. Wenn ihnen das nicht gelingt, werden sie krank oder sie müssen es wegpacken, verdrängen. Ich sehe einfach, dass sehr, sehr viele Lehrer Begleitung brauchen.

Was ist die größte Hilfe für jemanden, dessen Balance durcheinander gekommen ist?

Immer drauf achten, was innen ist, was bewegt, worum es wirklich geht. Es nicht für sich behalten, sondern mit Menschen reden, im Gespräch bleiben. Diese innere Klarheit gelingt nur über Gespräche mit anderen. Und dann sollte man seiner Spur auch folgen.

Was tun die Menschen, die morgens in eine ungepflegte, vergammelte Schule fahren, die nichts mit ihren Vorstellungen, mit ihrer Seele, mit ihrem Herzen zu tun hat, die ihren Dienst abreißen und zunehmend abstoßende Meinungen von sich, von dem Beruf, von den Schülern entwickeln, obwohl sie andere Vorstellungen haben, gespalten, leidenschaftslos?

Ich benutze immer mehr das Wort Leidenschaft, Leidenschaft für den Beruf, für die Arbeit mit Kindern. Ein älterer Kollege sagte mir vor einiger Zeit, es sei doch Klasse, dass wir Alten noch mit jungen Menschen zu tun haben dürfen. Da wurde seine Dankbarkeit, diese Leidenschaft sichtbar.

Ich finde fatal: Zu viele graue Gestalten in Schule, zu viele Lehrerinnen und Lehrer, deren Schultern hängen, deren Gesichtsmuskulatur Enttäuschung ausdrückt. Ich frage mich dann immer: Wo ist ihnen der Mut verloren gegangen? Wo ist die Zündschnur? Die Energie ist doch noch in ihnen!

Alle Welt, Schulträger, die es immer mehr verstehen, Schulaufsicht, senden eine Botschaft: macht! Die Kraft der Botschaft reicht jedoch nicht, sondern hier müssen andere Ansätze, andere Zündungen wirken, um das, was in ihnen ist, vergraben, nicht gepflegt, wieder zum Blühen zu bringen. Das ist jetzt meine Mission.

REINHARD STÄHLING

8. Nicht zuständig?

– Sammlung praxiserprobter Ungehörigkeiten

Als Kinder haben wir das so oft erlebt, dass man an irgendeiner Tafel, in irgendeiner Schule oder Kirche sitzt und bis in die Nase und Augen hinauf geladen ist mit mächtigen, wohlbegründeter Lachlust und doch nicht lachen darf und irgendwie damit fertig werden muss, des Lehrers wegen, der Eltern wegen, der Ordnung und des Gesetzes wegen. Ungern glaubten und gehorchten wir diesen Lehrern, diesen Eltern und waren sehr erstaunt und sind es noch heute, wenn hinter ihren Ordnungen, Religionslehren und Sittenlehren als Autorität jener Jesus stehen sollte, der doch gerade die Kinder selig gesprochen hat. Sollte er wirklich bloß die Musterkinder gemeint haben?

Hermann Hesse (1877–1962): Kurgast (o. J.)

In den Schulgesetzen ist festgelegt, dass Schule die Heranwachsenden zu Selbstständigkeit und Mündigkeit erziehen solle. Außerdem dient Schule der Reproduktion und Weiterentwicklung der Gesellschaft. Wenn wir uns die Idealbilder von humaner Schule vor Augen halten, so sehen wir sie zudem als Lern- und Lebensort für Schüler und Lehrer. Die Schule schützt nach dieser Auffassung Menschen und bietet einen Schonraum für das Aufwachsen. Sie kann sich zu einer *„Full Service School"* entwickeln, die Beratungs-, Freizeit- und Gesundheitsangebote bereithält. Hilbert Meyer spricht hier von der „Humanfunktion" der Schule (vgl. Meyer 1997, 24ff.). Bildung ist – nach dem Anspruch der UNESCO-Kommission von 1998 – „auch ein Ausdruck der Zuneigung für Kinder und Jugendliche, die wir in unserer Gesellschaft willkommen heißen sollten, indem wir ihnen vorbehaltlos einen Platz anbieten, der ihnen rechtmäßig zusteht" (Valtin 2006, S. 59).

Diese Ethik basiert u. a. auf christlich begründeten Auffassungen, die den Menschen und nicht seine gesellschaftliche Funktionalität in den Mittelpunkt stellen will. Damit ergreift diese Ethik Partei für die Benachteiligten und nimmt Stellung gegen gesellschaftliche Strukturen, die ein utopisch funktionierendes Morgen höher stellen als eine mögliche Humanität heute. Wolfgang Jantzen (1998) hat dies unter das normative Motto „Integration heißt Ausschluss vermeiden!" gefasst, womit er aufruft, die *persönlich moralische Verantwortung* – auch unter Bedingungen „primärer" gesellschaftlicher Selektion des Marktes – zurück zu gewinnen. Menschen, die an der Teilhabe „ge-hindert" werden, sind dadurch sozial isoliert und „be-hindert".

Im Jahr 2006 erfüllten in Deutschland 1 Mio. Jugendliche (10 %) ihre Schulpflicht nicht. Margrit Stamm (2009) unterscheidet in einer Studie über Schulabbrecher vier verschiedene Typen von Dropouts: Ruhige Außenseiter, Schulmüde, Schulversager und Rebellen. „Schulabbruch einzig als individuell verantwortetes Problem eines Abweichlers zu verstehen" (Stamm 2009, S. 178), entpuppt sich als irrtümliche Alltagstheorie. Schulabbruch könnte verhindert werden, wenn die Schule ihre „Haltekraft" erhöhte. Je nach Typ schlägt Stamm verschiedene pädagogische Konsequenzen vor: Optimierung der Lehrer-Schüler-Beziehung, Überwinden schulfeindlicher Einstellung, Steigerung der Motivation, Verbesserung sozialer Fähigkeiten, strukturierte Lernumgebung, effiziente Unterrichtsstrategien und nicht zuletzt die Verbesserung der Leistung durch förderliche Lernangebote in Verantwortung der Schule.

In den Interviews z.B. mit Ada Fuest, Irmtraud Schnell, Gertraud Greiling, Astrid Kaiser, Raimund Patt und Neville Alexander werden Menschen in benachteiligten Lebenslagen beschrieben. Ihnen zu helfen erforderte immer wieder Ungehorsam im Schuldienst.

Seit den ersten PISA-Ergebnissen von 2000 tritt besonders ausgeprägt zu Tage, dass der Schulerfolg in Deutschland stärker als in den meisten OECD-Ländern ungleich verteilt ist. Kinder der unteren sozialen Schichten erreichen weniger höhere Bildungsabschlüsse als es ihrem gemessenen Leistungspotential entspricht. Zwei Ursachen wurden ermittelt: *familiäre* und *schulstrukturelle* Einflüsse. Welche hat den größten Effekt? In einer Simulationsstudie konnte Müller-Benedict (2008) nachweisen, dass die Ungleichheit stärker durch bestimmte Strukturen des deutschen Schulsystems (frühe Aufteilung nach der vierten Klasse und Vormittagsschulen) als durch die familiäre Sozialisation hervorgerufen wird. Schichtspezifische „Bildungs*aspirationen*" – die Fachsprache verrät die Phantasie der Wissenschaftler – kommen stärker zum Tragen, wenn die Kinder nur halbtags zur Schule gehen und frühe Schulform-Entscheidungen getroffen werden müssen. Daraus folgt, dass Fördermaßnahmen zum Ausgleich familiärer Defizite (wie frühe Deutschförderung), zwar zweckmäßig sind, jedoch in ihrer Wirkung weit übertroffen werden durch die Einrichtung von Ganztagsschulen und die Abkehr von der frühen Aufteilung der Schüler (vgl. Müller-Benedict 2008). Dies wird auch durch einen Ländervergleich bestätigt: Europäische Länder mit eingliedrigen Gesamtschulen bis zum 16. Lebensjahr sind nach Analyse der PISA-Daten 2003 besser in der Lage, die soziale Selektivität zu reduzieren, als Länder mit früher differenzierenden Systemen (vgl. Bacher 2007).

Die deutschen Hauptschulen verlieren ihre Schülerinnen und Schüler, weil sie als „Restschulen" keine Attraktivität mehr haben. Die auch im internationalen Vergleich schon lange fragwürdige deutsche Schulstruktur wankt. Bereits 2008 existiert in 10 von 16 Bundesländern keine Hauptschule mehr, oder ihre Abschaffung ist beschlossen. Anstelle dessen wird nun von Konservativen eine Neugliederung angestrebt, die den Gymnasien erlauben soll, ohne Strukturänderung aus der Krise zu gehen: *Das Zwei-Säulen-Modell*, das den Bestand des Gymnasiums als eine Säule sichern soll und daneben zur „Entlastung des Gymnasiums" eine zweite Säule anbietet, die alle an der „höheren" Schule „gescheiterten" Schüler, die „Nichtgymnasiasten" zusammen fasst. Damit wäre das Schulwesen nicht verändert. Die Lehrkräfte an Gymnasien („Kollegen zu Pferde", siehe Interview mit Sennlaub, Schumann, Greiling) haben bei gleicher Arbeit weiterhin bessere Verdienstmöglichkeiten und können die „schwierigen" Schüler „abschulen".

Eine zu *kurze Grundschulzeit* von nur vier Jahren unterbricht Lernprozesse zu einem Zeitpunkt, an dem die Sprache und das Arbeitsverhalten der Kinder teilweise noch nicht gefestigt sind. In diesem Schulsystem versteht man unter „Förderung" seltener als anderswo, dass Schüler sich in ihrer Klassengemeinschaft entwickeln können und herkunftsbedingte Nachteile durch temporäre Förderung ausgleichen. Vielmehr „schreibt man diesen Förderbedarf in eigenen hoch entwickelten, aber für Fehlklassifikationen anfälligen Institutionen auf Dauer fest und sammelt folglich die betroffenen Schüler in eigenen Anstalten. Damit verkehren sich die humanitären Absichten für viele Schüler in negative soziale

Konsequenzen: Abwertung und Demütigung, Segregation und Exklusion, eine Orientierung auf die Verliererstraße" (Edelstein 2007, S. 127). Man prognostiziert bereits nach wenigen Jahren, wie leistungsfähig ein Kind ist, teilt die verschiedenen „Schülerrassen" (Otto Herz) auf und lässt sie getrennt lernen. Die Absichtserklärung, „den Kindern gerecht" zu werden oder sie „nicht zu überfordern", verschleiert die selektiven Strukturen. Weil kontinuierliche Förderung in sensiblen Entwicklungsjahren fehlt, werden die Kinder durch frühe Aufteilung be-hindert (vgl. Stähling 2002a, 2003b, siehe auch Interview mit Greiling). Orientiert an deutschsprachigen Mindeststandards, empfehlen Grundschulen potentiell leistungsfähige Schüler wegen zu geringer Deutschkenntnisse auf Hauptschulen. Bei der Aufnahme in die Sekundarstufe wenden einige Schulen eine „Ausländerquote" an. *„Institutionalisierte Diskriminierungen"* (vgl. Gomolla & Radtke 2000) führen zu Aussonderungen von Kindern. So werden z.B. zur Bewertung sprachlicher Kompetenz Leistungskriterien wie Deutschkenntnisse als Maßstab benützt. Überweisungen zu Sonderschulen rechtfertigen einige Schulen mit Sprachdefiziten und kulturellem Hintergrund. Elternwidersprüche gegen solche Entscheidungen wertet man als „Kulturkonflikt" (vgl. Gomolla & Radtke 2000).

Eine Barriere zur Erreichung „höherer" Bildungsabschlüsse stellen die Hausaufgaben dar, die oft förderbedürftige Schüler überfordern. Die Nachmittagsbetreuung bei den Hausaufgaben ist eine „unbezahlte Schattenschule der Mütter" (vgl. Kaiser 2007, S. 128; 203f). Enorme Summen werden zusätzlich für „Nach"-Hilfe ausgegeben, damit die Kinder in dem gegliederten, aussondernden Schulwesen mithalten können. Somit muss die „Schere der Leistungen der Kinder je nach sozialer Herkunft und Kompetenz der helfenden Mütter noch deutlicher auseinander fallen." (Kaiser 2007, S. 128). Viele Beratungsstellen sind überwiegend mit Schulproblemen beschäftigt, die nicht existierten, wenn Schüler in allen Schulen nötige Stützmaßnahmen für ihr Lernen erhielten und nicht von Abstiegen in „niedrigere" Schulformen bedroht wären.

Ungeachtet aller christlichen Ethik, der international anerkannten Kinder- und Behindertenrechte sowie der pädagogischen Grundlagenliteratur entwickelt sich jedoch das Schulwesen in Deutschland anders, als es seine Erfinder einst wünschten. Schulpolitiker und Schulbehörden haben ein Schulsystem aufgebaut, das gesellschaftliche Missstände wie Ungleichheit und Ungerechtigkeit reproduziert.

So führt die deutsche *Vormittagsschule ohne Sozialarbeit und aufsuchende Elternarbeit* zu Aussonderung von Schülern, die von ihren Eltern nicht zu regelmäßigem Schulbesuch oder selbständiger Hausaufgabenerledigung angehalten werden können. Außerdem behindert der „rigide Zeitpanzer der Halbtagsschule“ (Edelstein 2007, S. 130) die notwendigen zusätzlichen Entwicklungsressourcen wie Zeit, Zuwendung und pädagogische Kompetenz für Kinder, die in Armut leben. Ganztagsschulen mit muttersprachlichem Personal könnten „Vertrauensbrücken“ herstellen, wenn in der „Full Service School“ alle sozialen Dienste beheimatet wären.

Stattdessen besuchen Migranten weniger als Deutsche die präventiven Einrichtungen wie Beratungsstellen und Familienbildungsstätten. Dort erleben sie Zugangshindernisse wie z. B. wohnortferne Sprechstunden, das Fehlen von muttersprachlichen Fachkräften, stereotype Defizitperspektiven, Mittelschichtsprache und „Kolonialisierungsabsichten“ der Sozialdienste (vgl. Gaitanides 2001). Dagegen beschäftigen sich Jugendgerichtshilfe, Frauenhäuser, Streetwork überproportional häufig mit Migranten. Mangelnde Koordination der Hilfemaßnahmen behindert sinnvolle Vernetzungen. Seit mehr als hundert Jahren haben sich Jugendhilfe und Schule in Deutschland voneinander getrennt entwickelt (vgl. Konrad 1997). Die verantwortlichen Politiker und Verwaltungsbeamte dieser beiden Bildungsbereiche verabschieden sich nicht von den getrennten Zuständigkeiten und behindern so koordiniertes Vorgehen vor Ort (vgl. Stähling 2005a; siehe Kapitel 1).

Die im Erziehungswesen Tätigen, die mit den „Verlierern“ fühlen und ihre Schwierigkeiten verstehen, haben längst gespürt, dass deutsche Schulstrukturen „schwache“ Schüler „behindern“. Auf jeden Fall wären für die „Schwachen“ ganztägige Gesamtschulen unter einem Dach – am besten vom Kindergarten bis zum Schulabschluss – notwendig. Erfahrungen aus Brennpunkten und aus der Alphabetisierung zeigen, dass Streetwork mit dem Ziel, Multiplikatoren zu finden und auszubilden, sowie aufsuchende Elternarbeit zu den Aufgaben der Schule gehören (vgl. Stähling 2002b, 2006a Otto 2009; Interview mit Neville Alexander). Sie könnten den scheinbar selbstverständlichen Abstieg der benachteiligten Kinder aufhalten. Dass diese Erkenntnis nicht umgesetzt wird, hat manche Lehrerinnen und Lehrer resignieren lassen, andere fanden einen Weg, das Schulsystem von innen heraus Schritt für Schritt durch „ungehörige Aktivitäten“ zu verändern.

Die folgende Übersicht geht von Notwendigkeiten im Schulalltag (Spalte 1) aus, nennt Beispiele für Hindernisse bei deren Verwirklichung (Spalte 2) und skizziert sowohl langfristige Visionen (Spalte 3) als auch erste „ungehörige" Schritte (Spalte 4).

Alltags-notwendigkeiten	***Widersprüche, Widerstände***	***Langfristige Visionen***	***Erste Ungehörigkeiten***
Aufsuchende Kinder- und Elternarbeit, Hausbesuche, Streetwork mit Kindern und Jugendlichen, dabei geschlechtsspezifische Angebote. Regelmäßige Sprechtage (monatlich) während der Unterrichtszeit.	Sozialarbeiterstellen werden nicht der Schule angegliedert. Arbeitsüberlastung der Lehrer. Elternsprechtage müssen meist außerhalb der Unterrichtszeit stattfinden.	Sozialarbeiter als Mitarbeiter der Schule, der Schulleitung unterstellt, Einstellung muttersprachlicher Fachkräfte in der „Full Service School". Streetwork unter Verantwortung der Schule. Jungen-Sport-Projekte. Ausbildung von Multiplikatoren für Alphabetisierung und Sozialarbeit.	Aufsuchenden Elternarbeit kann die Schule selbst übernehmen (vgl. Interview Greiling Alexander). Gemeinsame Konferenzen und Fortbildungen mit sozialen Diensten, Gesundheitsdiensten u. a., Stadtteilarbeitskreis (vgl. Interview Pollert). Mütter-Sprachkurse. Eltern- und Kinder-Sprechtage parallel zum Unterricht (Vertretungsregelung)
Raum für Gespräche mit Eltern am laufenden Unterrichtstag.	In Grundschulen nicht vorgesehen.	Ausstattung und Einrichtung eines Elternsprechzimmers.	Umbau vorhandener kleiner ehemaliger Putz- und Lehrmittelräume mit Hilfe von Eltern und Praktikanten.
In *Fluren*: Elterngesprächsecken, Arbeitsbereiche für Schülergruppen, Time-out-Bereiche zur Förderung unkonzentrierter und verhaltensauffälliger Kinder. Dazu Tische Stühle, Sitzecken, Trennwände, Schalldämmung. Klassentüren geöffnet halten, u. a. um Möglichkeiten von Diebstahl und Zerstörung zu reduzieren.	In schlecht isolierten Fluren Heizung nicht ausreichend, um in Fluren arbeiten zu können; Kostenfaktor zu hoch; daher soll aus Heizkostengründen Klassentüren geschlossen gehalten werden, damit die Klassen nicht zu kalt werden; so ist Sicherung gegen Diebstahl und Zerstörung nicht möglich. Möbel, Teppiche sind als Brandlasten zu entfernen, um Rettungswege freizuhalten.	In Fluren: Heizkörper einbauen, Isolierungen verbessern, Temperatur erhöhen; Schalldämmung (Decken, Wände). Einrichtung mit geeignetem Mobiliar; neue Rettungswege einrichten; Brandschutztüren. Bei Schulneu- oder umbauten Ausgänge aus allen Klassen nach draußen (vgl. Wartburgschule, Greiling).	Flurtemperaturen den Werten für Arbeitnehmer und Behinderte anpassen; Klassentüren öffnen. Nach Beratung durch Bauaufsicht und Feuerwehr Aufenthaltsbereiche in Fluren festlegen, Mobiliar so aufstellen, dass Fluchtwege frei bleiben, evt. an der Wand befestigen (vgl. Interview Hövel).

Alltags-notwendigkeiten	***Widersprüche, Widerstände***	***Langfristige Visionen***	***Erste Ungehörigkeiten***
Freistellung von Schülern vom Unterricht für Familienfeste u. a. nach Wunsch ermöglichen.	Heimreisen in die Herkunftsländer dürfen nicht genehmigt werden, gelten als Schulpflicht-verletzung.	Verantwortlicher Umgang mit Privatem, Kulturellem aller Mitglieder der Schulgemeinschaft.	Schulleiter genehmigt zwar nicht, aber akzeptiert im Falle des Fernbleibens wegen Familienfeiern eine Krankmeldung als Entschuldigung.
Raum für regelmäßige Feiern mit der gesamten Gemeinschaft des Umfeldes vom Kleinkindalter bis zum hohen Alter; Stadtteil- oder Familienzentrum.	In Kitas und Grundschulen in der Regel nicht vorgesehen.	Ausstattung und Einrichtung von großer Aula oder Versammlungsraum für gesamte Schulgemeinde.	Umbau vorhandener Räume, Durchbruch von Mauern zum Zwecke der Schaffung eines großen Raumes. Schulfeiern alle 2–4 Wochen mit Präsentationen aus den Klassen. Gemeinsame Feiern mit Gemeinden, Kindergärten und Nachbarschulen.
Schulkultur der Toleranz und *Vielfalt* aller Religionen. Gemeinsamer Religionsunterricht (vgl v. Hentig 2007, S. 396ff.). Schulfeiern zum Schulbeginn und zwischendurch in Räumen der Religionsgemeinschaften unter Beteiligung aller religiösen Repräsentanten.	Kirchen und staatliche Erlasse verlangen von Beginn an die getrennte Unterrichtung evangelischer und katholischer Schüler. Ökumenischer Unterricht gilt als nicht zulässig (vgl. v. Hentig 2007, S. 396ff.). Für andere Religionen besteht meist kein Anspruch auf Unterricht.	Ökumenischer Religionsunterricht, der von Lehrern mit Lehrbefähigung angeboten wird. Kinder bleiben in ihren Klassengruppen zusammen und werden nicht nach Konfession getrennt. Angebote für alle Religionen und friedliches Nebeneinander verschiedener religiöser Rituale. Gemeinsame und getrennte Feiern der Religionen.	Fachdidaktische Konferenzen und Fortbildungen. Schulkonferenzbeschluss: In den ersten Schuljahren gemeinsamer Religionsunterricht für alle mit Schwerpunkt auf friedlichem, sozialem Miteinander, Aufbau einer Toleranzkultur und Förderung des Interesses für Vielfalt der Religionen (vgl. Interview Patt). Feiern zu Schulbeginn und zur Entlassung unter Beteiligung der ev., kath. islam., jüd. u. a. Geistlichen.

Alltags-notwendigkeiten	***Widersprüche, Widerstände***	***Langfristige Visionen***	***Erste Ungehörigkeiten***
Lernrhythmus den Kindern anpassen, ganztägige Schul-Erziehung. Essen in der vertrauten Gruppe in den Klassenräumen.	Fachunterricht, Fachlehrersystem, Lehrerausbildung auf Fächer bezogen, Vormittagsschule unter Zeitdruck. 45-Minuten Rhythmus der Lerneinheiten.	Gebundene rhythmisierte Ganztagsschule für alle nach dem Gievenbecker Modell (vgl. Stähling 2006, Interview Greiling). Mahlzeiten als Teil der ganztägigen Erziehung in den Klassenräumen.	Didaktische Konferenzen und Fortbildungen. Eltern-Lehrer-Arbeitskreis erarbeitet Konzept des Ganztags. Gebundene Ganztagsschule zusammen mit benachbartem Hort aufbauen. Erfahrungen mit rhythmisiertem Unterrichtstag ohne Fächerzuordnung machen und auswerten. Schulglocke abstellen.
Außerschulische Lernorte einbeziehen, „Stadt als Schule". *Raum als dritter Pädagoge* gestalten mit Sitzecken, Polstermöbeln und Teppichen. Tier und Pfanzen in den Schulklassen. Pflanzenwachstum als Symbol der Entwicklung (vgl. Interview Kaiser).	Die Aufsichtspflicht gilt als Entschuldigung, wenig an außerschulischen Lernorten zu lernen. Kindgerechte Einrichtungen, Tiere, Pflanzen werden teilweise aus Hygienegründen verboten. Gesundheitsämter interpretieren Hygienevorschriften für Schule unterschiedlich.	„Öffnet die Schulen! Lasst das Leben rein!" Betreute Schüler-Praktika. Bewährung der Jg 7–9 durch „Entschulung" (vgl. v. Hentig 2006) Aufbau eines eigenen Schulzoos (vgl. v. Hentig 2007, S. 361 f.), eines Schulgartens, eines Bauspielplatzes und von Werkstätten. Dies muss „unfertig" bleiben (v. Hentig 2007, 374) und vor Angriffen geschützt werden. Keine „Sagrotan-Pädagogik" (Sennlaub 1995, 108).	Eigenverantwortlichen Schülergruppen außerhalb der Schule Erkundungsaufgaben geben. Anwendung der Erlasse zum Schulwandern, die Aufsicht regeln, dabei Vorschriften genau lesen (vgl. Interview Sennlaub). Initiativen zum „praktischen Lernen" (vgl. Interview Kaiser, Kreiselmeyer). Räume eigenmächtig gestalten (vgl. Interview Hövel, Greiling). Sennlaub (1995, 108) empfiehlt: „Seid klug wie die Schlangen und falsch wie die Tauben" (Matthäus 10.16).

Prof. Dr. Astrid Kaiser

1948	geboren
1982	Promotion
1976	Lehramtsreferendarin an einer Grundschule
1977	Lehrerin an einer Grund- und Hauptschule in Kassel
1982	Wissenschaftliche Mitarbeiterin an der Universität Bielefeld für den Lernbereich Sachunterricht
1989–93	Grundschullehrerin in Bielefeld; Modellversuch mit Aussiedlern
1992	Feldforschungsstudie; Vertretungsprofessur für Grundschulpädagogik in Kassel
1993	Professorin für Didaktik des Sachunterrichts am Fachbereich Pädagogik in der Universität Oldenburg; Aufbau der Lernwerkstatt Sachunterricht
seit 1994	Wissenschaftskooperation mit Japan
1997	Schulversuchsprojekt in Niedersachen zur jungen- und mädchengerechten Grundschule
seit 2001	Forschungskooperation mit Chile
2004	Veröffentlichung „Basiswissen Sachunterricht" (6 Bände);
seit 2004	Wissenschaftskooperationen mit Ländern aus Asien und Südamerika
2006	Neufassung des Lehrbuchs „Einführung in die Didaktik das Sachunterrichts"

www.astrid-kaiser.de

ASTRID KAISER

Wenn es nicht geht, ist wahrscheinlich die Vorschrift falsch!

– Eine Professorin in der Lehrerausbildung erzählt

Frau Kaiser, wie kamen Sie dazu, Lehrerin zu werden?

Ja, eigentlich bin ich Lehrerin geworden, weil ich so eine tolle Grundschullehrerin hatte. Die hab' ich schon, bevor ich in die Schule kam, gesehen. Ich fand die so toll und hab' mir gewünscht, dass ich bei der in der Schule bin. Am zweiten Tag hat sie uns gefragt, was wir werden wollen, und da habe ich gesagt: „Lehrerin, so wie Sie!" Das Hauptproblem für mich als Arbeitertochter vom Lande war, überhaupt in weiterführende Schulen zu kommen. Fräulein Bensler hat dummerweise geheiratet nach der zweiten Klasse und war weg, und dann kriegte ich einen Lehrer, der nicht so motivierend mit meinen langen Aufsätzen umging wie Fräulein Bensler, die ein Extra-Geschichtenbuch gemacht hat, und die tollsten Geschichten, die man geschrieben hatte, wurden in das Extra-Heft für Lehrer Bensler geschrieben. Das war ihr Vater, der war auch Lehrer, und das war mein erster Leser, und ich hab dann alles getan, dass Lehrer Bensler begeistert von mir war. Ich wollte Lehrerin werden. Dann habe ich gehört, da muss man zur Oberschule gehen, und das wollten meine Eltern nicht, und dann bin ich zum Nachbarn gegangen mit dem Kartoffelacker hinter uns, und das war damals der Bürgermeister. Er war früher in der KPD. Ich weiß noch, als das KPD-Verbotsurteil war, hat er mich auf den Schoß genommen und hat zu mir gesagt, jetzt muss ich in die SPD gehen, aber im Herzen bleibt man doch, was man ist. Ich bin zu dem hingegangen und hab dem gesagt: „Meine Eltern wollen nicht, dass ich auf die Oberschule komm." Dann ist er zu meinen Eltern gegangen, das weiß ich noch, und dann hat er so was Komisches gesagt, wie, „Liebknecht hat gesagt, Wissen ist Macht." Das war bei meinen Eltern überhaupt nicht angekommen. Erstens kannten sie weder Liebknecht, noch den Sinn des Satzes und sagten, wir sind zu alt, das kostet zu viel Geld, und das tut man nicht. Und dann haben sie mich nicht gelassen. Er hat mir beim Rausgehen noch gesagt, er würde den Pastor fragen. Und dann kam ein paar Tage später der Pastor, und der sagte zu meinen Eltern, dass ich eben bei den Kirchen- und Weihnachtsfesten immer so toll Gedichte aufsage und dass ich das alles so gut kann. Dann hat er zu meinen Eltern gesagt, wenn dieses Mädchen nicht zur Oberschule kommt, ist das 'ne Sünde. Und dann kam ich dahin.

Meine Lehrer waren alle in der Oberstufe dagegen, dass ich zur PH ging, und eigentlich wollte ich dann am Schluss Biochemie studieren, aber dann dachte ich, bei uns hat sich kein Mädchen im Mädchengymnasium für den Chemiekurs interessiert, und dann komme ich beim Studium mit den Jungen vom Jungengymnasium zusammen, und die sind viel schlauer als ich. Dann falle ich noch durch, und dann haben meine Eltern so viel Geld bezahlt. Ich habe ich mir gesagt: Nein, dann werde ich Volksschullehrerin! Die Doofsten in unserem Kammerchor sind Volksschullehrerin geworden, das schaffe ich auf jeden Fall.

Zwei ganz wichtige Erlebnisse, gleich in der ersten Woche. Das erste war die Vorlesung „Einführung in die Schulpädagogik". Da hatte der Prof. Ruprecht über die soziale Bildungsbenachteiligung gesprochen, und ich hab das vorher im Gymnasium ja nie richtig reflektiert und habe immer gesagt, oh, diese Mädels da, die Doktorentochter und dies und das und die fahren in Urlaub, ich fahre nie in Urlaub. Ich hab' dann immer bei diesem dusseligen Aufsatz nach den Sommerferien gelogen, was ich für ein Ferienerlebnis hatte. Die anderen hatten ja alle schöne Ferienerlebnisse. Ich hatte Kartoffeln gesammelt in den Herbstferien, bei der Getreideernte geholfen in den Sommerferien und Kartoffeln pflanzen in den Frühlingsferien. Für mich waren Ferien die absolute Strafe, und ich hab mich immer gefreut, wenn ich die Freiheit hatte, wieder in die Schule gehen zu dürfen und nicht so Sklavenarbeit bei meinen Eltern machen musste. Na ja, jedenfalls dieser Prof hat mir das klar gemacht, und ich habe geheult in der ersten Schulpädagogikvorlesung, weil ich dachte, das war das Problem, was ich hatte, und ich hatte es nie begriffen, dass ich als Unterschichtkind so benachteiligt war.

Und das nächste war die Einführung in die Sozialpädagogik, und dieser Dozent hat uns gesagt, wie wenig die Menschen mit abweichendem Verhalten sich von denen mit normalen Verhalten unterscheiden. Das hat mich völlig begeistert. Dann kam ich in ein Kinderheim und merkte plötzlich, dass die Welt ganz anders war. Der Heimleiter fing gleich an, als sich da so idealistisch redete, wie ich den Kindern hier helfen wolle, hier geht es nicht so à la Dutschke. Ich hatte vorher noch nichts von Dutschke gehört. Ich wusste zwar etwas von den Nachrichten und dass meine Mutter gesagt hatte: „Mach da bloß nicht mit bei denen, die da demonstrieren!" Ich hatte damals gedacht, ich hab doch eben nur gesagt, was mein Dozent für Sozialpädagogik gesagt hat und nicht, was Dutschke gesagt hat.

Ich spürte dann plötzlich, dass es da im Heim krumme Sachen gab, dass die Kinder z.B. schweinewenig zu essen kriegten. Hab' dann mich erkundigt. Am freien Wochenende bin ich nach Bremen in die Bibliothek gefahren und hab' gesehen, wie hoch die Regelsätze sind für ein Kind in der Tagespflege. Ich hab' dann gerechnet, wieviel Geld das kostet, und dann hab' ich festgestellt, dass die das Essensgeld beiseite schieben. Wir haben dann recherchiert, meine Freundin und Kommilitonin und ich.

Als PH-Aufgabe hatten wir, eine Einzelfallstudie zu machen. Es ging um ein Kind. Ich hab mir den Wegläufer genommen. Wahrscheinlich, weil ich selber als Kind auch mehrfach eine Wegläuferin von zu Hause war. Jedenfalls liebte ich diesen Hermann. Ich hab' bei dem auch so neue Methoden des Mathelernens entwickelt. Ich musste Hausaufgaben machen, und ich wusste, wie motorisch unruhig der war. Ich bin dann immer eine Runde gelaufen mit dem und hab' währenddessen die

Matheaufgaben mit Schnellzurufen gemacht. Wenn er in Bewegung war, konnte er das. Wenn er saß und Schule machen musste, dann ging er in Abwehrstellung. Ich hab' dann alles getan, 'ne tolle Einzelfallstudie zu machen, bin in die Schule gegangen zu den Lehrerinnen. Das hat der Heimleiter rausgekriegt. Ich kriegte eins aufs Dach, dass ich mich für dieses Kind einsetzte, und dann bin ich an einem freien Tag zu der Oma gefahren. Das war die einzige, die sich mal um dieses Kind gekümmert hat. Das kriegte der Heimleiter auch raus. Ich kriegte permanent eins aufs Dach, bis dahin, dass der Heimleiter sagte, ich hätte das Sozialpraktikum nicht bestanden und er würde das in Hannover an der Pädagogischen Hochschule melden, dass ich durchgefallen sei. Weil ich eben so aufmüpfig war. Dann hab ich mich hingesetzt und hab' alles geschrieben, ich hab' gedacht, es ist jetzt auch egal. Wenn ich durchgefallen bin, bin ich durchgefallen. Aber ich schreib noch auf, was da alles an Geldschummelei war. Ich hab das dem Dozenten, dem Sozial-Müller vorgelegt und hab gesagt, ich bin der Meinung, dass das der Grund ist, weswegen ich durchgefallen bin. Dann hat Sozial-Müller gesagt, das sei eine wunderbare Fallstudie. Er sei ganz davon angetan, und er hat mir das Praktikum bescheinigt.

Dann hat er paar Semester später von sich aus vorgeschlagen, kompensatorischen Sprachunterricht im VW-Betriebskindergarten zu machen. Dann musste ich morgens um sechs Uhr los fahren, denn um sechs Uhr war Betriebsbeginn bei VW und die Kinder waren schon um viertel vor sechs im Kindergarten. Ich hab' dann zweimal die Woche dort Sprachförderunterricht gemacht. Damals gab es nur ein Heft. Sieht genau so dusselig aus wie die heutigen Sprachfördermaterialien, wo immer so Bilder sind, und dann muss man Vokabeln pauken. Ich hab natürlich damit angefangen. Da hab ich aber bald gemerkt, das geht nicht. Irgendwie komme ich bei den Kindern nicht klar, das ist so ein aufgesetztes Vokabelpauken. Dann habe ich geguckt, was es so gab. Kerzen und Wasserbottiche – damals gab es ja noch nicht das Fach Sachunterricht, und ich hab' mit dem Zeugs, das ich im Kindergarten gefunden hab', irgendwelche Situationen gemacht und mit den Kindern darüber gesprochen und das beobachtet und verglichen und so weiter und dann gemerkt, wie die dann zum Sprechen kamen von sich aus und nicht: da ist eine Bürste, da ist ein Waschlappen. Das fand ich so für mich ganz toll, aber dann hatte ich auch so ein schlechtes Gewissen. Ich musste Sozial-Müller dann beichten, dass ich wieder nicht das gemacht hätte, was vorgesehen war. Ich hab' ihm das dann erzählt, dass ich also ganz felsenfest der Meinung sei, dass das mit dieser Sprachfördermappe keine Sprachförderung gebe, sondern nur, wenn die Kinder wirklich was erleben. Dann hat er genickt und sich gefreut. Ich hatte immer so die Muffe, das kann gar nicht gut ankommen, was ich mir so ausdenke.

Ich hab' mein Referendariat an der Grundschule gemacht. Das hat mir wieder so totalen Spaß gemacht. Wenn ich meine Aufzeichnungen angucke, bin ich entsetzt, was ich für einen Unterricht gemacht habe, weil es da noch eingeteilt wurde – Verkehrserziehung, Naturwissenschaft, Sozialwissenschaft. Ich hab' mal den Studierenden meine Mappe gezeigt. Es ist eigentlich zum Sich-Schämen, was ich für eine

Unterrichtsvorbereitung gemacht hab'. So links abbiegen an der Ampel und all so'n Unsinn. Ich hab' dann versucht, meinen Verkehrsunterricht ein bisschen anders zu machen, so mit Rollschuhen auf dem Schulhof und Ähnlichem. Das hat mir dann aber der Schulleiter verboten. Wir hatten einen extra Schulraum für Verkehrserziehung. Ich musste dort an die Magnettafel und nicht auf dem Schulhof mit realer Bewegung arbeiten. Entsprechend sind die Kinder sozial selektiv durchgefallen aus den kleinen Dörfern. Die Kinder, die aus dem Hauptort kamen und selber viel Fahrraderfahrung hatten, die haben dann Wimpel mitgebracht. Da ist mir klar geworden, dass ein solcher Unterricht nichts bringt, sondern es sehr von den Voraussetzungen abhängt, was bei den Kindern ankommt und was nicht ankommt.

Wir hatten einen Seminarleiter, der erzählte uns, dass man das zwar nicht laut machen solle, Prügelstrafe sei ja in Hessen verboten, aber man solle immer, wenn man diese Verhaltensflippis habe, ohne Zeugen mit denen in irgendeinen Extraraum gehen, denen ordentlich eine watschen und dann parieren die schon. Und ein Mitreferendar sagte dann: „Schön, dass hier endlich mal einer die Wahrheit sagt". Diesen Seminarleiter habe ich als Referendarin angezeigt. Ich hab' es durchgesetzt, dass der abgesetzt wurde. Und der war der Intimus vom Leiter. Deswegen kriegte ich dann eins drauf mit meiner „sechs" am Schluss. Aber ich hab's durchgesetzt, dass dieser Mann nicht mehr Referendare ausbilden durfte.

Da gab es wahrscheinlich auch Anfeindungen?

Ja, von meinen Mitreferendarinnen. Ich hab' denen das vorher gesagt, dass ich das machen will, und hatte mehrere gefunden, die sagten: „Ja, ich werd' dann für dich mit unterschreiben". Nachher war ich ganz alleine im Regen, kein einziger hat sich auch nur gekrümmt oder getraut, irgendein Wort zu sagen. Meine Zeugenaussage galt dann als sozusagen erfunden. Mir geht es jetzt immer so, wenn ich in der Zeitung so irgendwas lese, von Vergewaltigungsprozessen oder so was und dann immer wieder, das Opfer hat das erfunden. Dieses „hat das erfunden" sitzt mir biografisch ganz tief im Nacken. Das wurde mir auch vorgeworfen. Ich setz' doch nicht einen aus Willkür ab. Das hat doch einen Grund. Aber ich bin froh, dass ich den Mut aufgebracht habe, da diesen Menschen ... der hätte ja das weiter fortgesetzt bei jeder Generation von Referendaren.

Sie wurden Hauptschullehrerin ...

Ich hab' dann noch während meines Schwangerschaftsurlaubs hospitiert in meiner zukünftigen Klasse und dann gesehen, wie die braune Soße vom Farbkasten dem einen über den Nacken geworfen wurde, dass dem Mädchen der Ranzen so runtergerissen wurde, dass sie fast das Rückgrat gebrochen hatte, und ähnliches mehr. Was ich dann auch so hörte. Auf dem Schulweg hat ein Junge den Hähnen, die er gesehen hat, den Hals abgerissen und solche Geschichten. Dann habe ich gedacht, nur pädagogischer Bezug bringt es. Ich hab von allen Kindern die Geburtsdaten auswendig gelernt und die Namen und hab jedes einzelne in dieser Zeit persönlich angesprochen. Jedenfalls habe ich das in der Hospitationswoche so geschafft, dass ich mit den Kindern irgendwie gut klar kam. Dann war das meine ganz tolle Klasse. Ich hatte mein kleines Baby und musste damit allein klar kommen. Dann hab ich gesagt, ja, ich würde gerne tolle Wanderungen mit euch machen, eine Nachtwanderung oder sonst was, aber da muss mein Baby mit getragen werden. Und dann haben meine Hauptschulrabaukis, die sonst mit Schistiefeln auf die Köpfe anderer geschlagen haben, mein Kind getragen. Ich hab denen das zugetraut – das könnt ihr. Wenn die mal über die Stränge geschlagen haben, habe ich dann immer gedroht, dann darfst du nächstes Mal nicht den Arvid tragen. Das entwickelte sich dann auch später so, dass da an der Schule auch die Eltern, dann wenn mein Kind krank war, sagten: „Besser, Sie gehen in die Schule, und wir gehen zu Ihnen nach Hause". So haben die Eltern dann bei mir Krankheitswache gemacht und sind zum Arzt gegangen, und ich bin dafür deren Kinder in der Schule betreuen gegangen.

Bei der Mengenlehre war ich ungehorsam. Ich habe meine Kiddis vor mir gesehen und gemerkt, diese Mittelschichtkinder, die sowieso gut gefördert sind, die schnallen das viel schneller, die brauchen nichts zum Langweilen. Die anderen schnallen das eh so gut wie gar nicht. Dann habe ich das den Eltern gesagt, dass ich das Mathebuch in einer Woche im Kurzdurchlauf machen werde und ansonsten meinen eigenen Matheunterricht. Dann habe ich zwar auch so Mengen, es kommt ja im Sachunterricht vor, aber ich hab das in Kontexten gemacht und das Mathebuch sozusagen im Schnelldurchlauf abgeschafft und mich nicht an die Richtlinien gehalten. Ich habe das auch nie laut gesagt und dachte, die Eltern werden das ja auch nicht weiter sagen. Die sollen es schon wissen, denn die sind ja diejenigen, die manchmal Hausaufgaben üben. Ich glaub, zwei Jahre oder drei Jahre habe ich das ausgehalten, dass ich das eigentlich illegal gemacht hab. Dann kamen die Beschlüsse der Kultusministerkonferenz, dass man das abschaffte. Meinen Studierenden sag ich auch immer: Guckt darauf wie die Kinder sind. Traut eurer Intuition. Wenn eure Intuition so ist, dass es so auf diesem Weg nicht geht, dann ist wahrscheinlich die Vorschrift falsch, auch wenn die Vorschrift noch sehr lange hält. Ich hatte mal Glück, dass es nur wenige Jahre dauerte, dass die Vorschrift gestorben ist. Das fand ich auch für mich so total erleichternd, dass ich dann mit den Kindern so arbeiten konnte, wie ich arbeiten wollte und dass die dann auch viel zufriedener waren und ich sah, da kommt auch was raus. Die Parallelklasseneltern haben dann gesagt: „Frau Kaiser ist viel schneller mit dem Buch durch." – Weil ich mich damit ja nicht aufgehalten habe. Da kriegte ich auch noch sozusagen auf dieser Ebene positiv Rückmeldung. Das führte dann auch dazu, dass es sich schon mittlerweile so im Dorf rumgesprochen hatte. Es gab viele Eltern, die ihr Kind anmeldeten und sagten dann, aber nur, wenn es zu Frau Kaiser kommt, soll es an diese Schule, sonst würde ich es an die andere Schule anmelden oder Ähnliches mehr, so dass ich dann eben auch ein ganz gutes Standing da kriegte.

Sie haben immer das gemacht, was Sie für richtig hielten?

Ja, ich bin zwei Mal zum Kultusminister in die Abgeordnetensprechstunde gegangen und hab die Bedingungen an der Schule verändert. Einen gleitenden Schulanfang gab es damals noch nicht. Dann habe ich mir einen Erlass geben lassen für meine Klasse, dass ich das da erproben kann. Ich habe ihm das erzählt und dann hat der Kultusminister mir einen persönlichen handgeschriebenen Erlass gegeben. Dann habe ich Elternmitarbeit im Unterricht eingeführt, damit ich differenzierter arbeiten konnte. Dann bin ich auch in die Abgeordnetensprechstunde gegangen, habe ihm erklärt, wie ich mir das so vorstelle, und ihn darum gebeten, dass er mir das gesetzlich absegnet. Dann hat er wieder für mich einen kleinen Erlass gemacht und den hat er dann nachher auch richtig getippt und vom Ministerium aus an die Schulleitung geschickt. Dem Schulleiter hatte ich das auch schon erzählt, dass ich das in die Richtung machen will, und dann war ich sozusagen abgesegnet.

Wie ging es dann bei Ihnen an der Uni in Bielefeld in den 1980er Jahren zu?

Ich hab' tolle Projekte gemacht. Da gab es in Bielefeld-Brake mal einen Giftmüllskandal. Das haben wir dann als Seminarthema gemacht und haben dann eben recherchiert. Wir sind in die Verhandlungen im Rat gegangen, haben die Akten angeguckt und haben rausgekriegt, wer denn der wirkliche Schuldige war, weswegen da die Leute ihre Häuser alle verlassen mussten, und haben dann in Bielefeld und auch noch wo anders Probebohrungen gemacht. Wo könnte noch so etwas vorgekommen sein? Wir haben gesagt, es muss nicht sein, dass wir die meiste Zeit in der Uni sitzen. Wir sind dahin gegangen, wo die Bürgerversammlungen waren, wo die Verhandlungen waren, und die Aufgabe war: Wer kriegt als erster raus, wer der Schuldige dabei ist? Weil ja jeder die Schuld wieder abgeschoben hat. Wer hat sozusagen den Boden in Bielefeld Brake verseucht? Und warum und wie? Die Studierenden haben das ein halbes Jahr eher rausgekriegt, als es in der Zeitung gestanden hat. Wir wussten dann, man muss die Kurve des Lkw einkalkulieren und haben dann an anderen Stellen geforscht: Wo wird ein Lkw-Fahrer am klügsten seine Runde fahren, um wieder zurückzukommen, wenn er seine Sache abgeladen hat. Da haben wir dann auch Messungen gemacht, mit Bohrstab, Umweltanalyse und Sachen gefunden, auf Bielefelder Altmülldeponien.

Dann kamen die Aussiedler?

Das Schulamt hat die Idee gehabt, eine Auffangklasse zu machen. Die Nullklasse nannten sie das, für die Kinder, die da gerade mit 6 Jahren in Deutschland angekommen sind. Dann haben sie mich gefragt, ob ich das freiwillig machen wolle. Ich war völlig begeistert. Dann haben Freundinnen, die im Personalrat waren, gesagt: „Bis du verrückt, das ist ja das Allerschwerste, das du dir da antun kannst. Du hast gar keine Kontinuität. Für den Anfang, wenn du von der Uni kommst, willst du dir so was aufhalsen?" Ich war jedenfalls völlig high von dieser Aufgabe, und die vom Schulamt haben mir gesagt, ich könne völlig ohne Richtlinien arbeiten. Ich dürfe machen, was ich wolle.

Ist man auf Tricks oder auf Täuschen angewiesen, damit man da weiter kommt?

Ja, das ist so. Die Welt ist nicht vernünftig organisiert. Wenn man was erreichen will, muss man irgendwie noch einen Weg finden, sich so durchzulavieren.

Haben die meisten Angst davor, sich durchzumogeln?

Nein, die meisten haben keine Ziele. Ich denke, man muss motiviert sein und Ziele haben, um sich überhaupt durchzutricksen. Wenn man keine Ziele hat, hat man ja auch nicht die Motivation. Ich war ja auch immer politisch motiviert, was ändern zu wollen. Ich habe, denke ich, gerade in der Studierendenzeit eine ganz klare politische Motivation aufgebaut, dass ich viel verändern wollte. Von daher war das für mich nie eine Entscheidungsfrage: Mache ich das oder nicht?, sondern: Kriege ich das hin? – Letztens in der Uni, ich kann mich noch an diese Situation erinnern. Ich saß mit meiner Freundin in der Mensa und meine Mitarbeiterinnen auch drum herum. Ich habe gesagt, dieses Mistpräsidium, das macht die Lehrerbildung kaputt. Da sagt sie zu mir, pssst, weil daneben von der Entwicklungsplanung/-abteilung der Leiter saß. Ich habe gesagt: „Wieso, ich kann das hier auch noch lauter sagen!", bin einfach fortgefahren, damit er das auch wirklich hörte. Ich hatte vorher gar nicht gemerkt, dass der da saß. Ich habe lauter dasselbe weiter gesagt – dieses Präsidium hat keine Ahnung, wie es in den Fakultäten aussieht. Ich hab' das einfach so gesagt.

Ich bin nie zufrieden. Es gibt noch so vieles, was verändert werden kann. Ich muss sagen, es gibt ja immer wieder in jeder Entwicklungsphase auch positive Neuerungen. Ich habe jetzt ein Kindergartenprojekt, Naturwissenschaft im Kindergarten.

Da sind auch Integrationsgruppen, wie die sich da auch reinbeißen und merken, wir machen das Projekt gemeinsam. Ich gehe zu den Elternabenden und kämpfe da weiter, und sie sehen das auch. Eigentlich reiße ich meine Studierenden um mich herum auch mit. Ich habe natürlich auch die lahmen Geigen da. Die kriegen das aber auch entsprechend zurückgemeldet. Die guten, motivierten Studierenden, da habe ich auch Hoffnung, dass die wieder ein kleines Stückchen weiter kommen. Meine besten Möglichkeiten, die ich machen kann, sind im Moment, meine Doktorandinnen und Doktoranden zu fördern. Im Moment sehe ich sozusagen, wie bei uns die Uni kaputt strukturiert wird. Ich sage mir, ich investiere in diese Menschen, die dann später noch mal wieder was Neues aufbauen. Das ist noch nicht das Ende der Fahnenstange, was jetzt da ist. Ich gucke auch auf dem Büchermarkt, wo kann ich in der richtigen Weise einen Kick geben, dass sich wieder was verändert.

Jetzt zum Beispiel gab es eine Forschungstagung „Europäisierung von Bildung". Dann habe ich schlicht und einfach Fotos gezeigt von meinen Beobachtungen von Seminaren in England, wie die Lehrerbildung da viel praxisnäher ist. Und das mit Fotos belegt, wie die Räume da aussahen, dass jeder Raum wie eine Lernwerkstatt ist und die Studierenden dort ganz anders arbeiten. Ich kriegte da natürlich gleich einen Rüffel von einer Kollegin, die nie in der Schule war.

Frau Kaiser, wenn Sie jetzt durch die Welt kommen, besonders Südamerika oder Asien, wo Sie ja auch viele Kontakte haben ... Haben wir in Deutschland Probleme „auf hohem Niveau"?

Ein bisschen ist es schon so: Probleme auf hohem Niveau. Wenn ich meine Freunde in Chile so sehe, unter welchen Bedingungen die begeistert arbeiten! Ich muss zugeben, dass ich lieber Lehrerfortbildungen in Chile mache als hier. Das ist nicht nur emotional viel schöner, sondern ich stoße vielmehr auf Begeisterung, obwohl die so sauschlechte Bedingungen haben. Ich habe auch in Chile unterrichtet. Wie viele blaue Flecken man sich da stößt an diesen Stahltischen. Ich hatte mir da ausgerechnet, dass das Appartement, das ich gemietet hatte, so teuer war, da hätte ich mit einem Lehrerinnengehalt Miete und Wasser zahlen können, Strom und Gas nicht mehr. Ich hatte ein einfaches Appartementhaus, eine 1 1/2 Zimmer Wohnung. Die Bedingungen sind da schon sehr viel schlechter, aber die pädagogische Begeisterung ist so viel größer. Das gibt mir übrigens auch Hoffnung. Gerade Lateinamerika! Wie vernünftig die Menschen da auch politisch durchblicken, und wie sich hier manche Leute den Sand in die Augen streuen lassen! Wie viel Selbstbewusstsein und Motivation in diesen Ländern ist. Und auch in Asien. Welche Freude da vorhanden ist an kleinen Sachen, wenn das so vorangeht.

Sind bei uns zu viele selbst auferlegte Beschränkungen?

Weil das System so ist, einschränkend und rückwärts, legen sich viele dann ja auch selber Fußfesseln an. Das muss nun nicht auch noch sein. Da die Viertel dort in Valparaiso sehen alle gleich aus. Da fällt der Abfall runter, dass Wellblech ist kaputt. Es sieht alles sehr verrottet aus. Dies kommt immer wieder durch Erdbeben und

Erdrutsche usw., aber die Kinder dort in dem Projekt und die Schulen, die damit zusammenarbeiten! Da wird gesagt, jedes kleine Quadratzentimeterchen, das wir bepflanzen ist gut. Das machen wir. Das sieht jetzt wie ein grünes Paradies aus. Das wird auch noch beschriftet. Die Kinder üben das in den Schulen. Ich sehe das von Jahr zu Jahr. Früher war nur im Projektzentrum etwas Grünes zu sehen. Die haben dann Mauern bemalt mit ganz schönen Gemälden. Jetzt merke ich, dieses Viertel entwickelt sich. Es wird immer grüner, es wird immer bunter, weil wahrscheinlich immer mehr Kinder aus diesen Schulprojekten kommen und das zu Hause noch einmal probieren und weiter zeigen. Dieser Glaube an die Zukunft! Das Pflanzen ist auch eine Sache, die lange dauert, bis so eine Pflanze dann auch Früchte trägt. Und dieses, Mut für die Zukunft haben und einfach anfangen, obgleich das so lächerlich wenig ist, was an Mitteln da ist. Also, den kleinen Schritten Produktivität nicht absprechen.

Für die Studierenden, die da zurückkommen, ist das eine tolle Erfahrung, weil das Freiwillige sind aus allen möglichen Ländern. Da lernen die also ein großes internationales Spektrum an anderen Freiwilligen kennen. Es kommen welche aus den USA, aus Frankreich, Schweden. Es sind immer wieder andere Länder dabei. Die sind dann so initiativ, weil sie da auch ganz initiativ arbeiten dürfen – sie dürfen sich auch alles ausdenken. Die Bedingung für die Aufnahme ist, die müssen eine Kunst haben. In dieser einen Kunst müssen sie gut sein und die müssen sie wichtig finden. Dann gibt es eben welche, die sagen, ja wir wollen Theater spielen oder wir wollen Musik machen. Diese Kunst muss man ins Projekt einbringen und die anderen von dieser Kunst faszinieren. Die Patrizia, die Leiterin, nimmt nur Leute auf, die vorher klar erklären, dass ist meine Kunst. Wenn sie keine Kunst haben, können sie nicht diese pädagogische Arbeit machen. Ihre Idee ist, über Kunst setzt sich Kreativität frei und das brauchen wir in einem Land, was vom Putsch so lange gestört und unterdrückt war.

Ich habe den 11. September in Chile miterlebt und habe dann immer im Internet gesehen, wie die Deutschen hier denken. Ich dachte, oh Gott, ich will hier gar nicht mehr zurück. Mein Sohn war in Neuseeland, und der sagte das auch – und dann haben wir beide uns gefragt: „Wollen wir nicht beide in der Südhalbkugel bleiben und gar nicht mehr nach Norden zurück?" Weil da ganz selbstverständlich kritisch gedacht wird. Da wird nicht darüber geredet, man muss kritisch denken, sondern man tut es.

II.

„Skandal!“

Von Medien begleiteter Ungehorsam im Dienste der Bildung

9. Chronologie des Falles Kreiselmeyer
– Ein Lehrstück über eine Disziplinarmaßnahme

Ein hoher Schulaufsichtsbeamter bekommt 2002 in Bayern eine *Geldbuße als Disziplinarmaßnahme.* Anhand von Auszügen aus Zeitungsberichten versuchen wir den Fall zu rekonstruieren. Den Autoren liegen alle dazu veröffentlichten Dokumente vollständig vor. Sie werden hier nahezu lückenlos dokumentiert. Auch Leserbriefe, Unterstützungsschreiben und Tagebuch-Aufzeichnungen konnten wir sichten. In einem anschließenden Interview nimmt der seit 2008 pensionierte Schulamtsdirektor und Leiter zweier Schulämter, Heinz Kreiselmeyer, zu seinem Fall Stellung.

Die vier Hierarchieebenen der hier angesprochenen Schulverwaltung resp. Schulaufsicht im Bayerischen Volkschulsystem seien vorab erläutert:

Unterste Ebene (Verwaltungsebene Schule. Leitung: Schulleiter/in)
Untere Ebene (Schulaufsicht): Staatliches Schulamt. Leitung: Schulamtsdirektor/in als fachlicher Leiter
Mittlere Ebene (Schulaufsicht): Regierung von Mittelfranken. Leitung: Regierungspräsident/in. Bereich „Schulwesen": Abteilungsleiter/in.
Oberste Ebene (Schulaufsicht): Bayerisches Staatsministerium für Unterricht und Kultus. Leitung: Staatsminister/in

Süddeutsche Zeitung Nr. 169 25. Juli 1997
Der widerspenstige Schulrat von Ansbach

(...) Mittlerweile hat Kreiselmeyer viele Freunde gewonnen. Kollegen, Rechtsanwälte, Ingenieure, Menschen aus über 60 Berufen und ganze Schulen mit ihren Kollegien finden seine Ideen derart faszinierend, dass sie sich der „Initiative Praktisches Lernen" angeschlossen haben. Und aus der Wirtschaft – von der Robert-Bosch Stiftung in Stuttgart, von der Hermann Gutmann-Stiftung aus dem fränkischen Weißenburg, die auch Forschungsvorhaben in Bayern fördert, oder von der Firma Frankenbrunnen – ist bereits viel Geld geflossen: in eine Lernwerkstatt Bauernhof, in eine Musikwerkstatt, in der auch Instrumente gebaut werden, oder auch in einem fränkischen Lyrikwettbewerb für Gymnasiasten. Mitglieder der Initiative, wie Hermann Hanschel, Ministerialbeauftragter für die Gymnasien in Mittelfranken, nennen Kreiselmeyer den „spiritus rector" einer neuen Reformbewegung an den Schulen.

(...) Klaus Wenzel, Kreiselmeyers Mitstreiter von der ersten Stunde an und Funktionär beim bayerischen Lehrer- und Lehrerinnenverbands (BLLV), sagt: „Vom Kultusministerium oder von der Politik sind keine Innovationen mehr zu erwarten." Denn so sinnvoll kleine Klassen seien, so wichtig die Forderung nach mehr Lehrern auch sei: „Die Schule wird dadurch nicht mehr entscheidend verbessert." Deshalb proben Lehrer in Bayern, vorwiegend in Franken und Oberbayern, lieber die sanfte Revolution an der Schule mit dem widerspenstigen Schulrat aus Ansbach an der Spitze. Sie experimentieren mit neuen Lernformen und – ein einfaches Beispiel – reden mit Schülern nicht nur im Unterricht über Bäche, sondern schauen sie sich in der Natur auch an. Das ist nicht unbedingt üblich. (...) Keine Schulverwaltung könne etwa Hauptschullehrer daran hindern, eine neunte Klasse zu dritt zu unterrichten, den Stoff im Projektunterricht gemeinsam vorzubereiten und so auch schwache Schüler besser zu motivieren.

Fränkische Landeszeitung (FLZ) Nr. 172 29. Juli 1997
Die „schizophrene Trennung einer Person in zwei Funktionen"

Die Reaktion von Ministerialdirektor Josef Hoderlein war deutlich. Hoderlein, der im Kultusministerium als „friedfertig" gilt, sprach von einem „allgemeinen Rundumschlag" Kreiselmeyers gegen die Schulaufsicht an den bayerischen Volksschulen, in die der Ansbacher Schulamtsdirektor selbst beruflich eingebunden sei. Und: „Ihr an den Ministerpräsidenten gerichteter Brief soll offenkundig einen Gegensatz zwischen dem Verwaltungshandeln und dem Bemühen um Verwaltungsvereinfachung herstellen; ja, Sie erwecken den Eindruck, als ob die Schulaufsicht die Bemühungen der Staatsregierung geradezu unterlaufen möchte". Der Ministerialdirektor weist Kreiselmeyers Kritik als „unsubstantiiert mit aller Entschiedenheit zurück" und bittet den Ansbacher „sehr konkret darzutun, was Sie glauben besser machen zu können". (...)

„Etwas seltsam", so Ministeriums-Pressesprecher Toni Schmid, sei nur, „dass Herr Kreiselmeyer seine reformatorischen Ansätze ausschließlich in seiner Eigenschaft als Mitglied der Initiative praktisches Lernen verkündet und nicht etwa in seiner Eigenschaft als Schulrat und damit Organ der Schulaufsicht – die er heftig kritisiert". Es sei diese „leicht schizophrene Trennung einer Person in zwei Funktionen, die im Kultusministerium gelegentlich zu Irritationen führt und nicht das, was Herr Kreiselmeyer an Inhalten vertritt".

Verwundert über die Kritik des CSU-Mitglieds Kreiselmeyers zeigte sich gestern auch der Staatssekretär im Kultusministerium, Rudolf Klinger (CSU), aus Ansbacher Nachbarlandkreis Weißenburg-Gunzenhausen: „Als Schulrat kann Herr Kreiselmeyer seine Kollegen und Lehrer immer beraten und für neue Dinge aufgeschlossen machen. Nur müssen diese Dinge natürlich im Rahmen der gegebenen Schulordnungen sein". Klinger wörtlich weiter: „Die Schulräte könnten auch etwas mehr Initiative entwickeln als sie das manchmal tun". Wenn er für diese Aussage Kritik ernte, so sei ihm dies egal: „Ich bin manches mal auch über die verärgert – so wie die das machen." Kreiselmeyer, so Klinger, sei doch Mitglied der Schulaufsicht. Und als Fachlicher Leiter des Schulamtes habe er „viele Möglichkeiten in seinem Schulamtsbereich, Ideen, die er für gut hält, auch umzusetzen". Außerhalb der Dienstzeit.

Für Kreiselmeyer geht es allerdings um etwas ganz anderes: „Es sind enorme Anstrengungen notwendig, um das, was in der Initiative läuft, ansatzweise auch in den Schulämtern machen zu können aufgrund der Verwaltungsstrukturen, unter denen wir stehen". Der Versuch, kleine Schritte zusammen „ mit meinen Schulleitern zu entwickeln", gehe häufig nur außerhalb der Dienstzeit. Kreiselmeyer: „Ich möchte eine Verwaltungsreform und einen Wandel von Schulaufsicht, der dazu führt, dass man wirklich pädagogische Schulaufsicht praktizieren kann – und zwar während der Arbeitszeit".

Süddeutsche Zeitung Nr. 173 **30. Juli 1997**
Scharfe Rüge für Schulrat

Nach der Veröffentlichung des Vorgangs legte das Ministerium nochmals nach: Kultusminister Zehetmair ließ durch seine Presseabteilung ausrichten, dass „die pädagogischen Projekte des Herrn Kreiselmeyer durchaus auf Anerkennung und Respekt stießen". Es sei allerdings „etwas seltsam", dass er seine reformatorischen Ansätze ausschließlich in seiner Eigenschaft als Mitglied der Initiative verkündet und nicht etwa in seiner Eigenschaft als Schulrat und damit Organ der Schulaufsicht, die er heftig kritisiert."

Abschließend heißt es:" Es ist diese leicht schizophrene Trennung einer Person in zwei Funktionen, die im Kultusministerium gelegentlich zu Irritationen führt und nicht das, was Herr Kreiselmeyer an Inhalten vertritt."

Der widerspenstige Schulrat, seit 20 Jahren CSU-Mitglied, wundert sich. Denn das Kultusministerium habe ihn bisher stets angehalten, „zwischen der Tätigkeit als Schulrat und der als Vorsitzender der Initiative genau zu trennen."

„Es ist mir untersagt worden, Informationen über die Initiative zu verteilen oder am Schulamt in Ansbach auszuhängen." Entsprechende schriftliche Mahnungen seien 1993, nach Gründung der Initiative, sogar an Schulen verteilt worden. (...)

Beispielsweise habe Geschäftsführer Rainer Rupprecht sechs Stunden in der Woche von seiner Tätigkeit als Seminarleiter befreit werden wollen, um vor allem Beratungsgespräche mit interessierten Lehrern und Schulen zu organisieren. Die Erfüllung seiner Bitte sei ihm vom Kultusministerium versagt worden. (...)

Mittlerweile bietet die Initiative mobile Druckwerkstätten für Schulen an. Hauptschul-Rektor Gerhard Weid organisiert die Schuldruckwerkstatt: „Staatssekretärin Monika Hohlmeier hat einen Besuch ausdrücklich abgelehnt."

„Wir arbeiten in der Druckwerkstatt ständig in einer Grauzone", sagt Schulrat Kreiselmeyer. Denn der Unterricht für Schüler aus anderen Schulen und die gleichzeitige Fortbildung für Lehrer sei durch das Schulrecht nicht gedeckt. Er setze sich, wie viele andere Rektoren oder Schulräte auch, über pädagogisch sinnlose Bestimmungen hinweg.

Die Stellungnahme des Kultusministeriums über den Ansbacher Schulrat stößt Lehrern „übel" auf. Rektor Karl Wachter von der Luitpold-Hauptschule in Ansbach („Ich spreche für viele meiner Kollegen") wundert sich, wie ein Minister über einen seiner Mitarbeiter „so unqualifiziert" urteilen könne. Erst das Kultusministerium schaffe die „schizophrene Situation", dass das Engagement der Lehrer und die Schulaufsicht nicht mehr in Einklang zu bringen seien. In dieser bedrängenden Lage hält Kreiselmeyer uns den Rücken frei."

Fränkische Landeszeitung (FLZ) Nr. 174 31.Juli 1997
Die Schulen müssen endlich flexible Einrichtungen werden

Die Initiativen des Ansbacher Schulamtsdirektors Heinz Kreiselmeyer (...) stoßen international auf Interesse. So besucht im April Norm Green (...) vom Durham Board of Education im kanadischen Ontario den Schulmann in Westmittelfranken, um sich unter anderem über dessen Aktionen zu erkundigen. Jetzt hat Kreiselmeyer zehn Anregungen zur bayerischen Schulentwicklung vorgelegt. (...)

„Als Pädagogen", so Kreiselmeyer weiter, „vertreten wir in erster Linie ein pädagogisches Anliegen". Die rechtlichen Bestimmungen hätten sich nach pädagogischen Erkenntnissen zu richten ... nicht umgekehrt. Somit sei zuerst pädagogisch zu argumentieren, dann erst juristisch. Antworten wie „Ich verstehe Sie, nur die Bestimmungen lassen das nicht zu", müssten „endlich der Vergangenheit angehören". (...)

CSU-Mitglied Kreiselmeyer zitiert Ministerpräsident Dr. Edmund Stoiber sinngemäß, wonach Aufgaben und Strukturen der Schulverwaltungsbehörden auf den Prüfstand gehören. Diese Forderung sei aber bis heute nicht eingelöst.

Das Gros der Verwaltungsbeamten halte starr und verbissen am Bisherigen fest, innovative Potentiale der Betroffenen blieben ungenutzt. Kreiselmeyers Schlussfolgerung: „ Eine Schulverwaltungsreform ist dringend erforderlich."

Süddeutsche Zeitung Nr. 174 31. Juli 1997
Bundespräsident Herzog lädt Schulrat ein

München – Bundespräsident Roman Herzog hat den Ansbacher Schulrat Heinz Kreiselmeyer zum „Fest der Ideen" am 12. September in das Schloss Bellevue nach Berlin eingeladen. Herzog versteht die Geste als „Dankeschön dafür, dass Kreiselmeyer sich couragiert gegen bestehende Verwaltungsstrukturen durchsetzt". (...)

Der Planungsstab des Bundespräsidenten habe Heinz Kreiselmeyer aufgrund des SZ-Berichtes zu dem Fest eingeladen, teilte die Presseabteilung des Bundespräsidialamtes mit. Das Fest diene Forschern, Wissenschaftlern und Erfindern als Forum, ihre Ideen öffentlich vorzustellen. Herzog hat in der Vergangenheit immer wieder gefordert, dass Bildung ein „Megathema" in der bundespolitischen Debatte werden müsse. Auch er ist der Ansicht, dass einschneidende Reformen nötig sind. (...)

Zehetmairs Sarkasmus

Das Kultusministerium macht sich gerne über Kritiker der bayerischen Schul- und Bildungspolitik lustig. Der Vorschlag, Hauptschullehrer an Gymnasien unterrichten zu lassen wird schon mal mit einem von „Metzgern" im Operationssaal verglichen, wo bekanntlich nur „Chirurgen" (Gymnasiallehrer) arbeiten dürfen. (...)

Mit Sarkasmus und Ironie soll nun auch der Ansbacher Schulrat Heinz Kreiselmeyer und seine *Initiative praktisches Lernen* der Lächerlichkeit preisgegeben werden. Menschen aus über 60 Berufen haben sich zusammengeschlossen, um neue Unterrichtsformen zu erproben und anzustoßen. Sie klagen nicht über Schulen, sondern wollen sie verbessern können. Die Initiative hat in der Lethargie von Schul- und Kultusbürokratie das entscheidende Hindernis für eine Reform erkannt. (...)

Nun fürchten Kreiselmeyers Freunde um dessen Ansehen in der Öffentlichkeit. Die Sorge ist unbegründet. Sie müsste eher den Kultusminister umtreiben: Er mag mit sarkastischen Kommentaren die Lacher auf seine Seite ziehen, aber er verabschiedet sich auf diese Weise als ernstzunehmender Dialogpartner aus der Diskussion um die Zukunft der Schule.

Man darf gespannt sein, wie das Kultusministerium reagieren wird, wenn die Vereinigung der Arbeitgeberverbände im Herbst eine Reform der Schule vorschlagen wird. Sie hat schon mal mit Förderern der *Initiative praktisches Lernen* aus der Wirtschaft Kontakt aufgenommen. Was Gunther Bös, Referent für Bildungspolitik, so erzählt von dezentraler Verwaltung, selbstständig arbeitenden Schulen oder vom handlungsorientiertem Unterricht, klingt sehr nach Kreiselmeyer und seinen Freunden.

Süddeutsche Zeitung Nr. 182 9./10.August 1997
Hilfestellung für aufmüpfigen Pädagogen

TU-Präsident Herrmann ermuntert Schulrat Kreiselmeyer zum Kampf gegen verkrustetes Bildungswesen.

Wolfgang A. Herrmann, Präsident der Technischen Universität München, hat dem Ansbacher Schulrat Heinz Kreiselmeyer einen Brief geschrieben, in dem er dem Vorsitzenden der „Initiative Praktisches Lernen“ zu dessen Beharrlichkeit gegenüber Schul- und Kultusbürokratie gratulierte. Kreiselmeyer war von Kultusminister Hans Zehetmair für sein Eintreten zugunsten einer Schulreform massiv kritisiert worden und musste sich vorhalten lassen, dass bei ihm angesichts seiner Arbeit als Schulrat und Vorsitzender der „Initiative Praktisches Lernen“ eine „leichte schizophrene Trennung in zwei Funktionen vorliege. (...)

Wolfgang A. Herrmann erörtert nach Auskunft der Staatskanzlei „mit dem Ministerpräsidenten bei verschiedenen Gelegenheiten Grundsatzfragen der Bildung“. Stoiber schätze ihn sehr. „Er hält viel von Herrmanns Sachverstand in Frage der Wissenschaftspolitik“, sagte Pressesprecher Ulrich Wilhelm. (...)

Sein Thema sei zwar die Hochschulreform, die „jedoch abgekoppelt von einer umfassenden Schulreform unfruchtbar bleiben würde.“. Er appellierte an Kreiselmeyer gegen die „Wagenburgmentalität“ in der Bildungspolitik anzukämpfen: „Vielen Dank für Ihren Einsatz und lassen Sie sich nicht entmutigen.“

Fränkische Landeszeitung (FLZ) Nr. 182 9. August 1997

Der Ansbacher Schulamtsdirektor Heinz Kreiselmeyer wird beim „Fest der Ideen“ einer von über 4000 Gästen des Bundespräsidenten sein

Fränkische Landeszeitung Nr. 213 **15. September 1997**

Ermutigung im Schlosspark

Nach dem „Fest der Ideen", zu dem Bundespräsident Roman Herzog drei Vertreter der „Initiative Praktisches Lernen" (IPL) eingeladen hatte, fühlt sich der Leiter des Ansbacher Schulamtes und IPL-Vorsitzende Heinz Kreiselmeyer „bestärkt und ermutigt", auf dem eingeschlagenen Weg weiterzumachen. Wie Kreiselmeyer gestern in einem Telefongespräch mit der FLZ sagte, werde die Initiative erneut versuchen, ihre Ideen in einem Gespräch mit der bayerischen Staatskanzlei darlegen zu können. (...)

Doch kam Bundespräsident Herzog in einem Interview auch auf diesen Bereich zu sprechen. „Unser Bildungssystem ist total verkorkst", sagte Herzog. Eine Aussage, die Kreiselmeyer „sehr, sehr nachdenklich" stimmte.

Fränkische Landeszeitung (FLZ) Nr. 165 **19. Juli 2001**

Ermittlungen wegen Engagement für Initiative

Schulamtschef im Clinch mit Regierung

Angeblich Vereins- und Beamtentätigkeit vermischt

Darf der Leiter eines Staatlichen Schulamts sich mit großem Zeitaufwand für einen Verein engagieren, der die offizielle Schulpolitik kritisch begleitet? Darum geht es in einem Konflikt zwischen dem Leiter des Staatlichen Schulamtes für die Stadt und den Landkreis Ansbach, Heinz Kreiselmeyer, und der Regierung von Mittelfranken. Diese prüft bereits seit Monaten, ob Kreiselmeyer seinen Einsatz für eine private Initiative und seine Position als leitender Beamter miteinander vermischt hat.

Vor diesem Hintergrund wandte sich die Initiative praktisches Lernen Bayern e. V. gestern an die Öffentlichkeit. Sie verbreitete einen Text, in dem Kreiselmeyer als ihr langjähriger Vorsitzender seinen Rücktritt erklärte. Der „auf ihn ausgeübte Druck durch die Verwaltung" sei der Grund für diesen Schritt, sagte Kreiselmeyer.

Der Landesvorstand der Initiative wiederum stellte sich hinter seinen früheren Vorsitzenden und trat aus Solidarität geschlossen zurück.

Die Initiative hat nach Angaben ihres Geschäftsführers Rainer Rupprecht bayernweit rund 400 Mitglieder. Dabei handelt es sich zumeist um Lehrer, es hätten jedoch auch Schulen ihren Beitritt erklärt. Schon seit Jahren setzen sich der eingetragene Verein und sein Vorsitzender für eine innere Schulreform ein. Zahlreiche Projekte, durch die Lernen an praktischen Beispielen erfolgen soll, wurden initiiert – teils auch mit Hilfe großzügiger Geldspenden.

Dafür gab es viel Anerkennung in der Öffentlichkeit und teils auch von Seiten der Politik. Andererseits geriet auch die Initiative selbst, die in der Vergangenheit oft auch die Kultusbehörde kritisierte, immer wieder ins Kreuzfeuer. So etwa, als sie ein schließlich erfolgloses Volksbegehren gegen die sechsstufige Realschule unterstützte.

Dass auch Kreiselmeyer als damaliger Vorsitzender dieses Volksbegehren unterstützte, ist einer der Vorwürfe der Regierung von Mittelfranken, von denen er zunächst mündlich erfuhr.

Unter anderem diesen Punkt hatte der Personalreferent der Regierung von Mittelfranken, Regierungsdirektor Erich Bauer, Kreiselmeyer erstmals vor ziemlich genau einem Jahr vorgehalten. (...) Das Kultusministerium muss nun entscheiden, ob die Vorwürfe die Einleitung eines Disziplinarverfahrens rechtfertigen.

Termin beim Bundespräsidenten

Bauer selbst begründete gestern auf FLZ-Anfrage die Ermittlungen damit, dass sich zwischen der Stellung Kreiselmeyers als Dienstvorgesetzter für rund 1000 Lehrer und seinem früherem Vorsitzendenamt Konflikte hätten ergeben können. Der beamtete Jurist nannte eine Beispiel: Der Schulamtsdirektor entscheide darüber, welcher Lehrer jeweils eine Leistungszulage bekommt. Gleichzeitig habe er jedoch als Vorsitzender der Initiative Praktisches Lernen Preise an bestimmte Lehrkräfte oder Schulen vergeben.

Regierungsrat Clemens Kurzidem, der Sachbearbeiter bei den Ermittlungen, bezog sich auf das Schulvolksbegehren. Einerseits sollte Kreiselmeyer als Schulamtschef Konzepte des Kultusministeriums vertreten, auf der anderen Seite habe er sich im konkreten Fall mit der Unterstützung des Volksbegehrens gegen ein solches ausgesprochen. (...)

Nach FLZ-Informationen hatten unter anderem die Teilnahme Kreiselmeyers als Vereinsvorsitzender an Veranstaltungen mit Bundespräsident Johannes Rau und Ministerpräsident Edmund Stoiber sowie bei Terminen im Kultusministerium Fragezeichen im Hinblick auf die Trennung von Amts- und Vereinsarbeit hervorgerufen. So soll er teils länger seinem Arbeitsplatz fern geblieben sein, als es die Dienstbefreiung vorsah.

Fränkische Landeszeitung (FLZ) Nr. 167 **21./22.Juli 2001**

Schulamtschef gegenüber Kultusministerium verteidigt

Der Herriedener CSU-Landtagsabgeordnete Josef Göppel hat gestern in einem Brief an Kultusministerin Monika Hohlmeier (CSU) den Leiter des Staatlichen Schulamtes für Stadt und Landkreis Ansbach, Heinz Kreiselmeyer, in Schutz genommen. Der Abgeordnete wendet sich dagegen, dass die Regierung von Mittelfranken gegen den Beamten im Zusammenhang mit seinem Engagement für einen bildungspolitischen Verein „Verwaltungsermittlungen" führt.

„Ich halte es für schlichtweg absurd, Herrn Kreiselmeyer eine Verletzung seiner Dienstpflicht zu unterstellen, weil er 'mit zwei Gleittagen und höchstens fünf Tagen Dienstbefreiung pro Jahr' sein umfangreiches ehrenamtliches Engagement nicht ausüben könne", so Göppel. (...)

Der Schulamtschef, der selbst CSU-Mitglied ist, hatte zu seiner Teilnahme am Abschluss des Bildungspakts mit Ministerpräsident Edmund Stoiber geäußert: „Ich nahm an, dass die Einladung der obersten Ebene einer Genehmigung gleichkam, an dem Akt teilzunehmen". Ein „Herumkritisieren" an Kreiselmeyers Teilnahme nannte Göppel „beschämend". Dadurch werde bei Staatsbediensteten „Passivität und Duckmäusertum" gefördert und ehrenamtliches Engagement bei jungen Beamten im Keim erstickt. Deshalb solle die Ministerin sich des Falles persönlich annehmen. (...)

Unterdessen hat sich Kreiselmeyer erneut verteidigt. So verweist er darauf, dass bei der „Initiative Praktisches Lernen" eine Jury über die Vergabe von Preisen entscheide, der er als Vorsitzender nicht angehört habe. Außerdem verwies er darauf, dass er nicht alleine über die Vergabe von Leistungszulagen an Lehrkräfte befinde, sondern dass die Konferenz der Schulräte hierzu ein einstimmiges Votum abgeben müsse. Die Regierung hatte die Frage aufgeworfen, ob Kreiselmeyer sich bei der Vergabe von Leistungszulagen an Lehrer davon beeinflussen ließ, wer Preise der „Initiative Praktisches Lernen" bekam. (...)

Nürnberger Nachrichten – Bayernteil **24. Juli 2001**

„Jagd" auf mutigen Lehrer

Der Druck der Kultusbürokratie auf einen Reform-Pädagogen

(...) Heinz Kreiselmeyer ist ein mutiger Pädagoge. Dass er 1993 – immerhin als leitender staatlicher Schulbeamter – auf regionaler Ebene mit der IPL eine Bewegung ins Leben rief, die so etwas wie eine „Schulreform von innen und unten" in Gang setzen wollte, verdiente Respekt. (...) Über 150 kleine und große Projekte wurden bisher mit Lehrern, Eltern und Schülern realisiert; oftmals mit Unterstützung renommierter Stiftungen von Bertelsmann bis Robert-Bosch und unter der Schirmherrschaft des Ministerpräsidenten sowie Anerkennung des Bundespräsidenten.

Süddeutsche Zeitung Nr. 169 **25. Juli 2001**

Ärger mit dem Ehrenamt

Der Ansbacher Schulamtsdirektor Heinz Kreiselmeyer streitet sich nicht zum ersten Mal mit der Kultusbürokratie. So hat ihm sein Widerwille gegen die oberste

Schulaufsicht schon 1997 eine Einladung des damaligen Bundespräsidenten Roman Herzog zu einem „Festival der Ideen" für bessere Schulen in Berlin eingebracht. (...)

Derzeit muss Kreiselmeyer mit einem Disziplinarverfahren durch die Regierung von Mittelfranken rechnen. (...) Aber in Ansbach interessiert sich kaum noch jemand für das Ergebnis. Denn die Regierung hat in diesem Fall ihre Glaubwürdigkeit verspielt. Das liegt nicht nur an Kreiselmeyers Renommee, sondern auch an der Selbstdarstellung der beiden ermittelnden Regierungsbeamten in der *Fränkischen Landeszeitung:* Ein Foto zeigt die beiden, wie sie in den Kreiselmeyer-Akten blättern und herzlich lachen. In Ansbach findet das niemand komisch, zumal die Beamten ihre Vorbehalte gegen den Schulamtsdirektor in einem Zeitungsartikel noch öffentlich verbreiten ließen. Dabei wären sie bei Personalangelegenheiten zur Verschwiegenheit verpflichtet. Das Kultusministerium lehnt deswegen eine Stellungnahme ab. In Ansbach ist der Fall bereits zugunsten des Schulrats entschieden: Vorbehaltlos verteidigen ihn der CSU-Landtagsabgeordnete Josef Göppel, sein SPD-Kollege Wolfgang Gartzke und kommunale Mandatsträger. Lehrer schreiben wütende Briefe an die Regierung. Und Landrat Hermann Schreiber erklärte gestern: „Die Zusammenarbeit mit Heinz Kreiselmeyer ist hervorragend. Er ist ein sehr engagierter Pädagoge."

Fränkische Landeszeitung (FLZ) Nr. 171 **26. Juli 2001**
Ministerium will rasch entscheiden

Unterdessen hat der Geschäftsführer der „Initiative Praktisches Lernen", Rainer Rupprecht, darauf verwiesen, dass auch die Kultusministerin wiederholt Preise für Förderprogramme der Initiative verliehen habe. (...) Rupprecht: „Wer käme auf die Idee, ihr (*Hohlmeier, d. Red.*) zu unterstellen, es würden sich hieraus Konflikte mit ihrer Aufgabe als oberste Dienstherrin der bayerischen Schulbeamten ergeben?" Das Ministerium selbst räumte nur ein, dass Hohlmeier noch als Staatssekretärin an der Verleihung des Bildungspreises „Der goldene Floh" teilgenommen habe.

Rupprecht sieht auch inhaltliche Übereinstimmungen zwischen der Bildungspolitik Hohlmeiers und den Zielen der „Initiative Praktischen Lernens". Dabei verweist er auf den von Hohlmeier initiierten „Bildungspakt Bayern". Es sei fatal, wenn dem Leiter des Ansbacher Schulamts vorgeworfen werde, er würde seine Dienstaufgaben mit denen eines privaten Vereins vermischen. „Gleiches", so Rupprecht, „müsste man da auch der Kultusministerin zum Vorwurf machen".

Inzwischen haben sich Dutzende von Lehrern zweier Ansbacher Schulen mit Kreiselmeyer solidarisiert. „Mit Besorgnis müssen wir heute feststellen, dass seitens unseres Arbeitgebers konstruktive Kritik mit Disziplinarstrafen geahndet werden kann. Modernes privatwirtschaftliches Management belohnt dies mit Prämien", heißt es in dem von Pädagogen der Ansbacher Luitpoldschule sowie denen der Albrecht-von-Eyb-Volksschule unterzeichneten Schreiben.

Fränkische Landeszeitung (FLZ) Nr. 171 26. Juli 2001
Millionen für Schulen

Zu „Schulamtschef im Clinch mit der Regierung", FLZ vom 19. Juli

Zur unterstellten Vermischung seines Amtes als Schulrat und der Funktion als Vorsitzender der Initiative Praktisches Lernen (IPL) durch Heinz Kreiselmeyer am Beispiel der Vergabe von Preisen ist aus Sicht der IPL anzumerken:

1. Heinz Kreiselmeyer ist es maßgeblich mit zu verdanken, dass die IPL bisher durch Förderprogramme Gelder in Höhe von sieben bis acht Millionen Mark für Schulen initiieren und zusätzliche Fördermittel in Höhe von 300000 Mark zur Verfügung stellen konnte.
2. Er organisierte darüber hinaus bei den Vereinigten Sparkassen Stadt und Landkreis Ansbach weitere 28000 Mark, die den Ansbacher Schulen für Kleinprojekte – unabhängig einer IPL-Mitgliedschaft(!) – bereitstanden.
3. Er hat niemals in „Großfürstenmanier" Gelder nach Gefallen verteilt. Grundlage war vielmehr immer eine Entscheidung im Projektförderausschuss der IPL.

Michael Richter, Verantwortlich für Projektbetreuung und -förderung. Mitglied de amtierenden Übergangs-Vorstandes der Initiative Praktisches Lernen Bayern e. V.

Fränkische Landeszeitung (FLZ) Nr. 173 Bereich Westmittelfranken
28./29. Juli 2001

Kritik am Verfahren zieht weitere Kreise

Während sich vor allem immer mehr Lehrkollegien mit dem Ansbacher Schulamtschef Heinz Kreiselmeyer solidarisieren, steht die Entscheidung des Kultusministeriums über den Fall weiter aus. (...)

Unterdessen hat sich auch der Bürgermeister von Dietenhofen (Landkreis Ansbach), Heinz Henninger (Freie Wähler), an Kultusministerin Monika Hohlmeier (CSU) gewandt. „Absolut unverständlich ist für mich die Tatsache, dass Herrn Kreiselmeyer sein großartiges Engagement für die 'Initiative Praktisches Lernen' negativ ausgelegt wird", so Henninger. Möglicherweise würden künftig Beamte vor ehrenamtlichem Einsatz zurückschrecken.

Henninger forderte die Kultusministerin auf, den Untersuchungen gegen Kreiselmeyer ein Ende zu setzen und dessen „bisherigen außergewöhnlichen ehrenamtlichen Einsatz als positives Beispiel im internationalen Jahr der Freiwilligen" aufzuzeigen.

Unterdessen haben sich Dutzende Lehrkräfte dreier weiterer Schulen im Landkreis Ansbach mit Kreiselmeyer solidarisiert. Ein entsprechendes Schreiben unterzeichneten auch zahlreiche Pädagogen der Volkschule Petersaurach, der Weinbergschule Ansbach und der Volksschule Feuchtwangen-Land. Damit wird es nun von Pädagogen von insgesamt fünf Schulen unterstützt.

Nürnberger Nachrichten **28./29. Juli 2001**

Ducken und schlucken

Sturm der Entrüstung ist noch ein milder Begriff für das, was sich in Stadt und Landkreis Ansbach abspielt, seit bekannt wurde, dass gegen den dortigen Schulamts-Chef, Heinz Kreiselmeyer, Verwaltungsermittlungen der Regierung laufen, die in ein Disziplinarverfahren münden sollen oder können. (...)

Vor allem große Teile der Lehrerschaft zeigen sich „entsetzt und empört". Die Fränkische Landeszeitung veröffentlicht seit Tagen in jeder Ausgabe spaltenweise Leserbriefe, in denen sich vor allem Lehrkräfte ohne Wenn und Aber hinter ihren Vorgesetzten stellen.

Dutzende von Lehrerinnen und Lehrern, aber auch Elternbeiräte und Personalräte kritisieren das „unwürdige Verfahren" gegen Kreiselmeyer. Zahlreiche Lehrerkollegien unterschrieben Resolutionen an Landtagsabgeordnete. Darin schildern sie Kreiselmeyer als einen Mann, der „unentwegt Anregungen aufgenommen und weitergegeben hat: Zum Wohl unserer Schüler und zur Besserung unserer Arbeitsbedingungen". „Er gab uns Vertrauen und Freiheiten", betonen sie weiter. Und. „Mit Besorgnis müssen wir feststellen, dass seitens unseres Arbeitgebers konstruktive Kritik mit Disziplinarstrafen geahndet werden kann."

In anderen Stellungnahmen wird der Schulrat, dem die Regierung auch anlastet, in seiner Dienstzeit für den Fachverein gearbeitet zu haben, als „bienenfleißig" dargestellt, als ein Mensch, der „sich auch außerhalb seiner Bürozeit" stets für Eltern und Lehrer Zeit nimmt. Die Ermittlungen gegen ihn werden als „absurd und diffamierend" eingestuft, die Vorwürfe gegen ihn als „Hirngespinste".

Die massiven Proteste gegen die Bezirksregierung und das Ministerium gelten in der Beamtenstadt Ansbach als beispiellos. Es gab bisher unter den vielen Stimmen, die sich erhoben, nicht einen einzige, die das Wirken des Schulrats negativ beurteilte. (...)

Wie resümiert doch Klaus Neumann, der mittelfränkische Vorsitzende des Bayerischen Lehrer- und Lehrerinnenverbandes im „Fall Kreiselmeyer": „Beamte sollen ducken, schlucken und nicht mucken." Und dann zitiert er – passend zum Ansbacher Umfeld – den Kurfürsten Friedrich Wilhelm von Brandenburg mit den Worten: „Es ist dem Untertanen untersagt, den Maßstab seiner beschränkten Einsicht an die Handlungen der Obrigkeit anzulegen." Der Bezirksvorsitzende lässt keine Zweifel, dass er damit die mittelfränkische Bezirksregierung und das Kultusministerium meint.

Fränkische Landeszeitung (FLZ) Nr. 179 **4./5. August 2001**

Entscheidung verzögert sich

Voraussichtlich erst Ende nächster Woche werde die Prüfung des Falls im Kultusministerium abgeschlossen sein, sagte Pressesprecherin Claudia Gantke gestern auf FLZ-Anfrage. „Es wird hier noch alles aufgeschlüsselt, was es an Informationen gibt." Das letzte Wort werde der Referent für Personalrecht an Volksschulen zusammen mit dem Amtschef des Kultusministeriums, Ministerialdirektor Josef Erhard, haben.

Kultusministerin Monika Hohlmeier werde „in Kenntnis gesetzt, aber die Entscheidung wird sie nicht fällen", sagte die Sprecherin. Denn es handle sich nicht um eine „politische, sondern um eine juristische" Angelegenheit.

Fränkische Landeszeitung(FLZ) Nr. 185 11./12. August 2001
Entscheidung um Wochen verschoben

Unterdessen hatten sich vor allem zahlreiche Pädagogen und Elternvertreter mit dem Schulamtschef solidarisiert. Zu ihnen gehörte auch die Bezirksvorsitzende des Bayerischen Elternverbands, Brigitte Lampe aus Dietenhofen (Kreis Ansbach). Sie bat im Namen von rund 30000 Eltern unter anderem von den Landtagsabgeordneten von Bündnis 90/ Die Grünen, Johann Schammann, aus Hartershofen um eine Stellungnahme.

„Auch ich verfolge mit Sorge, wie von Seiten der Bayerischen Staatsregierung – nicht etwa, wie vorgegeben, durch eifrige Verwaltungsbeamte – wieder einmal versucht wird, unabhängiges, kreatives Denken und Engagement zu unterdrücken, da es nicht in das obrigkeitsstaatliche Weltbild unserer bayerischen Autokraten-Regierung passt", betonte Schammann nun. Kreiselmeyer habe als Schulamtschef und als Vorsitzender der „Initiative Praktisches Lernens" Außerordentliches geleistet. Die „überwältigende Unterstützung aus der Bevölkerung" spreche „eindeutig gegen die konstruierten Vorwürfe aus einer der schwarzen Mischpoke untertänigen Verwaltungsbehörde", ließ Schammann erklären.

Fränkische Landeszeitung (FLZ) Nr. 191 18./19. August 2001
Lehrer dürfen kritisieren

Den zahlreichen Lehrern, die sich öffentlich mit dem Ansbacher Schulamtsdirektor Kreiselmeyer solidarisiert haben, drohen von Seiten des Kultusministeriums keine Sanktionen. „Das ist eine unbegründete Befürchtung", betonte Pressesprecherin des Kultusministeriums Brigitte Waltenberger.

„Jeder Beamte hat sich an das politische Mäßigungsgebot zu halten", schränkte sie allerdings ein . So werde es nicht toleriert, „wenn jemand sich in unflätigen Beschimpfungen ergehen würde gegen einen Beamten". Zu der Frage, ob bei öffentlich geäußerter Kritik beamteter Lehrer an den „Verwaltungsermittlungen" der Regierung von Mittelfranken gegen Kreiselmeyer das „politische Mäßigungsgebot" missachtet wurde, äußerte sich Waltenberger nicht.

Fränkische Landeszeitung (FLZ) Nr. 206 5. September 2001
Ministerium wartet weiter

Das Kultusministerium hat die Entscheidung, ob gegen den Ansbacher Schulamtsleiter Heinz Kreiselmeyer ein Disziplinarverfahren eröffnet wird, erneut verschoben.

Fränkische Landeszeitung (FLZ) Nr. 211 11. September 2001
Verfahren ohne den Betroffenen

Seit über einem Jahr ermittelt die Behörde gegen einen der höchsten Repräsentanten der Lehrerschaft Westmittelfrankens. Was sie ihm letztendlich vorwirft, wissen nur sehr wenige. Der Betroffene weiß es nicht. (...)

„Ein laufendes Verfahren", betont Regierungspräsident Karl Inhofer, schweigt und lässt offen, ob Bauers Bericht mit ihm oder seinem Vizepräsidenten abgestimmt war.

Nicht abgestimmt mit der Chefetage war, dass der Personalchef und sein Co-Ermittler, Regierungsrat Clemens Kurzidem, den für Juristen unbegreiflichen Schnitzer begingen, sich nicht nur zu Punkten des Verfahrens zu äußern, sondern sich dabei auch noch lächelnd fotografieren zu lassen.

Fränkische Landeszeitung Nr. 226 28. September 2001
Im Fall des Ansbacher Schulamtschef Kreiselmeyer erste Weiche gestellt

Ministerium hat sich festgelegt

Einzelheiten noch nicht bekannt gegeben – Regierung von Mittelfranken soll entscheiden

Fränkische Landeszeitung Nr. 227 29./ 30. September 2001
Schulamtschef bisher nicht informiert

Der Regierung von Mittelfranken liegt jetzt der bereits angekündigte Vorschlag des Kultusministeriums zum Fall des Ansbacher Schulamtschef Kreiselmeyer vor. Dieser wird frühestens Montag darüber informiert, ob ein Disziplinarverfahren gegen ihn eingeleitet wird oder nicht. Dies erklärte gestern ein Sprecher der Regierung von Mittelfranken. Als wichtiges Kriterium gilt, wie das Ministerium die Ergebnisse von fast einjährigen „Verwaltungsermittlungen" bewertet hat.

Fränkische Landeszeitung (FLZ) Nr. 230 3./ 4. Oktober 2001
Nun Vorermittlungen für Disziplinarverfahren

Gegen den Ansbacher Schulamtschef Heinz Kreiselmeyer werden Vorermittlungen für ein Disziplinarverfahren eingeleitet. (...)

Nun hat das Verfahren einen offiziellen Status. Die „Vorermittlungen" sind nach der Bayerischen Disziplinarordnung genau geregelt, so Olaf Kuch, der Sprecher der Regierung in Ansbach. Laut Kuch hat Kreiselmeyer nun ein Recht auf Akteneinsicht.

Fränkische Landeszeitung Nr. 243 19. Oktober 2001
Schule im Geldregen

Die Hermann-Gutmann-Stiftung arbeite seit langem eng mit der „Initiative Praktisches Lernen" zusammen, erklärte Stiftungsvorsitzender Hans Novotny. Den Vorschlag, dem Theresien-Gymnasium einen Plotter zu stiften, habe der ehemalige

Vorsitzende der „Initiative Praktisches Lernen“ und Direktor des Schulamtes, Heinz Kreiselmeyer, gemacht. Der Stiftungsvorsitzende und der Schulleiter bedauerten, dass Heinz Kreiselmeyer bei der Spendenübergabe nicht anwesend sein konnte. Weil diese Veranstaltung nicht in den Aufgabenbereich des Schulamtsdirektors falle, sei ihm untersagt, dabei zu sein, berichtete Bundschuh. Nur in seiner offiziellen Mittagspause habe Kreiselmeyer Zeit, das Schulfest zu besuchen.

Fränkische Landeszeitung (FLZ) Nr. 217 — 18. September 2002

Nach wie vor keine Klarheit darüber, ob es zum Disziplinarverfahren kommt – Betroffener: Nach 27 Monaten zermürbt

Fränkische Landeszeitung (FLZ) Nr. 246 — 23. Oktober 2002

Geldbuße für Schulamtschef

Im Fall des Ansbacher Schulamtschefs Heinz Kreiselmeyer (59) hat die Regierung von Mittelfranken nun nach über 27-monatigen Ermittlungen entschieden. Nach Informationen der Fränkische Landeszeitung soll er ein Monatsgehalt als Geldbuße zahlen. Wie aus zuverlässiger Quelle zu erfahren war, erging eine entsprechende „Disziplinarverfügung“ – laut Disziplinarrecht eine relativ milde Sanktion. Deshalb kommt es nicht zu einem öffentlichen „förmlichen Disziplinarverfahren“ vor dem Verwaltungsgericht. (...)

Wie ausführlich berichtet, werfen die Ermittler Kreiselmeyer vor, sein früheres Engagement für einen kritischen schulpolitischen Verein und seine Tätigkeit als Schulamtschef zeitlich und inhaltlich nicht genügend getrennt zu haben. (...)

Kreiselmeyer selbst erklärte gestern Abend auf FLZ-Anfrage, er habe die Regierung bereits Ende September gebeten, „unter die disziplinarrechtliche Angelegenheit aus persönlichen und gesundheitlichen Gründen einen Schlussstrich zu ziehen“, und ergänzte: „Dies ist nun erfolgt.

Damit kann ich persönlich hoffentlich meine Kräfte wieder ganz auf meine beruflichen Aufgaben konzentrieren. Ich hoffe, dass durch konstruktive Gespräche mit der Regierung von Mittelfranken künftig Verfahrensvorschläge erarbeitet werden, bei deren Beachtung meine zukünftige Mitarbeit bei der IPL gestattet werden kann, ohne Anlass für Dienstpflichtverstöße nach Auffassung der Regierung zu geben."

Dazu, ob er eine Beschwerde gegen die gegen ihn verfügte Geldbuße einlegt, wollte sich Kreiselmeyer nicht äußern.

Fränkische Landeszeitung (FLZ) Nr. 249 26./27. Oktober 2002
Regierung gebar eine Maus

Über zwei Jahre nahmen sich die Disziplinar-Ermittler der Regierung von Mittelfranken für den Ex-Vorsitzenden der „Initiative Praktisches Lernen Bayern e. V." Zeit. Doch so lange der Ansbacher „Regierungsberg" auch kreißte, er gebar eine Maus.

Denn disziplinarrechtlich ist die gegen Kreiselmeyer verfügte Geldbuße von einem Monatsgehalt eine relativ milde Sanktion. Im Vergleich dazu sind die insgesamt 27-monatigen Ermittlungen fast die „Höchststrafe".

Hat der 59-Jährige nun früher seine Tätigkeiten als Schulamtschef und als Vorsitzender einer schulpolitischen Initiative vermischt? Einer Initiative, die oft auch die Kultusbürokratie kritisierte? Die Antwort der Ermittler lautet „Ja". Doch, was von ihrer Arbeit bekannt wurde, wirkt in der Öffentlichkeit eher wie „Erbsenzählerei". Und als ein Versuch, einen engagierten Beamten, dessen Dienstauffassung eben nicht in Ducken und Schweigen besteht, mundtot zu machen.

Nürnberger Nachrichten – Region Nürnberg 5. Dezember 2002
Sind nun alle angeklagt?

Der Vorwurf gegen Kreiselmeyer, meint der Landesvorstand in einer Erklärung, betreffe auch alle Ehrenamtlichen der Initiative, jedenfalls soweit die im Sold des Freistaats stehen. Schließlich ist es eines der Hauptanliegen der bayernweit vertretenen Organisation, die innere Schulreform voranzubringen, Ideen auf diesem Sektor zu unterstützen und konkret zu fördern. Mit Hilfe vieler Partner, auch aus der Wirtschaft, hat die Initiative dafür schon etliche Gelder locker machen können: Über sechs Millionen Euro flossen in innovative Schulprojekte.

„Wenn wir nachmittags für den Verein aktiv sind", meint Rainer Rupprecht aus Feucht, „ist das ja eigentlich auch unsere Arbeitszeit." Andererseits betreibe man mit dem Engagement für eine lebendige Schule nichts anderes, als was auch Monika Hohlmeier seit ihrem Amtsantritt voranzubringen suche. (...)

„Haben unsere Mitarbeiter wegen ihres zusätzlichen Engagements für die Entwicklung der bayerischen Schule alle ein Verfahren zu befürchten?" Bodo Domröse, Sprecher der Regierung in Ansbach, will nicht ausschließen, dass im Kreis der Betroffenen solche Überlegungen kursieren. Die Frage sei jedoch: „Wie fundiert sind diese Befürchtungen"? Er verweist auf das Beamtenrecht, das die Trennung von dienstlichen und Vereinstätigkeiten vorsieht. Und im Zweifelsfall müsse sich der Beamte eben informieren.

Eine Auskunft, die nicht dazu geeignet sein dürfte, Besorgnisse zu zerstreuen. Denn das Grundproblem bleibt nach Meinung Rupprechts bestehen: „ Die Übereinstimmung der Zielsetzung der staatlichen Aufgaben mit den Zielen der Initiative bringt es mit sich, dass Überschneidungen unvermeidbar sind."

Nürnberger Nachrichten – Region Nürnberg **2. April 2003**
Ansbacher Schulamtschef durfte nicht auf Bildungsmesse in Nürnberg auftreten
Maulkorb für einen Couragierten

GEW protestiert gegen „schikanöse Behandlung" durch Regierung von Mittelfranken

Fränkische Landeszeitung (FLZ) Nr. 87 **16./17. August 2006**
Kreiselmeyer verlässt die CSU

Mit harscher Kritik an ehemaligen Parteifreunden und auch an der bisherigen Kultusministerin Monika Hohlmeier ist der Ansbacher Leitende Schulamtsdirektor Heinz Kreiselmeyer aus der CSU ausgetreten. In einer schriftlichen „Kurzbegründung" bezeichnete er die Ex- Ministerin schon vor deren Rücktritt gestern Nachmittag als nicht mehr tragbar und fragte: „Warum schweigt die Mehrheit der CSU-Politiker?" (...)

Auch die aktuellen Vorwürfe gegenüber der bisherigen Bayerischen Kultusministerin Holmeier spricht Kreiselmeyer an: „ Eine CSU-Schulministerin, die nachgewiesenermaßen die eigenen Kolleginnen und Kollegen mit Dossiers zu erpressen versuchte", sei schon vor deren Rücktritt am gestrigen Freitag nicht mehr tragbar gewesen. (...)

Die Frage, ob er denn befürchte, durch diese öffentliche Kritik Schwierigkeiten in seiner Funktion als Leitender Schulamtsdirektor zu bekommen, verneinte Kreiselmeyer. Wenn doch, dann werde er alle ihm zur Verfügung stehenden rechtlichen Möglichkeiten ausschöpfen, um sich zu wehren.

Nürnberger Zeitung Nr. 117 – Region Nürnberg **22. Mai 2006**
Eine Geschichte der Maulkörbe

„Meine Geschichte ist eine Geschichte der Maulkörbe". Der Mann, der dies sagt, wirkt nicht resigniert. Heinz Kreiselmeyer, der Leiter des Staatlichen Schulamtes in Ansbach, befindet sich nach 26 Jahren Dienstzeit in Schulverwaltung und -aufsicht nur an einer „bildungspolitischen Schnittstelle". Er nehme die Chance wahr, im Herbst 63-jährig in den Vorruhestand zu wechseln, um ohne den „Ballast der Verwaltung" weiter engagiert seinen Weg zu gehen.

Süddeutsche Zeitung Nr. 198 **29. August 2006**

Schulrat mit Rückgrat von Christine Burtscheidt

Kreiselmeyer ließ sich nie beirren, insbesondere nicht in seiner Forderung nach mehr Schul-Autonomie: „Ohne Änderung der Struktur in der Administration geht nichts", sagte er. Zuletzt trat er für eine Abschaffung der Schulabteilungen in den Bezirksregierungen ein, eine von vier Kontrollebenen im bayerischen Volksschulsystem. Justament jene Behörde hatte bei der Regierung von Mittelfranken 2000 Vorermittlungen zu einem Disziplinarverfahren gegen ihn einleiten lassen. Angeblich, weil sich der Schulrat zu viel Zeit für seine Initiative nahm und zu wenig seinem Job nachkam. Noch während des schwebenden Verfahrens erteilten die Ermittler munter Auskunft über die Maßnahme gegen Kreiselmeyer. Das wiederum löste in der Bevölkerung solch einen Proteststurm aus, dass es nie zu einem Hauptverfahren kam. Schulrat Heinz Kreiselmeyer blieb im Amt, allerdings wurde er zu einer Geldstrafe verurteilt.

Heinz Kreiselmeyer

1943	geboren
1969	Grund- und Hauptschullehrer
1974	Seminarleiter für die Ausbildung von Grund- und Hauptschullehrern
1980	Seminarbeauftragter an der Regierung von Mittelfranken für die Ausbildung der Lehramtsanwärter, Fachlehrer, Förderlehrer, Referendare an Förderzentren
1990–2006	Leiter der staatlichen Schulämter im Landkreis und in der Stadt Ansbach
1993–2001	Gründungsmitglied und Vorsitzender der Initiative Praktisches Lernen Bayern e. V.
Seit 2006	Auf eigenen Wunsch im vorzeitigen Ruhestand

Sprecher der „Bewegung für Menschenwürde Mittelfranken e. V., Arbeitsgruppe Ansbach";

Moderator der Projektgruppe „Erziehung und Bildung" im Lokalen Bündnis für Familie im Landkreis Ansbach;

Vorstandsmitglied der Bürgerinitiative „Etz langt's!" – Gegen den Ausbau der US-Armee in Katterbach, für eine friedliche Region Ansbach;

Beirat der Tutzinger Stiftung für Umweltbildung;

Mitglied im Forum Bildungspolitik;

Leiter der Arbeitsplattform „Schule" im Verein „Deutschland Regionalbewegung e. V."

HEINZ KREISELMEYER

Wer Anstöße geben will, muss anstößig sein!

– Ein Schulamtsleiter erzählt

Zur persönlichen Vorgeschichte der eigenen Zivilcourage, Herr Kreiselmeyer ...

Ich war von Anfang an der, der ich bin. Rückblickend muss ich sagen: Diese massiven Krisenerfahrungen, die sich – wie Jahresringe am Baum – aneinanderreihten, haben mich stark gemacht. Der Kern, mein Selbst, tritt immer deutlicher hervor. Ein Beispiel: Nach dem Abitur machte ich meinen Grundwehrdienst. Ich bildete Rekruten aus. In dieser Zeit war ich mit meiner Gruppe beim Gefechtsschießen auf einem Truppenübungsplatz. Wir waren in Zelten untergebracht. In der Nacht vor dem Scharfschießen brach ein Tumult aus. Gröhlend saßen die Offiziere und Unteroffiziere am Lagerfeuer, tranken und warfen scharfe Munition ins Feuer. Meine Rekruten und ich waren irritiert. Am frühen Morgen wurden wir mit Pistolenschüssen geweckt und zum Appell gerufen. Wir mussten zum Gefechtsschießen mit Maschinenpistolen antreten. Wir alle konnten nun sehen, was sich hier abspielte: Ein Hauptmann, der Staffelchef, ballerte mit scharfer Munition angetrunken vor sich hin. Das Gefechtsschießen wurde angeordnet und durchgeführt. Keiner der herumstehenden Offiziere und Unteroffiziere ging dazwischen. Zurück im Lager, kamen meine Rekruten auf mich zu und empörten sich über das Verhalten der Offiziere. Meine Leute konnten und wollten nicht verstehen, was sich hier ereignet hatte. Die Folge: Gemeinsam verfassten wir eine Dienstaufsichtsbeschwerde. Mit enormen disziplinarrechtlichen Konsequenzen für die Betroffenen: Das ging von Geldstrafen, Gehaltskürzungen und Versetzungen bis zur Degradierung. Von nun an war ich geächtet und wurde geschnitten. Schlimmes wurde mir angedroht: Der „Heilige Geist“ sollte über mich kommen, d. h. ein Tuch sollte über mich geworfen werden und dann sollte ich „weichgeklopft“ werden. Es blieb zum Glück bei der Androhung. Ich glaube, wenn alles nur mich allein betroffen hätte, hätte ich versucht, die Sache staffelintern zu klären. Da ich aber für 15 Rekruten verantwortlich war, habe ich mich sofort mit ihnen solidarisiert, nicht wissend, was da auf uns zukam. Da gab es kein Taktieren und vorsichtiges Abwägen. Ich spürte: Jetzt bin ich gefordert. Ähnliche Situationen gab es viele in meinem bisherigen Leben.

Lehrer wollten Sie immer werden?

Ich wollte von Anfang an mit Menschen zu tun haben. Egal, ob Kinder oder Erwachsene. Ich wollte sie verstehen lernen und mich dadurch besser verstehen können. Meine Handlungsmaxime seit den 60-iger Jahren war: Die Menschen stärken, die Sachen klären (H. v. Hentig). Ob als Lehrer in Grund- und Hauptschulklassen, als Seminarleiter, Regierungsbeauftragter für das Seminarwesen, Regierungsdirektor oder Leiter von zwei Schulämtern – was immer ich tat: Ich wehrte mich gegen Rollen- und Systemzwänge, die mich in meinem Bemühen, andere verstehen zu können, einschränkten. Egal, welche Aufgaben sich stellten, ich wollte mich nicht verlieren. Ich wollte mir treu bleiben. Identisch sein. Und das hieß dann für mich: zur Wehr setzen und dort, wo es erforderlich ist, auch Widerstand leisten. Ich wusste, dass die Verwaltungshierarchie von mir ganz anderes erwartete. „Beamte sind dann gut, wenn sie nicht in der Zeitung stehen", sagte mir vor vielen Jahren ein hochrangiger Regierungsbeamter. Ich aber wollte mich nie als Vollzugsbeamter begreifen, der Weisungen, ohne seine Vernunft zu gebrauchen, lediglich punktgenau vollzieht. Durchverwaltet. Von oben nach unten. Und nicht umgekehrt. Da stand ich vier Hierarchieebenen gegenüber, einem Bollwerk, das, wenn es darauf ankam, kein Gegenüber kannte, mit dem ich mich offen auseinandersetzen konnte. Am kritischen Feedback lag diesen Leuten nichts. Das war für sie unangenehm und störend. Profillose Statisten und anpassungsfähige Erfüllungsgehilfen waren gefragt. Ich sagte dagegen immer: Es wäre schlimm, wenn du als Lehrer, Schulleiter oder Schulrat eines Tages gehen würdest und keiner würde merken, dass du gegangen bist. Eine gesichtslose Schule, ein gesichtsloses Schulamt. Schlimm. Wenn du keine Spuren hinterlässt, hast du einen ganz wesentlichen Auftrag verfehlt. Es muss spürbar werden, dass es dich gab.

Meine Arbeit hat mir ein Leben lang Spaß gemacht. Arbeiten und Leben waren eins. Als einer, der Menschen verstehen wollte, Menschen auf dem Weg ihrer Selbstfindung hilfreich begleiten wollte, war es mir sehr wichtig, Vertrauen zu gewinnen. Um ein Beispiel zu nennen: Einige Jahre begleitete ich Referendarinnen und Referendare im Vorbereitungsdienst zum 2. Staatsexamen. Wir versuchten, ehrlich miteinander umzugehen. Diskutierten kontrovers, übten sachliche Kritik am Ausbildungssystem. Uns war allen damals schon klar, dass „Schule", dass „Lernen in der Schule" so nicht gehen, wie dies amtlicherseits in Form standardisierter deutscher Bildungseinheiten vorgesehen war. Eben schmalspurig, streng artikuliert, in erster Linie auf das Bestehen des 2. Staatsexamens ausgerichtet, dessen Inhalte keinesfalls per se schon die gute Lehrerin/den guten Lehrer garantierten. Gleichwohl: Wir mussten gemeinsam einen Weg finden, der uns sowohl zum erfolgreichen Abschluss führte als auch Raum gab, um uns mit Inhalten befassen zu können, die uns für eine „Gute Schule" wichtig waren. Was tun? Wir arbeiteten parallel, wir arbeiteten nach der 60:40-Regel: 40% unserer Energien investierten wir in die Prüfungsvorbereitung, 60% unserer Zeit verwendeten wir jedoch für ein Nachdenken über Möglichkeiten und Visionen einer besseren Schule. Der Diskurs über das System, über die demokratische Schule, über innovative Lernformen, über das Lehrerethos, über das praktische Lernen beherrschten das Feld, fernab von engen prüfungsrelevanten Inhalten. Aufbruchstimmung. Ermutigung zur beruflichen Selbstfindung stand im Mittelpunkt unserer Begegnungen. Ich kann nur hoffen, dass viele Menschen, mit denen ich zu tun hatte, diese Haltung auch heute noch leben.

War diese „60:40-Regel“ nicht gefährlich?

Nein. Ganz im Gegenteil. Ich bin froh, so früh zu dieser Haltung in meinem Leben gefunden zu haben. Ich wehrte mich von Anfang an dagegen, nur benutzt zu werden, bloßer Vollzugsbeamter zu sein, der gegen seine eigene Überzeugung handelt. Zugegeben: beamtenrechtlich gesehen, kein idealer Beamter, von dem man strikte Loyalität erwartet und diese umso mehr, je höher die Position ist. Die „60:40-Regel“ machte mich eher stark. Mehr und mehr wusste ich, was ich wollte, wofür es sich lohnte, mich einzusetzen, wo meine Prioritäten lagen. Aber auch, was mich als Person ausmachte und wo meine persönlichen Grenzen lagen. Es gibt kein Richtiges im Falschen. D.h.: Wenn ich in der Ausbildung künftiger Lehrerinnen und Lehrer gravierende Mängel sehe, wenn ich blutleeres und z.T. sinnloses Lernen an unseren Schulen wahrnehme; wenn ich sehe, wie sehr Kinder unter einem kranken selektiven Schulsystem leiden, wie Kinder durch eine ungerechte Gesellschaft benachteiligt sind, wie Eltern im Bemühen, das Beste für ihr Kind zu wollen, gedemütigt werden, dann muss ich dagegen etwas tun – auch als Lehrer, als Seminarleiter, als Schulrat. Gerade dann. Als Beispiel dafür kann die Gründung der Initiative Praktisches Lernen Bayern e.V. stehen. Es waren Ende der 80-iger Jahre einige Personen, die mehr und mehr davon überzeugt waren, dass Schule nicht mehr die richtigen Antworten auf die Lebens- und Lernprobleme unserer Schüler gab.

Wir spürten, dass landauf landab nur mühsam versucht wurde, die Symptome eines kranken Systems zu kurieren. Neue Namen für alte Strukturen bewirken keine Veränderung. Uns war von Anfang an klar, dass verwaltungsinterne Schulkritik nichts auszurichten vermag. Zu negativ waren die bisherigen Erfahrungen damit. Also blieb uns nur der Weg in die Öffentlichkeit. Und so kam es. Im Jahre 1993 gründeten 42 Personen die Initiative Praktisches Lernen Bayern e.V. an der Luitpoldschule in Ansbach. Fortan sahen wir unsere Aufgabe darin, die Schule und damit die Schüler aus ihrem Lernghetto zu befreien. „Öffnet die Schule!“, „Lasst das Leben rein!“, so lauteten die Forderungen. Schüler sollten sich neu erfahren lernen. Erfahren, dass sie wichtig sind. Lernen als Vorfreude auf sich selber erfahren. Die Initiative wurde immer größer und stärker, wurde zur beängstigenden informellen Macht für Regierung und Ministerium. Schließlich verbündeten sich über 400 Menschen aus 60 verschiedenen Berufen, um Schule zu verändern. Ideelle und finanzielle Unterstützung bekamen wir von allen Seiten. Die Zeit war reif für diese Idee. Ein schwieriger Weg begann.

Diese mich sehr prägende Entwicklung in meinem Leben wäre mit hoher Wahrscheinlichkeit nicht eingetreten, wenn ich an der Regierung von Mittelfranken geblieben wäre und die interne Karriere abgewartet, ausgesessen hätte. Ich entschied mich anders. Ich hatte Angst, den Kontakt zur Basis zu verlieren. Nach zehnjähriger Tätigkeit als Regierungsschulrat resp. Regierungsdirektor, verantwortlich für das Seminarwesen im Regierungsbezirk Mittelfranken, bewarb ich mich auf die Leiterstelle der staatlichen Schulämter im Landkreis und in der Stadt

Ansbach. Zehn Jahre in der Schulabteilung der Regierung von Mittelfranken waren genug. Ich konnte mir nicht vorstellen, weitere 20 Jahre auf dieser Ebene zu arbeiten. So lange Zeit mit etwa 15 Kolleginnen und Kollegen Tag für Tag zusammen zu arbeiten, birgt große Gefahren: Es entwickeln sich mehr und mehr starre Rituale und rigide Strukturen. Ein System im System: Menschen leben dort in ihrer Welt, in der Welt der Bürokratie, die sie prägt, und lernen ihre jeweiligen Rollen zu leben. Und sie fühlen sich wohl dabei. Allerdings: Viele merken es nicht, dass sich das System auf immer niedrigerem Niveau selbst reproduziert.

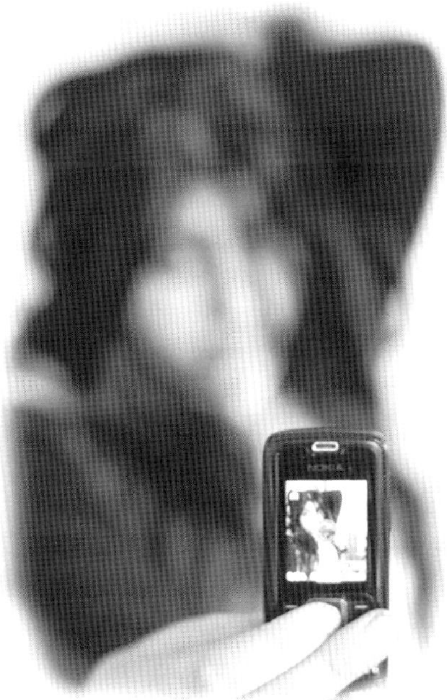

Einen wesentlichen Grund für das schwindende Einfühlungsvermögen der Herrschenden sehe ich im Mangel, mit kritischem Feedback konstruktiv umgehen zu können. Kritik ist, dies erfuhr ich immer wieder, nicht erwünscht. Natürlich, kritisches Feedback ist unangenehm und macht Arbeit, wenn ich mich damit ernsthaft auseinandersetze. Das könnte ja auch zur Erkenntnis führen, dass viele Regelungen und Bestimmungen sinnlos sind. Aber was dann? – Dann steht der Vorgesetzte vor der Entscheidung: Gebe ich die Kritik weiter, oder drücke ich sie einfach weg nach dem Motto: keine Diskussion mehr. So erlebte ich es häufig. Dabei aber schadet sich die Verwaltung selbst. Wenn ich Kritik nicht annehme und nicht bereit bin, mich damit ernsthaft auseinanderzusetzen, verliere ich den Boden der Realität. Entscheidungen, die ich treffe, können dann nur falsch sein und lösen bei Schülern, Eltern und Lehrern ungläubiges Kopfschütteln aus. So entfernt sich ein System von der Welt, für die es eigentlich geschaffen wurde. Eine bedeutsame Organisation kann man daran erkennen, wie schnell eine schlechte Nachricht nach oben kommt. Systeme, die kein kritisches Feedback kennen, sind nicht fähig für Veränderung.

Beispiel „Evaluation": Es erkläre mir jemand, weshalb sich Schulabteilungen an den Regierungen und Ministerien einer externen resp. internen Evaluation entziehen. Wiederholt habe ich bei Regierungen und Ministerien eingefordert, sich – wie dies bei Schulen mittlerweile üblich ist – evaluieren zu lassen. Keine Reaktion. Wie aber sollen Schulämter, Schulabteilungen und Ministerien glaubwürdig sein, wenn sie das, was sie von anderen fordern, selber nicht tun? Um diese feedbackresistente Bürokratie zu erschüttern, hilft nur, diese immer wieder schonungslos-freundlich in die Pflicht zu nehmen. Und das schriftlich. Egal, ob es sich um sachlich begründete Kritik, um Verbesserungsvorschläge oder um das Aufzeigen unsinniger Maßnahmen handelt, ich erwarte von meinen Vorgesetzten, dass sie Stellung beziehen. Mich ernst nehmen. Das braucht, so meine jahrzehntelange Erfahrung, einen langen Atem. Ich erlebte sehr oft, dass meine Vorschläge, selbst nach freundlicher Erinnerung, gar nicht beantwortet wurden, dass Probleme einfach unter den Teppich gekehrt wurden, dass mir der Eindruck vermittelt wurde, dass ich nur lästig sei, auf „den Geist ginge". Hartnäckige Realitätsverweigerer standen mir gegenüber. Sieht so gute Feedback- und Kommunikationsstruktur aus? Ist das die Führungskultur, die wir brauchen?

Beispiel „Dienstliche Beurteilung": Eigentlich gehörte sie längst abgeschafft. So wie sie praktiziert wird, ist sie untauglich und schadet mehr als sie nützt. Offenheit, Vertrauen, Ehrlichkeit, Dialog auf Augenhöhe haben erst dann wieder eine Chance, wenn an die Stelle der dienstlichen Beurteilung das Mitarbeiter- und Teamgespräch tritt. Dienstliche Beurteilungen, wie sie derzeit durchgeführt werden, sind Fremdbeurteilungen. Beide, Beurteiler und Beurteilter, wissen viel zu wenig voneinander. Zu Beurteilende müssen wissen, welche Kriterien der Beurteiler wertschätzt und warum. Da gibt es große Unterschiede. Für den Einen ist das Prädikat „äußerst loyaler Mitarbeiter" eine hervorragende Bewertung, für mich eher eine negative. Der gute Mitarbeiter ist für mich der, der mir freundlich und kritisch-loyal, also mit loyaler Distanz, begegnet. Wir brauchen Menschen, die nicht gegen besseres Wissen loyal das Falsche tun. Wir brauchen Menschen, die ihren Standpunkt mutig erklären. Nur so besteht die Chance eines echten Dialogs. Nur so bekomme ich echte Informationen als Grundlage für gute Entscheidungen.

Dass Ihre Karriere zu Ende war, ist nicht aus Resignation entstanden, oder?

Der Begriff „Karriere" taugt nicht für mich. Meine so genannte Karriere verdanke ich reinen Zufällen. Nur meine Karriere im Blick zu haben, hätte bedeutet: Anpassung, Anpassung, Anpassung. Den Verlust meines Selbst. Die Gründung der Initiative Praktisches Lernen Bayern, die fundamentale öffentliche Kritik am Schulsystem, mein Einsatz für eine zeitgemäße Schulverwaltung, mein Plädoyer für die Abschaffung der Schulaufsicht, meine Statements zu aktuellen bildungspolitischen Fragen im bayerischen Landtag hätten in meinem Leben nie zu bedeutsamen Themen werden können. Die Frage also, ob Karriere oder nicht, kommt einer lebenswichtigen Weichenstellung gleich. Die Devise lautet: Karriere nicht um jeden Preis. Nicht, wenn ich dafür meine Grundüberzeugungen verleugnen muss. Wann auch immer ich vor beruflichen Veränderungen stand, sagte ich mir: Bleib dir treu! Tue das, wofür du von Anfang an, also als Lehrer, angetreten bist. Unabhängig von den Funktionen, die du begleitest. Die Aufgaben ändern sich, nicht aber mein Ich.

Wie wurde Ihre Disziplinarmaßnahme gegen Sie begründet?

Akribisch und pedantisch ermittelte die Regierung 27 Monate lang gegen mich. Sie stellte alles, aber auch alles auf den formaljuristischen Prüfstand. Und das reichte viele Jahre in die Vergangenheit zurück. Generalabrechnung. Oder gar Generalvernichtung? Der Auslöser für die Ermittlungen lag offensichtlich in meinem Gesamtverhalten. Die Untersuchungen bezogen sich, mehr oder weniger verdeckt, auf meine öffentliche Kritik am System Schule, auf mein Eintreten für das Volksbegehren „Bessere Schule für Bayern", meine öffentliche Darstellung einer rigiden bürokratischen Bildungsadministration und nicht zuletzt auf meine Aktivitäten in der Initiative Praktisches Lernen Bayern e. V. Als „persona non grata", als „Rebell" sollte mir eine scharfe Lektion erteilt werden. Fortan wurden alle meine beruflichen Wege bis ins kleinste Detail untersucht und verfolgt.

Die Erbsenzählerei begann. Im Einzelnen musste ich meine zurückliegenden und aktuellen Dienstzeiten genauestens belegen. Das war sehr schwierig, fielen doch viele meiner Aktivitäten in der Initiative Praktisches Lernen zusammen mit meinen Aufgaben als Schulrat. Was über die Verwaltung nicht möglich war, konnten wir über eine bürgerschaftliche Initiative erreichen, horizontal, auf Augenhöhe, gemeinsam mit Schulen, Unternehmen und Stiftungen. Netzwerkbildung nennen wir das heute. Mittlerweile, im Jahre 2009, erstrebenswertes, wenn auch längst nicht erreichtes Ziel bayerischer Bildungspolitik. So kann Schule vorankommen, dachte ich. Leider aber sind die vielen Versuche der Initiative, nämlich mit der Verwaltung zur Erfüllung öffentlicher Aufgaben zu kooperieren, nie aufgegangen. Die Ressource „Aktives Bürgerengagement" blieb – mir scheint bis zum heutigen Tag – gänzlich ungenutzt. So kann sich nur eine Institution verhalten, die nicht wettbewerbsfähig ist. Der offizielle Vorwurf lautete, dass ich meine Tätigkeit als Schulamtschef zeitlich und inhaltlich nicht genügend getrennt habe. Um diese Annahme noch zu untermauern, gingen die Juristen sogar so weit, von mir einen Nachweis über meine privaten Engagements in Vereinen und Verbänden zu verlangen. Dies verweigerte ich. Stasi-Methoden. Rückblickend erkannte ich, wie blauäugig-naiv ich handelte, als ich ohne Aufforderung meinen privaten Terminkalender, der sowohl die beruflichen als auch die IPL-Termine enthielt, der Regierung von Mittelfranken vorlegte, gleichsam als wollte ich sagen: „Was wollt ihr eigentlich von mir? Mehr geht doch nicht. Ich habe keine Geheimnisse vor euch." Weit gefehlt! Minutiös wurden bis in die feinsten Verästelungen hinein die zeitlichen Differenzen zwischen amtlichem Nachweis und privatem Terminkalender aufgeschlüsselt, mir vorgehalten und zur schriftlichen Stellungnahme vorgelegt. Ich hatte den Eindruck: Es muss ihnen Lust bereitet haben, so zu handeln, mich fertig zu machen. Ich kann allen, die sich in ähnlicher Lage befinden, nur raten, Rückmeldungen erst nach ausdrücklicher Anforderung zu geben, und wenn man das tut, dann so knapp wie irgendwie möglich. Kein Wort zu viel. Alles, was Sie schreiben, kann gegen Sie verwendet werden.

Standen Sie mal in der Gefahr zu resignieren?

Wenn ich alleine gewesen wäre, hätte ich wahrscheinlich vorher aufgegeben. Zu schikanös waren die Maßnahmen der Regierung. Zudem: Menschen, mit denen ich viele Jahre gemeinsam gearbeitet habe, verleugneten sich. „Ich bin mit der

Sache nicht befasst." „Die Sache liegt bei den Juristen." – So lauteten die lapidaren Entgegnungen. Die Juristen, ein Kapitel für sich. Ich lernte teuflische Varianten der so genannten Sachbehandlung kennen. Um einige Beispiele zu nennen: In gewissen zeitlichen Abständen wurde der Vorgang „Kreiselmeyer" von einem zum anderen Juristen weitergegeben. Mit der Folge, dass sich die neuen Sachbearbeiter immer wieder einarbeiten mussten und ich immer wieder Anlauf nehmen musste, um mich von neuem zu erklären. Delegieren nennt das wohl die Regierung. Ich nenne es Zermürbungstaktik. Irgendwann kam dann der Punkt, an dem ich mich fragte: Was wurde da über mich geschrieben? Das bin ich doch gar nicht. Und dazu soll ich Stellung nehmen? Einfach kafkaesk! Die so genannte Sachbehandlung gewinnt je länger je mehr in juristischen Händen eine gefährliche Eigendynamik. Argumente, zumal pädagogische, haben im juristischen Denken keinen Platz. Gespräch, gar Diskurs rücken in weite Ferne. Die Person wird zu dem, die sie aus Sicht der Ankläger von Anfang an ist: zur Unperson, der man es zeigen wird und zwar so lange es die Politik für notwendig erachtet. Verwaltungsjuristen auf der mittleren Behördenebene sind da nur subalterne Erfüllungsgehilfen. So meine Erfahrung. Ohne Rückenstärkung vieler Menschen und deren öffentlichen Stellungnahmen wäre es für mich sehr schwer geworden. Interessant dabei, dass mir hinter vorgehaltener Hand Personen aus der Staatskanzlei und den Ministerien Mut machten, dran zu bleiben. Viele Menschen erklärten sich solidarisch mit mir. Sie konnten nicht begreifen, dass da einer brutalen Schikanen ausgesetzt war, dem es um nichts anderes ging, als eine „Bessere Schule" endlich mit auf den Weg zu bringen. Viele Projekte wären nicht zustande gekommen, wenn wir die Bestimmungen penibel eingehalten hätten. Um nur einige Stichworte zu nennen: Schülerbeförderung, Elternbeteiligung, Einwerbung von Drittmitteln, Unterrichtsbefreiung etc. Alles Hindernisse, die einer Schule, wie wir sie wollten, im Wege standen. Wir wollten aus den rechtlichen Grauzonen raus. Wir wussten: Nur durch öffentliche Darstellung und Diskussion konnten wir weiterkommen.

Mein Resignationspunkt war da, wo ich mit meinem Handeln meine Familie in große Schwierigkeiten gebracht hätte. Insofern gebe ich keinen Helden, der, koste es, was es wolle, radikal für seine Überzeugung eintritt. Kluges Handeln war angesagt. Nach vier Jahren fortwährender Schikane und amtlicher Willkür wollte ich diesem menschenunwürdigen Treiben ein Ende setzen. Die Aussicht, weitere drei

Jahre prozessieren zu müssen, war für mich nicht verlockend. Selbst wenn ich mich vor Gericht durchsetzen würde, so mein Anwalt, würde ich wohl in dieser Zeit in meinem Leben nicht mehr froh. Repressive Maßnahmen der Regierung und des Ministeriums würden auf der Tagesordnung stehen. Außer einer gewissen Selbstgenugtuung bei erfolgreichem Ausgang des Prozesses würde ich im System nichts verändern. Ich schloss mich dieser Meinung an, wollte ich doch in den letzten beruflichen Jahren nicht ausschließlich um mich selbst kreisen, sondern mit Eltern und Lehrern für den überfälligen Wandel hin zu einer besseren Schule weiter kämpfen. Darum zu kämpfen, endlich tun zu dürfen, was wir tun können. Und zwar jetzt. Zum Wandel ist nur fähig, wer ihn auch gestalten darf.

Nahezu 40 Jahre war ich im bayerischen Schulwesen tätig und hatte keine Ahnung, was in einem bürokratischen Schulsystem alles möglich ist – auf völlig legalem Wege. Das Beamtengesetz gibt es, wenn es gewollt wird, offensichtlich her.

Beispiel: Allein der „Anschein der Befangenheit" genügte, mir die Dienstaufsicht über Schulen entziehen zu können. D. h., man unterstellte mir, dass ich als Vorsitzender der Initiative Praktisches Lernen Bayern e. V. Lehrer, die Vereinsmitglieder waren, bei dienstlichen Beurteilungen bevorzugte. Gegen diese Entscheidung der Regierung konnten auch Protestbriefe betroffener Kollegien nichts ausrichten. Beispiel „Leistungsprämienvergabe": Die Regierung forderte mich auf, eine Namensliste vorzulegen, aus der die Personen hervorgehen, die Mitglieder der Initiative Praktisches Lernen sind. Die Regierung wies an, dass ich bei Entscheidungen im Blick auf diesen Personenkreis den „Raum zu verlassen" hätte. Allein der Anschein potentiell möglicher Parteinahme genügte für diese tiefgreifende dienstrechtliche Maßnahme. Wollte man einen sterilen Apparat? Fest steht: All das ist, beamtenrechtlich gesehen, legal. Der Dienstherr ist darüber hinaus nicht verpflichtet, die Gründe seiner Entscheidung dem Betroffenen gegenüber offen zu legen.

Ich behaupte, durch die vielen Ebenen bayerischer Schulverwaltung weht der Geist des Obrigkeitsstaates. Die Zugriffe vorgesetzter Behörden können beängstigend massiv sein. Die Palette möglicher Maßnahmen ist groß. Ich erlebte viele Mechanismen, die dem Phänomen „Mobbing" zuzuschreiben waren: Erbsenzählereien („Wir bitten um schriftliche Stellungnahme ..."), Dialogverweigerungen („Wir sehen keinen Anlass für ein Gespräch."), Androhungen („Wir können Sie sofort versetzen."), Schikanen (Aufforderung, meine Tätigkeiten schriftlich akribisch zu belegen), häufiger Wechsel der sogen. „Zuständigkeit" („Da ist Herr X. zuständig"). Ich registrierte sehr bald, dass Juristen an meinen pädagogischen Begründungen und meinem persönlichen beruflichen Leitbild kein Interesse haben. Unerträgliche Dialogverweigerung. Allein rein formaljuristische Dinge zählten.

War es jetzt klug im System, diesen Kampf vor Gericht nicht weiter zu führen, um Kräfte frei zu haben für das, was jetzt noch auf dem Tisch liegt? – Zum Beispiel die Bürgerinitiative gegen den Fluglärm und die weitere US-Militarisierung in der Region Ansbach, wo sie aktiv sind?

Ja, weil ich keine Chance hatte, mich gegen formaljuristische Spitzfindigkeiten durchzusetzen. So eng können die Bestimmungen ausgelegt werden. Bis zur Infantilisierung hochdotierter Schulamtsdirektoren. Ich dachte mir oft: „Wie alt muss ich eigentlich noch werden, um die einfachsten Entscheidungen für mich treffen zu können?" Beispiele: Da wird mir vorgeworfen, ohne Dienstreisegenehmigung mit Teilnehmern der Arbeitsgemeinschaft „Museumspädagogische Lernwerkstatt Schloss Obernzenn" wiederholt zu einem Ort gefahren zu sein, der ca. 2 km außerhalb des Schulamtsbereiches Ansbach liegt. Oder: Da wird mir vorgeworfen, an einem Freitag um 14 Uhr in Schwabach, einem Ort, der ca. 10 km außerhalb de Schulamtsbereiches Ansbach liegt, den „Mittelfränkischen Lehrertag" besucht zu haben. Zum Haareraufen, diese Pedanterie. Eigentlich Verletzung primärer Dienstpflichten, weil große Zeitverschwendung. Zum Glück werden täglich Hunderte von Beamten deswegen nicht belangt. Würden all die noch bestehenden Bestimmungen punktgeanu ausgeführt, würden wir das ganze System zum Stillstand bringen. Nichts ginge mehr. Ich wollte mich ganz einfach nicht mehr jahrelang mit derartigen Trivialitäten herumschlagen müssen. Wollte nicht in das Fahrwasser eines Michael Kohlhaas' geraten. Oder gar zu dem werden, der ich aus Sicht der Juristen von Anfang war, zu sein hatte – eben ein unverbesserlicher Querulant. Martin Walser hat dieses Phänomen in seinem Buch „Finks Krieg" eindrucksvoll beschrieben. In dieser Zeit reifte in mir der Entschluss, sobald es gehe, vorzeitig in den Ruhestand zu gehen, um Zeit zu haben für Dinge, die mir wirklich bedeutsam sind. 26 Jahre im bayerischen Schulaufsichtsdienst waren genug. Ein Narr, der glaubte, in verbleibenden zwei Jahren noch bewirken zu können, was 26 Jahre lang nicht möglich war.

Klugsein heißt hier, diesen Kleinkrieg nicht weiter zu führen, um stattdessen die Kräfte besser für etwas anderes einzusetzen, mit dem man dann letztendlich mehr bewirkt?

Und zufriedener wird. 27 Monate zermürbender Kampf waren genug. Kein Tag verging, ohne dass ich mich mit der Sache befassen musste. Die letzten Jahre bis zum vorzeitigen Ruhestand wollte ich mich noch intensiv den Menschen widmen, für die ich primär da war: den Schülern, Eltern, Lehrern und Schulleitern. Inzwischen wussten wir, Regierung und ich, was wir voneinander zu halten hatten. Das hatte den großen Vorteil für mich, nicht mehr mit aus meiner Sicht sinnlosen Verwaltungsaufgaben konfrontiert zu werden. Selbstgefällige Nichtbeachtung. Ich genoss gewisse Narrenfreiheit, die mir erlaubte, mich nach wie vor kritisch zu äußern, ohne bisher belangt worden zu sein. Allerdings mit erheblichen Einschränkungen. Öffentliche Auftritte wurden mir nach wie vor untersagt. Redeverbot. Maulkorb. Wie so oft, ich nahm Urlaub, um einer Einladung nachkommen zu können. Aus Sicht des Ministeriums und der Regierung war ich wohl unverbesserlich. Es konnten keine „erzieherischen Wirkungen" erzielt werden. Ich stellte fest: Ich hatte mich nicht dem System ausgeliefert. Und konnte durchatmen.

Die Begründung der Disziplinarmaßnahme ist niemandem zugänglich zu machen?

So ist es. Ich wurde darüber mehrmals belehrt. Mir wurde bei Androhung weiterer disziplinarrechtlicher Folgen untersagt, mich dazu öffentlich zu äußern. Ich sei Beamter und deshalb der Schweigepflicht unterworfen. Ich äußere mich deshalb hier ausschließlich nur zu Sachverhalten, die inzwischen öffentlich bekannt sind. Man kann das System nur mit den Mitteln bekämpfen, die dem System selber eigen sind. Sonst wird man schnell Opfer.

Herr Kreiselmeyer, da würden doch viele sagen: So etwas gibt es doch heute nicht mehr ...

Das wird es geben, solange wir Lehrer Beamte sind. Das Beamtengesetz kann außerordentlich rigide ausgelegt werden. Der Dienstherr sagt, wo es lang geht. Und er ist dabei nicht einmal begründungspflichtig. Wenn wir mehr persönliche Freiheit wollen, müssen wir auch bereit sein, den Beamtenstatus aufzugeben. Der hierarchisch und bürokratisch organisierte Verwaltungsapparat und das auf pädagogische Freiheit setzende soziale System „Schule" stoßen unversöhnlich aufeinander. Wir können auch sagen: Je selbständiger Schulen werden, desto stärker werden die Anordnungen von oben als störend empfunden. Eine lernende Organisation wie die Schule sollte ein Ort sein, an dem Menschen kontinuierlich entdecken, dass sie ihre Realität selbst erschaffen.

Was bewegt Sie, sich weiterhin für die Verbesserung unserer Schulen einzusetzen?

Ich genieße inzwischen die Freiheit, die Befreiung von Fremdbestimmung im Ruhestand. Den ganzen Verwaltungsballast habe ich endgültig abgeworfen. All die gemachten, z. T. erlittenen Erfahrungen im Beruf sind zu meinen Lebensthemen geworden. Sehr positiv besetzt. Das reicht von meinen Engagements in Bürgerinitiativen, in der Bürgerbewegung für Menschenwürde, in lokalen Familienbündnissen, in der Regionalbewegung Deutschland e. V., in Schülerbündnissen bis hin zu meinen Aktivitäten im Forum Bildungspolitik und in der Schulberatung. Endlich kann ich erfahren, was geschieht und was möglich ist, wenn Menschen aus ganz unterschiedlichen Organisationen und Institutionen sich zusammenschließen und ihre Ziele auf Augenhöhe gemeinsam verfolgen. Ich staune: Da ist in kurzer Zeit viel möglich, was im Korsett hierarchischer Verwaltungsapparate nicht annähernd erreicht werden kann. Leider. Wie sagt man: Wege entstehen beim Gehen. Welchen Weg ich auch gehe, er wartet mit Erfahrungen auf mich, die ich nicht gemacht hätte, wäre ich einen anderen Weg gegangen.

REINHARD STÄHLING

10. Flüchten oder standhalten?

– Ein psychologischer Exkurs

„Mögen hätten wir schon wollen,
aber dürfen haben wir uns nicht getraut."
Karl Valentin (1882–1948)

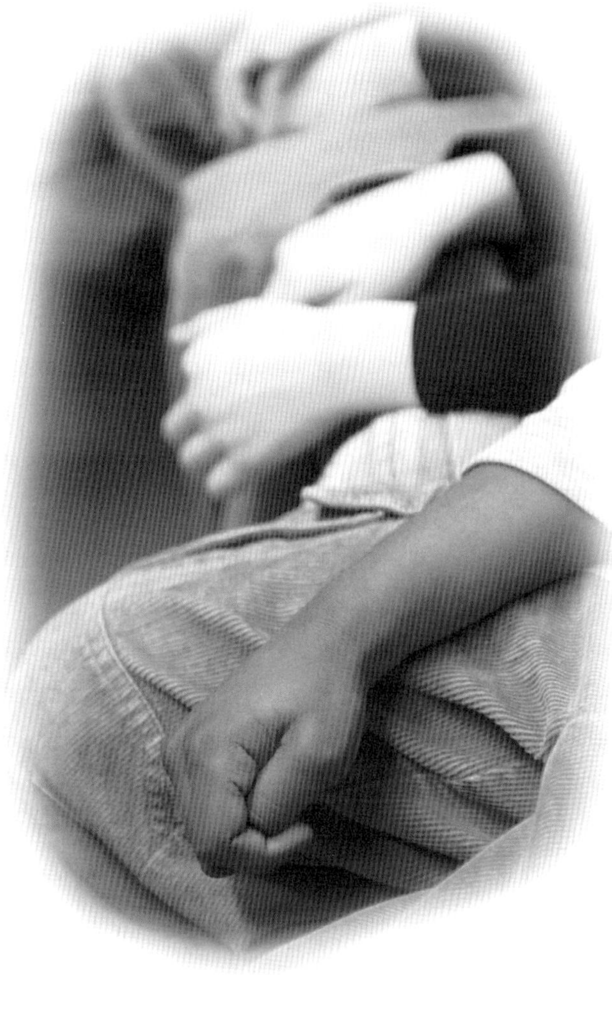

Im Interview sagt Raimund Patt, dass für eine einschneidende Veränderung gerade eine *Eskalation nützlich* sein kann (vgl. S. 149). Gerhard Sennlaub gibt im Gespräch zu Bedenken, dass ein „ungehorsamer" Schulmensch aus taktischen Gründen Konfrontation möglichst vermeiden solle, und sagt: „Jeder darf sich nur soviel Konfrontation zumuten, wie seine Leidensfähigkeit es zulässt." (vgl. S. 18) Würden wir daraus folgern, dass Schulveränderung eine Frage der Nervenstärke ist? Heinz Kreiselmeyers Aufruf als Schulamtsleiter, *„klug im System"* zu sein (vgl. S. 193ff.), und Gertraud Greilings Rat als Schulleiterin, *„macht ein Ding nach dem anderen!"* (vgl. S. 98), widersprechen Raimund Patts Erfahrungen mit der Eskalation nur scheinbar. Manfred Pollert empfiehlt „ungehorsamen" Schulleiterinnen und -leitern, nicht zu fragen, sondern „einfach zu machen" (vgl. S. 129ff.). Der Schulpraktiker Freinet (1896–1966), der eine große *politische Lehrerbewegung* auslöste, lebte nach dem Prinzip, von „unten" zu beginnen und *„das Neue ins Alte zu setzen"* (vgl. Hering/Hövel 1996, S. 12). Es lohnt sich, Erfahrungsberichte von mutigen Menschen zu studieren, die an Umgestaltungen mitgewirkt haben.

Hartmut von Hentig beschreibt in seiner Biografie, wie er bei der Neugründung der Laborschule „bisher Selbstverständliches" (z.B. das „Durchnehmen von Bismarck als Pensum") grundsätzlich und „tollkühn" vorab in Frage stellte. Er fasst zusammen: „Wer Neues will, muss mit Verständigungsschwierigkeiten rechnen" (2007/2, S. 274). Reformer aus Kanada und Südafrika haben uns über ihre Haltung zur Veränderung erzählt. Mit schmerzlichen Rückschlägen muss gerechnet werden; dennoch nicht zu resignieren, ist eine große Kunst (vgl. Interview Alexander; Fall Kreiselmeyer, Erfahrungen von Winkel 2008–2010).

Als wichtiges Modell für eine Veränderung gesellschaftlicher Strukur gilt der Psychiater Franco Basaglia aus Italien, der maßgeblich dazu beitrug, die inhumanen „Irrenanstalten" zu beseitigen. Seinen Kampf führte er von innen als Leiter einer Anstalt, in der sich – wie er es ausdrückt – ein „Selbstverständnis von Wissenschaft abbildet: die Ideologie der Befriedung der Gesellschaft durch Ausschließung, bzw. Einschließung der Störer" (Basaglia 1980, S. 55). Sein britischer Kollege Ronald D. Laing bestätigte: „Eine psychiatrische Anstalt von innen zu reformieren, ist eine Sisyphusarbeit. Die Kräfteverhältnisse sind steinhart, und der bürokratische Apparat hat unendliche Ressourcen – er kann Leute entlassen oder versetzen, den einen Arbeitsbereich mehr subventionieren als den anderen, eine Untersuchung behindern, ein Vorhaben unterbinden" (Basaglia 1980, S. 50). Die tägliche Arbeit mit gestörten Menschen ist ohnehin eine starke Beanspruchung, so dass Franco Basaglia die Last, innerhalb der Institution Widerstand zu leisten, als sehr hoch einschätzt: „Vielleicht ist es auch aus diesem Grunde so mühsam, 'innen' zu arbeiten. Man kämpft dauernd an zwei, drei, vier Fronten gleichzeitig" (a.a.O., S. 51).

„Wer als Lehrer lebendig bleiben will, muss versuchen den ‘magischen Bann der Gewohnheit’ zu brechen. ‘Nichts ist getan worden’, so Ulrich Beck, ‘was nicht einer als erster getan hat. Alle existierenden Dinge sind Früchte der Originalität, die am Anfang meist verlacht, oft gehasst oder verfolgt worden’ sind. Es gilt, aus der Selbstunterwerfung unter die Autorität herauszutreten und sich die Neuerungsfähigkeit zu bewahren“ (Singer 1998, 208).

Nach Heinrich Scharrelmann kann man gute Lehrer bei „ernster, angestrengter, aber ‘unerlaubter’, d. h. nicht vorgeschriebener Tätigkeit“ antreffen. Dass dies bereits vor 100 Jahren Schulqualität ausmachte, zeigt Gerhard Sennlaub (1980). Scharrelmann schrieb 1907 – nach Einschätzung Sennlaubs – wohl als erster deutscher Lehrer ein Buch gemeinsam mit Kindern. Mit 50 Mädchen seiner fünften Klasse aus Bremen veröffentlichte er „Der Geburtstag“. Im Begleittext bietet er der vorgesetzten Schulbehörde die Stirn:

„Je strenger man sich an seinen vorgeschriebenen Lehrplan hält und an alle jene schweren Ketten, die dem freien Schaffen des Lehrers umgelegt werden, je mehr man bestrebt ist, ein guter Beamter zu sein, desto weniger taugt man als Schulmeister. So unangenehm es auch ist, aber es muss immer wieder gesagt werden: die Kräfte wachsen nur in der Freiheit, und wer nicht den Mut hat, sich über die Torheiten und Engherzigkeiten seiner Vorgesetzten einfach hinwegzusetzen, der wird niemals imstande sein, den Kindern das zu geben, wonach sie so sehr verlangen: Arbeitsgebiete und Arbeitsgelegenheiten, mit denen sich ihr Interesse vermählen kann. Das mögen sich alle Schulbehörden in deutschen Landen merken (...)“ (Scharrelmann 1907, S. 10; zit nach Sennlaub 1980, S. 154).

Der Frankfurter Sozialphilosoph Adorno (1966/1973) hat als *wichtigstes Ziel* der Erziehung und des Unterrichts angesehen, dass Auschwitz sich nicht wiederhole. Solange im deutschen Schulwesen ausgesondert wird, ist jene strukturelle Gewalt, in der auch wieder „Schreibtischtäter“ wirken könnten, nicht endgültig beseitigt.

Der Psychotherapeut und Supervisor Kurt Singer (2003a, S. 1624ff.) beobachtet, dass sich relativ häufig Menschen mit autoritären Charakterstrukturen „vom Lehrerberuf angezogen und durch die hierarchischen Strukturen des Schulsystems im autoritären Verhalten bestärkt“ fühlen (vgl. auch Interview Schumann; Fuest; Kapitel 3). Nach Singers Analysen tasten diese Lehrer zum Teil die Würde der Menschen an: „Häufig müssen Kinder unter erniedrigenden Worten jener Lehrer leiden, die sie mit missglückten Arbeiten bloßstellen, verächtlich machen, mit ironischen Bemerkungen kränken. Die gefürchteten Lehrerinnen und Lehrer geben Noten öffentlich bekannt, rufen Schüler auf, ohne dass sich diese zu Wort melden; Kinder werden einfach ‘drangenommen’. Solche Lehrer bedrohen Schüler mit schlechten Zensuren, überfallen sie mit unangekündigten Proben, lassen Schwache hilflos zurück. Sogar Begriffe aus der Foltersprache sprechen sie ungeniert aus: ‘Wenn ihr nicht pariert, muss ich die Notenschraube anziehen.' All das macht Schülern Angst: eine ungünstige Voraussetzung, Zivilcourage zu lernen. Für die Angst im Unterricht gibt es sogar einen speziellen Begriff: Schulangst" (S. 163f). In Singers Untersuchung (1998) zeigt sich, dass oben beschriebene Lehrkräfte keine „Einzelfälle" sind. „Manche Lehrerinnen und Lehrer bewirken allein dadurch menschliches Unheil, dass sie streng das Vorgeschriebene befolgen. Sie müssen nicht verantworten, was sie an emotionalen Verwundungen anrichten, denn sie erfüllen pflichtgetreu die Vorschriften" (Singer 2003a, S. 166).

Zugleich ist zu beobachten, dass viele Lehrer, die den Kindern gute Lern- und Lebenschancen geben möchten, leicht in Gewissenskonflikte geraten. Sie konfrontieren ihre Schüler – ob sie wollen oder nicht – mit Zensurengebung nach der so genannten „Normalverteilung", mit „Sitzenbleiben", Sonderschulaufnahme und mit früher Aufteilung in verschiedene Schulformen. Diese Probleme äußerten alle unsere Gesprächspartner, die in deutschen Schulen arbeiten oder arbeiteten, in den Interviews. Manche Lehrerinnen und Lehrer klagen über ihren Beruf und würden am liebsten „aussteigen", wenn sie es sich finanziell leisten könnten. Die sozio-emotionalen Beanspruchungen der Lehrkräfte sind immer noch nicht ausreichend durch Methoden der Feldforschung ermittelt worden. Im Schulalltag lässt man sich ungern in die Karten gucken (siehe z.B. VERA in Kapitel 6). Viele werden zudem häufig von schlechtem Gewissen geplagt, „nie fertig" zu werden (vgl. Stähling 1998). Häufig ist zu hören:

- „Ich kann es mir kaum vorstellen, in diesem System bis zum 65. Lebensjahr durchzuhalten."
- „Bei so wenig Unterstützung stehe ich alleine vor der Riesenaufgabe. Das kann keiner bewältigen. Für alle Probleme der Gesellschaft bin ich nicht zuständig."
- „Bei der immer größer werdenden Fülle an Aufgaben, ist mir nicht zuzumuten, solche schwierigen Kinder auch noch zu fördern. Ich schaffe noch nicht einmal meine Arbeit mit den so genannten normalen Schülern zufriedenstellend."
- „Ich kann in diesem Schulsystem nicht mehr. Mir fehlt die Kraftquelle, und das Gefühl, eine sinnvolle Arbeit zu machen."

Überwältigt von den eigenen Ansprüchen an die pädagogische Arbeit, getrieben von Idealen und gebremst durch beengende, teils selbst definierte Vorschriften, überfordern sich manche. Sie wollen, aber müssen auch den Schülern gerecht werden und geraten dabei in Gewissenskonflikte, weil sie im Alltag nicht genug Zeit finden, ihre Arbeit zufriedenstellend zu erledigen. Durch Vorschriften fühlen sie sich zu Handlungen gezwungen, die ihrem Förderauftrag entgegengesetzt sind. Manche Lehrkräfte verlieren den Blick für das realistisch „Machbare" und flüchten. Als Fluchtorte bietet sich möglicherweise das Private für die an, denen der Umbau der Schule zu aufreibend ist. Durch eine großzügige Urlaubs- und Freizeitregelung verschafft der Beruf allerdings „stillen Aussteigern“ etliche Schlupflöcher. Als „die Dummen“ erscheinen dagegen diejenigen, die „zu viel für die Schule tun“. Stabilisieren sich auf diese Weise inhumane Strukturen in den Schulen?

Am Beispiel der Zensurengebung erörtern wir die Gewissensnot, in der eine Lehrerin steckt, die es aus pädagogischen Gründen nicht für sinnvoll hält, einem schwachen Schüler eine Sechs oder Fünf zu geben. Wie verfährt sie, wie reagiert sie, wenn sie bei ihrem waghalsigen Vorgehen, keine Note zu geben, erwischt wird? Wie antwortet sie auf folgende Vorwürfe?

- *Sie leisten sich das, was alle wollen ... Die anderen Schulen möchten auch gern so handeln und keine Zensuren geben – die beschweren sich und sagen: ‘Warum darf diese Schule das und wir dürfen das nicht? Ist das nicht unkollegial?’*
- *Sie sind Beamter genau wie ich und müssen die Vorschriften beachten. Das ist nun mal so.*
- *Ich habe Stress als Vorgesetzter, weil ich letztendlich ihre Verstöße verantworten muss. Ich kann mir das nicht leisten, dass Sie hier gesetzeswidrig handeln. Das ist egoistisch gedacht und gefährdet meine Stelle.*
- *Wenn Sie diese Hinweise nicht beachten, muss ich das zu Protokoll geben und Sie ermahnen, das umgehend einzustellen und rückgängig zu machen. Ich werde mit der gesamten Palette der mir zur Verfügung stehenden dienstlichen Mittel dagegen vorgehen (vgl. Fall Kreiselmeyer).*
- *Sie haben keine Chance, dagegen anzugehen. Da werden Sie jedes Verfahren verlieren.*
- *Sie nützen ja dem Kind damit nicht, weil es überall anders auf diese gesellschaftlichen Realitäten stoßen wird.*
- *Sie stehen alleine mit Ihrer Position. Dieses Verhalten hat sich noch nie jemand geleistet.*
- *Ich möchte Sie dringend ersuchen, mit uns zu kooperieren.*
- *Wir haben Ihnen vertraut, nun zeigen Sie Undank gegen dieses Schulsystem, das Ihnen aber Ihren Lebensunterhalt bezahlen soll.*
- *Wir lassen uns zu viel von Ihnen gefallen. Das muss ein Ende haben.*
- *Sind Sie in der Lage und gewillt, die demokratisch beschlossenen Vorschriften zu beachten?*
- *Wenn Sie etwas ändern wollen, dann müssen Sie sich an die Politik wenden und versuchen eine Mehrheit für Ihre Ansicht zu finden, damit die Gesetze geändert werden.*

Lehrer, die im Grunde am liebsten einen Unterricht ohne Aussonderung praktizieren würden, finden sich in den Schulen in schwierigen Situationen wieder. Sie benötigen angesichts der Schulstrukturen viele „Kraftakte der Selbstbefreiung". Wenn Unrecht geschieht, erweist sich Mitleid für einen „schwachen" Schüler als wesentlicher Antrieb, sich zu widersetzten. Frauen sind nach Singers Einschätzung häufig zivilcouragierter als Männer. In unseren Gesprächen hörten wir nicht selten die Äußerung, dass die Kinder einem die „Kraft gegeben haben", für sie zu kämpfen (vgl. Interviews Schnell, Fuest).

Es ist damit zu rechnen, dass jemand, der Ungehorsam im Schuldienst zeigt, auf massive Abwehr stößt: „Innerhalb von Behörden, in Ministerien und anderen Machtapparaten, in Institutionen wie Schule, Rundfunk, Stadtverwaltung oder im Arbeitsleben ist immer noch viel Anpassung und Unterordnung gewünscht. Vor einer konflikthaften Bürgereinmischung müssen wir uns deshalb damit befassen, ob wir die 'Rückwelle' überleben können, die unser Widerspruch auslöst (...): von gewissen Gruppen gemieden, gekränkt oder angegriffen, in bestimmten Situationen benachteiligt zu werden " (Singer 2003a, S. 116).

Horst-Eberhard Richter erklärt diese Abwehr gegen Veränderer so: „Solange Not noch nicht sinnlich fassbar ist und sich nur in Vorboten andeutet, kommt leicht ein Teufelskreis in Gang. Große Teile der Gesellschaft reagieren auf eine nur dumpf geahnte, aber noch nicht voll gefühlte Bedrohung regelmäßig mit der Erwartung, man müsse den Kurs, bei dem man es doch so lange gut gehabt hat, nur um so beharrlicher weiter steuern und gegen radikale Miesmacher und Unruhestifter abschirmen. Das heißt, man projiziert, solange es geht, die Bedrohung auf andere, die in aller Krassheit dem Ausdruck geben, was man in sich selbst verspürt, aber nicht wahrhaben will. Und die Folge ist dann, dass man die Warner vor der Gefahr anstatt diese selbst bekämpft." (Richter 1981, 2004)

Wie kann sich jeder vor dieser „Rückwelle" schützen? Wir zählen im Folgenden verschiedene Varianten aus dem Schulalltag zunächst auf, um anschließend für die Praxis zu erörtern, wie jemand, der „ungehörige Schritte" gehen will, sich von seiner Angst befreien kann.

Variante 1: Die Lehrerin arbeitet im *Schutze einer Schulleitung*, die sie in ihrem Streben unterstützt, im Einzelfall bewusst gegen die Vorschriften zu verstoßen und sich zu weigern, z. B. einem schwachen Schüler Sechsen zu geben, statt im Zeugnis in einem Text deutlich zu machen, wo genau Unterstützung erforderlich ist (vgl. Interview Greiling). Hier kann im Schutze der Schulleitung ein „humanes Biotop" entstehen, das als Modell schließlich für andere ansteckend wirkt. Die Reaktion der Schulaufsicht wirkt dabei förderlich oder hemmend (vgl. Interviews Sennlaub, Kreiselmeyer). Entweder die Lehrer verlassen sich auf die Schulleitung und praktizieren versteckten Ungehorsam, ohne sich zu sorgen, dass sie selbst zunächst der Kritik der Schulaufsicht ausgesetzt wären, oder sie haben selbst Furcht, von der Schulaufsicht gemaßregelt zu werden, und passen sich freiwillig an.

Variante 2: Die Lehrerin arbeitet *in einer großen Gruppe* von Kollegen, die Reformen verwirklichen wollen. Die Schulleitung blockiert alle Vorstöße, indem sie auf die Verfügungen verweist. Entweder stellt sich die Gruppe auf ihren geringen Handlungsspielraum ein und reagiert individuell unterschiedlich, oder sie macht sich geschlossen – z. B. mit Hilfe von Fortbildungen – für eine Reform stark (vgl. Interview Patt).

Variante 3: Die *einzelne* Lehrerin arbeitet in einer Schule, in der sowohl Schulleitung als auch die Mehrheit der Kollegen grundsätzlich niemals gegen Anordnungen verstoßen würden. Entweder passt sie sich dann aus Angst vor Sanktionen dem Üblichen an oder rebelliert als Minderheit gegen eine Übermacht (vgl. Interviews Schnell, Schumann). Mühseliger Widerstreit – auch mit Hilfe von Personalräten und Fortbildungen – kann schließlich zu Kompromissen führen, die um des Schulfriedens willen eingegangen werden.

Der Literaturpreisträger, Theatermann und Aufrührer Dario Fo meint, dass eine Haltung des Protestes zu trainieren ist: „Wie jede Disziplin erfordert die Fähigkeit zum Widerstand jedoch ständige Übung. Wer in Kleinigkeiten nachgibt, gibt auch im Großen nach. Wenn man den richtigen Atem erworben hat, kann man hingegen jeden Marathon mitmachen" (2008, S. 16).

Die Furcht vor dem Alleinstehen, auch unter Freunden und Kollegen, hindert viele daran, eine *abweichende Meinung zu äußern*, sich mit menschlichem Verhalten einzumischen und gegen Beschämungen von Schülern zu wehren. In unseren Gesprächen zeigte sich, dass es sehr hilfreich ist, wenn man wenig Furcht vor Autoritäten hat (vgl. Interviews von Fuest, Hövel, Pollert, Patt, Kaiser, Kreiselmeyer). Kurt Singer gibt mit seinem Buch „Zivilcourage wagen" (2003a) gleichsam einen Übungsleitfaden zur Bewältigung solcher Ängste an die Hand. Wer Ängste überwinden und zivilen Mut entwickeln will, muss nach seiner Erfahrung einiges beachten:

- Sich die Situation der Angst vor dem Widerspruch vorstellen und seine Angst annehmen (S. 77). Etwa so: „Na und, ich habe eben Angst vor dem Chef. Das haben andere auch. In der Supervision, im geschützten Raum, spreche ich darüber. *Ohne Angst geht es sowieso nicht.*“

- Sich vorstellen, die Angstsituation *erfolgreich zu bewältigen* (S. 78) und sich durch Mitmenschen gehalten fühlen (S. 120). Etwa so: „Dann nehme ich eben einen Kollegen mit. Wenn gar nichts mehr geht, vertagen wir das Gespräch. Ich spreche erst mal mit anderen darüber, wie wir am geschicktesten vorgehen könnten. Ich fange erst mal mit etwas Leichtem an. Schritt für Schritt. Gemeinsam sind wir stark.“

- Sich das *Misslingen vorstellen* und versuchen, bei sich zu bleiben (S. 79). Etwa so: „Was kann mir schon passieren, wenn ich „erwischt“ werde? Im schlimmsten Fall eine Abmahnung, eine Versetzung oder ein Disziplinarverfahren – na und?!“

- Sich mit seinen *Wertvorstellungen* kenntlich machen (S. 102). Etwa so: „Ich habe in dem Punkt andere Erfahrungen gesammelt. In einer anderen Schule machen sie es erfolgreich in einer anderen Weise. Ich kann es in der nächsten Konferenz referieren.“

- Sich *Sachverstand* aneignen (S. 102) und die aufkommenden Gefährdungen geistig bewältigen (S. 120). Etwa so: „Ich lese in der Fachliteratur. Dann werde ich eine andere Schule besuchen, um mir ein Bild zu machen, wie es dort läuft. Ich führe Gespräche mit denen, die es anders gemacht haben. Es gibt für mich Vorbilder. Wir können einen *Arbeitskreis* bilden, der diese Fragen diskutiert und Entscheidungshilfen erarbeitet.“

- Seine persönlichen Gefühle einbeziehen, sich von innerer Überzeugung und *von seinem Gewissen* leiten lassen (S. 103, 120,133). Etwa so: „Das Kind tut mir leid. Ich kann es verantworten, hier aus pädagogischen und menschlichen Gründen eine Ausnahme zu machen. Ich möchte mir selbst treu bleiben.“

- *Feindbilder korrigieren* (S. 116ff). Etwas so: „Ich möchte die Ansicht, die Wünsche und Ängste der anderen Seite kennen lernen. Dadurch werde ich auch sicherer im Umgang mit ihnen, und Eskalation wird – wo nötig – vermieden. Meine Angriffe sollen *nicht persönlich verletzen*. Wenn wir etwas verändern wollen, lassen wir das Gespräch nicht abbrechen. Das mäßigt auch die anderen in ihren Reaktionen.“

Wenn wir von John Dewey lernen können, „dass Erkenntnis mehr im Handeln als im Einsammeln von Wörtern gewonnen und gesichert wird“ (v. Hentig 2007/2, S. 276), dann wird es sehr wichtig sein, sich die Erfahrungen aus erfolgreichen Reformvorhaben anzusehen, um „aus der Geschichte zu lernen“ (siehe Kapitel 12; Interview Alexander, Porter).

III.
„Andere Länder – Andere Sitten“

Ungeheure Horizonte für die Bildung

Prof. Dr. Gordon Porter, Kanada

1946	geboren
1966	Lehrer in der High School, New Brunswick, Kanada
1969	Schulleiter der Elementary School in Woodstock, New Brunswick, Kanada
1978–99	Schulamtsdirektor mit dem Schwerpunkt auf sonderpädagogische Förderung
seit 1985	Leitung des Entwicklungsprogramms von Schulen zur Inklusion; Aus- und Fortbildung von Lehrern
1989	Ehrendoktor der Rechtswissenschaft
1990–96	Professor, Forschung und Lehre über schulische Integration (University of Montreal)
1999	Professor der Pädagogik und Sonderpädagogik (Univertity of Maine, Presque Isle)
2002–2007	Professor, Forschung und Lehre über Inklusion (University of Prince Edward Island)
2006	im Ruhestand

Porter ist in 40 Ländern aktiv für Menschrechte und soziale und schulische Inklusion; er erhielt vielfache internationale und nationale Ehrungen.

www.inclusiveeducation.ca

GORDON PORTER

Schafft rechtzeitig Beispiele! Man muss eine Bewegung herbeiführen

– Ein kanadischer Schulamtsdirektor und Hochschullehrer erzählt

(aus dem Englischen übersetzt von Barbara Wenders)

In der kanadischen Provinz New Brunswick gibt es seit den späten 1980er-Jahren keine Sonderschulen mehr. Gordon Porter, Sie sind der Initiator dieses Umbaus. Können Sie uns bitte die Veränderungsprozesse zur inklusiven Schule erläutern. Wie fing alles an?

Nachdem wir entschieden hatten, dass die Institution der Sonderschule nicht der richtige Weg zur Bildung sein kann, war der erste Schritt, den wir angesichts unserer Rahmenbedingungen machten, das regionale Schulamt dafür zu gewinnen, die so genannten Sonderschüler – entsprechend ihrem Alter – in eine spezielle Jahrgangsklasse der allgemeinen Schule zu bringen. Also gingen alle Kinder im Grundschulalter zu einer Grundschule, entsprechend machten wir es mit den älteren Kindern: Wir haben die Kinder mit ihren Sonderschullehrern einfach in die allgemeine Schule „versetzt", und zwar in eine spezielle Klasse. Wir nutzten das zunächst als Stützpunkt, um uns in Richtung „Integration" zu bewegen, wie wir es damals nannten. Heute würden wir es „Inklusion" nennen. Dann baten wir die Lehrer nach und nach, Lernsituationen zu arrangieren, in denen die Kinder so viel Zeit wie möglich mit anderen Kindern verbringen konnten. Wir starteten ohne eine feste Absicht, wie weit wir gehen könnten.

Wir führten Verhandlungen mit Lehrern, indem wir sagten: Wenn Sie diesen Schüler in ihre Klasse nehmen, werden wir etwas für Sie tun. Es gab viele inoffizielle Kontrakte, die für einige Zeit galten. Und natürlich funktionierte das immer mit den Lehrern, die positiv waren und freiwillig helfen wollten. Das war also der erste Schritt Anfang der 1980er-Jahre.

Welche Kontrakte kamen zwischen Sonderschul- und Regelschullehrern zustande?

Unsere Strategie damals war, nach immer mehr Gelegenheiten zu suchen, um Beziehungen zwischen den Sonderschullehrern und den Regelschullehrer aufzubauen, aber auch zwischen den Kindern mit Handicaps und den Kindern ohne Handicaps.

Die Taktik war, passende Gelegenheiten zu finden, um dann zu fragen, ob das Kind mit Handicap an einer gemeinsamen Aktivität teilnehmen könnte oder an einer Unterrichtsstunde.

Zum Beispiel: Wenn ich dir Max für diese eine Sportstunde in deine Klasse schicken darf, könnte ich dir vielleicht im Unterricht helfen oder dir einen Assistenten schicken. Oder ich könnte dir geeignetes Lehrmaterial geben. Solche kleinen Absprachen – jenseits des Dienstweges – konnten hier und dort Erfolge zeigen und dafür sorgen, dass Kinder mit besonderem Förderbedarf in Regelklassen gingen, ohne dass dies von oben angeordnet werden musste. Als wir gute Beispiele fanden und sahen, was möglich war, begannen wir immer mehr zu drängen. Nach ein bis zwei Jahren gab es viele Fortschritte. Die ehemaligen Sonderschüler waren einbezogen in verschiedene Klassen und Aktivitäten, und wir waren zuversichtlich. Wir sagten nun: Statt Spezialklassen zu haben, wo Schüler so viel wie möglich integriert werden, müssen wir die Kinder in die Regelklasse bringen und sie rauslassen, wenn sie es brauchen. Und so „tauschten" wir.

Waren schließlich die meisten mit den Änderungen einverstanden?

Nein, nein, nein! Selbstverständlich fanden viele die Sonderpädagogik und abgetrennte Sonderschulen eine gute Sache. Und tatsächlich war es eine große Hausforderung, den Leuten verständlich zu machen, dass Menschen, die nicht lesen, schreiben oder rechnen lernen, Bildungserfahrungen brauchen, die möglicherweise weniger akademisch sind. Bildung kann soziale Verständigung, Aufbau der Selbstachtung oder der Alltagsfähigkeiten sein, aber es ist Bildung und gehört in eine Bildungseinrichtung, nämlich in die Schule. Und die allgemeine wohnortnahe Schulerziehung ist der Weg, wie wir unsere Kinder zu Bürgern erziehen. Und Gesetze zu machen, die für einige gelten und für andere nicht, das ist das Gegenteil der Idee von gleichen Rechten und Demokratie.

Ist Gordon Porter beliebt?

Nein, die Leute mögen Gordon Porter nicht, sie mochten ihn damals nicht und sie tun es jetzt auch nicht. Es gibt auch Leute, die respektieren, was ich tue. Aber wenn du eine Änderung willst und es in Gang setzt und durchführst, so dass es mehr oder weniger systemisch ist, werden die Interessen vieler Leute nicht bedient. Viele Leute müssen dann Dinge tun, die sie nicht erwartet hatten. Deshalb denke ich, dass Leute, die bedeutsame Veränderungen vorantreiben, nicht immer beliebt in dem Umfeld sind, wo sie es betreiben.

Sind Tricks nötig?

Ich würde das nicht Tricks nennen. Ich habe sicherlich Anreize benutzt: Du machst was für andere und wirst dafür belohnt. Ich sorge dafür, dass du Geld für Weiterbildung bekommst, oder dass du zu einem Kongress geschickt wirst oder dass man deine Ausgaben erstattet, für ein Seminar oder ein Institut, ich kauf dir einen Computer. Wenn du hart und ehrlich arbeitest, dann steht das in meiner Macht, dann wirst du belohnt.

Half die Schulbehörde?

Nein. Wir mussten ein wenig Unterstützung haben, um zu beginnen. Hier hatten wir behördliche Unterstützung von ganz oben, aber es gab viele Schulleiter oder Leute aus der Schulaufsicht, die uns nicht unterstützten. Und wir mussten gut zureden, anordnen und uns bemühen, einen angemessenen Umfang an Verpflichtung und Projektunterstützung in jede Schule zu bekommen. Es war nicht einheitlich. Manche Leute waren resistent und negativ. Aber wir wissen, an diesem Punkt schafft man rechtzeitig Beispiele mit den Leuten, die engagiert und bereit sind. Man nimmt gute Beispiele, und dann wendet man sich an die negativen Leute und sagt: „Ich verstehe das Problem nicht. Die anderen sind in der Lage, es in der Schule zu schaffen. Warum seid ihr nicht in der Lage, es hier zu tun? Sind eure Lehrer nicht so kompetent? Bist du nicht so überzeugend, wie die Leiter in den erfolgreichen Schulen? Es muss einen Grund geben ...“

Ein Teil unserer Strategie war, dass wir einen oder zwei Schulleiter hatten, die anderen erzählten, wie sie es gemacht hatten, und ihre Erfolgsgeschichten mitteilten. Wir hatten auch einige Eltern, die bei den Erfolgspräsentationen dabei waren und erzählen konnten, wie sehr ihr Sohn oder ihre Tochter von der Inklusion profitierten.

Wenn man Leute findet, die Ansehen bei ihren Kollegen genießen und ihnen zeigen, wie man es macht, sollte man sie in eine Führungsrolle setzten; dann ist es sehr schwer für andere, sich quer zu stellen und zu sagen, es ist unmöglich. Ich meine: Wie kann ich sagen, es ist unmöglich, wenn ein anderer es tut und sagt, es ist möglich?

Gab es viele Hindernisse?

Solange man nur mit den Lehrern verhandelte, die freiwillig mitmachten, gab es keine Probleme; aber sobald man anfing, viele Lehrer einzubeziehen, waren etliche der Lehrer nicht begeistert. Sie hatten kein Vertrauen und fragten skeptisch, ob es für die Kinder das Richtige sei. Deshalb mussten wir viel diskutieren und viele Absprachen treffen, durch die sie sich ermutigt fühlten, ein bisschen zu unternehmen. Die Unterstützungslehrer und Sonderschullehrer mussten Integrationslehrer werden, so dass sie tatsächlich den Regelschullehrern bei ihren Anforderungen halfen. Ein Hindernis war die Haltung der Schulleiter. Einige von ihnen dachten, dass dies eben wieder etwas sei, was sie belästigen werde. Sie wollten es lieber nicht machen. Das erforderte, den Führungspersonen klar zu machen, dass es ihr Amt war, die Leitung bei dieser Initiative zu übernehmen.

Damals waren die kanadischen Gesetzte noch nicht geändert ...

Richtig, das kam erst 1986. Dieser zwei- bis dreijährige Übergang dazu, die Schüler in der Klasse zu haben und nur heraus zu nehmen, wenn sie es brauchten, und dann die Lehrer zu unterstützen durch Fortbildung und Problemlösung, war ein Prozess. Nach zwei bis drei Jahren hatten wir diesen Prozess schon ziemlich abgeschlossen, als die Provinz dann 1986 das Gesetz änderte. Ein Grund, warum sie bereit waren, das Gesetz zu ändern, war, dass wir *an unserem Beispiel zeigen* konnten, wie man es *erfolgreich* durchführen kann. Und auf einmal, als die Provinz unser Beispiel sah und Geld investierte, wurde unsere Arbeit leichter.

Gibt es nicht Ausnahmen von der Inklusion?

Ich glaube, dass jeder Mensch integriert werden kann, und unser Ziel ist es, alles Mögliche zu tun, um Inklusion herzustellen und allen Kinder die Gemeindeschule mit ihresgleichen in normalen Klassen zu ermöglichen. Es darf von Anfang an und als allgemeine Politik *keine Ausnahme* geben. Trotzdem muss jedes Schulsystem das bieten, was jedes Kind braucht. Manchmal ist das in Regelklassen nicht möglich, ob es nun aus Sicherheitsgründen oder anderen Gründen ist, ob es an mehr Ruhebedarf liegt oder speziellem Unterrichtsmaterial. Ein Kind, ein Lehrer und ein Assistent müssen manchmal aus triftigen Gründen eventuell außerhalb des regulären Klassenraumes sein. Das ist für ein einzelnes Kind in seiner Gemeindeschule möglich. Es kann auch nur dieses eine Kind betreffen, oder eben ein, zwei andere, die davon profitieren könnten, dass eine besondere Situation hergestellt wurde. Das ist keine aussondernde Maßnahme, die einfach nur leichtsinnig getroffen wird, um es dem Lehrer leichter zu machen. Meinen Erfahrungen nach sind diese Maßnahmen sehr begrenzt, nur für eine kurze Zeit. Es kann mit Herausforderungen zu tun haben, die das Verhalten des Kindes betreffen. Oder es berührt sehr persönliche Bedürfnisse, die auch etwas mit gesundheitlichen Problemen zu tun haben könnten. Nur sollten das Ausnahmen sein, und da wir Menschen sind, macht das manchmal auch Sinn. Ich unterstütze mit Haut und Haar Inklusion. Ich bin ein erfahrener Lehrer und Schulleiter. Ich mache, was gemacht werden muss. Ich treffe Entscheidungen, die gemacht werden müssen. Ich lehne ab, dass Gegner von Inklusion die Befürworter als unrealistisch und idealistisch abstempeln oder als Puristen ohne Verstand.

Ich möchte unterstreichen, dass wir an Inklusion glauben können. Für alle Inklusion. Und trotzdem müssen wir pragmatisch überlegen, was für ein Kind das Beste ist.

Um den Erfolg zu gewährleisten, muss der Staat in Politik, Finanzierungshilfe und Programme investieren, sonst werden diejenigen, die sich ins Zeug legen, entweder sich aufreiben oder letztendlich aufgeben. Man braucht Verbündete und andere Schulen, die sich dem Konzept anschließen. Man muss eine Bewegung herbeiführen.

BARBARA WENDERS

11. Aussteigen oder bei anderen lernen?
– Persönliche Konsequenzen einer Lehrerin

Es tut gut, eines Tages nachlesen zu können, was man selbst schon immer gedacht und gefühlt hat, aber niemals so gut ausdrücken konnte. Mir erging es zu Beginn des 21. Jahrhunderts so, als ich zum ersten Mal den Begriff *Inklusion* in einem Artikel von Andreas Hinz (2002) gelesen habe. Das war es doch, was ich schon immer gespürt hatte. Das Wort Integration war inhaltlich für mich längst zu einem Unwort geworden, aber ich hatte noch kein besseres gefunden, bis ich auf den „Index of Inclusion" stieß.

Als Lehrerin für die Grund- und Hauptschule arbeitete ich zunächst einige Jahre in der Hauptschule. Um nach längerer, familienbedingter Pause wieder in der Schule Tritt zu fassen, wurde ich Lehrerin für Sonderpädagogik, über ein dreijähriges Fernstudium mit gleichzeitiger Anstellung an einer Sonderschule für Lernbehinderte. Dort lernte ich Dinge, die ich in meinem ersten Studium schmerzlich vermisst hatte: zuerst der Blick auf das Kind und dann erst auf das Fach. Die „sonderpädagogische Perspektive“ erlaubt den Kindern, ihre individuelle Lebenssituation mit in die Schule, ins Klassenleben zu bringen und nicht im Tornister vor der Türe zu verstecken. Jedes Verweigern und alle Verhaltensweisen jenseits der Norm haben Gründe und sind für das betreffende Kind *sinnvoll.* Kinder geben uns dadurch in den meisten Fällen eine „normale“ Antwort auf den *pädagogischen Unsinn*, von allen Schülern und Schülerinnen eines Alters zur selben Zeit dasselbe Lernziel zu verlangen. So ein erzwungenes Lernen im Gleichschritt schien viele Kinder krank gemacht zu haben, sie mussten nun in eine Schule gehen, die sie wieder „heile“ machen sollte. Die Sonderschule als *Schonraum* mit „Heil“-Pädagogik.

Dort setzten wir in einem wunderbaren Team die durchdachtesten Projekte um und versuchten alles, um den Oberstufenschülerinnen und -schülern so viel an Können und Selbstbewusstsein zu vermitteln, dass sie trotz ihres Sonderschulstatus’, unter dem sie litten, sich ohne Scham der brutalen Klassengesellschaft stellen konnten. Der Erfolg stellte sich nur im Kleinen ein (im Schonraum eben), in der unmittelbaren Zweier- oder Gruppenbeziehung. Die meisten der Jugendlichen fanden keine Anstellung, bzw. landeten nach den zwei oder drei subventionierten Warterunden anschließend in der Sozialhilfe. Keine Arbeitserlaubnis für ausländische Jugendliche, fehlende Unterstützung durch das Elternhaus, frühe Schwangerschaften, Aufenthalte in der Psychiatrie, Scheitern am Arbeitsplatz bzw. in der Ausbildung, keine Nachsorge und Unterstützung von uns Lehrern. Ich war wütend auf mich, aber auch auf die Regelschule, die diese Kinder *zuvor ausgesondert* hatte, wütend auf die Gesellschaft, die diese Schülerinnen und Schüler nicht zur Kenntnis nehmen wollte. Bis zum heutigen Tag hört man in kaum einer Talkrunde zum Thema Schule etwas von den vielen Schülern der Sonderschule für Lernbehinderte. Das Wort Integration war für mich ein gut gemeinter Unsinn mit der Bedeutung: *„Eigentlich gehörst du nicht dazu, aber da ich ein netter Mensch bin, lasse ich dich eine Zeit lang mitmachen ... gnädigerweise.“*

Ich verließ die Sonderschule für Lernbehinderte, weil ich wissen wollte, wie die Schule „tickt“, an der die meisten „meiner Sonderschüler“ gescheitert waren: die Grundschule.

Dort erkannte ich in einigen Kindern exemplarisch „meine“ Oberstufenschüler wieder. So hatte deren negative Schulkarriere einmal begonnen. Sie scheiterten daran, dass sie nicht so mitkamen, wie andere Kinder. Manche waren langsamer, sie hatten Sorgen und Nöte, die nicht ausreichend zur Kenntnis genommen wurden oder genommen werden konnten. Sie waren halt für den Gleichschritt nicht geschaffen, also an sich ziemlich normal. Für die Versetzung reichte es hinten und vorne nicht. Wenn nach „vergeblicher Liebesmüh“ die Noten immer noch nicht ausreichend sind, dann hat unser Schulsystem nichts anderes als die Aussonderung zu bieten und zwar mit Zwang und „Einweisung". Es wird angenommen, dass es tatsächlich eine besondere *„Schülerrasse" (Otto Herz)*, nämlich die der Sonderschüler für Lernbehinderte oder wie sie alle heißen, gibt. Genau in diesem Moment las ich von der Inklusion, und es fiel mir wie Schuppen von den Augen, dass es nicht meine private Ideologie war, die mich wütend gemacht hatte, sondern, dass ich einfach auf der Seite der Rechte der Kinder stand. Diese Erkenntnis macht stark, und seitdem sind wir, bin ich auf dem Weg, dafür zu sorgen, dass die Aussonderung in unseren Regelschulen endlich ein Ende hat.

Den Kontakt zu Schulen in Kanada, in der Provinz New Brunswick, bekam ich durch Andreas Hinz (vgl. Hinz 2007; 2009; Arbeitsgruppe Internationale Vergleichsstudie 2007). Ich flog 2008 auf eigene Initiative und Kosten nach Woodstock, New Brunswick, im Osten Kanadas. Ich wohnte in einer B&B, die von einer pensionierten Schulleiterin und Schulinspektorin geführt wurde. Insgesamt hatte ich 6 Wochen Zeit, in denen ich täglich in der Schule war. Zunächst besuchte ich die beiden Elementary Schools Woodstocks, anschließend die Middle School und zum Schluss die High School. In der Tat verwirrte es mich zu Beginn, dass es verschiedene Schulformen zu geben schien. War es genau wie bei uns: Grundschulzeit, danach Verteilen auf die verschiedenen Schulformen, mit all den bekannten Schwierigkeiten, Ängsten und Sorgen? – Nein, völlig anders:

Alle Kinder ohne Ausnahme gehen mit 5 Jahren in die Elementary School. Eine Kindergartenzeit davor (pre school) ist freiwillig. In der Elementary School heißt das *erste* Jahr Kindergarten. Hier lernen die Kinder all das, was in Deutschland im ersten Schuljahr gelernt und gelehrt wird. (Auf meine Frage hin, warum es Kindergarten heißt – ich habe kaum gesehen, dass gespielt wurde – bekam ich keine schlüssige Antwort.) In Klasse 1 sind die Kinder dementsprechend schon weiter als bei uns in der Regel die Kinder im ersten Schuljahr. Die Elementary School geht vom Kindergarten bis Klasse 5. Danach wechseln – und das ist der feine Unterschied – *alle* Kinder *gemeinsam* zur Middle School, Klasse 6 bis Klasse 8, danach wechseln wieder *alle* Kinder zur High School, Klasse 9 bis Klasse 12.

Noten gibt es ab Klasse 8, und erst in Klasse 11 und 12 gibt es eine äußere Differenzierung nach verschiedenen Niveaustufen. Das Beeindruckendste für mich war, dass grundsätzlich alle Kinder zusammen weitergehen. Es gibt kein Sitzenbleiben. Kinder mit besonderen Bedürfnissen bekommen, um erfolgreich lernen zu können, einen speziellen Bildungsplan (Special Education Plan, „SEP"). Auch Kinder, die besonders schnell auffassen und lernen („hochbegabte" Kinder) bekommen ihren „SEP". Er wird in drei Modifizierungsstufen (Accomodation, Modification and Individualization) differenziert und dokumentiert. Die „SEPs" führen nicht zur Aussonderung und Verteilung auf verschiedene Sonderschulen, sondern jedes Kind soll in der allgemeinen Schule erfolgreich lernen können.

Im Vergleich dazu dienten und dienen unsere sonderpädagogischen Gutachten in erster Linie dazu, dass nachgewiesen wird, warum ein Kind in einer Klasse nicht mehr tragbar ist oder erst gar nicht auf die Schule in seiner Nähe gehen kann. Dies geschieht in Deutschland unter dem Deckmantel einer so genannten „Förderdiagnostik" zum Wohle des Kindes. Gegen die sich anschließende Verfügung über die Einweisung in eine Sonderschule können sich bei uns Eltern durch Widerspruch bzw. Klage wehren. Ein Widerspruch in sich, wie mir scheint.

In New Brunswick wird der Heterogenität in jeder Schulklasse durch die erwähnten speziellen Bildungspläne und durch ein besonderes Unterstützungssystem innerhalb der Klasse und der Schule begegnet.

Was passiert nun in der High School mit Schüler/Innen mit sonderpädagogischem Förderbedarf, z. B. im Bereich Lernen? Sie sind natürlich immer noch nicht ausgesondert, sondern werden wie alle anderen jungen Menschen auf ihre Zukunft vorbereitet. Es gibt Zukunftsgespräche und Hilfen im Hinblick auf ihre zukünftige Arbeitsstelle. TAs (Teachers' Assistants) unterstützen die Arbeit der Lehrerinnen und Lehrer in der Klasse.

In New Brunswick habe ich das wohl weltweit inklusivste Schulsystem erlebt. Ich erinnere mich an ein schwer mehrfach behindertes Kind in einem Spezialrollstuhl, das über eine Magensonde ernährt wurde (auch in der Schule) und das nicht sprechen konnte. Mit einer technischen Hilfe war es in der Lage, jeden Morgen die anderen Kinder zu begrüßen, und jeder gelungene Gruß wurde von einem strahlenden Lachen begleitet. Ein Mädchen, ebenfalls im Spezialrollstuhl, der gleichzeitig ihren Kopf stützte, und das über die Luftröhre im Notfall Sauerstoff zu bekommen hatte, schrieb mit absoluter Selbstverständlichkeit einen Mathetest in der 9. Klasse der High School mit. Ich erinnere mich an ein Beratungsgespräch für ein autistisches Kind der Middle School, wo demnächst der Wechsel zur High School anstand. Die Lehrerin der Middle School suchte die Lehrerin der High School auf, und beide bekamen Unterstützung vom Schulamt durch eine Expertin für Autismus. Es wurde ganz genau geplant und festgelegt, welche besonderen Hilfen und baulichen Erfordernisse notwendig waren. Dieser Schüler schlug zum Beispiel gegen Wände, also konnte er nicht in die Klasse mit Rigipswänden oder mit Glastüren. Er war auf bestimmte Belohnungen angewiesen (Brezel), er brauchte einen bestimmten Recorder. Es sollte eine Videoaufnahme von der neuen Schule gemacht werden, damit er sich schon vorher per Video daran gewöhnen konnte.

In der Elementary School gab es in jeder Klasse (24 bis 27 Kinder) mindestens drei Kinder mit speziellem Bildungsplan. Die Klassenlehrerin wurde unterstützt durch eine Assistentin.

Eine weitere Unterstützung gab es durch eine übergeordnete M&R-Lehrerin (Method and Resource Teacher), die für alle Kinder die speziellen Bildungspläne schrieb, die die Klassenlehrer/Innen einmal pro Woche beriet oder auch in den Klassen mitarbeitete. An einer größeren Elementary School gab es zwei M&R-Lehrerinnen, die eng zusammen arbeiteten.

Als drittes Unterstützungsorgan diente das Student Services Team in jeder Schule. Es traf sich mindestens zweimal im Monat. Dazu gehörten die Schulleitung, M&R-Lehrerinnen, betroffene Klassenlehrer/Innen, Beratungslehrer/Innen, Sozialarbeiter/Innen und auch ein Mitglied des Schulamts. Überall stieß ich auf folgende Grundüberzeugungen:

- *Alle Kinder können lernen.*
- *Alle Kinder besuchen zusammen mit Kindern ihres Alters eine reguläre Klasse in der Schule in der Nähe.*
- *Alle Kinder erhalten angemessene Bildungsangebote.*
- *Alle Kinder erhalten einen ihren Bedürfnissen entsprechenden Lehrplan (Curriculum). Das allgemeine Curriculum wird entsprechend modifiziert. Entsprechend gibt es eine differenzierte Unterrichtsplanung (Multi-Level-Instruction)*
- *Alle Kinder profitieren von der Zusammenarbeit und Kooperation zwischen Elternhaus, Schule und Gemeinde.*

Im Jahre 1986 wurden in New Brunswick alle Sonderschulen abgeschafft, die Kinder und deren Lehrer/Innen auf die Regelschulen verteilt. Seitdem ist die Diskussion vorbei: Es kann nicht mehr ausgesondert werden und die Probleme, die da sind, werden gemeinsam gelöst. Es wird keine Energie verbraucht, um zu überlegen oder gar zu diagnostizieren, ob dieses oder jenes Kind an dieser Schule richtig ist. Das Kind ist da und jetzt wird gemeinsam überlegt, was zu tun ist, damit es Erfolg hat.

Auf dem jeder Lehrerin und jedem Lehrer zur Verfügung stehenden Laptop sah ich nachmittags viele Kolleginnen und Kollegen die Planungen für den nächsten Tag oder die nächste Woche machen.

Ich hatte das große Glück und die Ehre, an mehreren Treffen schwedischer Sonderschulkollegen und Kolleginnen der Schuladministration aus Nordschweden teilzunehmen, die sich in New Brunswick die „inclusive education" in den Schulen ansehen wollten. Gordon Porter, der weltweit bekannte Pionier der Inklusionsbewegung in Kanada (vgl. Porter 1991; Interview), leitete diese Treffen. Auch ich berichtete von der Grundschule Berg Fidel, die sich auf den Weg gemacht hat, eine inklusive Schule für alle Kinder des Stadtteils zu werden (vgl. Stähling 2006; Schnell 2010b). Die Schweden hörten sehr interessiert zu, vor allem als es um die multiprofessionelle Teamarbeit ging. Dann kam aber die entscheidende Frage: „Wie lange lernen die Kinder bei Ihnen zusammen?" Meine Antwort musste lauten: „In der Regel 4–5 Jahre, danach ist es mit dem gemeinsamen Lernen vorbei." Von da an bildete ich mir ein, dass ich als Kollegin aus Deutschland nicht mehr so ernst genommen wurde.

Wer erlebt hat, wie unter wirklich nicht einfachen Bedingungen in diesen kanadischen Schulen Menschen daran arbeiten, dass *wirklich alle* in der Schule lernen können, und zwar erfolgreich, der kann wohl nicht mehr ruhigen Gewissens in den meisten deutschen Schulen unterrichten.

Aussteigen oder standhalten? Für mich ist klar geworden, dass ich mich nicht mehr von Vorschriften eines Schulwesens leiten lassen kann, das auf der Welt einzigartig rückschrittlich ist. Ich fühle mich meinem Gewissen verpflichtet und leiste Widerstand gegen schulische Verhältnisse, die viele in Deutschland noch immer für so selbstverständlich halten.

Ungehorsam im Schuldienst im Sinne der Menschenrechte.

Jean Collicott, Kanada

1948	geboren in Kanada
1968 bis Anfang der 1980er Jahre	Lehrerin in Klassen 7 bis 9, stellvertretende Schulleiterin
1980er Jahre	Lehrerin für sonderpädagogische Unterstützung und Koordinatorin für Schülerförderung in der Schule, Studium der Sonderpädagogik; Method and Resource Teacher
1988–93	Assistentin von Gordon Porter im Schulamt, Supervisorin für Schülerförderung im Schulamt
1993–96	Supervisorin der Mittelschulen
1996–2001	Schulleiterin einer Elementary School (Kindergarten bis Klasse 5)
seit 2001	im Ruhestand

JEAN COLLICOTT

Solange ihr es nicht zu eurem Problem macht, werdet ihr es nicht verändern!

– Eine kanadische Schulleiterin erzählt

(aus dem Englischen übersetzt von Barbara Wenders)

Welche Aufgabe hatten Sie, Frau Collicott, als die Sonderschulen in New Brunswick abgeschafft wurden?

Gordon Porter forderte mich auf, ein „Method and Resource Teacher" zu werden. Im Jahr zuvor hatte sich die volle Inklusion aller Schüler mit besonderen Bedürfnissen (special needs) in die Regelschule durchgesetzt. Viele Lehrer wie ich hatten an vielen Donnerstagnachmittagen ein besonderes Training bei Gordon Porter im Schulamt. Wir gingen hin, um das zu lernen, was wir für diese Herausforderung brauchten. Das war in dem Jahr, als wir das Gesetz bekamen, dass alle Sonderschulen geschlossen wurden und die Kinder in die Regelklassen zurückkehrten.

War das die erste Begegnung mit Inklusion?

Gordon brachte mich zum ersten Mal mit dieser Idee der Integration in Verbindung. Alle Sonderschulen wurden geschlossen und die Kinder kamen in die Regelschulen. Zu dem Zeitpunkt, als ich zum Method and Resource Teacher ausgebildet wurde, dachte ich tatsächlich noch, dass ich nur langsame Lerner, Kinder mit Lernschwierigkeiten in der Klasse haben würde. Ich hatte keine Ahnung davon, dass ich schon im nächsten Jahr für schwer mehrfach behinderte Kinder verantwortlich sein würde, die in die Regelschule kamen. Ich war etwas nervös und hätte es fast nicht getan. Ich wusste, dass es eine sehr große Aufgabe war, die da auf mich zukam. Ein schwerwiegend autistisches Kind sollte zusammen mit einem Kind mit Lernschwierigkeiten in die Klasse 8 kommen. Die Schülerin mit Lernschwierigkeiten arbeitete auf dem Niveau einer Klasse zwei. Hinzu kam ein weiteres wunderbares Kind, mit dem man sich auf einfachem Niveau gut unterhalten konnte und dem man überhaupt nicht anmerkte, dass es irgendwelche Probleme hatte. Schulisch gesehen arbeitete dieses Kind in Klasse 8 auf Vorschulniveau. Ich fand es beängstigend, weil ich überhaupt nicht wusste, was ich mit diesen Schülern zusammen machen sollte.

Was haben Sie getan?

Wenn wir auf diese ersten Jahre zurückblicken, werden wir vermutlich sagen, dass wir es nicht besonders gut gemacht haben, obwohl wir manchmal nicht wissen, dass wir schon ganz schön weit gekommen sind. Während der ersten paar Jahre ging es darum, so viel Kinder wie möglich für eine möglichst lange Zeit in der Regelklasse zu haben. Wir stellten Aufgaben, die sie in der Lage waren zu bewältigen. Es gab einen Assistenten. Er arbeitete mit ihnen an ihren Aufgaben. Der Klassenlehrer hatte natürlich keine Ahnung, wie man eine Veränderung hinbekommen sollte, um diese Kinder nach eigenen Lehrplänen zu unterrichten. Wir setzten viel Arbeit daran, Freundschaftskreise aufzubauen, um die anderen Kinder für die behinderten Kinder zu sensibilisieren. Wir haben viel in der Region getan, viel Sozialarbeit. Die Kinder blieben die meiste Zeit über in der Klasse.

Verändern hieß „learning by doing"?

Ja. Im Laufe der Jahre haben wir versucht, den Lehrern unterschiedliche Wege aufzuzeigen, mit diesen Kindern in der Regelklasse umzugehen. Wir versuchten, das Material, mit dem gearbeitet wurde, zu modifizieren. Denn wenn Lehrer in einer bestimmten Art und Weise arbeiten, die günstig für die Inklusion des Kindes ist, wird es einfacher: Je mehr Gruppenarbeit gemacht wurde, je zahlreicher die Wahlmöglichkeiten für die Kinder waren, etwas zu tun, je mehr jedes einzelne Kind in der Lage war, etwas Unterschiedliches zu tun, desto einfacher war es, die Kinder zu mischen. So lange aber jeder dieselbe Übungsaufgabe zu machen hatte, war es sehr schwer, die Inklusion umzusetzen. Im Laufe der Jahre also befähigten wir die Lehrer dahin, ihren Unterrichtsstil zu verändern, so dass wir eine inklusive Klasse bekamen. Manche Lehrer wollten es, manche Lehrer wollten es nicht. Es war eine Herausforderung.

Gab es Lehrer, die sagten: „Nein, ich will keine inklusive Klasse, ich verlasse die Schule"?

Es gab vor allem an der High School Lehrer, die das grundsätzlich ablehnten. Und je nachdem, wie durchsetzungsstark der Schulleiter war, beschäftigten sie sich damit oder nicht. So gab es Lehrer, die immer behinderte Kinder in ihren Klassen hatten, weil sie es wollten und es gab Lehrer, die nie etwas damit zu tun hatten, weil sie es nicht wollten. In der Elementary School hat man auch immer bestimmte Lehrer, wo man weiß, dort ist es gut, Kinder hineinzugeben. So muss man immer entscheiden: Ist es fair, sie immer in die Klassen zu geben, wo man weiß, dass die Lehrer offen dafür sind? Sollten wir sie nicht gerade in die Klassen geben, wo die Lehrer noch nicht offen sind, damit sie die notwendigen Voraussetzungen lernen, um alle Kinder einzubeziehen? Solange man diese Lehrer meidet, werden sie es nicht tun. Denn das Hauptargument dieser Lehrer war immer, ihr müsst uns zeigen wie es geht, bevor ihr die Kinder in die Regelklassen holt. Unser Argument war immer, bevor ihr sie nicht in euren Klassen habt, werdet ihr nicht lernen, mit ihnen umzugehen, weil ihr es nicht wollt. Wenn ihr aber mit der Situation konfrontiert seid und ihr gleichzeitig Unterstützung bekommt, ist es kein Problem. Solange ihr es nicht zu eurem Problem macht, werdet ihr es nicht verändern.

Wie kam es, dass die Sonderschulen in New Brunswick abgeschafft wurden?

Ich denke, Gordon spielte dabei wirklich eine zentrale Rolle, zumal die Regierung ihm in weiten Teilen zuhörte. Er beeinflusste eine Menge von politischen Entscheidungen der Regierung. Es war sein Glaube, seine Überzeugung, dass das Leben in Gemeinschaft das war, was wir haben sollten. Und weil er sehr viel Kraft hatte, überzeugte er die Regierung davon, das Gesetz zu ändern. Und sie machten es.

Entwickelten sich Schwierigkeiten?

In den letzten zwanzig Jahren ist die Inklusion zweimal neu auf die Probe gestellt worden. Bei Veränderungen in der Regierung entstand immer die Sorge, dass sich die Position ändern könnte. Zuletzt gab es zweimal öffentliche Anhörungen. Aber die grundsätzliche Vereinbarung wurde nie geändert. Ich war für einige Zeit ein Student Services Supervisor. Es war eine Krankheitsvertretung: man wollte, dass ich die Vertretung machte, weil ich mich schon auskannte. Und um aufrichtig zu sein, ich sah exakt dieselben Probleme, die ich schon vor zehn Jahren gesehen hatte. Man braucht stete Wachsamkeit. Über die Jahre wechseln die Lehrer und die Verwaltung. Du weißt nicht, wie es kommt. Zuerst sind sie voll drin in der Inklusion, dann lassen sie einige Dinge schleifen, weil es halt bequemer ist. Ich will nicht sagen, dass sie es aus schlechten Gründen taten. Es passiert einfach, Lehrer sehen etwas und entscheiden pragmatisch, etwas anders zu machen als zuvor.

Zum Beispiel findet man in einer Schule eine Klasse, in der drei Kinder mit „special needs" in einer gesonderten Gruppe sind. Als wir damals begannen, waren wir sehr unnachgiebig. Wir legten Wert auf eine normale Verteilung innerhalb der Klasse. Wir wollten auf keinen Fall eine kleine extra Gruppe innerhalb der Klasse haben. Dann fanden wir heraus, dass das geschehen konnte, weil der Schule einige Assistenten gestrichen wurden. Die Schule machte eine organisatorische Entscheidung, dass die Kinder mit „special needs" für einige Stunden in einem extra Raum zusammengefasst wurden, weil die Lehrer glaubten, dass sie sie dort besser fördern konnten. Dies verstößt total gegen die Theorie der Inklusion, aber man weiß, warum sie es getan haben. Dieses sieht man immer wieder. Ich erinnere mich daran, was mein Mann einmal zu mir gesagt hat: „Aber Jean, was ist, wenn du dies 15 Jahre später diskutierst und feststellst, dass du mit deiner Haltung falsch gelegen hast?" Ich sagte: „Es könnte passieren, aber es wird nicht passieren."

Hat Gordon Porter als Initiator der Inklusion Ihr Leben verändert?

Genau. Er hat mich vermutlich auch als Person verändert, weil ich bis zu dieser Zeit mir niemals hatte vorstellen können, so viel herumzureisen, um Vorträge vor größeren Mengen zu halten. Ich erinnere mich an Hamilton, wo ich auf einer Bühne 3000 Lehrern gegenüber stand und eine Präsentation machte. Ich hätte vorher niemals drüber nachgedacht, so etwas zu tun. Wir gingen nach Neuseeland, wo es wunderbar war. Gordon und ich, unser Superintendent und seine Frau. Gordon war der mit dem unerschütterlichen philosophischen Hintergrund, den ich in gewisser Weise auch hatte, aber ich war die Praktikerin, die es in der Klasse umgesetzt hatte. Albert Murray war unser leitender Superintendent. Er konnte darüber sprechen, wie wir es im Bezirk durchsetzten. Seine Frau war Lehrerin an der

Elementary School und war sehr kreativ bei der Änderung aller möglichen Dinge. Wir waren für drei Wochen da und sprachen mit Lehrern von verschiedenen Unterrichtscolleges in sechs verschiedenen Städten. An den Wochenenden machten wir Workshops. Es war wirklich eine Gelegenheit, mit vielen Lehrern ins Gespräch zu kommen und auch mit Regierungsleuten. Wir sprachen mit ihnen, wie sie diese Umgestaltung durchsetzen könnten. Es war eine wunderbare Erfahrung.

Frau Collicott, wie ist nun Ihre Beziehung zur Inklusion?

Nach meiner Pensionierung ging ich als Schulinspektorin in Schulen. Einer der Bereiche, wo wir immer nachgucken, sind Unterrichtsstrategien und das Student Services Team in der Schule. Weil ich Method and Resource Lehrerin war und diesen Hintergrund habe, ist es leichter zu wissen, wonach man schauen muss. Und selbst nach meiner Pensionierung mache ich Arbeiten für Gordon. Wenn er einen Workshop hat, ruft er mich an, damit ich einen Vortrag halte über differenzierten Unterricht (multi level instruction) oder Unterrichtsstrategien. Ich habe drei Semester an der Universität in Maine unterrichtet. Ich habe einen Unterrichtskurs für Lehrer abgehalten über *inclusive education.*

REINHARD STÄHLING

12. Mit List und guten Modellen

– Ein kleiner Exkurs zur Geschichte des Ungehorsams in Praxis und Theorie

„Die Menschheitsgeschichte begann mit einem Akt des Ungehorsams,
und es ist nicht unwahrscheinlich,
dass sie mit einem Akt des Gehorsams ihr Ende finden wird"
Erich Fromm (1963/1999, S. 367)

Hauptgegenstand des Ungehorsams im Schulwesen ist nach unserem Verständnis der Kampf für die Hilfsbedürftigen und gegen deren Aussonderung. Daher scheint es uns im Sinne der Humanfunktion von Schule (vgl. Meyer 1997/1, S. 297ff.) erlaubt, die Geschichte des Ungehorsams in der Pädagogik als eine *Geschichte der Unterstützung Hilfsbedürftiger* zu beschreiben. Dabei stellen wir die Pädagogen in den Mittelpunkt, die sich weigerten und ungehorsam verhielten, wenn den Bedürftigen Hilfe versagt werden sollte, und sie aus dem gemeinsamen Bildungsprozess ausgeschlossen wurden. Wir können hier nur einige historisch belegte „Ungehörigkeiten" herausgreifen. An ihnen kann verdeutlicht werden, wie vielfältig die Formen des Ungehorsams sind. In allen

Zeiten wurden Arme, Alte, Schwache, Kinder, Behinderte oder Kranke in der Gemeinschaft unterstützt, vor Aussonderung bewahrt. Man ließ sie teilhaben. Sie wurden akzeptiert, integriert oder geehrt. Gegen Zustände, die Menschen von dem gemeinschaftlichen Leben und der Bildung ausschlossen, regten sich immer Gegenkräfte (vgl. zu dem Folgenden: Wilhelm/Bintinger/Eichelberger 2002; Möckel 2002; Schnell 2003; Möckel 2007). Auf die sich historisch entwickelte Ethik beziehen sich heute überall Lehrerinnen und Lehrer in ihrem Beruf, ob es ihnen bewusst ist oder nicht. Sie ist nicht wertneutral, sondern gegen Ausschluss gerichtet. Wir beschränken uns in der folgenden Darstellung auf wenige exemplarische Kämpfe gegen Aussonderung im Bildungswesen.

Nach einem kurzen Schlaglicht auf die Geschichte des Streitens gegen Aussonderung folgt im zweiten Teil ein exemplarischer Blick auf einige Praxismodelle des 19. und 20. Jahrhunderts. Das Kapitel endet mit Beispielen aus Kontroversen um eine Humanisierung der Bildung.

1. Gegen die Selbstverständlichkeit des Inhumanen

Gegen das Unrecht statuierte man das Exempel einer besseren Praxis. Einige frühe Beispiele können dies zeigen: Im antiken Rom hatte der Kindesvater mit Zustimmung der Nachbarn zu entscheiden, ob ein Kind ausgesetzt werden sollte. Dieser in vielen Kulturen verbreiteten Praxis gehorchte das Christentum nicht, sondern widersetzte sich als *„Religion der Sklaven, Freigelassenen, der Armen und der Rechtlosen, der von Rom unterjochten und zersprengten Völker“* (Friedrich Engels). Kaiser Konstantin (4. Jh. nach Chr.) machte das Christentum zur Staatsreligion und verbot die Aussetzung.

Im Mittelalter boten sich christliche Klöster als lebensrettende Zufluchten für behinderte Kinder an. Erziehung und Ausbildung von Behinderten begann. Seit der Zeit Karls des Großen gab es erste Ansätze eines „Fürsorge“- Wesens. Behinderte bildeten Bettelbruderschaften, die einige Rechte bekommen konnten, z. B. Steuerbefreiung, eigene Gerichte.

Das aufgeklärte Bürgertum (17.–18. Jh.) unterstützte hilfebedürftige Bürger durch Armenpflege, Beschaffung von Arbeit, elementare Unterrichtung und medizinische Versorgung. Pestalozzi (Ende des 18. Jh.) kümmerte sich um die Erziehung verwahrloster und so genannter „schwachsinniger“ Kinder. Er gründete und leitete Erziehungsanstalten und war Vorbild für die christliche „Rettungshausbewegung“ des 19. Jahrhunderts. Diese schuf für verwahrloste und umherziehende Kinder und Jugendliche Erziehungsheime, in denen Unterricht und Arbeit angeboten wurden. Auch hier wirkten Christen „aufmüpfig“, die die Straffälligkeit von Kindern moralisch als unterlassene Hilfeleistung der Gesellschaft deuteten. Einige widersetzten sich der herrschenden, vom Gesetz gestützten Logik, dass der Nachwuchs drakonisch bestraft werden müsse, und versuchten die Kinder vor dem Zuchthaus zu bewahren. Pfarrer Johann Hinrich Wiechern gründete 1833 das „Rauhe Haus“ für verwahrloste Kinder in Hamburg, später das Johannesstift in Berlin. Seine *unbequeme „Revolution durch Liebe“* brachte ihn in Konflikte mit dem Pfarramt, zumal er den Standpunkt verfocht, das Priestertum bedürfe nicht der Genehmigung der Kirche. Wiechern führte viele einzelne Initiativen zu einer starken Bewegung zusammen und gründete 1849 die „Innere Mission“.

In Württemberg schuf ein Wohltätigkeitsverein Waisenhäuer, Heim- und Industrieschulen. Kinder lebten wie in einem Dorf zusammen mit einem Stamm von Mitarbeitern. Bekannte Einrichtungen waren Bethel, Stetten, Mariaberg. Weitere Beispiele dafür, dass man den Kindern nach einem Scheitern eine zweite Chance gab, sind die Landerziehungsheime im 20. Jh., die Pädagogen Don Bosco und Makarenko. „Erziehung in einer Gemeinschaft statt Gefängnisstrafe war eine neue, bis dahin in Europa unbekannte Methode“ (Möckel 2007, S. 73). In der Stadt Elberfeld entstand ein System der Sozialarbeit, das auf dem Prinzip der Einzelfallbetreuung basierte und eine persönliche Beziehung zwischen Helfer und Hilfebedürftigem einführte.

Ab Mitte des 19. Jahrhunderts kämpfte eine wachsende Arbeiterbewegung gegen die Not und das Unrecht. Arbeiterbildungsvereine gründeten sich und ermöglichten vielen Arbeitern erstmalig den Anschluss an das Wissen der Zeit. 1869 entstand die „Sozialdemokratische Arbeiterpartei“ in Eisenach. Es folgten in diesen Jahren in allen Ländern Europas, in Amerika, in Russland, Japan und Australien die Gründungen sozialistischer bzw. sozialdemokratischer Parteien, welche den Unterprivilegierten eine Stimme und Bildungsmöglichkeiten gaben. Die Arbeitersport-, Jugend- und Frauenbewegung gaben entscheidende Impulse für die Bildung.

2. Modelle des 19. und 20. Jahrhunderts als Kraftquellen für Schulreformen

Für den Bereich der Schule konzentrieren wir uns in der folgenden historischen Skizze auf die Initiativen, die *jedem Kind ein Bildungsrecht* geben wollten. Ende des 19. Jahrhunderts zeigten Arbeitsschulkonzepte, die Behinderte mit Nichtbehinderten gemeinsam unterrichteten (Levana-Schulen bei Wien und Nürnberg), neue Wege. Im Anschluss an Tauben- und Blindenanstalten entstand die „Verallgemeinerungsbewegung", in der vorwiegend Volksschullehrer mit dem Ziel ausgebildet wurden, blinde und gehörlose Kinder am Heimatort zu unterrichten. Der fränkische Schulrat Graser forderte Anfang des 19. Jahrhunderts, jeder Lehrer müsse Taubstummenlehrer sein, und baute darauf eine Didaktik der Elementarschule auf. Im gleichen Sinne rügte die Herzoglich Nassauische Landesregierung, dass blinde und taubstumme Kinder in der Ortsschule nicht unterrichtet worden seien. Die „Verallgemeinerung" sollte sowohl Behinderten gerecht werden als auch das Schulwesen verbessern (vgl. Möckel 2007, S. 91).

Widerstände gegen die Sonderschulen äußerten um 1900 z. B. die Pädagogen Louis Esche und J. H. Witte. Die lernschwachen Schüler sollten in Volksschulen unterrichtet und nicht ausgesondert werden. Die Kritik richtete sich gegen die medizinische Deutung des Problems. Esche und Witte forderten, kleinere Volksschulklassen zu bilden – es waren nicht selten 80–100 Schüler in einer Klasse – und den Unterricht methodisch auf Behinderte einzustellen.

Viele Reformpädagogen im „Jahrhundert des Kindes" (Ellen Key 1900) entwickelten Einrichtungen, in denen Kinder – abseits des Zeitgeistes – gemeinsam lernten. Es lohnt, die „ungehorsamen" Vorreiter im Kontext ihrer Zeit zu sehen:

Célestin Freinet (1896–1966), der eine internationale pädagogische Bewegung gegen den traditionellen Kathederunterricht ins Rollen brachte und in Konflikt mit den Behörden geriet.

Alexander Neill (1883–1973), der den Lernzwang radikal aufhob und Schülern freistellte, zum Unterricht zu gehen.

Peter Petersen (1884–1952), der die üblichen Jahrgangsklassen auflöste und Lebens-Gemeinschaftsschulen schuf.

Adolf Reichwein (1898–1944, hingerichtet), Dorfschullehrer und Hochschullehrer, der Widerstand gegen die faschistische Staatsgewalt organisierte.

Janusz Korczak (1878–1942, im KZ Buchenwald ermordet), der das Recht des Kindes auf Achtung verteidigte.

Maria Montessori (1870–1952), die eine internationale pädagogische Bewegung im Konflikt mit Regierungen und im Kampf gegen den Analphabetismus aufbaute.

Paul Geheeb (1870–1961) und Edith Geheeb-Cassirer (1885–1982), die die Odenwaldschule und die Ecole d'Humanité gründeten und ein Modell für Gesamtschulen schufen.

Wilhelm Schütz (1876–1926), der die reformpädagogische Röderbergschule Frankfurt in Auseinandersetzungen mit den Behörden aufbaute.

Pawel Petrowitsch Blonskij (1884–1941), der Schule als sinnvolle Arbeitsstätte entwarf.

Minna Specht (1879–1961), die antifaschistische Erziehung im Landerziehungsheim praktizierte.

Fritz Karsen (1885–1951), Paul Oestreich (1878–1959), Anna Siemsen (1882–1951), die politisch und pädagogisch für gerechte Schulstrukturen kämpften. Der Bund „Entschiedener Schulreformer" wurde in den 1920-er Jahren zu einer mächtigen Bewegung.

Edwin Hoernle (1883–1952), der den kommunistischen Widerstand der Jugend gegen die Prügelstrafe organisierte.

Kurt Löwenstein (1885–1938), der die „Kinderfreundebewegung" und die „Sozialistische Erziehungs-Internationale" ausbaute.

Edward Josef Flanagan (1886–1948), der in seinem Jugenddorf „Boys Town" den Kindern die Macht übergab.

Heinrich Scharrelmann (1871–1940), Fritz Gansberg (1871–1950), die gegen Schulvorschriften den freien Ausdruck als Recht der Kinder durchsetzen.

Karl Wilker (1885–1980), der in Auseinandersetzungen mit Behörden für humanere Erziehungsheime eintrat.

Paulo Freire (1921–1997), der Alphabetisierung mit politischer Bildung verband.

In der Tradition von Paulo Freire steht Neville Alexander, ein südafrikanischer Pädagoge im Kampf gegen den Analphabetismus und Rassismus. Von ihm, der zehn Jahre im Gefängnis auf Robben Island gesessen hatte, konnten wir im Gespräch erfahren, was die Kraft des Ungehorsams für die Bildung der Menschen bedeutet. Neville Alexander, der auch heute dort arbeitet, wo Millionen, besonders Schwarze, nicht zu ihrem Recht auf Bildung kommen, erzählte uns, wie er im Gefängnis während der Arbeit in Kalkminen – vor den Wärtern verdeckt – seinen Mitgefangenen das Lesen und Schreiben beibrachte. Zusammen mit Verbündeten wie Nelson Mandela machte er unauffällig – mit List – aus dem Gefängnis eine „Universität" und eine generelle Grundschule: Keiner sollte Robben Island ohne Grundschulabschluss verlassen (vgl. Alexander 2001).

Bildung mussten sich die Menschen historisch erkämpfen. Bis Ende der 1960er Jahre war die Schulbildung für Kinder mit geistiger Behinderung in der BRD nicht gesichert und unüblich. Praxiserfahrungen u.a. mit dem „Normalisierungsprinzip" in Skandinavien und der „Demokratischen Psychiatrie" in Italien (Basaglia) boten als Modelle Argumente für Integration. Das italienische Modell soll hier ausführlicher dargestellt werden, weil es für den Umbau von Schule interessant sein kann:

Nachdem der Psychiater Franco Basaglia elf Jahre eine „Irrenanstalt“ geleitet hatte, bescheinigte er einem großen Teil der Insassen, dass sie gesund entlassen werden könnten. Dies war umso aufrührerischer, als die Insassen in der geschlossenen Unterbringung medizinisch als *unheilbar* galten. Dabei forderte Basaglia, sich des „*Antagonismus zwischen Leitung und Verneinung einer Institution bewusst zu sein*“ (1980, S. 47): Die erworbene Freiheit der ehemaligen Patienten von der früheren Gewalt und Erniedrigung in der „Irrenanstalt“ konnte das psychiatrische Personal nicht davon entbinden, Verantwortung zu übernehmen „für die schrittweise Eroberung der Freiheit durch die Patienten, die von dieser Gewalt und dieser Erniedrigung gezeichnet und zerrüttet worden sind“ (S. 46). Hier tauchte die gleiche Ethik des „Ungehorsamen“ auf, die auch bei vielen Integrationspädagogen zum Vorschein kommt. Basaglia (1980) kritisierte: „Verwahrung und Ausschluss sind keine Antwort auf Geisteskrankheiten; sie sind eine Antwort auf Forderungen der Gesellschaft, die das Problem dadurch ‘löst’, dass sie einen Ort schafft, an dem es unter Kontrolle gehalten wird“ (S. 14). Die Mitstreiter um Basaglia lehnten „Entmündigungs- und Domestizierungsprojekte“ ab und argumentierten ähnlich wie die Integrationspädagogik gegen Anmaßungen der Diagnostiker: „Wer erst einmal dem Zugriff und dem Kompetenzsystem einer Wissenschaft wie z. B. der Medizin ausgeliefert ist, wird in den Diagnosen und in den Therapieprogrammen nur unter Mühen die Elemente und die Strategien der Bevormundung, der als Fürsorglichkeit getarnten Kontrolle, der schleichenden Okkupation wahrnehmen können“ (Basaglia 1980, S. 18). Basaglia fand es nötig, mit den Leidtragenden gemeinsam „an der Enthüllung der Beschwichtigung“ zu arbeiten, „damit die Betroffenen sich ihr entwinden können“(S. 18). Es ging darum, „ob wir nach wie vor *über* die Schwachen, Ohnmächtigen, Unterdrückten, Ausgestoßenen anstatt endlich *mit* ihnen sprechen wollen“ (S. 61). Der Ungehorsam der italienischen Psychiater, wuchs an, so dass die geschlossenen Psychiatrischen Anstalten Italiens in Frage gestellt wurden. 1978 änderte man das Gesetz entsprechend.

In Deutschland bildete sich 1974 eine Bewegung gegen Unrecht in der Institution Schule. Die Bürgerinitiative „Aktion Humane Schule“ entstand, als Schülerselbstmorde die Öffentlichkeit beunruhigten. Eltern, Lehrer und Schüler kämpften mit Zivilcourage gemeinsam dagegen, dass Kinder in Schulen seelisch verletzt und im Lernen gestört würden (vgl. Singer 2003 a, S. 181).

In den 1970er Jahren begannen drei deutsche Schulmodelle, behinderte Kinder gemeinsam mit nicht-behinderten zu beschulen: Die private *Montessori-Schule München*, die staatliche *Fläming-Grundschule in Berlin* („Mutterschule der Integration“, Jakob Muth) und die *Laborschule Bielefeld* als integrative Gesamtschule. Treibende Kräfte waren in München und Berlin protestierende Elterninitiativen und in München der Kinderarzt Theodor Hellbrügge. In Bielefeld baute Hartmut von Hentig die Schule als „Laboratorium der

Erziehungswissenschaft" an der Reformuniversität auf. Wegen starrer Strukturen in Sekundarschulen beschränkte sich die Integration anfangs meist auf die Grundschule. In vielen Bundesländern war es erst seit den 1990er Jahren möglich, Kinder mit geistiger Behinderung in Regelschulen zu integrieren. Seit den 1980er Jahren bauten weitere Schulen ihre Konzeptionen so um, dass gemeinsamer Unterricht möglich wurde:

- Die Uckermark-Grundschule in Berlin mit dem Ziel einer wohnortnahen Stadtteilschule für alle.
- Die Grundschule Friesdorf seit 1981 und eine Gesamtschule in Bonn, erstritten durch Elterninitiativen.
- Die Peter-Petersen-Schule Köln seit 1982.
- Grundschulen in Frankfurt mit frühen Erfahrungen mit schulischer Integration von Kindern mit geistiger Behinderung seit 1982.
- Grundschulen mit Integrationsklassen in Hamburg seit 1983, zunächst mit Engagement von Eltern, dann an Gesamtschulen seit 1987. An Grundschulen in sozialen Brennpunkten begann 1991 der Schulversuch „Integrative Regelklassen". Dort wurden Kinder ohne Etikettierung als „Behinderte" in Regelklassen aufgenommen. Jede Klasse bekam eine pauschale sonderpädagogische Stellenzuweisung ohne behindertenspezifische Abrechungsmodalitäten.
- Weitere Schulversuche zum „gemeinsamen Unterricht" wurden z.B. in Hessen und NRW durchgeführt. Im Saarland – ohne vorherige Modellversuche – wurde 1986 das Schulgesetz geändert. Der Erziehungs- und Unterrichtsauftrag aller Schulen bezog dadurch grundsätzlich auch Schülerinnen und Schüler mit Behinderung ein. Die Integrationsentwicklung wurde unterstützt durch wissenschaftliche Begleitung.

In einigen Teilen Kanadas entwickelten sich Modellschulen so, dass sie *alle* Kinder und Jugendlichen des Bezirks in die Regelschulen aufnahmen. Es entstand die *„inclusive education"*, die besonders von Gordon Porter (siehe Interview) verbreitet wurde (vgl. Hinz 2009). Das Konzept wurde aufgenommen in die Salamanca-Erklärung auf der „Weltkonferenz über Pädagogik der besonderen Bedürfnisse" 1994, wo Delegierte aus 92 Nationen für eine inklusive Schule für alle plädierten. Diese *inclusive education* war wiederum Vorbild für deutsche Schulen. Erste Praxisberichte liegen vor (vgl. Stähling 2006/2009; Hinz 2009; www.inklusionspädagogik.de).

Wie beim italienischen Psychiatriegesetz kam in Kanada die Änderung eines Gesetzes zur Abschaffung der Sonderschulen, *nachdem Schulen „einfach"*,

„ungehorsam“ die bisherige Aussonderungspraxis abgeschafft hatten. Das bestehende Bildungswesen wurde „angreifbar“, indem Schulinspektor Porter argumentierte: „Wie kann ich sagen, es ist unmöglich, wenn ein anderer es tut und sagt, es ist möglich?“ (vgl. Interviews S. 215).

Das neue Praxismodell stellt bereits die alte Struktur in Frage. Jean Paul Sartre fasst die italienischen Erfahrungen im Gespräch mit Franco Basaglia (1980) so zusammen:

> „Das andere muss sich aus der Überwindung des Bestehenden ergeben. Kurz es geht nicht darum, das gegenwärtige System pauschal zu negieren, abzulehnen. Man muss es vielmehr Zug um Zug außer Kraft setzen: in der Praxis. Der Angelpunkt ist die Praxis. Sie ist die offene Flanke der Ideologie“ (S. 40).

Wenn sich Menschen etwas Neues trauten, stießen sie durch ihr Beispiel andere an, es ihnen nach zu machen. Nur die erfolgreiche Praxis konnte glaubhaft machen, dass das Neue funktionierte. So wurde sie zum zündenden Funken für andere und setzte die alte Ordnung Zug um Zug außer Kraft, indem weitere praktische Beispiele entstanden. Strukturen scheinen zu wanken, wenn die Praxis offenbart, dass menschenwürdigere Lösungen *praktikabel und verantwortbar* sind.

Diese verantwortungsbewussten Wege des Ungehorsams im Schuldienst sind es wert, als praktische Modelle beachtet zu werden.

3. Kämpfe gegen die Ideologie der Vererbung und die Dienstbarkeit von Wissenschaft

Bereits im 16. Jh. unterrichtete der spanische Mönch Pedro Ponce erfolgreich Taubstumme, die damals als „wilde, bösartige Tiere" galten (vgl. Möckel 2007, S. 33). Seine Erfahrungen tarnte er vermutlich zum eigenen Schutz vor Verfolgung als handwerkliches Berufsgeheimnis, da sie im krassen Widerspruch standen zu den aristotelischen und medizinischen Lehren, die die Sprache als angeboren betrachteten.

Dass Ungehorsam gegen herrschendes Unrecht häufig versteckt ausgeübt wurde, ist historisch belegt. Bertolt Brecht verleiht in seinem Aufsatz „Fünf Schwierigkeiten beim Schreiben der Wahrheit" der *List* einen historischen Rang: „Zu allen Zeiten wurde zur Verbreitung der Wahrheit, wenn sie unterdrückt und verhüllt wurde, List angewandt. Konfutse fälschte einen alten, patriotischen Geschichtskalender. Er veränderte nur gewisse Wörter" (Brecht 1935/1967, Bd. 18, S. 231), um den Wörtern „ihre faule Mystik" zu nehmen und Lügen nicht zu unterstützen. So zeigt Brecht an vielen historischen Beispielen, wie mit sprachlicher List „Propaganda für das Denken" gelang: „Töten" wird ersetzt durch „ermorden", „Volk durch „Bevölkerung". „Für das Wort Disziplin sollte man, wo Unterdrückung herrscht, das Wort Gehorsam wählen, weil Disziplin auch ohne Herrscher möglich ist und dadurch etwas Edleres an sich hat als Gehorsam. Und besser als das Wort Ehre ist dass Wort Menschenwürde. Dabei verschwindet der einzelne nicht so leicht aus dem Gesichtsfeld. Weiß man doch, was für ein Gesindel sich herandrängt, die Ehre eines Volkes verteidigen zu dürfen" (a. a. O., S. 232). Dieser Brecht-Text wurde unter verschiedenen getarnten Titeln (z. B. „Praktischer Wegweiser für Erste Hilfe") 1940 nach Hitler-Deutschland geschmuggelt (vgl. Brecht 1967, Bd. 18, S. 231 ff., Anm).

Denis Diderots Abhandlung „Über die Blinden zum Gebrauch für die Sehenden" (1749) erschien anonym und brachte den Autor wegen Gotteslästerung ins Gefängnis. Er hatte erklärt, wie es möglich ist, dass Blinde ihren fehlenden Sinn durch Tastsinn, Gehör, Geruch und Gefühl kompensieren und dadurch zur Lebensbewältigung in der Lage sind. Er räumte mit vielen Vorurteilen gegenüber Behinderten auf und erklärte deren Lernprozesse unerhörterweise nicht als Wunder Gottes, sondern machte sie dem Verstehen zugänglich. Pestalozzi berichtete schon 1788 über seine Unterrichtserfolge mit geistig behinderten Kindern. Aber für die bürgerliche Gesellschaft war die Bildung eines Behinderten erst dann sinnvoll, wenn er als Staatsbürger brauchbar war und sich seinen Unterhalt aus eigener Kraft verdienen konnte (vgl. Möckel 2007, S. 59).

Für die Lautiermethode zum Schriftspracherwerb mussten Taubstummenlehrer noch im 18. Jh. kämpfen (vgl. Möckel 2007, S. 34 f.).

Die Vererbungslehre und biologische Grundannahmen wurden häufig genutzt, um die Aussonderung von Schülern zu legitimieren. Wegen ihrer Nachwirkung bis heute stellen wir exemplarisch die Ideologie der Vererbung und Sozialhygiene dar.

Das „Volk“ von „entartetem“, „minderwertigem“ und „unwertem Leben“ zu befreien, wurde noch im 20. Jh. aus ökonomischer Sicht als sinnvoll betrachtet. So war die wissenschaftlich legitimierte „Sozial“-, „Rassen“- oder „Fortpflanzungshygiene“ nicht eine Erfindung des Faschismus. Bereits um die Jahrhundertwende befasste man sich international mit der Frage der Verursachung von Krankheiten durch Vererbung. Wissenschaftler befürchten, der medizinische Fortschritt (z.B. Hygiene) würde die „natürliche Auslese“ hemmen, eine „widernatürliche“ Zunahme „lebensuntüchtiger Individuen“ sei die Folge. Eine erbliche Degeneration müsse durch öffentlich-medizinisch organisierte Auslese (Eugenik) verhindert werden (vgl. Labisch/Woelk 2006). Gegen die „Vererbungslehre“ setzte besonders Alfred Adler (1870–1937) in seiner Individualpsychologie ein humanistisches Menschenbild, in der Krankheit als Antwort auf soziale Bedingtheiten in den Blick geriet. Adornos „Studien zum autoritären Charakter“ (1950/1973) belegen, wie anfällig mittelständische Familien der zwanziger Jahre des 20. Jahrhunderts für faschistische Denkmuster waren. Entsprechend kapitalistischer Marktgesetze und mit zunehmendem Verfall christlicher Werte erschienen Menschengruppen an der äußeren Peripherie der Gesellschaft als irrelevant, „überflüssig“ und als „unwerte Schmarotzer“, die „dem Staat auf der Tasche liegen“. Sie müssten aus „sozial- und rassenhygienischen“ Gründen in Sondereinrichtungen isoliert werden.

Mit wissenschaftlicher und verwaltungstechnischer Sorgfalt wurde das NS-Gesundheitswesen tätig. Eine tiefe Faszination übte die Auslese nach rassenhygienischen Kriterien in der wissenschaftlichen Welt aus, so dass die medizinischen Gräueltaten nach Kriegsbeginn als folgerichtig erschienen (vgl. Labisch/Woelk 2006, S. 71). Besonders erschreckend empfand die Jüdin Hannah Arendt, dass 1933 befreundete Intellektuelle freiwillig mitmachten, noch bevor Gleichschaltung verordnet wurde. Sie war der Meinung, das hänge mit dem Beruf und der *Dienstbarkeit der Intellektuellen* zusammen (vgl. Kahl 2006a). Dies lässt sich zurückführen auf eine rationalistische Verwaltungslogik, die besagt: Wer einen bestimmten Zweck erreichen will, muss logischerweise die Mittel einsetzen, die am effektivsten zu dem Zweck führen. Die Verstrickung der Rationalität mit der Herrschaft haben Max Horkheimer und Theodor W. Adorno in „Dialektik der Aufklärung“ (1944) thematisiert.

Die Theoriepolitik der sonderpädagogischen Wissenschaftler in den Nachkriegsjahren trennte in sozialhygienischer Weise „normal Begabte“ von anderen. Sie beschrieb in damals typischer Weise die Menschen als „charakterlich schwer Abartige, Wertsinnesgehemmte (...), stumpfe Gewissenslahme und blöde Uneinsichtige“ (Lesemann 1952, zit. nach Weisser 2007, S. 5). Gemischt war dieses Denken mit „christlicher Liebesdienstauffassung“ (Spieler 1949 zit. nach Weisser 2007, S. 5). Sowohl dem Schutz der Kultur als auch der Rettung des

„Hilfsschulkindes" sollte die Sonderpädagogik dienen (vgl. Weisser 2007, S. 6). Die für 1950 typische Konsequenz hieß: „Dann ist allerdings eine Ausschaltung mit Rücksicht auf andere Zöglinge notwendig, so leid uns das auch tut, weil eben sonst der Erziehungserfolg auch bei anderen in Frage gestellt wäre. (...) wir sind gezwungen, alle Verseuchungsquellen aus den 'normalen' Anstalten zu entfernen." (Gruhle 1950, zit. nach Weisser 2007, S. 5).

In den 1960er Jahren änderte sich das Vokabular und es wurde „von einer *Passung* zwischen Kindern und besonderen Schulen ausgegangen" (Weisser 2007, S. 8): „Wenn wir auch noch längst nicht so weit sind, dass jedes behinderte Kind 'seine Schule' hat, so ist doch der Weg dorthin beschritten", schreibt Gustav Lesemann, der damalige Schriftleiter der führenden „Zeitschrift für Heilpädagogik" im Jahr 1967 (zit. nach Weisser 2007, S. 8). Je mehr Sonderschulen, umso besser könne die Hauptschule arbeiten, lautete die These; und wörtlich: „Der Ausbau des Sonderschulwesens ist geradezu eine Bedingung der Möglichkeit für eine sinnvolle Arbeit der Hauptschule" (Bach 1967, zit. nach Weisser 2007, S. 9).

Die längst überfällige, offensive Gegenbewegung entstand Ende der 1960er Jahre. Der italienische Psychiater Franco Basaglia verkörpert den „ungehörigen" Geist deutlich. Er sprach von „*Befriedungsverbrechen*" der Intellektuellen und „Bereitstellung von Zähmungskenntnissen" durch die Wissenschaft. Er kritisierte die dienstbaren Wissenschaftler, die mit ihren Etikettierungen Menschen aussondern: „Im Namen welcher Sache handeln sie, wenn sie wissenschaftliche Theorien anwenden, die nur dazu taugen, diejenigen zu brandmarken und aus der Gesellschaft auszubürgern, die das Pech gehabt haben, zum Gegenstand dieser Theorien geworden zu sein?" (1980, S. 13). Er prangerte die „Ruhigstellungen" in psychiatrischen Kliniken an und trieb maßgeblich die Möglichkeit der Auflösung von Großanstalten in Italien durch ein Gesetz von 1978 voran. Seine Patienten charakterisierte er sowohl als Menschen mit einer psychopathologischen Problematik als auch als *Ausgeschlossene, gesellschaftlich Gebrandmarkte.* Er nahm grundsätzlich parteiisch den Standpunkt der psychisch Kranken ein und versuchte, ihre Geschichte zu entschlüsseln. *Jeder Klassifikation, auch neuen, misstraute er, weil sie prinzipiell den Ausschluss in sich trüge.* Basaglia kritisierte das gesellschaftliche Mandat der Wissenschaft, „mit allen ihren Mitteln plausibel zu machen, dass die Außenseiter, die Analphabeten, die Verrückten, die Kranken, die geistig Zurückgebliebenen, die Delinquenten dies ein für allemal und von Natur aus sind" (S. 15).

In dieser Zeit erschien ein neuer Begabungsbegriff, der das biologische Erbe hinterfragte und der sonderpädagogischen Theorie die rassenhygienischen Ansätze entzog. Ernst Begemann (1970) zeigte mit seinen Untersuchungen zur „Bildsamkeit hilfschulbedürftiger Kinder" auf, dass so genannte „schwachbegabte" oder „schwachsinnige" Schüler unter Lebensbedingungen der Armut aufwuchsen, die sich deutlich von Hauptschülern unterschieden: dürftige Wohnungen, viele Geschwister, unvollständige Familien, niedriges Berufsniveau der

Eltern. Der Zusammenhang zwischen sozialer Herkunft und „Lernbehinderung" wurde allerdings von der traditionellen Sonderpädagogik als monokausal zurückgewiesen und ein neuer „Lernbehinderter" kategorisiert, der nicht durch Unterschichtzugehörigkeit oder Erziehungsvernachlässigung charakterisiert sei (vgl. Weisser 2007, S. 10). „Lernbehinderungen" galten als „multifaktoriell bedingt" und verlangten nach dieser Theorie vielfältige „Maßnahmen". Aber erstmalig wurde *nicht definiert*, „was Umfang und Inhalt des Besonderen der Erziehung ist" (Weisser 2007, S. 12).

Die Empfehlungen der Bildungskommision von 1974 drückten dies aus und lieferten Argumente gegen die Tradition der ausgrenzenden Sonderpädagogik (vgl. Weisser 2007, S. 11). Kritik an der „Sonderpädagogisierung von Lernproblemen" und Forderungen nach Abschaffung der Sonderschule (für Lernbehinderte) wurden lauter. Wolfgang Jantzen, Urs Preuss-Lausitz und Georg Feuser entwickelten in den 1970/80er Jahren einen gesellschaftstheoretisch fundierten Behindertenbegriff, der die Auflösung der Sonderschule legitimiert (vgl. Schumann 2007, S. 61 ff.).

Konservative Gegenstimmen unterscheiden bis heute zwischen Kindern, die „integrationsfähig" seien und anderen, die zur „Überlastung von Integrationsklassen" beitrügen und daher unter gegebenen Rahmenbedingungen als „nicht integrationsfähig" ausgegrenzt werden müssten (vgl. Weisser 2007, S. 13f). In der Schulpraxis spiegeln sich diese Auseinandersetzungen wider in verschiedenen Konzepten der Bundesländer und Kommunen, bis hin zu einzelnen Schulen. Im Interesse der betroffenen Schüler wehren sich häufig Lehrkräfte und Eltern gegen Schulleiter, Schulaufsicht, Gesundheits- und Schulämter, die angesichts knapper Ressourcen Vorschriften uneinheitlich auslegen. Vermehrt klagen Eltern gegen Schulbehörden vor Gerichten. Nicht selten bewirkt erst die Einschaltung eines Rechtsanwaltes, dass ein Kind in den „gemeinsamen Unterricht" einer allgemeinen Schule aufgenommen werden kann. Manche Schulämter streiten selbst nicht mehr vor Gerichten für ihre alltägliche Praxis der Sonderschuleinweisung, weil sie das Gerichtsverfahren grundsätzlich verlieren. Sie müssen das Kind am „gemeinsamen Unterricht" teilnehmen lassen und die Verfahrenskosten tragen.

Es zeigt sich abschließend, dass die Argumente gegen Ideologien der Vererbung nur dann fruchteten, wenn die Praxis das Gegenteil belegen konnte. Allerdings wurden die Praktiker vor Ort in ihrem Treiben behindert, wenn ihre Schlussfolgerungen unerwünscht waren.

Erich Fromm (1963/1999) fasst seine Sicht auf die Geschichte der Menschheit mit dem Hinweis zusammen, dass der Ungehorsam immer Entwicklungsmotor gewesen sei: „Der Mensch hat sich durch Akte des Ungehorsams weiterentwickelt. Nicht nur, dass seine geistige Entwicklung nur möglich war, weil es einzelne gab, die es wagten, im Namen ihres Gewissens und Glaubens zu den jeweiligen Machthabern 'nein' zu sagen – auch die intellektuelle Entwicklung hatte die Fähigkeit zum Ungehorsam zur Voraussetzung (...)" (S. 368).

Prof. Dr. Neville Alexander, Südafrika und die südafrikanische Entwicklung

1936	geboren in Südafrika; seit 1952 in der gewaltfreien Anti-Apartheit-Bewegung; Studium in der Cape Town University in Südafrika
1958	Studium in Tübingen.
1961	Das Massaker von Sharpeville bei einer friedlichen Demonstration des ANC bewog ihn, sich der bewaffneten Befreiungsbewegung anzuschließen.
1961	Promotion in Literaturwissenschaften
1963–1974	Als Gegner des Apartheid-Regimes auf Robben Island interniert zusammen mit Nelson Mandela und anderen Widerstandskämpfern
1976–78	Unruhen in Soveto
1984–90	Streiks und Unruhen
1990	Freilassung Mandelas; Befreiung Südafrikas von Apartheid; Machtkämpfe
1994	Erste freie Wahl
heute	Neville Alexander: Direktor der Bildungsinstitution PRAESA für alternative Pädagogik. Schwerpunkt: Sprachenpolitik, Schulsprache. Er ist einer der angesehensten Intellektuellen Südafrikas und erhielt zahlreiche Auszeichnungen.

NEVILLE ALEXANDER

Gefängnisse zu Universitäten machen

– Ein südafrikanischer Pädagoge und Widerstandskämpfer erzählt

Herr Alexander, wie kamen Sie zum Widerstand?

Ich bin nie Mitglied des ANC gewesen. Und zwar bin ich schon als 16-Jähiger in die Befreiungsbewegung eingetreten. Ich war immer links vom ANC. Heute können das viele Leute besser verstehen, weil sie anfangen zu merken, dass der ANC eine ganz konservative Bewegung ist. Aber um mich auf das Pädagogische zu konzentrieren: Ich würde sagen, dass ich schon als Kind in der katholischen Missionsschule in Südafrika wichtige Erfahrungen gemacht hatte. Wir hatten wirklich großes Glück, denn wir hatten gute Lehrerinnen, Nonnen deutscher Herkunft – deswegen habe ich auch im Abitur Deutsch als Hauptfach gehabt neben Geschichte. Als Pädagoge ist man immer von den Erfahrungen, die man selbst an der Schule gemacht hat, beeinflusst. Wir haben wirklich sehr gute Lehrerinnen gehabt. Und das war für mich immer das Modell, so wollte ich sein. Die waren der Sache, der Pädagogik gewidmet. Sie waren natürlich auch sehr konservativ. Alles war Disziplin, alles wurde eingepaukt, so wie der Katechismus, aber trotzdem, wir hatten gewisse Freiheiten. In der Botanik z. B. haben wir nicht nur lernen können, was in den Büchern steht. Und auch in der Fremdsprache haben wir alles Mögliche lesen können. Im Großen und Ganzen war es eine konservative Pädagogik. Aber sehr effektiv im Sinne der damaligen Zeit.

Effektiv für das Lernen oder die Herzensbildung?

Für beides. Als junger Mensch, als Kind, als Heranwachsender ist man natürlich auch rebellisch. Wir sahen nicht alles nur positiv. Ich hatte auch viele Auseinandersetzungen mit den Nonnen, obwohl wir großen Respekt vor ihnen hatten. Wir sind immer wieder bis an die Grenze gegangen und dann zurückgekehrt. Als ich dann an die Uni ging, wo man von Anfang an auf sich selbst gestellt war, war das anfänglich etwas schwierig, denn wir waren immer in Watte gepackt worden. Dann mussten wir also von vorne anfangen. Das Forschen wurde uns beigebracht an der Uni, nicht an der Schule. Es war wichtig, dass ich diese Gelegenheit gehabt habe, bevor ich ins Gefängnis abwanderte. Denn im Gefängnis habe ich dann gerade diese Fertigkeiten den anderen beibringen können. Ich glaube, der erste Augenblick, wo mir an der Uni etwas ganz Negatives auffiel, war in meinem ersten Jahr in Kapstadt, als eine Englischdozentin mir sagte: „Aber du verstehst überhaupt nichts von der Lyrik, von der Literatur." – Ich meine, sie hatte keine Ahnung, was sie da machte, wie verwundbar ich war. Sie hat meine Vergangenheit, meine Schulerlebnisse einfach weggefegt mit einem Satz. Aber das war dann im Grunde für mich eine Herausforderung. Ich glaube sogar, dass ich mich deswegen überhaupt für die

Literaturwissenschaft interessiert habe, weil ich diese Herausforderung annahm. Ich konnte einfach nicht glauben, dass das, was uns die Nonnen und die anderen Lehrer beigebracht hatten, alles umsonst gewesen wäre. Das war so mephistophelisch: „Ich bin der Geist, der stets das Böse will, aber stets das Gute schafft". Sie wusste nicht, dass sie mich tatsächlich dazu angeregt hatte, das Studium der Literatur ernst zu nehmen. Sie hätte wahrscheinlich mich ausgesondert, wenn es möglich gewesen wäre. Aber sie kannte mich nicht.

Sonst an der Universität – in der Erziehungswissenschaft – wurde alles so flach, ohne jegliche Inspiration unterrichtet. Die meisten Dozenten machten nur einen Job. Wenn ich nicht selber gelesen, geforscht hätte, dann glaube ich, dass die zwei Jahre, die ich in der Erziehungswissenschaft verbrachte, wirklich verschwendet gewesen wären.

In der Praxis in der Realschule und in der Uni später habe ich dann versucht, das wieder lebendig zu machen, was ich eben nicht an der Universität, sondern in meiner Schulzeit erlebt hatte. Und ich glaube, dass es mir auch gelungen ist, dass ich neben anderen jungen Lehrerinnen und Lehrern ganz großen Erfolg hatte. Wir haben die Schule, die jungen Studenten inspiriert, beseelt, vor allem auch wegen der politischen Herangehensweise, also direkt gegen die Apartheid. Ich habe Geschichte und Deutsch unterrichtet. In allen Klassen war das ganz lebendig. Übrigens – das muss ich auch sagen, wegen der Armut, wegen des Mangels an Ressourcen, gab es überhaupt keine Aussonderung in diesen Schulen. Entweder blieben die Schüler zu Hause, oder, wenn sie in die Schule kommen konnten, dann waren sie in der gleichen Klasse – alle – inklusiv. Wir hatten nur Farbige in den Klassen, gemischter Herkunft. In den Universitätsklassen, die ich in den zwei Jahren unterrichtete, waren natürlich ab und zu auch Weiße.

Sie haben die Schüler stark gemacht. Hatten Sie da Gegner?

Gegner nicht, aber Leute die meinten, wir wären vielleicht zu abenteuerlich, die aber auch beobachteten, dass wir tatsächlich eine gewisse Kontrolle über die Kinder hatten, ohne dass das aufgezwungen wurde. Wir brauchten überhaupt nichts aufzuzwingen. Die Schulkinder wollten einfach mit uns mitmachen: Erstens waren wir junge Leute. Zweitens hatten wir – wie gesagt – eine Vision und wollten was auf der Welt tun. Zunächst mal gegen die Apartheid, aber auch für etwas anderes. Und das haben die Kinder gemerkt. Das wollten die natürlich auch. Einige der Kinder sind dann auch in die politische Organisation eingetreten. Was keine gute Idee war, natürlich. Obwohl nur einer von denen ins Gefängnis kam. Ich meine, dass sie zu jung waren, gegen eine solche Tyrannei. Das Apartheidsystem war wirklich ganz brutal. Wir haben natürlich nie versucht, sie davon abzuhalten, aber jetzt im Nachhinein würde ich sagen, dass sie nicht gründlich genug reflektiert hatten.

Sie selbst waren ja auch mit 16 schon in der Befreiungsbewegung.

Ja, aber damals war es noch keine revolutionäre Bewegung. Als ich Schüler war und als ich an der Uni war, waren wir zwar linke Leute, aber wir hatten überhaupt keine praktischen Mittel hinsichtlich der gewaltsamen Revolution – gar nicht. Ich spreche jetzt von dem Anfang der 1960er Jahre. Als ich an diese Schule kam, hatten wir schon beschlossen, eine Guerillaarmee aufzubauen. Wir hatten schon eine Untergrundbewegung. Das war eine ganz andere Zeit. Das war ein großer Unterschied.

Diese Schule war für mich eine wichtige Erfahrungszeit, die ich dann, als ich im Gefängnis war von 1963 bis 1974, anwenden konnte. Da waren Leute, alle Männer, alle schwarz natürlich, die Gefängniswärter waren übrigens alles weiße Männer. Über 50%, wahrscheinlich sogar 60% der Gefangenen waren Analphabeten, Leute, die vom Lande kamen oder vielleicht im Bergbau gearbeitet hatten. Wir mussten sozusagen von Anfang an mit der Grundbildung anfangen, ihnen das Lesen und Schreiben beibringen, in ihrer eigenen Sprachen, später auch in Englisch. Die wollten alle natürlich Englisch lernen.

Wenn sie einen Brief bekamen, konnten sie das nicht lesen, dann musste einer von uns das lesen. Und die Gefängniswärter haben nur Briefe auf Englisch zugelassen, weil sie selber Englisch lesen konnten und nicht andere Muttersprachen. Diese Abhängigkeit ist natürlich für eine erwachsene Person etwas ganz Grässliches. Also sie wollten diese Unabhängigkeit bekommen und die Zeit im Gefängnis dazu benutzten, die Alphabetisierung in den Griff zu kriegen.

Der interessante Aspekt dieser ganzen Thematik ist, dass die Gefängnisbehörden das erlaubt haben. Sie meinten nämlich, dass es gut wäre, wenn den Leuten das Lesen und Schreiben beigebracht würde. Das ist eine ganz lange Tradition in südafrikanischen Gefängnissen, die eigentlich auf die britische Zeit zurückgeht, die von den afrikaansschen Buren tatsächlich weitergeführt wurde. Bei den übrigen Studien, dem Fernstudium, das dann nach 3–4 Jahren erlaubt wurde, waren die nicht so bereitwillig, das zu fördern. Ich meine, das ist natürlich ein ganz anderes Niveau. Wir haben damals die Methoden von Paulo Freire benutzt, ohne dass wir davon wussten, noch bevor wir Freire gelesen hatten. Wir mussten selbstverständlich sehr innovativ und schöpferisch sein; denn wir hatten keine Ressourcen. Weil alle, die da waren, politisch sehr bewusst waren, ging das ohne weiteres. Da kann man auch sagen, dass der Mechanismus der Aussonderung im Gefängnis sozusagen axiomatisch keine Aussonderung zuließ. Man konnte niemanden aussondern, und deswegen haben wir mit verschiedenen Kapazitäten und auf vielen Ebenen arbeiten müssen. Das haben wir im Grunde über das Gespräch, die Diskussion gemacht. Wir standen an der Arbeit in der Kalkgrube, mussten mit Spaten und Hacke diesen Kalk locker machen. Und die Wärter standen normalerweise 20–30 Meter weg mit Gewehren usw. Sie konnten zwar hören, was wir sagten, interessierten sich aber überhaupt nicht dafür. Sie beobachteten nur, dass wir keinen – in ihrem Sinne – Quatsch anfingen. Da konnten wir also Seminare, Arbeitsgruppen und was weiß ich organisieren.

Heißt das, dass Sie während der Arbeit im Lager kleine Seminare gehalten haben?

Ja. Verschiedene Fächer und Disziplinen. Wir haben – wie Mandela das damals sagte – tatsächlich das Gefängnis in eine Universität verwandelt. Das haben wir ganz strategisch und ganz zielbewusst getan.

Aber Sie mussten doch arbeiten – wie kann ich mir das vorstellen?

Z.B. ich war Geschichtslehrer, auf verschiedenen Ebenen, 4,5,6 Leute, immer zusammen um mich herum. Dann hatten wir eine bestimmte Arbeit, die wir machen mussten. Und es sind immer mehr Gefangene in einem Gefängnis als Wärter, das ist wichtig. Wir konnten *sie* beobachten, obwohl sie meinten, dass sie *uns* beobachteten. Deswegen war es relativ einfach, sich so zu organisieren, dass einer – wenn er etwas für seinen Vortrag vorbereiten musste – dies konnte. Danach hielt er seinen Vortrag über ein Thema. Wir hatten unser eigenes Curriculum natürlich ausgearbeitet.

Hatten Sie Bücher?

Wir bekamen Bücher anfänglich nur von der Bibliothek in dem Gefängnis, alte und klassische Sachen, und nachher durften wir Bücher von der staatlichen Bibliothek bekommen. Natürlich durften nur diejenigen studieren, die Geld hatten. Aber im Gefängnis haben wir alles geteilt, Essen, Kleider, Bücher, alles Mögliche. Wie gesagt, wir waren mehr Gefangene als Gefängniswärter und die konnten das nicht verhindern. Ich glaube, die meisten wussten das auch. Auf diese Weise konnten die Bücher dann zirkulieren. Auch diejenigen, die keine Erlaubnis hatten und nicht studieren durften, weil sie kein Geld hatten, haben studiert und haben Abschlüsse der Primarschule und der Sekundarstufe gemacht. Ich kenne viele Leute, die ohne jegliche tertiäre Bildung ins Gefängnis gekommen sind und mit einem Grad oder sogar zwei Graden aus dem Gefängnis rausgegangen sind. Ich würde sagen, dass fast jeder Gefangene, der nach Robben Island kam, mit bestimmten pädagogischen Leistungen, oft mit Diplom usw., aus dem Gefängnis herausgekommen ist.

Wie viele Gefangene waren ungefähr dort in Robben Island?

Das variierte. Am Anfang waren es sehr viele. 1963/64 waren es, glaube ich, 1500 nur auf Robben Island – es gab natürlich viele andere Gefängnisse. Das war ein mittelgroßes Gefängnis. Dann eine Zeitlang waren es wahrscheinlich 800, 900 Gefangene bis Anfang der 70er-Jahre – da wurde ich schon aus dem Gefängnis freigelassen – aber dann kamen viele von denen, die im Guerillakrieg betroffen gewesen waren, ins Gefängnis, und dann stiegen die Zahlen wieder an.

Wie viele Lehrer waren dort?

Also, wir waren ausgesondert in einer Isolation. Wir waren so genannte führende Leute. Und die haben uns dann isoliert von der großen Masse der Gefangenen. Und in unserer Abteilung waren immer – ich würde sagen – über 40% Leute, die irgendwelche Lehrer, Rechtsanwälte usw. gewesen sind. Aber in dem großen Gefängnis waren es Hunderte, die überhaupt keine formale Erziehung hatten.

Auch da wurde Unterricht gemacht?

Ja, das war alles koordiniert: Wir wussten genau, was die machten, obwohl das alles natürlich illegal war und alles verboten. Wir haben Bücher geschmuggelt hin und her. Es waren wirklich geniale Leute da, das muss ich schon sagen (lacht). Z. B. ein Freund von mir. Der hat einen Schlüssel hergestellt, um sämtliche Zellen aufzuschließen, also den Generalschlüssel. Das hat natürlich keinen Sinn gehabt. Wir konnten nicht von der Insel weg, obwohl er auch das geplant hatte. Es wurde ein Misserfolg und er bekam noch 3 Jahre hinzu. Das war ganz schlimm für ihn.

Der Unterricht ging so: Also wir standen in einer Gruppe. Ein bestimmtes Thema wurde für den Tag, Vormittag oder Nachmittag ausgewählt, das wurde gründlich besprochen. Auf allen Ebenen. Wenn jemand z. B. einen Text schreiben und mit der Post an das College schicken sollte – Mandela und ein anderer waren an der Universität London eingeschrieben, bevor wir ins Gefängnis kamen; andere, die studierten, waren an Universitäten in Südafrika eingeschrieben – wenn sie also die Texte mit der Post schicken mussten, kamen natürlich moralische Fragen: Sollen wir ihnen helfen? Wir wussten, was sie schreiben sollten. Und da war prinzipiell beschlossen worden, wir helfen keinem der Gefangenen bei ihren zu bewertenden Texten. Das war interessant; denn wir hätten das auch alles machen können. Aber so viel Selbstdisziplin haben wir gehabt, dass wir darauf bestanden haben. Ich weiß von keinem Fall, wo jemand das nicht getan hat und einem anderen direkt geholfen hat. Das Besprechen schon über den Hintergrund, aber die eigentliche Frage und die Antwort mussten sie selber machen.

Wie lernten die Gefangenen, die überhaupt nicht lesen und schreiben konnten?

Unser Ausgangspunkt war immer: Warum möchtest du schreiben und lesen lernen? Die meisten wollten, weil sie an ihre Familien schreiben oder ihre Briefe lesen wollten. Andere haben gesagt, sie wollten die Bibel lesen usw.; wieder andere haben gesagt, sie wollten politische Literatur lesen können usw. Und das war immer der Ausgangspunkt.

Und dann nahmen wir, z. B. wenn jemand sagte, ich habe Interesse für die Bibel – wir hatten alle Bibeln, die Buren haben dafür gesorgt, dass wir alle Bibeln hatten – dann nahmen wir ein Stück aus der Bibel und lasen es zunächst mal, besprachen es und brachten dann natürlich über die gängigen Methoden ihnen bei, wie das gesprochene Wort aussieht.

Anfänglich gab es kein Papier, da mussten wir in den Sand schreiben, also mit dem Finger. Zunächst haben Leute auch ganz orthodoxe, konservative phonologische Methoden benutzt: a, e, i, o, u, usw. also dann von den Lauten her Wörter aufgebaut und dann geschrieben.

Aber wir mussten ganz moderne Methoden erfinden. Es wurde uns klar, dass das unter den Umständen nicht unbedingt die besten Methoden waren. Wir merkten, dass die Leute selber ihre eigene Schrift erfinden und sich dann allmählich an konventionelle Schrift anpassen mussten. Das ging ganz schnell, vor allen Dingen, nachdem wir Zugang zu Papier und Stiften hatten. Dann ging das relativ schnell; denn die Leute waren intensiv und wirklich konzentriert dabei. Wenn diese Motivation da ist, ist es schon kein Problem mehr.

Viele bekamen im Gefängnis eine umfassende Ausbildung?

Ja. Vorher haben sie nicht lesen und schreiben gelernt, weil sie schwarz waren und weil sie arm waren. Eine koloniale Situation. Wir kamen gestärkt aus dem Gefängnis und haben einfach weiter gemacht. Und das wurde eben dann zu einer Bewegung, eigentlich eine bildungsorientierte Bewegung, wo wir alternative Erziehung, Methoden und Inhalte gemacht haben. Reformpädagogisch – und auch sehr von Europa bzw. Amerika beeinflusst. Wir haben in der Zeit von 1979 bis etwa 1992 über 100 Projekte organisiert. Das wurde mit zu einem Teil der Befreiungsbewegung. Für mich war das einfach eine Verlängerung von Robben Island. Die jungen Leute, die wir da unterrichteten, waren alle auf irgendeine Weise in der Befreiungsbewegung, machten dort mit, waren politisch bewusst usw.

Wenn eine Gemeinde keine Schule hatte – die Regierung konnte bzw. wollte keine Schule für sie bauen –, dann haben wir das gemacht. Wir haben einfach eine Schule ohne Mauern dargestellt. Wir haben mit den Eltern ein Curriculum, Lehrgänge usw. ausgearbeitet und dann ihre Aktivisten, ihre jungen Leute, die lesen und schreiben konnten, ausgebildet. Und die haben dann mit den Kindern gearbeitet.

Die Ideen und das Curriculum kamen auch von den Eltern?

Ja, wir haben das mit ihnen gründlich durchgesprochen. Ich weiß noch, am Anfang war ich ganz erstaunt, als wir fragten, was wollt ihr, dass eure Kinder lernen sollen. Sie haben gesagt: Unsere Jungen müssen bügeln lernen, kochen lernen usw. Da haben wir gesagt, aber das ist ganz komisch, denn normalerweise würden die Eltern nicht sagen, dass die Jungs diese Sachen lernen sollen. Da haben sie gesagt: Wenn sie Wanderarbeiter werden und im Bergwerk arbeiten müssen, dann müssen sie für sich kochen, bügeln usw. können. Und die jungen Töchter sollten auch Fächer lernen, die normalerweise nur von Jungs gemacht werden, wie z. B. Bauen, Mauern und Landwirtschaft. Also, es war ganz interessant, welche Ideen die Leute hatten. Dabei wurde dann auch alphabetisiert. Wir hatten viele solcher Schulen, mit denen wir arbeiteten, die wir unterhielten sozusagen.

Als dann die Apartheid zu Ende war, ging das dann genau so weiter?

Leider nicht. Die Regierung hat fast alle ausgebildeten Kräfte, die aus dieser Bewegung hervor gingen, übernommen. Natürlich. Das ist überall in sämtlichen Revolutionen passiert: die sind dann in den Staatsdienst gegangen, als Lehrer oder als Verwalter und Koordinatoren. Das war eine Katastrophe.

Entfernt von der Bevölkerung?

Ja, und jetzt fangen wir wieder von vorne an, nicht *ganz* von vorne, aber trotzdem: Das neue Erziehungssystem war ein ganz großer Misserfolg, meiner Ansicht nach. Aber man fängt nie ganz von vorne an. Und wir sind wieder dabei, jetzt eine

Bewegung zu gestalten. Wir haben natürlich sehr viel hinzu gelernt. Und sogar die Regierung weiß, dass so eine Wiederbelebung von unten einfach notwendig ist. Es ist eine tragische Geschichte, dass der ANC den Elan, der tatsächlich da war, irgendwie geschmälert hat. Er ist nicht mehr da. Die Leute wollen Äußerlichkeiten, wie große Wohnungen, Kleider und Autos und solche Sachen. Und dieses ganze Ethos ist leider von der Führung, vor allen Dingen von der Regierung selber, aber auch von dem Privatsektor natürlich so negativ belegt worden, dass die alternativen, die Paulo-Freire-Methoden und -Inhalte usw., mit denen wir gearbeitet haben, völlig an den Rand geschoben worden sind. Die müssen wir jetzt wieder in die Mitte bringen.

Wie schaffen Sie das? Wieder gegen den Strom?

(Lacht) Ja, aber der Strom weil so viele Leute nicht aus der Wende Nutzen ziehen konnten – wird, würde ich sagen, ein Hauptstrom werden. Es werden sehr viele Leute, Hunderttausende, Millionen mitmachen.

Aber da gibt es doch auch welche, die das verhindern?

Es ist noch immer eine Demokratie. Ich glaube nicht, dass sie das verhindern können oder sogar wollen. Das ist ein Sicherheitsventil – für sie wäre das so ein Ventil, dass das nicht in irgendwelche Aufstände mündet.

Herr Alexander, woher nehmen Sie ihre Kraft?

(Lacht) Ich weiß nicht. Ich nehme an, das ist einfach eine Glaubenssache. Ich bin seit meiner Kindheit fest entschlossen gewesen, etwas ändern zu müssen. Ich habe sehr viel miterlebt, nicht persönlich, aber in meiner Umgebung, und ich weiß, dass die Menschen, die Kinder vor allen Dingen, wirklich so begabt sind und so eingeschränkt sind, wir müssen einfach was tun. Davon bin ich völlig überzeugt.

Literatur

Adorno, Theodor W. : Studien zum autoritären Charakter. Frankfurt/M.: Suhrkamp 1950/1973

Adorno, Theodor W.: Erziehung zur Mündigkeit. Frankfurt/M.: Suhrkamp 1973

Alexander, Neville: Der Weg von der Apartheid zur Demokratie. München: Beck 2001

Arbeitsgruppe Internationale Vergleichsstudie (Hrsg.) : Schulleistung und Steuerung des Schulsystems im Bundesstaat. Kanada und Deutschland im Vergleich. Band 9. Münster: Waxmann 2007

Bacher, Johann: Effekte von Gesamtschulsystemen auf Teilleistungen und Chancengleichheit. In: WISO 2007, 2, S. 16–34

Bartnitzky, Horst; Angelika Speck-Hamdan (Hrsg.): Leistungen der Kinder. Wahrnehmen – würdigen – fördern. Frankfurt/M.: Grundschulverband 2004

Bartnitzky, Horst: VERA Deutsch 2004: Ungeeignet und bildungsfern. In: Grundschulverband-aktuell 89, 2005,1, S. 10–16

Bartnitzky, Horst: VERA Deutsch 2008: Wie Kindern durch Vergleichsarbeiten Unrecht geschieht. In: Grundschule aktuell 103, 2008, S. 4–8

Bartnitzky, Jens: Wie Kinder lernen können, ihre Anstrengungen und Erfolge zu würdigen – ein Lerntagebuch. In: Bartnitzky, Horst; Angelika Speck-Hamdan (Hrsg.): Leistungen der Kinder. Wahrnehmen – würdigen – fördern. Frankfurt/M.: Grundschulverband 2004, S. 100–109

Basaglia, Franco/Basaglia-Ongaro, Franca: Befriedungsverbrechen. In: Basaglia/Foucault/Castel/Wulff/Chomsky/Laing/Goffman u. a.: Befriedungsverbrechen. Über die Dienstbarkeit der Intellektuellen. Frankfurt/M. : Europäische Verlagsanstalt 1980

Begemann, Ernst: Die Erziehung der sozio-kulturell benachteiligten Schüler. Hannover: Schroedel 1970

Begemann, Ernst: Theoretische und institutionelle Bedingungen der Integration und der „inclusion". In: Eberwein, Hans/Knauer, Sabine (Hrsg.): Integrationspädagogik. Kinder mit und ohne Beeinträchtigungen lernen gemeinsam. Weinheim: Beltz 2002 (6. überarb.Aufl.), S. 125–139

Bellenberg, Gabriele/Hovestadt, Gertrud/Klemm, Klaus: Selektivität und Durchlässigkeit im allgemein bildenden Schulsystem. Universität Essen: Arbeitsgruppe Bildungsforschung/Bildungsplanung 2004

Boban, Ines/Hinz, Andreas (Hrsg.): Index für Inklusion – Lernen und Teilhabe in der Schule der Vielfalt entwickeln. Entwickelt von Booth, Tony/Ainscow, Mel, übersetzt, bearbeitet von Boban/Hinz. Martin-Luther-Universität Halle-Wittenberg 2003

Bos, Wilfried/Lankes, Eva-Maria/Prenzel, Manfred/Schwippert, Kurt/Walther, Gerd/Valtin, Renate (Hrsg.): Erste Ergebnisse aus IGLU. Schulerleistungen am Ende der vierten Jahrgangsstufe im internationalen Vergleich. Münster: Waxmann 2003

Bos, Wilfried/Hornberg, Sabine/Bonsen, Martin/Buddeberg, Irmela: Herausforderungen und Perspektiven für die Grundschule im Kontext von IGLU, KESS und LAU. In: Hanke, Petra (Hrsg.): Grundschule in Entwicklung. Münster: Waxmann 2006, S. 17–41

Bos, Wilfried/Hornberg, Sabine/Arnold, Karl-Heinz/Faust, Gabriele/Fried, Lilian/Lankes, Eva-Maria/Schwippert, Kurt/Valtin, Renate (Hrsg.): IGLU 2006. Lesekompetenzen von Grundschulkindern in Deutschland im internationalen Vergleich. Münster: Waxmann 2007

Bos, Wilfried/Baumert, Jürgen/Köller, Olaf/Prenzel, Manfred/Selter, Christoph/Walther, Gerd: TIMMS 2007. Mathematische und naturwissenschaftliche Kompetenzen von Grundschulkindern in Deutschland im internationalen Vergleich. Münster: Waxmann 2008

Brecht, Bertolt: Fünf Schwierigkeiten beim Schreiben der Wahrheit. In: Gesammelte Werke in 20 Bänden, Bd. 18. Frankfurt: Suhrkamp 1967, S. 222–239

Brecht, Bertolt: Der Hofmeister. In: Gesammelte Werke in 20 Bänden, Bd. 6. Frankfurt: Suhrkamp 1967, S. 2330–2394

Brügelmann, Hans: Wahrheit durch VERA? Anmerkungen zum ersten Durchgang der landesweiten Leistungstests in sechs Bundesländern. In: Grundschulverband-aktuell 89, 2005, 1, S. 7–9

Czerny, Sabine: Was wir unseren Kindern in der Schule antun. München: Südwest 2010

Demmer, Marianne: Land gewinnen. In: Erziehung und Wissenschaft 61, 2009, 6, S. 28–29

Drewermann, Eugen: Das Lukas Evangelium. Bd. 1. Düsseldorf: Patmos 2009

Drunkemühle, Ludger/Pollert, Manfred: Differenzieren lässt sich lernen. Frankfurt/M.: Diesterweg 1980

Dyson, Alan: Die Entwicklung inklusiver Schulen: drei Perspektiven aus England. In: Die Deutsche Schule 102, 2010, 2, S. 115–129

Edelstein, Wolfgang: Schule als Armutsfalle – wie lange noch? In: Overwien, Bernd/Prengel, Annedore (Hrsg.): Recht auf Bildung. Zum Besuch des Sonderberichterstatters der Vereinten Nationen in Deutschland. Opladen: Budrich 2007, S. 123–133

Fo, Dario: Die Welt, wie ich sie sehe. Berlin: Rotbuch 2008

Frieß, Jutta: Der Frankfurter Reformschulversuch 1921–1937. Frankfurt/M.: Brandes & Apsel 2007

Fritsche, K.Peter: Menschenrechte. Paderborn: Schöningh 2004

Fromm, Erich: Der Ungehorsam als ein psychologisches und ethisches Problem. In: Gesamtausgabe in zwölf Bänden. Bd. IX. Hrsg. von Rainer Funk. München: Deutscher Taschenbuch Verlag 1963/1999, S. 367–373

Fuest, Ada: Und in der Mitte das Kind. Praxiswege der kindorientierten Grundschularbeit. Baltmannsweiler: Schneider 2008

Gaitanides, Stefan: Zugangsbarrieren von Migrant(inn)en zu den sozialen und psychosozialen Diensten und Strategien interkultureller Öffnung. In: Auernheimer, Georg (Hrsg.): Migration als Herausforderung für pädagogische Institutionen. Opladen: Leske & Budrich 2001, S. 181–194

Gogolin, Ingrid/Neumann, Ursula (Hrsg.): Großstadt-Grundschule. Übersprachliche kulturelle Pluralität als Bedingungen der Grundschularbeit. Münster: Waxmann 1997

Göhlich, Michael (Hrsg.): Offener Unterricht – Community Education – Alternativschulpädagogik – Reggiopädagogik. Die neueren Reformpädagogiken. Weinheim: Beltz 1997

Gomolla, Mechthild/Radtke, Frank.-Olaf: Mechanismen institutionalisierter Diskriminierung in der Schule. In: Gogolin, Ingrid/Nauck, Bernhard.: Migration, gesellschaftliche Differenzierung und Bildung. Opladen: Leske & Budrich 2000, S. 321–341

Grundgesetz. Menschenrechtskonvention. München: dtv 2007 (41. Auflg.)

Grundschule Berg Fidel: www.ggs-bergfidel.de: homepage der Grundschule Berg Fidel, Münster

Hans, Maren/Ginnold, Antje (Hrsg.): Integration von Menschen mit Behinderungen – Entwicklung in Europa. Neuwied: Luchterhand 2000

Helmke, Andreas: Unterrichtsqualität – erfassen, bewerten, verbessern. Seelze: Kallmeyer 2003

Hentig, Hartmut von: Die Schule neu denken. München: Hanser 1993

Hentig, Hartmut von: Bewährung – Von der nützlichen Erfahrung, nützlich zu sein. München: Hanser 2006

Hentig, Hartmut von: Mein Leben – bedacht und bejaht. Bd. 1: Kindheit und Jugend. Bd. 2: Schule, Polis, Gartenhaus. München: Hanser 2007

Hering Jochen/Hövel, Walter (Hrsg.); Immer noch der Zeit voraus. Bremen: Pädagogik-Kooperative 1996

Hinz, Andreas: Von der Integration zur Inklusion – terminologisches Spiel oder konzeptionelle Weiterentwicklung? In: Zeitschrift für Heilpädagogik 53, 2002, 9, S. 354–361

Hinz, Andreas: Inklusion – Vision und Realität! Herausforderungen in Deutschland und Praxis in Kanada. In: Katzenbach, Dieter (Hrsg.): Vielfalt braucht Struktur. Frankfurt: Johann Wolfgang Goethe-Universität 2007, S. 81–98

Hinz, Andreas: Inklusive Pädagogik in der Schule – veränderter Orientierungsrahmen für die schulische Sonderpädagogik!? Oder doch deren Ende?? In: Zeitschrift für Heilpädagogik 60, 2009, 5, S. 171–179

Hötte, Ralph/Lolos, Georg/Sturm, Simon: Zwangsversetzte Lehrerin: Zu gut für dieses Schulsystem? WDR. Monitor-Sendung vom 14.8.08

Jantzen, Wolfgang: Integration heißt Ausschluss vermeiden! In: Hildeschmidt, Anne/Schnell, Irmtraud (Hrsg.): Integrationspädagogik. Auf dem Weg zu einer Schule für alle. Weinheim: Juventa 1998, S. 179–192

Jantzen, Wolfgang: Über die soziale Konstruktion von Verhaltensstörungen – Das Beispiel „Aufmerksamkeitsdefizitsyndrom“ (ADS). In: Zeitschrift für Heilpädagogik 52, 2001, 7, S. 222–231

Jogschies, Peter: Förderdiagnostik und sonderpädagogische Begutachtung. Ein Rückblick auf 30 Jahre. In: Zeitschrift für Heilpädagogik 59, 2008, 4, S. 132–142

Kahl, Reinhard: Liebe zur Welt – Zur Aktualität von Hannah Arendt, die vor 100 Jahren geboren wurde. O-Ton von Hannah Arendt in der Sendung des NDR Kultur: Kulturforum 10.10.2006. 2006a

Kahl, Reinhard: Liebe zur Welt. In Pädagogik, 58, 2006b,10, S. 38–43

Kaiser, Astrid: Praxisbuch interkultureller Sachunterricht. Baltmannsweiler: Schneider 2006a

Kaiser, Astrid: Neue Einführung in die Didaktik des Sachunterrichts. Baltmannsweiler: Schneider 2006b

Kaiser, Astrid: Menschenbildung in Katastrophenzeiten. Baltmannsweiler: Schneider 2007

Kaiser, Astrid/Pfeiffer, Silke: Grundschulpädagogik in Modulen. Baltmannsweiler: Schneider 2007

Kempowski, Walter: Immer so durchgemogelt. Erinnerungen an unsere Schulzeit. Hamburg: Knaus 1974

Kipphardt, Heinar: Bruder Eichmann. Schauspiel und Materialien. Reinbek: Rohwohlt 1986/2006

Klemm, Klaus: Schülerinnen und Schüler mit Migrationshintergrund im Spiegel der neueren Schulleistungsstudien. In: Karakasoglu, Yasemin/Lüddecke, Julian (Hrsg.): Migrationsforschung und Interkulturelle Pädagogik. Münster: Waxmann 2004, S. 205–214

Klemm, Klaus: Von der Allgemeinbildung zu Bildungsstandards – Eine Verfallsgeschichte? In: Die Deutsche Schule 101, 2009, 2, S. 194–203

Klemm, Klaus/Preuss-Lausitz, Ulf: Gutachten zum Stand und zu den Perspektiven der sonderpädagoischen Förderung in den Schulen der Stadtgemeinde Bremen. Senat für Bildung, Bremen 2008

Koch, Ute/Stark, Martin: Kindeswohl hat Vorrang vor Kontrolle. In: Overwien, Bernd/ Prengel, Annedore (Hrsg.): Recht auf Bildung. Zum Besuch des Sonderberichterstatters der Vereinten Nationen in Deutschland. Opladen: Budrich 2007, S. 255–263

Konrad, Franz-Michael: Von der Konfrontation zur Kooperation – Zur Geschichte des Verhältnisses von Schule und Sozialpädagogik/Sozialarbeit. In: Fatke, Reinhard; Valtin, Renate (Hg.): Sozialpädagogik in der Grundschule. Frankfurt: Grundschulverband 1997, S. 20–32

Kornmann, Reimer (2006): Die Überrepäsentation ausländischer Kinder und Jugendlicher in Sonderschulen mit dem Schwerpunkt Lernen. In: Auernheimer, Georg (Hrsg.): Schieflagen im Bildungssystem. Wiesbaden: VS (2. überar. Aufl.), S. 71– 85

Kottmann, Brigitte: Selektion in die Sonderschule. Das Verfahren zur Feststellung von sonderpädagogischem Förderbedarf als Gegenstand empirischer Forschung. Bad Heilbrunn: Klinkhardt 2005

Krappmann, Lothar: Der Besuch von Venor Muñoz-Villalobos: eine menschenrechtliche Perspektive auf das deutsche Bildungswesen. In: Overwien, Bernd/Prengel, Annedore (Hrsg.): Recht auf Bildung. Zum Besuch des Sonderberichterstatters der Vereinten Nationen in Deutschland. Opladen: Budrich 2007, S. 9–17

Krause, Helmut: Ziviler Ungehorsam. In: www.querdenkerforum.de 9.2.2009

Labisch, Alfons/Woelk, Wolfgang: Geschichte der Gesundheitswissenschaften. In: Hurrelmann, Klaus/Laaser, Ulrich/Razum, Oliver (Hrsg.): Handbuch Gesundheitswissenschaften. Weinheim: Juventa 2006 (4. überarb. Aufl.), S. 49–91

Ludwig, Michaela: Schülerin droht Abschiebung. In: Erziehung und Wissenschaft 1/2009, S. 26–27

Merten, Roland: Inklusion/Exklusion und Soziale Arbeit. Überlegungen zur aktuellen Theoriedebatte zwischen Bestimmung und Dekonstruktion. Zeitschrift für Erziehungswissenschaft 4, 2001, 2, S. 174–190

Meyer, Hilbert: Schulpädagogik. Berlin: Cornelsen 1997

Mittendrin e. V. (Hrsg): Wo bitte geht's zur Integration? Broschüre Köln 2008

Möckel, Andreas: Die Funktion der Sonderschulen und die Forderung der Integration. In: Eberwein, Hans/Knauer, Sabine (Hrsg.): Integrationspädagogik. Kinder mit und ohne Beeinträchtigungen lernen gemeinsam. Weinheim: Beltz 2002 (6. überarb. Aufl.), S. 80–90

Möckel, Andreas: Geschichte der Heilpädagogik. Stuttgart: Klett-Cotta 2007 (2. überarb. Aufl.)

Müller-Benedict, Volker: Strukturveränderung oder Fördermaßnahmen? In: Die Deutsche Schule, 100, 2008, 4, S. 412–424

National Coalition: Kinderrechte sind Menschenrechte. Impulse für die zweite Dekade 1999–2009. Berlin: Arbeitsgemeinschaft für Jugendhilfe 2001

Neumann, Ursula: Das Recht auf Bildung für Migranten- und Flüchtlingskinder. In: Overwien, Bernd/Prengel, Annedore (Hrsg.): Recht auf Bildung. Zum Besuch des Sonderberichterstatters der Vereinten Nationen in Deutschland. Opladen: Budrich 2007, S. 237–244

Otto, Jeannette: Der Freigeist. In: Die Zeit 22 vom 20.5.2009, S. 73f.

Overwien, Bernd/Prengel, Annedore (Hrsg.): Recht auf Bildung. Zum Besuch des Sonderberichterstatters der Vereinten Nationen in Deutschland. Opladen: Budrich 2007

Pick, Brigitte: Kopfschüsse. Wer Pisa nicht versteht, muss mit Rütli rechnen. Hamburg: VSA-Verlag 2007

PISA-Konsortium Deutschland (Hrsg.): PISA 2000. Opladen: Leske+Budrich 2001

PISA-Konsortium Deutschland (Hrsg.): PISA 2003. Münster: Waxmann 2004

PISA-Konsortium Deutschland (Hrsg.): PISA 2006. Münster: Waxmann 2007

Pollert, Manfred: Lernen und leben im 1. Schuljahr. Berlin: Cornelsen 2002

Pollert, Manfred: Miteinander und voneinander lernen. Gütersloh: Flöttmann 2006

Porter, Gordon/Richler, Diane: Changing Canadian Schools: Perspektives on Disability and Inclusion. Toronto: The Allen Roeher Institute 1991

Poscher, Ralf/Langer, Thomas/Rux, Johannes: Gutachten zu den völkerrechtlichen und innerstaatlichen Verpflichtungen aus dem Recht auf Bildung nach Art. 24 des UN-Abkommens über die Rechte von Menschen mit Behinderungen und zur Vereinbarkeit des deutschen Schulrechts mit den Vorgaben des Übereinkommens. Hrsg. von der Max-Traeger-Stiftung. Frankfurt August 2008

Poscher, Ralf/Langer, Thomas: Verbindliche Orientierung. Das Recht auf Bildung im Völkerrecht. In Erziehung und Wissenschaft, 2009, 3, S. 19–21

Prengel, Annedore: Pädagogik der Vielfalt. Opladen: Leske+Budrich 1993

Preuss-Lausitz, Ulf: Die Kinder des Jahrhunderts. Zur Pädagogik der Vielfalt im Jahr 2000. Weinheim: Beltz 1993

Preuss-Lausitz, Ulf: Integrationsforschung – Ansätze, Ergebnisse und Perspektiven. In: Eberwein, Hans/ Knauer, Sabine (Hrsg.): Integrationspädagogik. Kinder mit und ohne Beeinträchtigungen lernen gemeinsam. Weinheim: Beltz 2002a (6. überarb. Aufl.), S. 458–470

Preuss-Lausitz, Ulf: Untersuchungen zur Finanzierung sonderpädagogischer Förderung in integrativen und separaten Schulen. In: Eberwein, Hans/Knauer, Sabine (Hrsg.): Integrationspädagogik. Kinder mit und ohne Beeinträchtigungen lernen gemeinsam. Weinheim: Beltz 2002b (6. überarb. Aufl.), S. 514–524

Richter, Horst-Eberhard: Sich der Krise stellen. Reinbek: rororo 1981

Richter, Horst-Eberhard: Die Chance des Gewissens. Hamburg: Hoffmann und Campe 1986

Riegel, Enja: Schule kann gelingen. Frankfurt: Fischer 2004

Rieger, Uta: Rechtliche Probleme beim Zugang zu Bildung und Ausbildung für Kinder ohne sicheren Aufenthaltsstatus. In: Overwien, Bernd/Prengel, Annedore (Hrsg.): Recht auf Bildung. Zum Besuch des Sonderberichterstatters der Vereinten Nationen in Deutschland. Opladen: Budrich 2007, S. 245–254

Scharrelmann, Heinrich (Hrsg.): Der Geburtstag. Ein Geschichtenbuch mit Bildern, gedichtet und gemalt von der V. Mädchenklasse der Schule an der Birkenstraße in Bremen. Hamburg: Janssen 1907

Schlee, Jörg: 30 Jahre „Förderdiagnostik" – eine kritische Bilanz. In: Zeitschrift für Heilpädagogik 59, 2008, 4, S. 122–131

Schleicher, Andreas: PISA 2006 – Anforderungen an ein zukunftsfähiges Bildungssystem aus internationaler Sicht. In: Die Deutsche Schule, 100, 2008, 1, S. 43–55

Schnell, Irmtraud: Geschichte schulischer Integration. Gemeinsames Lernen von SchülerInnen mit und ohne Behinderung in der BRD seit 1970. Weinheim: Juventa 2003

Schnell, Irmtraud: Kinder mit Lernproblemen und ihre Wahrnehmung durch die Sonder- und die Allgemeine Pädagogik. In: Schnell, Irmtraud/Sander Alfred (Hrsg.): Inklusive Pädagogik. Bad Heilbrunn: Klinkhardt 2004, S. 91–102

Schnell, Irmtraud: Zwischen individuellen Bedürfnissen und Systemlogik: Beratungs- und Förderzentren in Hessen. In: Katzenbach, Dieter (Hrsg.): Vielfalt braucht Struktur. Frankfurt: Johann Wolfgang Goethe-Universität 2007, S. 127–145

Schnell, Irmtraud: Die Grundschule Berg Fidel. Inklusive Schulentwicklung im sozialen Brennpunkt – neue Erfahrungen für Studierende der Sonderpädagogik. In: Hinz, Andreas/Körner, Ingrid/Niehoff, Ulrich: Auf dem Weg zur Schule für alle. Marburg: Lebenshilfe-Verlag 2010, S. 170–180

Schnell, Irmtraud: Schulen für Lernbehinderte kritisch betrachtet. In: Schnell, Irmtraud/Sander, Alfred/Federolf, Claudia (Hrsg.): Zur Effizienz von Schulen für Lernbehinderte. Forschungsberichte aus vier Jahrzehnten. Bad Heilbrunn: Klinkhardt 2011

Schöler, Jutta: Stellungnahme zur öffentlichen Anhörung von Sachverständigen am 24.11.08 in Berlin zum Gesetzentwurf der Bundesregierung (zu dem Übereinkommen der Vereinten Nationen über die Rechte von Menschen mit Behinderungen) – Drucksache 16/10808. Ausschussdrucksache 16(11)1213. Berlin: Deutscher Bundestag. Ausschuss für Arbeit und Soziales 2008

Schöler, Jutta: Alle sind verschieden. Auf dem Weg zur Inklusion in der Schule. Weinheim: Beltz 2009

Schumann, Brigitte: „Ich schäme mich ja so!" Die Sonderschule für Lernbehinderte als „Schonraumfalle".Bad Heilbrunn: Klinkhardt 2007

Sennlaub, Gerhard: Spaß beim Schreiben oder Aufsatzerziehung? Stuttgart: Kohlhammer 1980

Sennlaub, Gerhard: macht's gut. Lichtenau: AOL 1995

Sennlaub, Gerhard: Glück gehabt! Über den Wandel der Grundschule: eine private Bilanz. In: Grundschule 2007, 9, S. 8–10

Singer, Kurt: Die Würde des Schülers ist antastbar. Reinbek: rororo 1998

Singer, Kurt: Zivilcourage wagen. Wie man lernt, sich einzumischen. München: Reinhardt 2003a (3. überarb. Auflage)

Singer, Kurt: Lob des Ungehorsams. Interview von Andrea Teupke. In: Publik Forum 2003b, 2, S. 9–11

Sloterdijk, Peter: Du musst dein Leben ändern. Frankf./M.: Suhrkamp 2009

Speck, Otto: Sonderschule, Benachteiligung und Elternrecht. In Zeitschrift für Heilpädagogik 48, 1997, 6, S. 233–241

Stähling, Reinhard: Beanspruchungen im Lehrerberuf. Münster: Waxmann 1998

Stähling, Reinhard: "Ein wie feines Modell im Kleinen" – Über Merkwürdigkeiten beim Schulwechsel nach Klasse 4. In: Die Deutsche Schule 94, 2002a, 1, S. 61–66

Stähling, Reinhard: "Wir sind ständig auf Klassenfahrt" – Ein übertragbares Modell ganztägiger Erziehung in der Grundschule. In: neue deutsche schule 54, 2002b, 9, S. 22–23

Stähling, Reinhard: Der Klassenrat – eine Fortführung reformpädagogischer Praxis. In Karlheinz Burk/Angelika Speck-Hamdan/Hartmut Wedekind (Hrsg.): Kinder beteiligen – Demokratie lernen? Frankfurt/M.: Arbeitskreis Grundschule 2003a, S. 197–207

Stähling, Reinhard: Viertklässler beobachten Fünftklässler – Übergang zu weiterführenden Schulen. In: Grundschule 35, 2003b, 4, S. 57–58

Stähling, Reinhard: Multiprofessionelle Teams in altersgemischten Klassen. Ein Konzept für integrativen Unterricht. In: Die Deutsche Schule 96, 2004a, 1, S. 45–55

Stähling, Reinhard: Der aufhaltsame Abstieg des „schwachen" Schülers in Deutschland. Bildungsbenachteiligung im Schnittpunkt von Schule und Jugendhilfe. In: Die Deutsche Schule 97, 2005a, 1, S. 67–77

Stähling, Reinhard: Qualitätsentwicklung statt Vergleichsarbeiten. Zu einem unfruchtbaren Verhältnis von Forschung und Schule. In: Die Deutsche Schule, 97, 2005b, 2, S. 211–221

Stähling, Reinhard: „Du gehörst zu uns" – Inklusive Grundschule. Ein Praxisbuch für den Umbau der Schule. Hohengehren: Schneider 2006/2. Aufl. 2009

Stähling, Reinhard: Kinderinteressen – Schulinteressen: ein Balanceakt. In: Christiani, Reinhold/Metzger, Klaus (Hrsg.): Fundgrube Klassenführung. Berlin: Cornelsen, 2007, S. 126–129

Stähling, Reinhard: Je homogener, desto ... – Inklusive Schulpraxis im sozialen Brennpunkt. In: Grundschule, 40, 2008, 11, S. 48–50

Stähling. Reinhard: Alle gleich – alle anders. Berg Fidel: Gründe und Voraussetzungen für die Umgestaltung eines Schulkonzepts. In: Grundschule, 41, 2009, 1, S. 22–25

Stähling. Reinhard: Interkulturelle Bildung. In: Kaiser, Astrid/Schmetz, Ditmar/Wachtel, Peter/Werner, Birgit (Hrsg.): Bildung und Erziehung. Behinderung, Bildung, Partizipation. Enzyklopädisches Handbuch der Behindertenpädagogik, Bd. 3. Stuttgart: Kohlhammer 2010a, S. 217–222

Stähling. Reinhard: Sein eigener Chef werden: Schüler bestimmen ihre Pausen selbst. In: Bartnitzky, Horst/Hecker, Ulrich (Hrsg.): Allen Kindern gerecht werden – Aufgaben und Wege. Frankfurt/M.: Grundschulverband 2010b, S. 187–190

Stamm, Margrit: Typen von Schulabbrechern. In: Die Deutsche Schule 101, 2009, 2, S. 168–180

Thoms, Eva-Maria: Mein Kind gehört hierher! In: Grundschule, 41, 2009, 1, S. 14–15

UN-Kinderrechtskonvention (KRK): Übereinkommen über die Rechte des Kindes vom 20. November 1989

UNICEF: Zur Situation der Kinder in der Welt 2006. Kinder ohne Kindheit. Frankfurt/M: Fischer 2006

Valtin, Renate: Wie gut haben es Kinder in Deutschland bei der Verwirklichung ihrer Rechte auf Bildung. Ein anderer Blick auf IGLU und PISA. In: Hanke, Petra (Hrsg.): Grundschule in Entwicklung. Münster: Waxmann 2006, S. 42–60

Villa, Richard/Thousand, Jacqueline: Restructuring for Caring and Effective Education. Baltimore: Brookes 2000

Walser, Martin: Finks Krieg. Frankfurt/ M.: Suhrkamp 1996

Weisser, Jan: Das Besondere der Erziehung. Theoriepolitik in der Sonderpädagogik 1950-2000. In: Behindertenpädagogik, 46, 2007, 1, S. 3–17

Wenders, Barbara: Ein Hauch Woodstock täte gut. Inklusives Lernen in Woodstock, Kanada. In: Grundschule, 41, 2009, 1, S. 30–32

Wenders, Barbara: Es ist möglich! Der Umbau des Schulsystems in Kanada. Barbara Wenders im Gespräch mit Gordon Porter. In: Grundschule, 41, 2009, 1, S. 12–13

Wilhelm, Marianne/Bintinger, Gitta/Eichelberger, Harald u. a. : Eine Schule für dich und mich! Inklusive Schule, inklusiven Unterricht gestalten. Innsbruck: StudienVerlag 2002

Winkel, Rainer: Die Schule neu machen. 3 Teile. Baltmannsweiler: Schneider 2008, 2009, 2010

Wocken, Hans: Fördert Förderschule? Eine empirische Rundreise durch Schulen für „optimale Förderung". In: Demmer-Diekmann, Irene/ Textor, Annette (Hrsg.): Integrationsforschung und Bildungspolitik im Dialog. Bad Heilbronn: Klinkkhardt 2007, S. 35–59

Woellert, Franziska/Kröhnert, Steffen/Sippel, Lilli/Klingholz, Reiner: Ungenutzte Potenziale. Zur Lage der Integration in Deutschland. Berlin: Berlin-Institut für Bevölkerung und Entwicklung 2009

Wünsche, Konrad: Die Wirklichkeit des Hauptschülers. Berichte von Kindern der schweigenden Mehrheit. Frankfurt: Fischer 1979